UTB

UTB 2791

W0387385

Eine Arbeitsgemeinschaft der Verlage

Böhlau Verlag · Köln · Weimar · Wien
Verlag Barbara Budrich · Opladen · Farmington Hills
facultas.wuv · Wien
Wilhelm Fink · München
A. Francke Verlag · Tübingen und Basel
Haupt Verlag · Bern · Stuttgart · Wien
Julius Klinkhardt Verlagsbuchhandlung · Bad Heilbrunn
Lucius & Lucius Verlagsgesellschaft · Stuttgart
Mohr Siebeck · Tübingen
Orell Füssli Verlag · Zürich
Ernst Reinhardt Verlag · München · Basel
Ferdinand Schöningh · Paderborn · München · Wien · Zürich
Eugen Ulmer Verlag · Stuttgart
UVK Verlagsgesellschaft · Konstanz
Vandenhoeck & Ruprecht · Göttingen
vdf Hochschulverlag AG an der ETH Zürich

Gary S. Schaal
Felix Heidenreich

Einführung in die Politischen Theorien der Moderne

2., erweiterte und aktualisierte Auflage

Verlag Barbara Budrich
Opladen & Farmington Hills, MI 2009

Für Maja
F.H.

Gedruckt auf säurefreiem und alterungsbeständigem Papier.

Die Deutsche Bibliothek – CIP-Einheitsaufnahme
Ein Titeldatensatz für die Publikation ist bei Der Deutschen Bibliothek erhältlich.

Verlags-ISBN 978-3-86649-930-0
www.budrich-verlag.de

ISBN 978-3-8252-2791-3

Lektorat und Satz: Susanne Albrecht-Rosenkranz. www.lektorat-albrecht.de
Umschlaggestaltung: Atelier Reichert, Stuttgart
Druck: Friedrich Pustet KG, Regensburg
Printed in Germany

Inhalt

Abbildungen

Tabellen

Vorwort zur zweiten Auflage

Wir sind sehr glücklich darüber, dass die erste Auflage der „Politischen Theorien der Moderne" positiv aufgenommen wurde und bereits nach drei Jahren eine zweite Auflage notwendig wird, die uns die Möglichkeit bietet, Kritik an der ersten Auflage aufzugreifen und das Buch – so hoffen wir zumindest – inhaltlich noch „runder" und für die Lehre und das Selbststudium geeigneter zu gestalten. Hierzu haben wir fünf neue Kapitel zu einzelnen Theoretikerinnen und Theoretikern aufgenommen (Rational-Choice-Theorien, Marx, Arendt, Butler, Luhmann), alle anderen Kapitel inhaltlich und stilistisch überarbeitet sowie die relevanten Neuerscheinungen eingearbeitet. Auch haben wir die Struktur des Buches überarbeitet und die Reihenfolge der Kapitel leicht verändert.

Herzlichen Dank an jene, die uns bei der zweiten Auflage inhaltlich oder organisatorisch unterstützt haben. Dies sind *Claudia Ritzi, Sebastian Büchler, Bastian Bredtmann, Veith Selk, Matthias Lemke* und *Veronique Lutz*.

Unser Dank gilt natürlich auch weiterhin all jenen, die uns bei der Erstellung des Manuskripts der ersten Auflage unterstützten: *Anika Becher, André Brodocz, Dieter Fuchs, Martin Gessmann, Achim Hildebrandt, Markus Müller, Roxana Kath, Julia Behne, Helene Rädler* und *Erdmute Safranski-Schwanitz*.

Hamburg & Stuttgart, im August 2009

Gary S. Schaal & Felix Heidenreich

Einleitung

Dieses Buch rekonstruiert die großen Entwicklungslinien der Politischen Theorie und stellt ausgewählte Theoretiker der Moderne vor. Es richtet sich bewusst an *Studierende* der Politikwissenschaft, die einen *ersten* Einblick in die Politische Theorie in diesem Zeitraum gewinnen wollen. Wir haben es mit dem didaktischen Ziel geschrieben, den Einstieg in diesen von vielen als kompliziert und schwierig wahrgenommenen Bereich der Politikwissenschaft zu erleichtern. Entsprechend ist die Einführung bewusst kurz gehalten – sie will kein Kompendium zur Politischen Theorie sein – und die daraus resultierenden Auslassungen und Vereinfachungen sind aus didaktischen Erwägungen in Kauf genommen worden. Weitaus detailliertere – aber auch für den Anfänger in diesem Bereich schwieriger nachvollziehbare – Darstellungen finden sich an anderer Stelle.[1] Unsere Hoffnung ist es, bei Ihnen das Interesse an Politischer Theorie wecken zu können und die methodischen und inhaltlichen Grundlagen für die weitere Beschäftigung mit diesem Buch legen zu können.

Zielsetzung des Buches

Dieses Buch ist eine Einladung, mit uns über Politische Theorie nachzudenken. Daher haben wir uns um eine auch für Einsteiger verständliche Darstellung bemüht und eine Strukturierung gewählt, die drei verschiedene Zugänge zur Theorie bietet:

Aufbau

a) Ein *metatheoretischer Teil* über die methodischen Grundlagen der Politischen Theorie,
b) *Überblickskapitel* zu den großen Entwicklungslinien in der Politischen Theorie,
c) *Einzeldarstellungen* zentraler Theorien.

a) Das Buch beginnt mit einer Einführung in die wissenschaftstheoretischen und methodischen Grundlagen der Politischen Theorie sowie deren Verortung im größeren Kontext der Politikwissenschaft (Kapitel 1). Dieses Kapitel kann die Beschäftigung mit der Wissenschaftstheorie nicht überflüssig machen – es hilft jedoch dabei, sich mit einem systematischeren Blick den einzelnen Theorien zuzuwen-

Metatheorie

1 So z.B. Lieber (2000) für die Politischen Theorien von der Antike bis zur Gegenwart sowie Kymlicka (1996) und Brodocz/Schaal (2009) für die Politischen Theorien der Gegenwart.

den. Aus unserer Erfahrung in der Lehre wissen wir, dass diese metatheoretischen Überlegungen sehr abstrakt und – obwohl wir uns darum bemüht haben – vermutlich nicht immer leicht zu lesen sind. Daher besteht auch die Möglichkeit, direkt in den zweiten Teil einzusteigen bzw. erst nachträglich die theoretischen Grundlagen zu lesen.

Modernegenese

b) Dieses Buch gibt eine Einführung in die Politischen Theorien *der Moderne*. Die Frage, wann genau die Epochenschwelle zwischen Mittelalter und Neuzeit anzusetzen ist, ist in der Geschichtswissenschaft umstritten. Unstrittig ist jedoch, dass in der Moderne etwas Neuartiges geschah und die Bedingungen, unter denen Politische Theorie betrieben wurde, außerordentlich stark veränderte. In gewisser Art und Weise können die Politischen Theorien der Moderne als Antworten auf diese neuen Herausforderungen verstanden werden. Daher präsentieren wir in Kapitel 2 den Problemhorizont der Moderne. Wir fokussieren auf wenige Veränderungen, die jedoch für die Politische Theorie besonders wichtig waren.

Theoriefamilien

Im Anschluss skizzieren wir die großen Theoriefamilien in der Moderne: den Liberalismus und den Republikanismus-Kommunitarismus als die beiden zentralen Paradigmen (beide Kapitel 3) sowie ergänzend die Theorien der Deliberation (6.1), die Theorien der rationalen Wahl und der Postmoderne (7.1). In den vier Skizzen zu den Theoriefamilien stellen wir deren zentrale Merkmale sowie ihre historischen Entwicklungslinien dar. Die Lektüre dieser Überblicksdarstellungen verdeutlicht in groben Zügen die großen Entwicklungslinien der Politischen Theorie in den letzten vier Jahrhunderten.

c) Die Skizzen der großen Paradigmen der Politischen Theorie liefern auch den Rahmen für das Verständnis der Einzeldarstellungen Politischer Theoretiker, die sich daran anschließen (Kapitel 4, 5, 6.2, 6.3, 7.2-7.6).

Struktur der Rekonstruktion

In der Politischen Theorie werden sehr unterschiedliche Ansätze vertreten, unter anderem konkurrieren positivistisch-erklärende, hermeneutisch-verstehende, normative und konstruktivistische Ausrichtungen, die sehr unterschiedliche Erkenntnisziele anvisieren und daher in ihrem methodischen Vorgehen verschiedene Wege beschreiten. Um einerseits dem Selbstverständnis der Theorien gerecht zu werden und andererseits die Vergleichbarkeit zwischen den Theorien so weit als möglich herzustellen, haben wir uns in der Darstellung an folgenden Aspekten orientiert. *Problemlage:* Jede Politische Theorie antwortet auf Herausforderungen, die entweder direkt oder vermittelt in Bezug zur politischen und gesellschaftlichen Realität der Zeit ihrer Entstehung stehen oder sich aus den offenen konzeptionellen, inhaltlichen, normativen etc. Fragen bestehender Theorien ergeben. Welches ist also die Problemlage, auf die die vorliegende Theorie reagiert? *Fragestellung:* Politische Theorien haben häufig ein sehr zielgerichtetes Erkenntnisinteresse. Dieses Erkenntnisinteresse findet seine Verdichtung in der Fragestellung. Welche Fragestellung liegt also vor? *Vorgehensweise:* Die Wissenschaftlichkeit einer Theorie ist davon abhängig, ob sie intersubjektiv nachvollziehbar ist. Das heißt, dass die Ergebnisse einer theoretischen Analyse auf eine spezifische Art und Weise erreicht werden sollten. Welche methodische Vorgehensweise zeichnet die vorliegende Theorie aus? *Lösungen:* Eine gute Politische Theorie ist kein reines Glasperlenspiel, sondern problemlösend – wobei in manchen Fällen die Schärfung des Problembewusstseins bereits als problemlösend gilt. Sie beantwortet die aufgeworfenen Fragen und liefert Angebote, den als problematisch angesehenen Ausgangzustand zu verbessern. Wie sehen diese Lösungsangebote konkret aus? Wie überzeugend sind sie im Kontext ihrer Zeit? *Wirkmächtigkeit:* In welcher Form wurden die Lösungen von anderen Theoretikern diskutiert und in ihre eigenen Theorien integriert? Erfolgte ein Transfer in die politische Realität? *Was bleibt:* Wie überzeugend ist die vorliegende Theorie heute noch? Welche Einsichten und Elemente sind von Bedeutung? Diese Kategorien sind auf verschiedene Theorien unterschiedlich gut anwendbar; sie finden daher in jeweils theorieangemessener Art und Weise Berücksichtigung.

Aktualität klassischer Autoren

Im Zentrum steht jedoch nicht die vollständige Rekonstruktion z.B. der Theorie von Thomas Hobbes, vielmehr liegt der Fokus auf jenen Teilaspekten der Theorie, die für die weitere Theorieentwicklung zentral waren. Darüber hinaus wird versucht, zentrale politikwissenschaftliche Probleme am Beispiel eines Autors zu diskutieren. So wird – um wieder Hobbes aufzugreifen – natürlich die Vertragstheorie diskutiert, aber auch das Problem des kollektiven Handelns. Bei Rousseau thematisieren wir das Problem des Gemeinwohls aus heutiger Perspektive. Mit anderen Worten: Die Autoren werden nicht nur in ihrem jeweiligen ideengeschichtlichen Kontext dargestellt, sondern auf die auch heute noch aktuellen Grundprobleme des Politischen hin diskutiert.

Serviceteil

Das Buch ist für den Einsatz im Seminar, aber auch für das Selbststudium konzipiert. Daher schließt es mit einem „didaktischen Serviceteil“. Gerade zu Beginn des Studiums stellt sich häufig die Frage, welche Hilfsmittel man für die Arbeit mit Theorien benötigt und wo man diese findet. Daher haben wir im Anhang wichtige Ressourcen für die Arbeit im Bereich Politische Theorie zusammengestellt (Lexika, Zeitschriften, Internetlinks). Schließlich haben wir eine Website eingerichtet, um den Dialog zwischen Ihnen und uns zu eröffnen (www.schaal-heidenreich.budrich.de*)*. Dort finden Sie die Möglichkeit, Kritik zu äußern oder Anregungen und Wünsche vorzutragen.

Wer wird dargestellt?

Eine Einführung in die Politischen Theorien zu schreiben, bedeutet immer, eine Auswahl treffen zu müssen.[2] Wir haben uns auf jene Politische Theorie im engeren Sinne beschränkt, die nicht direkt anwendungsorientiert ist, auf Politik insgesamt zielt und daher meist normativ ausgerichtet ist. Die von uns getroffene Auswahl ist dabei von der Idee getragen, dass einzelne Theoretiker sich häufig in besonders intensiver Art mit einem Aspekt Politischer Theorie auseinander gesetzt haben.[3] Die Auswahl der Theoretiker erfolgt daher so, dass *identische* (oder zumindest ähnliche) *Fragen* von *unterschiedlichen Theoriefamilien* beantwortet werden. Dies ermöglicht ein dialogisches Lesen von z.B. Rawls-Walzer (Gerechtigkeit) oder Dahl-Barber-Habermas (Demokratie).

Relevanz Politischer Theorie

Es war uns ein besonderes Anliegen, die Einbettung der Theorien in ihre jeweiligen Entstehungskontexte nachzuzeichnen und damit zu zeigen, dass Politische Theorie gesellschaftlich relevant ist. Politische Theorie ist der zentrale Diskussionsort, an dem sich Gesellschaften über sich selbst, ihre Grundlagen und Ziele verständigen. Auch wenn Theorien oft untergründig und vermittelt wirken, so sind ihre konkreten Folgen kaum zu überschätzen.

Hamburg & Stuttgart, im Oktober 2009

Gary S. Schaal & Felix Heidenreich

---

2 Beim Verfassen von Einführungen steht man vor der grundsätzlichen Entscheidung, die Politische Theorie entlang einzelner Theoriefamilien bzw. einzelner Theoretiker darzustellen oder entlang von zentralen Themen der Politischen Theorie (Macht, Herrschaft, Gleichheit, Gerechtigkeit). Wir haben uns für den zuerst genannten Zugang entschieden. Ergänzend dazu bietet sich die Lektüre einer eher an Themen und Konzepten orientierten Einführung an, so u.a. Göhler/Iser/Kerner (2004) und Heywood (2004).

3 Die Auswahl der diskutierten Theoretiker erfolgte zudem entlang weiterer Kriterien. Als „Klassiker" behandeln wir (in Anlehnung an die Cambridge School) diejenigen Autoren, deren Vokabular prägend geworden ist und sich zu einem Paradigma konsolidiert hat. Dabei mussten leider viele wichtige Autoren ausgespart werden. „Den" Kanon der Tradition gibt es nicht, vielmehr ist er dauerhaft umstritten (vgl. Gunnell 1978: 122). Die hier getroffene Auswahl stellt ein Angebot dar, das dem Leser systematische Orientierung bieten und die Verweise für die gründlichere Beschäftigung mit den einzelnen Ansätzen und Autoren bereitstellen soll.

1. Grundlagen der Politischen Theorie

1.1. Politikwissenschaft und „Politik"

Verortung der Politikwissenschaft

Im Kanon der universitären Fächer grenzt sich die Politikwissenschaft von vier Fächern und Disziplinen ab. Dies sind die Philosophie, die Geschichtswissenschaft, die Rechtswissenschaft und die Soziologie (vgl. Münkler 2003a). Das Nachdenken über die normativen Grundlagen des politischen Gemeinwesens und deren legitimatorischer Basis gehört zum inhaltlichen Portfolio der politischen Philosophie. Die Ideen*geschichte* steht bereits in begrifflicher Nähe zur Geschichtswissenschaft. Politik erfolgt in Rechtsstaaten in der Regel im Medium des Rechts. Die institutionellen Grundlagen des politischen Gemeinwesens sind zumeist in einer Verfassung verbindlich festgelegt. Sowohl das einfache Recht als auch das Verfassungsrecht stehen im Fokus der Rechtswissenschaft. Die empirische Einstellungsforschung steht schließlich in Verbindung zu den Fragestellungen, Methoden und Verfahren der Soziologie.

Historische Entwicklung der Politikwissenschaft

Die Stellung der Politikwissenschaft im Kanon der oben genannten Fächer lässt sich besser verstehen, wenn man bedenkt, dass sie eine junge Disziplin ist (vgl. Hartmann 2003: 17-20; Bleek 2002). Sie etablierte sich institutionell in Westdeutschland erst nach dem Zweiten Weltkrieg mit dem Selbstverständnis, eine Wissenschaft der Demokratie zu sein (vgl. Buchstein 1992; Göhler/Zeuner 1991). In England oder den Vereinigten Staaten kann die Politikwissenschaft als universitäre Disziplin auf eine Geschichte von ca. 100 Jahren zurückblicken (vgl. Falter/Honolka/Ludz 1990). Vor diesem Hintergrund konkurrieren die Politikwissenschaft im Allgemeinen und die Politische Theorie im Speziellen auch nicht mit den oben genannten Fächern. Vielmehr begreift sich die Politikwissenschaft häufig als eine *Integrationsdisziplin,* die den sachlichen Kenntnisstand der anderen Disziplinen auf das Politische hin fokussiert.

Theorie als Grundlage wissenschaftlichen Arbeitens

Innerhalb der Politikwissenschaft verstehen sich die Politische Theorie und Ideengeschichte als wissenschaftstheoretische und theoretische Grundlage des Fachs (vgl. Münkler 2003; Falter/Göhler 1986; Vincent 1997; Buchstein/Göhler 2007). Dahinter steht die Vorstellung, dass ein theoriefreier Zugang zur Welt innerhalb der Politikwissenschaft (aber auch in jeder anderen akademischen Disziplin) nicht möglich ist. Unsere Wahrnehmung von der Welt, unsere Auswahl von möglichen Analyseobjekten und schließlich die Analyse selber sind entweder explizit durch eine Theorie (und sei es eine Alltagstheorie) angeleitet oder doch zumindest implizit davon beeinflusst. Alle Bereiche der Politikwissenschaft gehen von einem jeweils spezifischen Theorieverständnis aus. Untersucht werden müssen daher jeweils Ausgestaltung und Geltungsanspruch der einzelnen Theorieansätze. So ist beispielsweise David Eastons Systemtheorie einerseits eine allgemeine Theorie des Politischen und fällt damit in den Bereich der Politischen Theorie. Andererseits ist sie auch eine anwendungsorientierte Theorie zur Analyse und zum Vergleich politischer Systeme und damit im Kompetenzbereich „Analyse und Vergleich politischer Systeme" verortet (vgl. Fuhse 2005).

Funktion der Ideengeschichte

Herfried Münkler (2003a) sieht die Aufgabe der *Ideengeschichte* darin, sowohl *Archiv* als auch *Laboratorium* für die Politische Theorie und die gesellschaftliche Praxis zu sein. In ihrer Funktion als Archiv sammelt die Ideengeschichte Politische Theorien, Ideologien, Begriffe und Konzepte mit dem Ziel, sie nicht in Vergessenheit geraten zu lassen. Seinen wirklichen (gesellschaftlichen) Wert kann das Archiv jedoch erst dann verdeutlichen, wenn diese „alten Ideen" aus den Kontexten ihrer Entstehung, d.h. den politischen, ökonomischen, sozialen und gesellschaftlichen Problemen, die zu ihrer Formulierung geführt haben, herausgelöst und in konstruktiver Weise an neue Problemlagen herangeführt werden.[4]

Arbeitsteilige Verhältnisse

Die Politische Theorie und die anderen Subdisziplinen innerhalb der Politikwissenschaft stehen in einem arbeitsteiligen Verhältnis zueinander. Auf der einen Seite erfolgt idealiter die grundlagentheoretische Arbeit innerhalb der Politischen Theorie, auf der anderen Seite die anwendungsorientierte Arbeit auf Basis der grundlagentheoretischen Vorarbeiten (vgl. Göhler 1978). Dieser Zuschnitt ist natürlich vereinfacht. Häufig leisten – wie derzeit in der Debatte um „soziales Kapital" – auch die anderen Subdisziplinen der Politikwissenschaft grundlagentheoretische Arbeit (vgl. Gabriel et al. 2002). Zudem scheinen sich Theorie und Empirie aufeinander zu zu bewegen.

Verständnisse Politischer Theorie

„Many political theorists remain untroubled about the nature of the subject. The important thing in political theory is to get it on and do it." (Vincent 1997: 1) Dies mag damit zusammenhängen, dass die Fragen, was Politische Theorie ist und welche Aufgaben sie zu erfüllen hat, scheinbar leicht zu beantworten sind. Rein formal kann die Aufgabe der Politischen Theorie als das regelgeleitete, systematische und intersubjektive Beobachten, Verstehen und Erklären des Politi-

---

4 In diesem Sinne werden wir auch die einzelnen Theoretiker darstellen. Wir wollen zeigen, dass „klassische" Autoren wie Hobbes, Rousseau oder Kant auch heute noch interessante und innovative Antworten auf zeitgenössische gesellschaftliche oder politische Probleme liefern können.

schen definiert werden. Trotzdem bestehen bei dieser Definition noch inhaltliche Unklarheiten.

Was ist Politik?

Orientiert man sich zunächst an der Titulierung, dann lassen sich darunter jene Ansätze verstehen, die eine Theorie zum Gegenstandsbereich ‚Politik' formulieren.[5] Dies ist jedoch so allgemein gefasst, dass es kaum mehr als einen *Ausgangspunkt* bezeichnet. Welchen Gegenstand der Begriff ‚Politik' überhaupt zu fassen beansprucht, was Politik von anderen sozialen Gegenständen wie z.B. Wirtschaft, Wissenschaft oder Religion unterscheidet, ist bereits höchst umstritten (vgl. Lutz 1992: 17ff.). Kann Politik überhaupt als solch ein eigenständiger Gegenstand verstanden werden oder ist Politik (bzw. das Politische) nicht vielmehr eine bestimmte Eigenschaft, Qualität oder spezifische Verbindung der genannten sozialen Gegenstände (Heller 1991)? Das Gemeinsame *politischer* Theorien könnte aber auch in der *Methodik* zu finden sein, die die ‚Politik' erschließt, selbst wenn deren genaues Verständnis umstritten ist. Doch auch hier lässt sich kein Konsens finden (vgl. Held 1991a: 13; Hartmann 1997: 30). Das Gemeinsame aller Ansätze, die *gegenwärtig* als Politische Theorien firmieren, ist demnach weder ein identisch anzugebender Gegenstand noch eine identische Methode. Lässt sich angesichts dieses eher resignativ stimmenden Überblicks das Gemeinsame in der zeitgenössischen Politischen Theorie noch formulieren? Oder ist es mittlerweile, wie Jürgen Hartmann (1997: 237) zu bedenken gibt, nicht sinnvoller, wenn man nicht mehr von Politischer Theorie, sondern nur noch von „politikwissenschaftlichen Theorien" spricht? Zu notieren ist zunächst, dass ein substanzieller oder methodisch-prozeduraler Konsens nur mit Mühe festgestellt werden kann. Da aus der Perspektive des Theoretikers und seiner Leser jedoch offensichtlich eine Vielzahl von Motivationen existiert, eine Theorie als „Politische" zu charakterisieren, besteht eine Auflösung des Dilemmas darin, aus der Beobachterperspektive jene Theorien als „Politische" zu verstehen, die als solche bezeichnet und diskutiert werden. Eine solche Konstruktion enthebt den Beobachter der Notwendigkeit, intersubjektiv geteilte Kriterien hinsichtlich des Gegenstandsbereiches oder der Methode politischer Theorien spezifizieren zu müssen (vgl. für Kritik: Niesen 2007).

Diskursive Selbstdefinition Politischer Theorie

Befragt man die gängige Einführungsliteratur sowie die „State of the Art"-Bände[6] daraufhin, welche Definition von Politischer Theorie sie beinhalten, zeigt sich, dass auch die in diesen Bänden präsentierten Beiträge zur Politischen Theorie sich weder durch einen inhaltlichen Konsens auszeichnen noch durch eine gemeinsame methodische Basis

5 Eine erste Fassung von Teilen der folgenden Überlegungen findet sich bereits in Brodocz/Schaal (2009: 9-11).

6 Hierzu gehören u.a.: Vincent (1997), Flügel et al. (2004), Boucher (2004), Dryzek/Honig/Phillips (2006), Stammen/Riescher/Hofmann (2007), Llanque (2008), Ladwig (2009) und Brodocz/Schaal (2009 a/b).

zusammengehalten werden. Vielmehr zeichnen sich diese Zusammenstellungen dadurch aus, dass die dort präsentierten Theorien sich selbst als Politische Theorie definieren. Mitunter gewinnt man den Eindruck, dass die Politische Theorie sich fast ausschließlich durch *Selbstkategorisierung* konstituiert und identitätsstiftend gegen andere Fächer und Disziplinen abgrenzt. Politische Theorie lässt sich nur tautologisch bestimmen als jene Form der theoretischen Arbeit, die von den Autoren einerseits selbst als Politische Theorie tituliert wird und andererseits im Diskurs innerhalb der *scientific community* auch als solche anerkannt und akzeptiert wird. Es liegt also ein diskurstheoretisches Modell von Identitätsstiftung vor – eine postmoderne Form der Identitätskonstitution. Hieran ist die Kritik formuliert worden, dass eine so verstandene Politische Theorie beliebig wird. Daher wurde auch für *inhaltliche* Kriterien plädiert, um den Kern der Politischen Theorie zu bestimmen.[7] Die Kritiker haben bisher jedoch inhaltliche oder methodische Definitionsvorschläge vorgelegt, die nicht auf breite Zustimmung gestoßen sind. Festzuhalten bleibt daher, dass eine abstrakte Definition von Politischer Theorie zwar existiert, deren inhaltliche Bestimmung jedoch schwer fällt. Die *zeitgenössische* Politische Theorie definiert sich im Diskurs mit sich selbst.

Verständnisse von Ideengeschichte

Anders steht es um den Status der *Ideengeschichte*. „There is a deep-rooted assumption within political theory that the study of the canon of classic texts is the defining aspect of the discipline of politics." (Vincent 1997: 9). Dies hängt historisch damit zusammen, dass das Studium der Geschichte der Politischen Ideen den Anfang der Politischen Theorie als akademische Disziplin in den USA markiert. Die klassischen politischen Ideen sollten die Studierenden in gute demokratische Bürger verwandeln: „Universities had in mind particular professional citizens (civil servants), enabling them to see the development of ideas which led to their own society. The history of political theory embodied the morally uplifting story of the nation." (Vincent 1997: 10) Im Vordergrund stand damals somit Identitätsstiftung und kollektive Selbstvergewisserung: Von welchen historischen Quellen wird unser Gemeinwesen gespeist? Welche politischen Ziele wollen wir gemeinsam erreichen? Eine so verstandene Ideengeschichte lässt aus der Abfolge einzelner Bücher und Texte leicht ein historisches Projekt mit einem *Ziel* werden. Dass diese Idee noch heute aktuell ist, zeigt sich an dem von Hans-Joachim Lieber herausgegeben und für die politische Bildung gedachten Band *Politische Theorien von der Antike bis zur Gegenwart*. Dieses Buch wird von der These getragen, dass die Politische Theorie letztlich auf die Begründung des liberalen westlichen Herrschaftsmodells, also der konstitutionellen li-

---

7 So Michael Greven (Rundbrief DVPW 131, Herbst 2004: 147) und Niesen 2007.

beralen Demokratie, zielt. Allerdings konstatiert der Herausgeber in seiner Einleitung, dass die „Politische Theorie der Antike nur noch in einer historisch sehr vermittelten Weise eine Bedeutung für zeitgenössisches politisches Denken [besitzt, d.A.]." (Lieber 2000: 12) Sie bleibt jedoch „bedeutsam genug, um im Rahmen politischer Bildung als Erbe aufbereitet und angeeignet zu werden; sei es auch nur in jener räumlich sehr komprimierten Weise, wie in dem vorliegenden Buch." (Lieber 2000: 12)

Theorie als Welterschließung

Theorien und Begriffe prägen unsere Sicht auf die Welt, sie sind „Netze, um die Welt einzufangen", wie der Wissenschaftstheoretiker Popper es formuliert hat. Der erfolgreiche Kampf um Definitionen ist daher nicht nur etwas, was innerhalb der Wissenschaft als geschlossenem System relevant ist. Vielmehr zielen Theorien und Begriffe darauf, in der sozialen Wirklichkeit und der politischen Praxis einflussreich zu werden. Im Bereich der Politik wird dies schnell klar. Die Frage nach der „richtigen Definition" von Politik beeinflusst den Rahmen dessen, was ein Staat *legitimerweise* tun kann. Ein enges Staatsverständnis führt zu einem minimalen Staat, ein extensives in der Regel zu einem interventionistischen Staat. Legitime Funktionen und Aufgaben von politischen Institutionen sind also abhängig von allgemeinen akzeptierten Definitionen von Politik und dem Politischen (vgl. Luhmann 1995a). Hier, an der Schnittstelle von akademischer und politischer Praxis, wird die Relevanz des Kampfes um *Deutungsmacht* offensichtlich. Begriffe, Konzepte und Theorien tragen „Weltsichten" mit sich, sie legen ein bestimmtes Handeln nahe und zielen darauf, in der „Wirklichkeit" relevant zu werden (vgl. hierzu das Kapitel 7.2. zu Foucault).

Begriffe formen Weltsichten

Zeitgenössische Beispiele dafür, dass mit einzelnen Begriffen spezifische Formen von politischen oder ökonomischen Ordnungsarrangements verbunden sind, gibt es viele. So sind „Null-Wachstum", die „Ich-AG" und „Bürgergesellschaft" Begriffe, die ein ganzes Netz von Bedeutungsebenen besitzen. Die gesellschaftliche Akzeptanz des Begriffes „Ich-AG", die sich u.a. in seiner zunehmend selbstverständlicheren Nutzung zeigte, führt auch dazu, dass die korrespondierende Vorstellung einer eher wirtschaftsliberalen Gesellschaftsordnung bei den Bürgern vorherrschend wurde. Der Kampf um Begriffe legitimiert spezifische Verständnisse davon, wie die Welt sein soll und delegitimiert zugleich andere. Die Wirtschafts- und Finanzkrise hat jedoch gezeigt, dass Begriffe und deren Verständnisse sich massiv ändern können.

Theorie und Praxis

Politische Theorie und politische Praxis stehen also in einem wechselseitigen Bedingungsverhältnis, da Politische Theorien das Vokabular liefern, um spezifische gesellschaftliche Zustände überhaupt als solche wahrzunehmen, zu beschreiben und zu bewerten. Der von Ulrich Beck eingeführte Begriff „Risikogesellschaft" (Beck 1986) hat zum Beispiel eine Reihe von empirischen Phänomenen theoretisch-konzeptionell gebündelt und so zu einer veränderten Wahrnehmung gesellschaftlicher Realität beigetragen und zu einer gesellschaftlichen Selbstbeschreibung geführt. Begriffe und Theorien (wie der ökonomische Neo-Liberalismus) diffundieren vermittelt über die Medien, Think-Tanks etc. in die Semantiken der Selbstbeschreibungen einer Gesellschaft und verändern so deren Realitäten (vgl. Ball 1997).

Autologische Begriffe

Viele Begriffe und Konzepte der Politischen Theorie konstituieren die von ihnen beschriebene Wirklichkeit erst durch sich selbst. Diese konstruktive Kraft der Begriffe veranschaulicht die Debatte um den Kern der Politikwissenschaft: Was ist Politik? Die verschiedenen Antworten, die auf diese Grundfrage gegeben wurden, haben jeweils verschiedene Konsequenzen für die Ausgestaltung der Politik in Gesellschaften. Im alltäglichen Sprachgebrauch wird sehr schnell etwas als politisch charakterisiert. Die folgende Tabelle fasst Definitionen von „Politik" zusammen, die in den letzten Jahrhunderten diskutiert wurden.

Tabelle 1: Definitionen von Politik

- Aristoteles versteht unter Politik das dem Menschen angeborene Streben nach dem Leben in der Gemeinschaft mit Freunden.
- „Politik ist die Summe der Mittel, die nötig sind, um zu Macht zu kommen und sich an der Macht zu halten und um von der Macht den nützlichsten Gebrauch zu machen. (...) Politik ist also der durch die Umstände gebotene und von dem Vermögen (virtù) des Herrschers oder des Volkes sowie von der spezifischen Art der Zeitumstände abhängige Umgang mit der Macht." (Machiavelli, Der Fürst, 1414)
- Politik ist das Streben nach Machtanteil oder nach Beeinflussung der Machtverteilung, sei es innerhalb eines Staates oder zwischen den Menschengruppen, die er umschließt. (Max Weber, Politik als Beruf, 1919)
- Politik ist der Kampf um gerechte Ordnung. (v.d. Gablenz 1950/1951)
- Politik findet dort statt, wo zwischen Freund und Feind unterschieden wird. (Carl Schmitt, Das Politische, 1932)
- Politik ist die autoritativ verfügte Verteilung von materiellen und immateriellen Werten in der Gesellschaft. (nach Easton 1954)
- Politik ist die Führung von Gemeinwesen auf der Basis von Machtbesitz. (Evangelisches Staatslexikon 1975)

Weithin akzeptierter Politikbegriff

Diese Definitionen sind sehr unterschiedlich, obwohl sie doch alle dasselbe beschreiben – d.h. eigentlich zu allererst konstituieren – wollen. So wird Politik einerseits als Mittel begriffen, andererseits als Zweck. Politik wird mit Macht assoziiert oder gleichgesetzt, aber ebenso mit Gemeinwohl und der Suche nach der rechten Struktur eines politischen Gemeinwesens. Damit bieten diese Definitionen die Grundlage für jeweils andere legitime Ausgestaltungen des Politischen. Das Beispiel zeigt, wie zunächst wir die Begriffe, dann aber die Begriffe uns prägen.[8] Wir wollen uns daher an der Suche nach einer „richtigen" Definition von Politik nicht beteiligen.[9] Festgehalten werden kann nichtsdestotrotz, dass das Verständnis von Politik, wie es David Easton geprägt hat, heute weithin akzeptiert wird. Politik ist die Gesamtheit der Aktivitäten zur Vorbereitung und zur Herstellung gesamtgesellschaftlich verbindlicher und/oder am Gemeinwohl orientierter und der ganzen Gesellschaft zugute kommender Entscheidungen.

Innertheoretische Kämpfe um Deutungsmacht

Die Analyse dieses Kampfes um *Deutungsmacht* gehört zu den wichtigen Aufgaben und Betätigungsfeldern der Politischen Theorie.[10] Deutungsmacht und Deutungshoheit spielen jedoch auch innerhalb der Wissenschaft eine zentrale Rolle. Seit Marx wendet man das Konzept der Deutungsmacht auf „Theorie" selbst an und argumentiert, dass keine Theorie interessenlos und neutral vertreten wird. Vielmehr sei jede Theorie „ideologisch" imprägniert, da mit ihr nicht nur wissenschaftliche Ziele, sondern – v.a. in den Kulturwissenschaften – auch immer *gesellschaftspolitische* Ziele verfolgt werden. Die Pluralität von Theorieangeboten resultiert daher auch aus dem Kampf um Deutungsmacht auf der Ebene von Theorie selbst: „Wir haben es in diesem Bereich [gemeint ist der Kampf auf der Ebene der Theorieansätze, d.A.] einerseits mit Erkenntnisprozessen zu tun, andererseits mit strategischen Auseinandersetzungen, die symbolisches Kapital zum Gegenstand haben und über die Position der Akteure im *champ* entscheiden. Eine wissenschaftliche Entdeckung, deren Erkenntniswert niemand bestreitet, kann zugleich ein ‚symbolischer Mord' (…) an einem Rivalen sein, der diese Entdeckung im Rahmen einer *anderen Theorie* anstrebte. Theorie erscheint hier einerseits als Erkenntnisinstrument, andererseits als Strategie, die im Kampf um die Vormachtstellung im wissenschaftlichen Feld eingesetzt wird. [Hervorhebung d.A.]." (Zima 2004: 10). Diesen Kampf um Deutungsmacht und Hegemonie im Feld der Wissenschaft zu verdeutlichen, ist das Ziel einer

8 Göhler, Iser und Kerner (2006) haben einen Band vorgelegt, in dem 22 *umkämpfte* Begriffe der Politischen Theorie diskutiert werden. Dort findet sich, ausführlicher als dies hier gewollt ist, der *innertheoretische* Kampf um definitorische *Hegemonie* analysiert.

9 Die Frage, wo die Grenze zwischen Privat und Öffentlich verläuft, ist ebenfalls umstritten und war immer Gegenstand von Kämpfen, da der Zuschnitt des Privaten und des Öffentlichen *selbst* eine politische Frage ist, die weitreichende Konsequenzen besitzt. *Legitimes* staatliches Handeln kann schließlich nur im Bereich des Politischen erfolgen. Die Definition des Politischen, d.h. die Grenzziehung zum Privaten, markiert den legitimen Handlungsbereich des Staates (vgl. Rössler 2001).

10 Das theoretische Konzept *Deutungsmacht* kann empirisch auf sehr unterschiedliche Arten analysiert werden. Die *Diskursanalyse* ist dabei ein besonders viel versprechender Ansatz. Vgl. Keller (2004) für eine Übersicht zur empirischen Diskursforschung.

Selbstbeobachtung der Politischen Theorie, die stets mit dem Streit um Deutungsmacht verwoben ist.

1.2. Theoriekonzeptionen

Was ist Theorie?

Wortgeschichtlich leitet sich „Theorie“ vom griechischen „theoria“ her, das „Betrachtung“ oder „Untersuchung“ bedeutet. Während die griechische „theoria“ sowohl die Betrachtung des Höchsten (die Schau Gottes) als auch die Wissenschaft ganz allgemein bezeichnen konnte, verstehen wir heute unter „Theorie“ und „Theoriebildung“ eine bestimmte Tätigkeit im Feld der ausdifferenzierten Wissenschaften.

Allerdings hat der Begriff seinen diffusen Charakter behalten: „Die Frage, was Theorie ist, lässt sich nicht einfach beantworten. Deshalb wird sie häufig gar nicht erst gestellt. Wird eine Antwort versucht, erfolgt sie stets eingebunden in ein spezifisches erkenntnistheoretisches Vorverständnis.“ (Nohlen/Schultze 1995: 650) Diese Einschätzung von Nohlen und Schultze erscheint im Vergleich zu jener des Philosophen Balsinger (1999: 602-603) noch optimistisch. Dieser attestiert, „dass für den Begriff Theorie (...) bisher kein einheitliches, wissenschaftstheoretisches Begriffsverständnis vorliegt.“ Auch Zima (2004: ix) bemerkt, dass die sprachliche Beschaffenheit von Theorien „bisher nicht eingehend analysiert und umfassend dargestellt worden“ ist und führt als einen Grund hierfür eine gewisse „Theoriemüdigkeit“ (Zima 2004: 1) nach den intensiven Methodendiskussionen in den 1980er Jahren an. Ein Grund hierfür ist sicher, dass man bei der Bestimmung des Theoriebegriffs in einen Regress gerät: Um eine Theorie der Theorie angeben zu können, bedarf man bereits einer Theorie. Jede Theorie des Politischen bezieht daher zugleich Position, was die Form und Funktion von Theorien überhaupt angeht.

Pragmatischer Zugriff

Trotz der Skepsis, die in der gegenwärtigen wissenschaftstheoretischen Diskussion zum Begriffsverständnis von Theorie vorherrscht, ist es wichtig, zumindest eine Annäherung an eine Definition, an ein Verständnis von Theorie zu erzielen. Die zitierten Positionen mahnen jedoch zu Bescheidenheit: Es kann im Kontext einer Einführung in die Politischen Theorien der Moderne nicht um eine ausdifferenzierte, erkenntnistheoretisch versierte und strikt wissenschaftstheoretisch angeleitete Diskussion des Theoriebegriffes gehen. Vielmehr ist ein eher pragmatischer Zugang zu einem für die Politische Theorie und die Politikwissenschaft angemessenen Verständnis von Theorie angezeigt (vgl. Göhler 1978 und Buchstein/Göhler 2007).

Drei Definitionsstrategien

Auf welche Art und Weise kann man zu einer weithin akzeptierten, grundlegenden und allgemeinen Definition von Theorie kommen? Es existieren – leicht simplifiziert – drei allgemeine, abstrakte Definitionsstrategien, die auch für die Arbeit an anderen Begriffen und Konzepten nützlich sind.

Extraktion des Gemeinsamen

1. *Die Methode der Extraktion des Gemeinsamen.* Eine Möglichkeit, Theorie zu definieren, besteht darin, alle, viele oder zumindest die gängigen Definitionen von Theorie daraufhin zu untersuchen, welche Aufgaben, Ziele und Methoden sie gleichermaßen nennen. Das Gemeinsame würde dann den Kern einer abstrakten Definition von Theorie ausmachen. Diese Methode besitzt den Vorteil, konsensfähige Definitionen zu liefern. Daraus resultiert jedoch zugleich der Nachteil, dass sie eher strukturkonservativ ist und Neues schlecht in den Blick bekommen kann.

Nominalistische Methode

2. *Die nominalistische Methode.* Diese Methode versucht, die grundlegenden Aufgaben, Ziele und Methoden jeder Theorie *nominalistisch* zu definieren. „Eine Konvention über die Verwendung eines bestimmten Ausdrucks heißt Nominaldefinition. Eine derartige Definition beansprucht demnach nicht, eine wahre, wohl aber eine zweckmäßige Aussage über die Wirklichkeit zu machen, wobei die Zweckmäßigkeit allerdings zu begründen wäre. Nominaldefinitionen (...) stehen mithin am Anfang jeder Wissenschaft (...).“ (Görlitz 1983: 33) Der Vorteil dieser Methode besteht in ihrer relativen Unabhängigkeit von bisherigen Verständnissen und Definitionen. Daraus folgt, dass nominalistische Definitionen sehr passgenau auf das jeweilige Erkenntnis- oder Forschungsinteresse zugeschnitten werden können. Die Kehrseite dieses Vorteils besteht in der Gefahr definitorischer Beliebigkeit.

Etymologische Methode

3. *Die etymologische Methode.* Eine Reihe von Begriffen und Konzepten der Politischen Theorie hat ihren Ursprung im Griechischen oder Lateinischen. Eine verbreitete Strategie der Definition zeitgenössisch benutzter Konzepte und Begriffe besteht darin, sie von ihrer ursprünglichen, lateinischen oder griechischen Wortbedeutung her zu verstehen. So beginnen Dieter Nohlen und Rainer-Olaf Schultze ihren Beitrag zur Theorie im Lexikon der Politik auch mit dem Hinweis, dass Theorie aus dem griechischen *theorein* bzw. *theoría* abgeleitet ist und Anschauen oder Betrachten bzw. Überlegung oder Erkenntnis bedeutet (Nohlen/Schultze 1995: 650). Der Vorteil dieser Methode liegt darin, einen Referenzpunkt zu besitzen, auf den man sich – auch aus unterschiedlichen Theorierichtungen kommend – gemeinsam beziehen kann. Die Nachteile dieser Methode bestehen erstens darin, dass die Bedeutung von Begriffen immer kontextgebunden ist. Um für den heutigen Gebrauch nutzbar zu sein, müssen die klassischen Verständnisse also aus ihrem historischen Kontext gelöst werden. Daraus resultiert das zweite Problem: Der erkenntnistheoretische

Grund, auf dem man steht, ist nur vermeintlich sicher, da kein Begriff, kein Wort selbstevident ist, sondern immer der verstehenden Interpretation bedarf.[11] Der Streit um ein richtiges oder angemessenes Verständnis von einem Definitionsobjekt bei der nominalistischen Methode kehrt bei der etymologischen Methode also in Form eines Streits um das richtige oder angemessene Verständnis des „klassischen" Verständnisses eines Begriffes wieder.

Drei Theoriebegriffe

Welcher Methode soll man folgen, da jede ihre spezifischen Vor- und Nachteile besitzt? Dieter Fuchs hat auf Basis der Methode der Extraktion des Gemeinsamen und der etymologischen Methode drei Begriffe von Theorie entwickelt. Seine drei Begriffe von Theorie besitzen den Vorteil, dass sie klar formuliert und anwendbar sind. Daher erscheinen sie uns als Anfangspunkt für die weitere Diskussion des Theoriebegriffes sehr sinnvoll.[12] Fuchs unterscheidet einen *weiten*, einen *engen* und einen *restriktiven* Theoriebegriff.

Weiter Theoriebegriff

1. Der *weite Theoriebegriff* ergibt sich für Fuchs – ähnlich der Definition von Nohlen und Schultze – aus dem griechischen Begriff *theoría*. In diesem Verständnis bezeichnet Theorie das *überlegende, erwägende Anschauen der Wirklichkeit im Unterschied zum Handeln in der Realität (Praxis)*. Für Fuchs besteht eine grundlegende Dichotomie zwischen Theorie und Praxis. Theorie zu betreiben ist das Andere des Handelns in der Praxis. Theorie ist jedoch nicht das Andere der Realität. Vielmehr besteht ein direkter Zusammenhang zwischen Theorie und Realität. Der zentrale Unterschied zum müßigen Betrachten der Wirklichkeit, zum Beispiel an einem Sommertag auf der Wiese hinter dem Vorlesungsgebäude, besteht darin, dass es sich um überlegendes und erwägendes Anschauen der Wirklichkeit handelt. In diesem erwägenden Anschauen realisiert sich der Wunsch, die Wirklichkeit in ihrer Vielfältigkeit und ihren chaotischen Interaktionsformen nicht ungefiltert, gleichsam *at face value*, passiv auf sich wirken zu lassen, sondern vielmehr *Struktur in die Beobachtung* der Wirklichkeit zu bringen, Kausalitäten zu erkennen und benennen zu können. Dieser weite Theoriebegriff ist jedoch noch vorwissenschaftlich. Er beschreibt eine kognitive Orientierung zur Welt, die jeder von uns zu fast jeder Zeit einnehmen kann. Die beiden folgenden Theoriebegriffe hingegen sind akademischer Natur.

Enger Theoriebegriff

2. Als zweiten Theoriebegriff führt Dieter Fuchs den *engen Theoriebegriff* ein. Eine Theorie im engen Sinne konstituiert sich über eine

---

11 Dieses Argument wird im Kapitel zur Postmoderne näher ausgeführt.

12 Wir beziehen uns hierbei auf ein noch unveröffentlichtes Manuskript von Dieter Fuchs, Universität Stuttgart, Institut für Sozialwissenschaften.

Menge allgemeiner Aussagen über die Wirklichkeit, die präzise formuliert, rational begründet und logisch konsistent sind. Worin liegen die Unterschiede zum weiten Theoriebegriff? Der weite Theoriebegriff benennt einen Vorgang, der im einzelnen Individuum stattfindet und nicht auf die sprachliche Vermittlung anderen gegenüber zielen muss. Der enge Theoriebegriff hingegen zielt auf die sprachliche oder zeichenhafte Formulierung allgemeiner Aussagen über die Wirklichkeit, das heißt auf einen Rezipientenkreis außerhalb des eigenen Selbst. Es geht also um Aussagen, die auf *intersubjektive Verständigung* und *intersubjektive Anerkennung* zielen. Damit andere Menschen sie verstehen und anerkennen können, müssen die Aussagen spezifischen Anforderungen genügen. Die zentralen Anforderungen sind bereits genannt: Sie müssen erstens präzise formuliert sein. Sie müssen zweitens „rational" begründet sein – wobei „rational" noch genauer zu bestimmen wäre. Schließlich müssen die Aussagen zueinander logisch konsistent sein. Wenn gilt, dass A>B und B>C ist, muss auch A>C sein.[13]

Restriktiver Theoriebegriff

3. Als dritten Theoriebegriff führt Dieter Fuchs schließlich den *restriktiven Theoriebegriff* ein. Eine restriktive Theorie zeichnet sich durch eine Menge allgemeiner Aussagen über die Wirklichkeit aus, die präzise formuliert, rational begründet, logisch konsistent und empirisch überprüfbar sind. Die entscheidende Differenz zwischen dem engen und dem restriktiven Theoriebegriff besteht darin, dass die Aussagen in dem restriktiven Theoriebegriff empirisch überprüfbar sind.

Zwei grundlegende Typen Politischer Theorie

In der heutigen Politikwissenschaft unterscheidet man in der Regel zwischen *normativen Theorien* und *empirisch-analytischen Theorien.*[14] Beide Theorierichtungen haben ihre je eigenen erkenntnistheoretischen Vorverständnisse und Forschungsmethoden. Diese klassi-

---

13 Diese Bestimmung des engen Theoriebegriffes scheint so weit durch das erklärende Paradigma inspiriert zu sein, dass sie für hermeneutische Theorien inadäquat ist, da sie ihre je eigenen Kriterien der Wissenschaftlichkeit entwickeln. Wir vertreten die Position, dass es sich bei den oben genannten Kriterien um *formale Metakriterien* handelt, die angeben, welche Kriterien eine hermeneutische Theorie formal berücksichtigen muss, unabhängig von deren substanzieller Ausgestaltung.

14 Verbreitet ist jedoch auch folgende Trias von Theorieverständnissen: normative Theorien, empirisch-analytische Theorien sowie kritisch-dialektische Theorien. Die letzte Theorierichtung wurde vor allem mit den Arbeiten aus dem Umkreis der ersten und zweiten Generation der Frankfurter Schule gleichgesetzt (Horkheimer, Adorno, Habermas und der junge Offe). Gegen die Aufnahme einer gesonderten Kategorie „Kritisch-Dialektische Theorie" spricht nicht primär die Tatsache, dass diese Theorierichtung derzeit akademisch nicht mehr *en vogue* ist, sondern vielmehr, dass das kritische Element notwendigerweise Bestandteil jeder normativen Theorie ist. Ähnlich argumentiert auch Reese-Schäfer (2000).

sche Unterscheidung soll im Folgenden kurz referiert werden, auch wenn in dieser Einführung vor allem die normativen Theorien dargestellt werden.

1.2.1. Normative Theorien

Definition

Normative Theorien „beinhalten Reflexionen und treffen Feststellungen über das, was sein *soll.* Sie begründen Wertmaßstäbe, Werturteile und Handlungsanleitungen." (Nohlen/Schultze 1995: 651) Der Form nach fallen alle normativen Theorien unter den engen Theoriebegriff. Sie sind eine Menge allgemeiner, präzise formulierter, rational begründeter und logisch konsistenter, aufeinander bezogener Aussagen darüber, wie etwas sein *sollte.* Eine Vielzahl der heute diskutierten Theorien sind normative Theorien, so z.B. die Theorie des politischen Liberalismus von John Rawls. Kriterium hierfür ist, dass Rawls von der Idee ausgeht, dass moderne Gesellschaften gerecht sein *sollen* und darauf seine Theorie der gerechten liberalen Demokratie aufbaut. Ein Sollen geht über das schiere Sein hinaus. Ein Sollen dient als Maßstab für die Artikulation von begründeter Kritik an der Wirklichkeit, als Ziel für emanzipatorische oder utopische Hoffnungen.

Historische Dominanz normativer Theorien

Betrachtet man die Entwicklung der Politischen Theorien seit dem Beginn der Moderne, also spätestens nach Machiavelli oder Hobbes – so wird deutlich, dass viele dieser Politischen Theorien normative Theorien sind, die ihren Ausgangspunkt jedoch in einer empirischen Diagnose nehmen. Nicht übersehen werden darf jedoch, dass einige dieser Theoretiker – Machiavelli und Hobbes, um nur zwei zu nennen – sich gerade einer anti-normativen Rhetorik bedienten. Hiervon sollte man sich jedoch nicht täuschen lassen. Thomas Morus' *Utopia* analysiert zum Beispiel die Rechtlosigkeit weiter Teile der britischen Bevölkerung. Diese empirischen Diagnosen dienen den Theoretikern jedoch nur als Sprungbrett für die Bearbeitung ihres eigentlichen Erkenntnisinteresses: Wie kann die Gesellschaft vor dem Hintergrund dieser Defizite verbessert werden? Was zeichnet eine gute politische Ordnung aus? Zum typischen Bestand der normativen Theorien zu Beginn der Moderne gehören darüber hinaus die Reflexionen auf die anthropologischen Fragen des menschlichen Seins (vgl. Jörke 2005). Durch die Reflexion auf das Sein des Menschen, auf sein natürliches Wesen, wird auf die richtige Ordnung des politischen Gemeinwesens geschlossen.

Begründungszwang

Die Frage, welches Sollen wünschenswert ist, ist jedoch mit wissenschaftlichen Mitteln nicht abschließend zu beantworten (sonst gäbe es auch nicht so viele unterschiedliche normative Theorien), sondern subjektiv geprägt. So könnte man gegen John Rawls argumentieren, dass Gerechtigkeit eine wunderbare Sache sei, Gleichheit jedoch viel wünschenswerter. Vielleicht würde man angesichts wirtschaftlicher Erwägungen dafür plädieren, dass nicht die Gerechtigkeit die erste Tugend politischer Institutionen sei, sondern deren Effektivität. Auf welcher Basis kann man begründet entscheiden, welche Werte man wollen soll?

Krise der normativen Theorien

Trotz ihrer langen Ahnenreihe geriet die normative Politische Theorie spätestens in den 1950er Jahren in den USA unter erheblichen Druck (vgl. von Beyme 1992: 11-25). Zugespitzt formuliert der amerikanische Politikwissenschaftler Peter Laslett 1956: „Political philosophy is dead" (Laslett 1956: vii). Eine ähnlich dezidierte Einschätzung der eigenen Disziplin liefert 1959 auch Leo Strauss: „Heute ist die politische Philosophie in einem Zustand des Verfalls und vielleicht der Verwesung, wenn sie nicht schon ganz verschwunden ist." (zitiert nach Rosa/Willems 1999: 447). Wie kam es dazu?

Gründe dieser Krise

In den 1950er Jahren erlebte die Politikwissenschaft in den USA einen Professionalisierungsschub (vgl. Ricci 1984: 7ff.), der in den 1930er Jahren bereits anfing, jedoch erst im Zuge der historisch einmaligen Ausweitung empirischer Analysemethoden zur vollen Entfaltung kommen konnte. Diese Professionalisierung hat für unsere Fragestellung zwei herausragende Konsequenzen, zum einen die forcierte funktionale Differenzierung innerhalb der Politikwissenschaft, zum anderen die verstärkte Anlehnung an die Standards guter positivistischer Theoriebildung, wie sie in den Naturwissenschaften zum guten Ton gehören. Hierzu zählen u.a. Falsifizierbarkeit, Deduktivität, Prognosefähigkeit und Wertneutralität. Behavioristen haben versucht, diese Standards als Qualitätsstandards jeder Form von Politischer Theorie durchzusetzen. Zu den intellektuellen Protagonisten dieses *positivistischen* Wissenschaftsverständnisses gehört u.a. David Easton. Im Vergleich mit diesen Kriterien ist die normative Politische Theorie in dem oben skizzierten Verständnis *keine* Theorie, ihr Niedergang in den 50er und 60er Jahren des letzten Jahrhunderts ähnelt der Ersetzung irrationaler und mystischer Weltbilder durch rationale wissenschaftliche Erklärungen. Schließlich wurde die nicht positivistische politische Philosophie und Theorie in den 1950er und 1960er Jahren in den USA aus dem Kanon der politischen Wissenschaft fast komplett ausgegrenzt.

Kritik an normativer Theorie

Deshalb sind für einige Politikwissenschaftler auch heute noch normative Aussagen und Wissenschaftlichkeit nicht miteinander vereinbar. Für Falter werden im Falle normativer Theoriebildung „die Grenzen der akademischen Welt überschritten" (Falter/Honolka/Lutz 1990: 31). Auch Jürgen Hartmann hat in seiner kritischen Einführung *Wozu Politische Theorie?* der normativen Theorie den Theoriestatus aberkannt. „Parteinahmen", so Hartmann, „werden wissenschaftlich nicht mehr akzeptiert, ob man dies beklagt oder nicht."

(Hartmann 1997: 25) Die Kritik an normativen politischen Theorien war so massiv, dass die Frage nahe liegt, warum man überhaupt noch normative Theorie betreiben sollte.

Rückkehr normativer Fragen

Es gibt jedoch gute Gründe dafür, dass normative Theorien akademisch nicht zu Grabe getragen werden sollten. Ihr umstrittener wissenschaftlicher Status innerhalb der Politikwissenschaft resultiert maßgeblich daraus, dass die Politische Theorie einerseits Teil der sozialwissenschaftlichen Politikwissenschaft ist und damit den Anforderungen des Normalwissenschaftsbetriebes unterliegt. Andererseits ist die Politische Theorie in Form ihrer normativen Spielarten Teil der Geisteswissenschaften: „One overt facet of political theory is that it inhabits both an abstracted philosophical term and the more immediately practical domain of politics. There is an implicit tension between these realms." (Vincent 1997: 3) Der spezifische Wert normativer politischer Theorie erschließt sich daher erst, wenn man die Kriterien guten wissenschaftlichen Arbeitens der Geisteswissenschaften zugrunde legt. Klassisch unterscheidet man entsprechend zwischen dem „erklärenden" Arbeiten in den Naturwissenschaften und den „verstehenden" Geisteswissenschaften. Die Legitimität verstehender Wissenschaft muss offenbar immer wieder neu verteidigt werden.[15] Ihre Qualitäten bestehen vor diesem Hintergrund darin, für die Gesellschaft Reflexionswissen zu produzieren und normative Orientierungsangebote zu unterbreiten.

Potenziale normativer Theorien

Normative Theorien bieten zudem die Chance, sich der Wirklichkeit nicht kritik- und distanzlos stellen zu müssen, da normative Theorien Bewertungsmaßstäbe liefern, anhand derer gesellschaftliche, politische, soziale etc. Zustände intersubjektiv nachvollziehbar bewertet und kritisiert werden können. Derzeit erleben wir in vielen westlichen Gesellschaften eine Renaissance der individuellen Sinnsuche. Eine Rückkehr des Spirituellen und eine wieder verstärkte Hinwendung zur Religion sind nur zwei Erscheinungsformen dieses Trends. Vor diesem Hintergrund stellt sich die Frage, warum es nicht auch zu einer Renaissance der politischen Frage kommen soll, wie *wir* als politische Gemeinschaft leben wollen? Lange schien für viele die Dominanz der globalen Ökonomie unzweifelhaft. „Globalisierung" und die daraus resultierenden „Sachzwänge" waren weithin akzeptierte Erklärungen innenpolitischen Handelns. Der Gestaltungsspielraum des Politischen und der Politik schienen zunehmend enger zu werden. Im Zuge der globalen Wirtschafts- und Finanzkrise seit 2008 hat sich das Blatt jedoch gewendet und der Staat wurde als zentrale Ordnungsinstanz wie-

15 So argumentiert Zima (2004: 8), dass zwischen den Theorien in den Naturwissenschaften und in den Kulturwissenschaften ein *grundlegender Unterschied* bestehe und die Kriterien guter Wissenschaftlichkeit der Naturwissenschaften nicht immer und nicht ungeprüft an die Kulturwissenschaften angelegt werden sollten.

der entdeckt. Den Gestaltungsspielraum des Politischen wieder in Erinnerung zu rufen, in der Krise Wege aufzuzeigen, wird als eine wichtige Aufgabe normativer Theorien gesehen. In normativen Theorien findet sich schließlich für viele Fachvertreter das emanzipatorische, das fortschrittliche Potenzial der Politikwissenschaft. Es ist nicht davon auszugehen, dass alles utopische Potenzial der liberalen Demokratie ausgeschöpft ist. Hier haben normative Theorien eine wichtige Funktion. Schließlich – und dies ist das sicher stärkste Argument zugunsten von normativen Theorien – ist Normativität unvermeidlich. Objektivität in den Sozialwissenschaften ist unmöglich und die Selbstkategorisierung einiger Theorien als „objektiv" oder „nichtnormativ" selbst schon Ideologie!

1.2.2. Empirisch-analytische Theorien

Definition

Den zweiten großen Strang innerhalb der Theorie bilden *empirisch-analytische Theorien.* Sie entspringen dem modernen naturwissenschaftlich inspirierten Wissenschaftsverständnis. Während normative Theorien darauf zielen, zu sagen, wie die Welt sein soll, zielen empirisch-analytische Theorien darauf, zu *beschreiben* und zu *erklären,* wie die Welt tatsächlich *ist.* Sie tun dies in Form von empirisch überprüfbaren Aussagen. Nach Nohlen/Schultze weisen alle deskriptiven Theorien die folgenden drei Elemente auf: „(1) Sie sind Systeme begründeter Aussagen (…) über bestimmte Tatsachen, Handlungen, ihre Beziehungen zu- und miteinander sowie über die diesen zugrunde liegenden Ursachen, Strukturen, Gesetzmäßigkeiten. (2) Sie enthalten Angaben über die Voraussetzungen/Randbedingungen, unter denen die Aussagen gelten sollen. (3) Sie beanspruchen Erklärungscharakter und Prognosefähigkeit; das heißt: Wissenschaftliche Theorien müssen die Sachverhalte ihres jeweiligen Objektbereiches sowohl erklären können, als auch Aussagen über Veränderungen gestatten und Hypothesen über neue, noch nicht bekannte Sachverhalte erlauben." (Nohlen/Schultze 1995: 652)

Wissenschaftlichkeit

Ein Vorteil der empirisch-analytischen Theorien besteht darin, dass die Sozialwissenschaften sich mit ihnen von den Geisteswissenschaften emanzipiert haben und in die Nähe der präzisen Naturwissenschaften rücken – hinsichtlich ihrer Wissenschaftlichkeit oder zumindest hinsichtlich ihres wissenschaftlichen Anspruches. Für ihre Protagonisten sind sie aufgrund ihrer Wertfreiheit bar jeglichen Ideologieverdachts und zielen auf intersubjektive Geltung und Anerkennung. Sie liefern Beweise an Stelle von Mutmaßungen oder Sollens-Vorschlägen. Darüber hinaus erfolgt die Wissensgewinnung kumulativ und arbeitsteilig.

Differenzierung nach Gegenstandsbereich

Innerhalb der Gruppe der empirisch-analytischen Theorien lassen sich weitere Differenzierungen vornehmen, und zwar entlang ihrer *Reichweite* und ihres *Gegenstandsbereiches*.

Hinsichtlich der *Reichweite* wird häufig zwischen *universellen Theorien*, deren Erklärungskraft *Raum* und *Zeit übergreifend* ist, und *Theorien mittlerer Reichweite,* deren Erklärungskraft in Raum und/ oder Zeit begrenzt ist, unterschieden. Hinsichtlich des Gegenstandsbereichs gibt es drei Theorietypen:[16]

- Mikrotheorien – Theorien, die individuelles Handeln erklären (z.B. Wählerverhalten),
- Mesotheorien – Theorien, die Phänomene zwischen Mikro- und Makroebene oder interdependente Phänomene erklären (z.B. Theorien über Handeln von und Handeln in Bürokratien, Institutionentheorien),
- Makrotheorien – Theorien, die (institutionelle) Großstrukturen erklären (z.B. Demokratietheorien).

Hinwendung zu Theorien mittlerer Reichweite

Etliche Autoren in der Politikwissenschaft, aber auch in der Soziologie, u.a. Robert K. Merton (1968), haben argumentiert, dass *Theorien mittlerer Reichweite* für die Sozialwissenschaften angemessen seien. Einerseits, weil Makrotheorien zum „Modellplatonismus“ (H. Albert) neigen und sich gegen produktive Kritik seitens anderer Makrotheorien verschließen, so dass der Fortschritt auf der Theorieebene sich sukzessive verlangsamt. Andererseits deshalb, weil Makrotheorien aufgrund ihres Abstraktionsniveaus dazu tendieren, Trivialitäten als wichtigen Erkenntnisgewinn zu vertreten. Die Hinwendung zu Theorien mittlerer Reichweite – zumal in Verbindung mit Erklärungen auf Mikroebene – ist jedoch nicht so unproblematisch, wie es vielleicht auf den ersten Blick zu sein scheint. Dies wird am Beispiel der Wahlforschung und den Theorien zum Wählerverhalten schnell deutlich. Um die steigende Zahl der Wechselwähler zu erklären, rekurrieren Wahlforscher häufig auf die nachlassende Bindekraft der Parteien. Diese steht wiederum in einem kausalen Zusammenhang mit Prozessen der gesellschaftlichen Pluralisierung und Fragmentierung, berührt also Gesellschafts- oder Makrotheorien. Letztlich greifen viele Theorien mittlerer Reichweite auf gesellschaftstheoretische Überlegungen zurück, ohne dies jedoch theoretisch explizit auszuweisen (vgl. Zima 2004: 14). Gefordert sind daher Mehrebenenanalysen, in denen auf theoretischer Ebene die Beziehungen zwischen den Ebenen modelliert werden.

---

16 Vgl. für eine kritische Darstellung der Entwicklung dieser Differenzierungen von Beyme (1992) sowie einführend Schmitz/Schubert (2006).

1.3. Qualitätskriterien der Theoriebildung

Qualität normativer Theorien

Was zeichnet eine gute Theorie aus? Eine Antwort auf diese Frage muss zwischen normativen und empirisch-analytischen Theorien differenzieren. Normative Theorien zielen stark auf praktische Konsequenzen ab; die Begriffe, die sie hervorbringen, sollen praktische Wirkung entfalten, Verdrängtes sichtbar machen, Ausgeschlossenen eine Stimme verleihen, dem Fortschritt der Gesellschaft dienen. Inwiefern sie diese Kriterien jeweils erfüllen, dürfte stets umstritten bleiben. „Objektive" Kriterien für „normative" Theorien kann es nicht geben.

Qualität empirisch-analytischer Theorien

Die Qualität einer empirisch-analytischen Theorie als Ganzes besteht darin, dass sie die empirische Forschung anleiten kann – und je besser sie dies kann, desto wertvoller ist sie. Die Theorie, aus der im empirisch-analytischen Paradigma Hypothesen abgeleitet werden, muss jedoch selbst wiederum spezifischen Qualitätsanforderungen gerecht werden, die unabhängig von der durch sie angeleiteten empirischen Forschung sind. Diese Qualitätsanforderungen sind dieselben wie bei normativen Theorien, also Deduktivität, Stringenz und logischer Aufbau.

Qualitätskriterien empirisch-analytischer Theorie

Przeworski/Teune (1970: 74) vertreten die These, dass eine sozialwissenschaftliche Theorie empirische Phänomene „accurate, general, parsimonious, and causal" erklären sollte. Für Levy (1963: 11) ist eine Theorie dann gut, wenn sie folgende Bedingungen erfüllt: „(a) precise, (b) have empirical referents, (c) are fruitful for the development of still further theories (...), and (d) are more tenable or relatively well confirmed". Diese Qualitätskriterien können jedoch noch weiter spezifiziert werden. Für die wohl wichtigste Richtung innerhalb der empirisch-analytischen Theorien, der Rational Choice-Theorie, fordert Lindberg (1992) – im Rekurs auf Lakatos (1980) – ein Theoriedesign, das sich *durch axiomatisch sparsame Kernannahmen* auszeichnet, die über die „method of decreasing abstraction" *deduktiv* realitätskompatibler gestaltet werden. An die Seite von axiomatischer Sparsamkeit und deduktivem Design treten für Lindberg die *Prognosefähigkeit* und ein *uneingeschränkter Objektbereich.* Verdichtet man die von den unterschiedlichen Autoren genannten Anforderungen, so erhält man die folgenden fünf Qualitätskriterien empirisch-analytischer Theoriebildung:

Tabelle 2: Qualitätskriterien der Theoriebildung

1. Axiomatische Sparsamkeit, d.h. wenige, klar formulierte Grundannahmen
2. Empirische Angemessenheit
3. Möglichst umfassender Objektbereich
4. Hohe retrospektive Erklärungskraft
5. Prognosefähigkeit

Dilemma der Theoriebildung

Das grundlegende Problem der empirisch-analytischen Theoriebildung in den Sozialwissenschaften besteht jedoch darin, dass jede dieser fünf Qualitätskriterien nur auf Kosten der anderen zu optimieren ist. Je sparsamer eine Theorie in ihren Annahmen ist, desto weniger kann sie die komplexe empirische Realität angemessen *darstellen*. Je empirisch angemessener eine Theorie ist, desto umfangreicher sind ihre Grundannahmen, was dem Qualitätskriterium der (axiomatischen) Sparsamkeit widerspricht. Wird eine Theorie daraufhin modelliert, eine empirische Wirklichkeit möglichst angemessen zu beschreiben oder zu erklären, so sinkt zugleich ihre Prognosefähigkeit, da diese empfindlich auf die kleinsten Veränderungen der gegebenen Realität reagiert. Die Suche nach einer großen Theorie in den Sozialwissenschaften wird daher erkauft mit einem Abstraktionsgrad, der vermutlich zunehmend trivialere Erkenntnisse produzieren wird. Karl Weick (1985: 54) hat die These aufgestellt, „dass eine Theorie sozialen Verhaltens unmöglich zugleich allgemein, genau und einfach sein kann". Bereits Max Weber hat diagnostiziert: „Je allgemeiner [Gesetze sind], das heißt abstrakter, desto weniger leisten sie für die Bedürfnisse der kausalen Zurechnung individueller Erscheinungen." Ihm zufolge sind „die allgemeinsten, regelmäßig auch die wertlosesten Gesetze" (beide Zitate nach Nohlen/Schultze 1995: 651). Für die Sozialwissenschaften scheinen daher trotz der angeführten Kritik Theorien mittlerer Reichweite am angemessensten zu sein.

Rational Choice

Es existiert jedoch mit Rational Choice ein Theorieansatz, der für sich selbst in Anspruch nimmt, den kompletten Anforderungskatalog erfüllen zu können (vgl. Lalman/Oppenheimer/Swistak 1993: 78-81).

Der Forschungsprozess

Ausgangspunkt jeder Theorie, also auch einer empirisch-analytischen Theorie, ist „die Wirklichkeit".[17] Eine Politikwissenschaftlerin möchte bestimmte Phänomene der Wirklichkeit beschreiben oder erklären. Hierzu stellt sie – dem restriktiven Begriff von Theorie folgend – ein Set von allgemeinen Aussagen über die Wirklichkeit zusammen, die präzise formuliert, rational begründet, logisch konsistent und empirisch überprüfbar sind. Aus dieser Menge systematisch aufeinander bezogener deskriptiver und erklärender Aussagen werden einzelne Hypothesen abgeleitet. Eine Hypothese ist eine theoretisch begründete Annahme über ein Kausalverhältnis zwischen zwei oder mehr beobachteten empirischen Phänomenen im Sinne einer wenn-dann oder einer je mehr-desto Aussage. Diese Hypothese wird anhand von Beobachtungen der Wirklichkeit überprüft. Anhand empirischer

17 Die Anführungszeichen sind hier entscheidend, denn es gibt durchaus Theorieschulen, die bezweifeln, dass diese Wirklichkeit jemals unvermittelt erfahrbar ist (Konstruktivismus).

Daten können Hypothesen bestätigt oder falsifiziert werden.[18] Was folgt aus Bestätigung oder Falsifikation? „Der kritische Rationalismus [Popper] kennt (...) keine Bestätigung von Hypothesen oder Theorien. Sein Verfahren ist die Falsifizierung. Theorien gelten nur so lange (als bestätigt), wie sie nicht widerlegt worden sind. In der wissenschaftlichen Alltagsarbeit ist die Praxis allerdings meist laxer und auf die Bestätigung der aufgestellten Hypothesen und Theorien gerichtet." (Nohlen/Schultze 1995: 653)

Gesetze und Hypothesen

Aus Hypothesen können *Gesetze* werden, wenn sie nie falsifiziert wurden (im Sinne des kritischen Rationalismus) oder regelmäßig von Forschern bestätigt werden. Theorien bestehen daher – anders formuliert – aus Hypothesen und Gesetzen. Die Falsifikation einzelner Hypothesen einer Theorie schwächt nicht notwendigerweise die Theorie als Ganze. Vielmehr muss man sich Theorien als Modulsysteme vorstellen – einige Module sind tragend, andere schultern eine geringere Last. Einzelne Module können bei Bedarf ausgetauscht werden. In diesem Sinne ist der Erkenntnisfortschritt kumulativ und schrittweise – Hypothese um Hypothese bestätigt sich, wird in neuen Kombinationen zu einer Theorie zusammengestellt, getestet etc. Dies ist in Grundzügen der „Normalmodus" des empirisch-analytischen Wissenschaftsprozesses.

Abbildung 1: Die Funktion der Theorie im wissenschaftlichen Prozess

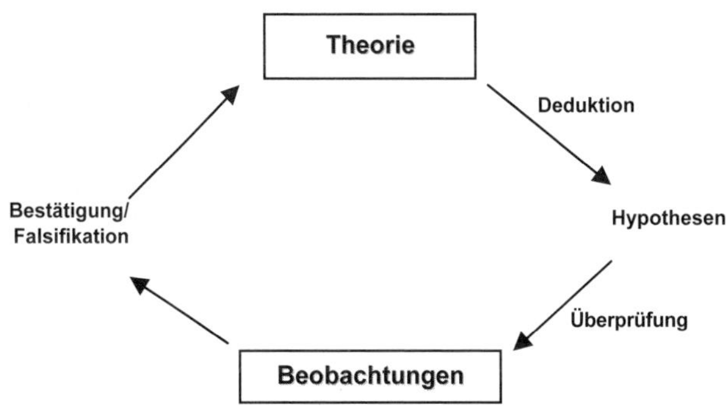

18 „Nun wollen wir aber doch nur ein solches System als empirisch anerkennen, das einer Nachprüfung durch die Erfahrung fähig ist. Diese Überlegung legt den Gedanken nahe, als Abgrenzungskriterium nicht die Verifizierbarkeit, sondern die Falsifizierbarkeit des Systems vorzuschlagen. (...) Ein empirisch-wissenschaftliches System muss an der Erfahrung scheitern können." (Popper 2002: 15)

Konstruktivistische Kritik

Der empirisch-analytische Ansatz dominiert heute die Sozialwissenschaften. Er wird allerdings auch kritisiert. Exemplarisch soll hier die Kritik des erkenntnistheoretischen Konstruktivismus angeführt werden. Hintergrund ist hierbei die Frage, ob so etwas wie „die Wirklichkeit" überhaupt als unabhängiger Forschungsgegenstand existiert. Postmoderne Wissenschaftstheoretiker legen vielmehr nahe, dass der Beobachter sein Bild von der Welt der sozialen Dinge selbst konstruiert. Für den radikalen Konstruktivismus ist Erkenntnis eine zirkulär operierende Leistung, welche „Wirklichkeit" in Wahrnehmung und Denken erst erzeugt: „Die Umwelt, so wie wir sie wahrnehmen, ist unsere Erfindung." (von Foerster 1995: 40) Wir schaffen uns vermittelt über Sprache also erst jene Realität, die wir beschreiben. Was für unsere Alltagskommunikation gilt, trifft in besonderem Maße auch für die wissenschaftliche Arbeit zu. Das vorliegende Schaubild – so die konstruktivistische Kritik – müsste daher um einen sehr implikationsreichen Pfeil erweitert werden: Jenen von der Theorie zur Wirklichkeit, da beides in einem konstitutiven Verhältnis zueinander steht.

Theorien und ihre blinden Flecke

Bereits 1969 hat Wolf-Dieter Narr (1969: 25ff.) in einem programmatischen Aufsatz zur Rolle der Theorie in der Politikwissenschaft betont: „Jede Theorie befindet sich in einem ganz bestimmten Bezug zur Realität. Was von ihr als Realität begriffen, analysiert bzw. ausgelassen wird, stellt ein Beurteilungskriterium für jede Theorie dar, wie dies umgekehrt von der Theorie her gesehen für die jeweilige Realität gilt (…)". Narr betont, dass jede Theorie einen spezifischen Zugang zur Wirklichkeit besitzt und daher auch ihren je eigenen „Blinden Fleck" – wie es Niklas Luhmann formuliert. „Blinde Flecken" sind jene Phänomene, die eine Theorie *mit ihren eigenen Mitteln* nicht in den Blick bekommen kann. Vieles spricht daher dafür, Debatten über Theorien im Modus der „Dialogischen Theorie" (Zima 2004) zu führen. Die Diskussion von Theorien *innerhalb* eines Paradigmas kann den Erkenntnisfortschritt in weitaus geringerem Maße stimulieren als die Diskussion zwischen unterschiedlichen Paradigmen. Dies setzt jedoch die Bereitschaft aller Beteiligten voraus, sich möglichst vorurteilsfrei auf die Prämissen und Erkenntnisinteressen jedes anderen einzulassen.

Selbstreflexion normativer Theorien

Auf der grundlegenden Ebene existieren zwei Qualitätskriterien für eine normative Theorie: „the logical validity and argumentative coherence" und „the moral rightness of the prescriptions" (Freeden 2005: 113-134).

Dies hat erstens den Grund, dass sie auf einen anderen Objektbereich abzielen: Aussagen der normativen Theorien über ein Sollen können nicht im gleichen Maße wie die Aussagen über das Sein der empirisch-analytischen Theorien „verifiziert" oder überprüft werden, weil Normen keine empirischen Gegebenheiten sind. Zweitens reflektieren normative Theorien die Schwierigkeiten, die sich aus der Selbstpositionierung als „Wissenschaft“ oder „Theorie“ ergeben, gerade unter normativen Gesichtspunkten stets mit: Auch Theoriebildung findet in einem sozialen Raum statt, für den jene normativen Maßstäbe gelten sollen, die die Theorien behaupten oder für die sie werben. Normative Theorien stellen sich folglich stets selbst die Frage, inwiefern sie selbst ideologisch, ausgrenzend, machtförmig und daher kritikwürdig sind.[19] Kurzum: Normative Theorien stellen ihre Wissenschaftlichkeit oft mit größter Selbstkritik in Frage.

Konsistenz, Transparenz, Kenntlichkeit

Dass normative Theorien keine objektiven Kriterien für gelingende Theoriebildung haben, gerade weil sie Begriffe wie „Objektivität“ immer schon kritisch hinterfragen, bedeutet jedoch nicht, dass in diesem Feld keinerlei Standards gelten. Es gilt *erstens* natürlich das Gebot der Konsistenz: Theorien dürfen sich nicht selbst widersprechen, logische Widersprüche oder gegenläufige Thesen beinhalten. *Zweitens* sollten normative Theorien ihre Vorannahmen möglichst transparent machen, sich also zu den Prämissen der Argumentation – z.B. einem Menschenbild – bekennen. *Drittens* sollte die normative Position, die eine Theorie vertritt, sozusagen das Ergebnis der Prämissen, in ihren praktischen Folgen kenntlich gemacht werden.

Die Einhaltung dieser drei Kriterien bürgt noch nicht dafür, dass besonders plausible oder weltanschaulich sympathische Theorien entstehen. Eine Theorie, die jedoch selbstwidersprüchlich, unreflektiert und unehrlich argumentiert, dürfte es im Diskurs normativer Politischer Theorie schwer haben.

19 Zum Begriff der Ideologie vgl. das Kapitel zu Marx.

2. Theoriebildung unter den Bedingungen der Moderne

2.1. Genese der Moderne

Moderne und Selbstlegitimation

Wann historisch der Übergang zwischen Mittelalter und Neuzeit anzusetzen ist, ist umstritten. Unbestritten ist hingegen, dass die Moderne etwas grundlegend Neues, etwas Einmaliges, zuvor in der Geschichte der Menschheit nie Dagewesenes darstellt. Jürgen Habermas sieht das grundlegend Neue der Moderne darin, dass sie ihre *Normativität aus sich selbst schöpft*, da sie „ihre orientierenden Maßstäbe nicht mehr Vorbildern einer anderen Epoche entlehnen" kann (Habermas 1988: 16).[20] Dieses Kapitel will ein Schlaglicht auf jene historischen Prozesse werfen, die den Aufbruch in die Moderne markieren und von besonderer Bedeutung für die Entwicklung des politischen Denkens waren.

Reformation und Säkularisierung

Mittelalterlicher *ordo*-Gedanke

Die geistige und politische Welt des europäischen Mittelalters war durch eine religiöse Ordnung geprägt, die dem Einzelnen nur geringen Spielraum ließ. „Das Bewusstsein des Mittelalters und die normsetzenden Prinzipien allen (…) Handelns im Mittelalter waren einheitlich getragen vom Glauben an die Offenbarung Gottes in seiner Schöpfung und in der menschlichen Geschichte, kulminierend in Menschwerdung, Kreuzigung und Auferstehung des Gottessohnes Jesus Christus." (Schwan 2000: 157) Die tragende Rolle des Glaubens und seiner Institutionalisierung, der katholischen Kirche, geriet im Laufe des Mittelalters jedoch aus unterschiedlichen Gründen ins Wanken.[21]

---

20 „Es ist nicht selbstverständlich, dass sich für eine Epoche das Problem ihrer geschichtlichen Legitimation stellt, genauso wenig wie es selbstverständlich ist, dass sie sich überhaupt als Epoche versteht. Für die Neuzeit ist das Problem latent in dem Anspruch, einen radikalen Bruch mit der Tradition zu vollziehen und vollziehen zu können, und in dem Missverständnis dieses Anspruches zur Realität der Geschichte, die nie von Grund auf neu anzufangen vermag." (Blumenberg 1966: 72)

21 Vgl. für eine politikwissenschaftliche Analyse über die Veränderungen in den legitimatorischen Grundlagen politischer Herrschaft die einschlägige Studie von Kielmansegg (1977: 16-58).

Geistliche und weltliche Macht im Konflikt

Seit dem frühen Mittelalter erfolgte eine Verschiebung des Machtgefüges zwischen weltlicher und geistlicher Gewalt hin zu einem Primat des Papsttums, die mit einem Verlust der sakralen Aura des Kaisertums einherging. Diplomatische Eckpfeiler dieser Entwicklung sind der so genannte *Dictatus Papae* Gregors VII. (1075) sowie die Bulle *Unam Sanctam* (1302) Bonifaz' VIII. Im Zuge der Auseinandersetzungen zwischen *Imperium* und *Sacerdotium (Investiturstreit* 1075-1122) verdichtete sich langsam die Vorstellung einer Trennung zwischen geistlicher und weltlicher Sphäre, wobei das Ausgreifen der geistlichen Macht auf die weltliche Sphäre die Entwicklung des Gedankens unterstützte, dass politische Ordnung auch unabhängig von kirchlichen Einflussansprüchen gestaltbar sein sollte. Diese Verschiebung des Machtgefüges illustrieren folgende Beispiele:

- Papst Gelasius I. (492-496) spricht in einem Brief an den oströmischen Kaiser Anastasius (491-518) noch von zwei Gewalten (die geistliche und die weltliche), die gleichberechtigt nebeneinander stünden.
- Die sog. „Zwei-Schwerter-Theorie“[22] verschiebt dieses Gleichgewicht, indem sie dem geistlichen und dem weltlichen Schwert zwar einen je eigenen Bereich einräumt, betont aber, dass es darauf ankommt, wer sie verleiht: Christus direkt an die beiden Gewalten oder zuerst an die Kirche, die ein Schwert an den Kaiser weitergibt. Zudem ist strittig, wer über die Verwendung des weltlichen Schwertes bestimmt: der Kaiser autonom oder nach dem Willen der Kirche.
- Eindeutig wird der Primat der geistlichen Macht von Papst Innozenz III. (1198-1216) betont, indem er dem ‚Gleichnis von Sonne und Mond‘[23] politische Bedeutung gibt. So wie Gott am Himmel ein größeres Licht für den Tag und ein kleineres Licht für die Nacht geschaffen habe, habe er zwei Ämter (Papsttum und Kaisertum) eingesetzt. Und wie der Mond der Sonne gegenüber geringer sei an Größe und sein Licht erst von der Sonne erhalte, so erhalte auch die weltliche Gewalt das ihre erst durch den Papst.

funktionale Ausdifferenzierung

Im 14. Jahrhundert formulierte Marsilius von Padua in *Defensor Pacis* die „Lehre der zwei Gewalten“ so: „Kein römischer Bischof, Papst genannt, und kein anderer Bischof oder Priester und kein Diakon hat eine zwingende Regierungsgewalt oder Gerichtshoheit oder Rechtsprechung über einen Priester oder Nicht-Priester, einen Regenten, eine Gemeinschaft, ein Kollegium oder irgendeine Einzelperson, wel-

---

22 So bei Bernhard von Clairvaux (†1153) und Bonifaz VIII. (1294-1303) in Anlehnung an *Lukas* 22,35-38.

23 *Genesis* 1,1,14-17.

ches Standes auch immer, oder darf sie haben." (Marsilius de Padua 1971: III-3). Marsilius postuliert jedoch nicht nur eine weltliche und eine kirchliche Herrschaftssphäre, sondern geht sogar noch einen entscheidenden Schritt weiter (vgl. Löffelberger 1992). Marsilius folgert, „dass die Gemeinschaft selbst für ihre Verfassung des Staates zu sorgen habe, (...) [und, d.A.] jeder Staat als Minimum ein gewisses Maß an Einheit, Unabhängigkeit und Ausschließlichkeit besitzen [muss, d.A.]." (Rausch 1971: 241) Marsilius wurde für diese Schrift exkommuniziert und als Ketzer verurteilt. Er legte mit ihr jedoch das intellektuelle Fundament für den historischen Prozess der zunehmenden Eigenständigkeit und Unabhängigkeit von Politik und Kirche.

Reformation

Entscheidend wurde die katholische Kirche durch die Reformation und die daraus resultierende dauerhafte konfessionelle Spaltung Europas stark geschwächt.[24] Für die Zeitgenossen waren die überall in Europa wütenden Religionskriege eine zutiefst schockierende Erfahrung, die sicherlich einen gewissen Anteil daran hatte, dass die Verankerung des Glaubens bei den Menschen langsam nachließ. Das in diesem Zusammenhang gern benutzte Schlagwort der *Säkularisierung* sollte jedoch für diese Zeit und noch lange danach mit Vorsicht gebraucht werden. Der Relevanzverlust der Kirche und die sinkende Orientierungsleistung des Glaubens sind Phänomene, die für die politischen, kulturellen und intellektuellen Eliten diagnostizierbar sind und deren Verhalten verändert haben. Davon abzugrenzen ist jedoch das „einfache Volk". Eine *Volksfrömmigkeit* als Basis alltäglichen Handelns ist ein Phänomen, das bis ins 19. Jahrhundert zu diagnostizieren ist und das gegen die These einer allgemeinen, gleichzeitigen und gleichgerichteten Säkularisierung von Politik und Gesellschaft spricht.[25]

---

24 Innerhalb des „klassischen" Liberalismus wurde aus der *historischen* Erfahrung der Konfessionskriege die normative Idee der Trennung von Staat und Kirche gewonnen. Nur so konnte für ihn gesellschaftsinterner Frieden auf Dauer gesichert werden.

25 Gegen den Glauben an die Autorität der Verkündung und Überlieferung behauptet der Protestantismus den unvermittelten Zugang des Subjektes zu Gott – und damit die Stärke des auf seine Einsicht pochenden Subjektes. Hegel konstatiert diese Entwicklung mit den Worten, die Hostie gelte nur noch als Teig, die Reliquie nur noch als Knochen. „Man hat Recht und Sittlichkeit als auf dem präsenten Boden des Willens des Menschen gegründet betrachtet, da es früher nur als Gebot Gottes äußerlich auferlegt, im Alten und Neuen Testament geschrieben oder in Form von besonderem Recht in alten Pergamenten, als Privilegien, oder in Traktaten vorhanden war." (Hegel 1972: 522).

Entdeckung neuer Kontinente

Vermessung der Welt

Der geografische Horizont jener Zeit hat sich rasend schnell erweitert – und mit ihm auch der kulturelle. Es sind vor allem die transatlantischen Kontakte im 16. Jahrhundert, die einen entscheidenden Einfluss darauf haben, mit welchen Augen man die sozialen und politischen Ordnungen in Europa sieht.[26] Die überseeischen Kontakte haben etwas sehr Grundlegendes anschaulich vermittelt: Politische und soziale Ordnungsarrangements folgen weder einem göttlichen Heilsplan,[27] noch sind sie statisch. Vielmehr werden sie durch *Menschen* gestaltet, sind wandelbar und können daher immer auch *ganz anders* sein: „Die Eroberung der ‚neuen Welt' war zugleich die Geburtsstunde einer neuen Wissenschaft, der Ethnologie. (…) Mit fremden Kulturen konfrontiert, vermochte die Ethnologie dank solcher Kontrasterfahrungen die eigene Kultur distanziert zu betrachten und daher *als Ganze* vor sich zu bringen. (...) Die Rückwendung des ethnologischen Blicks auf die eigene Kultur verwandelte die Philosophie zeitweise (…) in *Ethnologie der eigenen Kultur*. Vor dem Hintergrund eines enzyklopädisch erfassten Ganzen menschlicher Kulturen stellte die in Ethnologie verwandelte Philosophie die eigene Kultur – oft in Form einer Kritik der Gewalt – in Frage." (Fink-Eitel 1994: 11) Erst im Medium des Anderen, der fremden Kulturen, konnte die radikale Kritik an den eigenen politischen und sozialen Strukturen artikuliert werden.

Utopien als Kontingenzraum

Die überseeischen Kontakte führten zu einer Revitalisierung eines lange vergessenen literarischen Genres, der Utopie.[28] Sowohl Morus' *Utopia* im Speziellen als auch die Gattung des utopischen Romans im Allgemeinen sind inspiriert von den neuen, transatlantischen Kulturkontakten. Bereits in der Antike findet sich das Genre der utopischen Erzählung bei Platon (*Politeia*), Iambulos (nur fragmentarisch erhalten und zitiert bei Diodor) sowie Herodot. Im christlichen Abendland wird dieses Genre erst durch Morus' *Utopia* aus dem Jahr 1515 prominent wieder aufgegriffen und durch Campanellas *Sonnenstaat* sowie Bacons *Neu-Atlantis* fortgeführt.[29] Aus der heutigen Perspektive liegt der

---

26 Vgl. Bitterli (1992) für eine historische Darstellung des Kontaktes „Alte Welt – Neue Welt".

27 *Römerbrief* 13,1-3: „Jeder leiste den Trägern der staatlichen Gewalt den schuldigen Gehorsam. Denn es gibt keine staatliche Gewalt, die nicht von Gott stammt; jede ist von Gott eingesetzt. Wer sich daher der staatlichen Gewalt widersetzt, stellt sich gegen die Ordnung Gottes, und wer sich ihm entgegenstellt, wird dem Gericht verfallen."

28 Bitterli argumentiert, dass „sozialpolitisches Denken (…) im Abendland erst nach der Entdeckung Amerikas möglich geworden" (Bitterli 1991: 392) ist. Sehr instruktiv sind die Werke von Richard Saage (1991) zur politischen Utopie.

29 Obwohl die Utopie einen diesseitigen Idealstaat skizziert, den sie als Darstellungsmittel in die (geografische) Fremde projiziert, wird sie doch von Elementen

intuitive Einwand nahe, dass hier die politische Wirkmächtigkeit eines letztlich *literarischen Genres* überschätzt würde. Diese Einschätzung ist jedoch voreilig, da „seit den Tagen der Renaissance die Staatslehre und Staatsbildung nicht nur theoretisch, sondern auch vielfach praktisch die Folgerungen aus ihren [gemeint ist die Gattung des utopischen Romans, d.A.] allgemeinen und besonderen Gedankengängen zu ziehen versuchte." (Heinisch 1960: 216)

Subversionskraft der Utopien

Politische Utopien entwerfen einen Idealstaat. Im Gegensatz zu fortschrittsoptimistischen Darstellungen wie jenen von Condorcet rechnet die utopische Literatur nicht mit einer evolutionären oder graduellen Entwicklung hin zum Idealstaat. Die Utopie will den radikalen Bruch mit dem Bekannten und den Neubeginn von heute auf morgen: „Die Utopie akzeptiert Teillösungen und Mängel nicht; sie zielt auf radikale Veränderungen ab (...). Sie visiert den radikalen Bruch mit der existierenden Realität an, die weiterzuführen sie verweigert, und sie fordert einen Neubeginn *ex nihilo*." (Bronislaw Baczko, zitiert nach Bitterli 1991: 401) Utopien zeichnen sich also durch einen radikalen und subversiven Impetus gegenüber der herrschenden Ordnung bzw. ihren Ordnungsarrangements aus. Und selbst wenn sie nicht auf direkte Realisierung der Utopie hofften, so haben die Autoren ihren Lesern sehr wohl kritische Maßstäbe für die Bewertung der politischen Realität an die Hand gegeben. Die Hintergrundannahmen vieler Utopien, u.a. die Vorstellung eines idealen Naturzustandes oder jene des „edlen Wilden", bleiben zudem nicht auf das Genre der Utopie beschränkt, sondern finden – wenn auch in stark modifizierter Form – Eingang in das kontraktualistische Denken, so u.a. in Rousseaus *Gesellschaftsvertrag*.

Der Aufstieg des Bürgertums

Neue ökonomische Strukturen

Von zentraler Bedeutung für die Moderne ist die Ausbildung der manufakturiellen Produktion, die den grenzüberschreitenden Handel fördert und damit eine neue Klasse von Herrschaftsunterworfenen hervorbringt: das Bürgertum. „Bürger" sind ursprünglich Stadtbewohner und damit Mitglieder eines neuen Rechtsraumes. Das Bürgertum steht mit seinen politischen und ökonomischen Forderungen quer zum alten Ständestaat und kämpft gegen dessen Privilegien und Zwänge. In diesem Kampf gegen die alte feudale Ordnung findet es in den neuen, absolutistischen Monarchen politische Verbündete. Deren Aufstieg ist das Ergebnis eines politischen Prozesses und korrespondiert mit dem Entstehen neuer (Raum-)Ordnungssysteme: der National- und Flächenstaaten. Er ist zugleich eine Reaktion auf die konfessionelle Spaltung in Europa und die

des kirchlichen Lebens beeinflusst. Die neue politische Ordnung ist in ihren intellektuellen Fundamenten nicht zur Gänze jenseits des Dualismus von kirchlicher und weltlicher Macht (vgl. Campanellas *Sonnenstaat* oder Bacons *Neu-Atlantis*).

daraus resultierenden blutigen und lang andauernden Religionskriege. Nur absolutistische Herrscher können – so zumindest die Ansicht vieler damaliger Theoretiker – Frieden schaffen, da nur sie die Macht dazu haben. Damit einher geht eine Professionalisierung des Krieges: Aus marodierenden Söldnerheeren, die Europa verwüstet haben, werden stehende Heere im Sold des Königs. Im Bürgertum wiederum finden die absolutistischen Herrscher jene soziale Trägerschicht, die sie unterstützt und der sie im Austausch jene Rechte und Rechtssicherheiten gewähren, die es für einen freien Warenhandel benötigt. Am wichtigsten hierfür ist das Recht auf Eigentum.

Humanismus und Rationalismus

Humanismus als früher Individualismus

Der Humanismus war für die weitere Entwicklung der politischen Theorien in der Moderne von entscheidender Bedeutung. Der Humanismus betont einerseits die Subjektivität des Individuums im Vergleich zum vorherrschenden Kollektivismus des Spätmittelalters und andererseits die Rationalität und Vernunft des Individuums gegen transzendentale Heilsversprechen und Ordnungsarrangements. Die Entwicklung hin zum Humanismus – der übrigens bei weitem kein „Massenphänomen" war, sondern ein Elitenphänomen darstellte – war natürlich nicht voraussetzungslos. Eine notwendige, wenn auch nicht hinreichende Bedingung für die Entfaltung des Humanismus bestand in der Konstituierung des durch den kontinuierlichen Prozess der Säkularisierung aus göttlichen Heilslehren freigesetzten Individuums. In den Worten von Alexander Schwan: „In der Epoche der frühen Neuzeit wird der Mensch als das Wesen der Vernunft – das die Dinge, die Welt, das Sein im Ganzen und sich selbst vernimmt, ergründet, theoretisch erkennt und praktisch begreift – frei auf sich gestellt. (…) Alsbald tritt jedoch die philosophische Problemstellung auf den Plan, wie sich der Mensch in rationaler Reflexion, in eigenständigem, allein auf seine Vernunft gestelltem Denken der Welt und seiner selbst vergewissern könne, um so seines eigenen Ortes im Ganzen sicher zu werden. Die seit der Antike thematisierte philosophische Grundfrage nach der Wahrheit des Seins, der Dinge und des Menschen erhält jetzt die Form der Frage nach ihrer Gewissheit für das Subjekt (…)." (Schwan 2000: 158)

Rationalismus und methodischer Skeptizismus

René Descartes wird zum wohl wichtigsten Vertreter des *Rationalismus* und einer radikal subjektivistischen Philosophie. Sein *cogito ergo sum – ich denke, also bin ich* – wird zur letzten und einzigen Quelle von Sicherheit in einem Strom von Ungewissem und Zweifelhaftem. Sein Rationalismus darf jedoch noch nicht mit einer komplett säkularisierten philosophischen Theorie verwechselt werden. Dies wird an jenem Punkt deutlich, an dem man die Frage stellt, warum das denkende Ich sich nicht selbst täuschen kann und so alles – die Welt der Dinge und das Selbst – in einen Strudel von Unsicherheit und Zweifelhaftem gezogen wird. Descartes argumentiert, dass der Mensch sich als endliches und unvollkommenes Wesen erkennt. Das Endliche und Unvollkommene setzt jedoch die Existenz seines Gegenteils voraus, genauso wie das Gute das Böse im Sinne des Ganzen der Moral oder der Himmel die Hölle. Daraus folgt, dass ein unendliches und vollkommenes Wesen existieren muss, das man Gott nennt. Als vollkommenes Wesen würde Gott den Menschen in seiner Reflexion über die Welt sich jedoch nicht täuschen lassen, daher kann sich der Mensch des Fundaments seiner Reflexion über die Welt sicher sein, was in dem *cogito ergo sum* paradigmatisch zum Ausdruck kommt. Spätere Vertreter des Rationalismus werden dann auch noch Gott aus ihrem philosophischen Begründungsprogramm vertreiben.

2.2. Herausforderungen für die Politische Theorie

Ende des *ordo*-Gedankens, Ordnungsschwund

Mit der frühen Moderne wird die klassische *ordo*-Vorstellung, die die Welt als gottgeschaffene und damit unveränderliche, bestenfalls korrumpierbare, aber nicht disponierbare Gesamtheit versteht, unplausibel. Auch die politische Ordnung wird damit zunehmend *kontingent*, das heißt, sie ist so wie sie ist, könnte aber prinzipiell auch immer anders sein. Es besteht kein Determinismus mehr, der zu einer bestehenden Ordnung führen *musste*. Wenn aber keine politische Ordnung prinzipiell für sich reklamieren kann, die einzige, richtige und wahre politische Ordnung zu sein, resultiert ein hoher *Legitimationsdruck*, und zwar – und dies ist vom Mittelalter kommend ein Paradigmenwechsel – gegenüber der Gemeinschaft der Herrschaftsunterworfenen. Eine zentrale Frage – wenn nicht sogar *die* zentrale Frage – lautet für die Politische Theorie der Neuzeit daher, wie politische Ordnung ohne Rückgriff auf transzendente, also göttliche, Argumente und Vorstellungen legitimiert werden kann. Im Gegensatz zur politischen Philosophie des Mittelalters, die sich auch mit politischen Ordnungsarrangements beschäftigt hat, steht also nicht mehr die Frage nach der *guten* oder *rechten* Ordnung im Zentrum, sondern vor allem nach einer *legitimen* politischen Ordnung. Dabei vervielfachen sich die diesseitigen Ressourcen, aus denen sich Legitimität speisen kann.

Neue Legitimationsstrategien

Das wirft die Frage auf, welches die Ressourcen sind, auf die legitimationstechnisch zurückgegriffen werden kann. Seit der Renaissance steht der Mensch nicht mehr nur in der Kunst als *alter deus*, als zweiter, kleinerer aber ebenfalls schöpfungsbefähigter Nebengott, am Beginn vieler Argumentationen. Daher ist es nicht verwunderlich, dass jede Politische Theorie, die sich mit Legitimationsfragen beschäftigt, in ihren Antworten durch das zugrunde liegende Menschenbild deutlich beeinflusst wird.[30] Das vernunftbegabte Subjekt der Moderne ist jedoch ortlos: Der Sündenfall hat es aus dem Paradies vertrieben, der Fortschritt in den Naturwissenschaften aus der Mitte des Universums, die Säkularisierung aus der jenseitigen Erlösungshoffnung, dem Himmelreich, und die Psychoanalysen nach Freud aus sich selbst.

Selbstbegründung als Programm

Das handelnde Subjekt muss die moralischen Bewertungskriterien für sein Handeln aus sich selbst schöpfen. Mit Descartes versichert sich der Mensch kraft seiner Vernunft durch sein Denken seiner selbst. Es ist jedoch ein einsames Subjekt, das die heroische Aufgabe übernommen hat, jene zuvor durch Religion, Sitte und Traditionen *von außen* an es herangetragenen Handlungsnormen jetzt von innen, *aus sich selbst heraus* zu entwickeln und die äußeren Handlungsnormen damit zumindest partiell zu substituieren. Diese Einsamkeit des Subjekts ist jedoch kein Naturzustand oder die Natur des Menschen. Vielmehr sind es die individuell zutragenden Konsequenzen gesellschaftlicher Umwälzungen.

Politische Anthropologie

Für die weitere Theorieentwicklung wird die Frage nach dem Menschenbild entscheidend sein. Die beiden großen Stränge innerhalb der Politischen Theorie und Ideengeschichte, der Liberalismus und der Republikanismus, unterscheiden sich grundlegend hinsichtlich der Frage, ob der Mensch von Natur aus individualistisch ist oder gemeinschaftsorientiert. Oder, in zeitgenössischer Terminologie: Der Liberalismus geht vom methodologischen Individualismus aus, während der Republikanismus den methodologischen Holismus verteidigt. Beispielhaft soll dies in einem Vorgriff auf die nächsten Kapitel anhand des Liberalismus verdeutlicht werden.

Individuum und Kollektiv

Seit Hobbes geht der Liberalismus davon aus, dass aus der *human condition* eine spezifische Form des politischen Lebens und der Ausgestaltung politischer und sozialer Ordnungsarrangements folgt. Ausgangspunkt ist die Annahme, dass der Mensch in dieser Welt zunächst isoliert ist von allen anderen Menschen. Die Überwindung der Unverbundenheit ist dabei keine Frage des individuellen Wollens, sondern des existenziellen Nicht-Könnens. Der zeitgenössische Libertäre Robert Nozick (1974: 33) bezeichnet dies als „the fact of our separate existences". Das „Wir" einer wie auch immer gearteten Gemeinschaft existiert für den klassischen Liberalismus daher als Kategorie *sui generis* nicht. Das „Wir", das der Liberale kennt, ist das Wir, das aus der Addition von „Ichs" resultiert.

Klassisches und modernes Menschenbild

Diese Vorstellung widerspricht vielen traditionellen Vorstellungen der sozialen Natur des Menschen – nicht nur der klassischen antiken Vorstellung des Menschen als eines von Natur aus sozialen We-

---

30 Mit Ausnahme von bereichsspezifischen politischen Theorien in der Gegenwart kann man vermutlich sogar die These verteidigen, dass wenig eine Politische Theorie so stark formt wie das ihr zugrunde liegende Menschenbild.

sens, sondern insbesondere der christlich-biblischen Idee der *communitas* und damit zugleich auch der Erfahrungswelt eines größeren Teils der christlichen Bevölkerung Westeuropas im Mittelalter. Die Isolation des Menschen wird in diesen alternativen Vorstellungen als Verlust beklagt. Erst in der Renaissance erfolgt eine Umdeutung: Der Liberalismus bewertet die *separateness* des Menschen nicht mehr als Verlust, vielmehr zelebriert er sie. Hierzu musste der Liberalismus die schmerzliche Lücke, die bis dahin das Bewusstsein der Isolation und des Auf-sich-selbst-zurück-geworfen-seins bei den Menschen erzeugte, füllen. Dies geschieht in der positiv besetzten Vorstellung eines mit individuellen, unveräußerlichen Naturrechten ausgestatteten Menschen. Der historische Dreiklang der liberalen Verheißung lautet daher – wie *Macpherson* (1973) betont – Recht, Freiheit und Besitz.

Modernisierung als Liberalisierung

Vor dem Hintergrund dieser Vorstellung wird die Isolation als Befreiung begriffen und die Gemeinschaft, die das soziale Leben über Jahrhunderte zuvor geprägt hat, kann als Sklaverei demaskiert werden, da sie der natürlichen Freiheit des Einzelnen empfindliche Grenzen auferlegt hat. Der Liberalismus dekliniert den radikalen Individualismus, den er als konzeptuellen Ausgangspunkt nimmt, somit bis zur Identifikation der korrespondierenden politischen Form: Die Bürger eines liberalen Staates stehen sich nicht als Freunde oder Bekannte innerhalb einer Gemeinschaft von Staatsbürgern gegenüber, sondern vor allem als ansonsten unverbundene Rechtspersonen. Die Zeitgenossen dieses Prozesses haben ihn vermutlich nicht nur als Befreiung begriffen, sondern auch als Verlust, als Zustand der Anomie.

Ein Beispiel aus der Lyrik

Dieser Zusammenhang kann mit einem Auszug aus einem Gedicht von John Donne verdeutlicht werden. Er selbst war Zeitgenosse des skizzierten Prozesses. In dem Gedicht spiegelt sich die Ambivalenz, die vermutlich viele seiner Zeitgenossen fühlten, gut wider.

> Then, as mankind,
> so is the world's whole frame
> Quite out of joint,
> Almost created lame, (…)
> And new philosophy calls all in doubt
> 'Tis all in pieces,
> all coherence gone,
> All just supply,
> and all relation;
> Prince, subject, father, son, are things forgot,
> For every man alone thinks he hath got
> To be a phoenix,
> and that then can be
> None of that kind, of which he is, but he.
>
> John Donne: An Anatomy of the World, 1611.

Modernes Zeitbewusstsein

Für die weitere Theorieentwicklung wird darüber hinaus eine spezifische Eigenart der Moderne entscheidend. Wie bereits ausgeführt wurde, schöpft die Moderne ihre Normativität aus sich selbst. Autoren wie Walter Benjamin und Hans Blumenberg haben gezeigt, dass damit auch eine Erneuerung des Zeitbewusstseins einhergeht. In jenem Maße, in dem die Moderne ihre Normativität aus sich selbst schöpft, verliert die Vergangenheit als Quelle von Inspiration und Legitimation an Wert. Der Historiker Reinhard Koselleck geht davon aus, dass „sich in der Neuzeit die Differenz zwischen Erfahrung und Erwartung zunehmend vergrößert, genauer, dass sich die Neuzeit erst als eine neue Zeit begreifen lässt, seitdem sich die Erwartungen immer mehr von allen bis dahin gemachten Erfahrungen entfernt haben." (Koselleck 1979: 359) Für die Moderne wird die Zukunft der Ort utopischer Hoffnungen oder zumindest Projektionsfläche von Fortschrittsvermutungen. Aus der Verbindung von Zukunftsorientierung einerseits und gegenwartsorientiertem Handeln andererseits resultiert für die Politische Theorie ein moralischer Imperativ, den Jürgen Habermas überzeugend zusammenfasst: „Die Entkopplung des Erwartungshorizonts vom überlieferten Erfahrungspotenzial ermöglicht zunächst (...) die Opposition einer aus eigenem Recht lebenden neuen Zeit zu jenen vergangenen Epochen, von denen sich die Neuzeit abgelöst hat. Damit hatte sich die Konstellation der Gegenwart im Verhältnis zu Vergangenheit und Zukunft spezifisch verändert. Unter dem Druck der aus der Zukunft andrängenden Probleme gewinnt eine zu geschichtlich verantwortlicher Aktivität aufgerufene Gegenwart einerseits ein Übergewicht über die aus eigenem Interesse anzueignende Vergangenheit; andererseits sieht sich eine schlechthin transitorisch gewordene Gegenwart für Interventionen und Unterlassungen vor der Zukunft zur Rechenschaft gezogen." (Habermas 1988: 25) Im Begriff der Moderne ist die Emanzipation des Individuums und seiner Subjektivität selbst schon konstitutiv angelegt. Diese Tatsache wird zugleich als Befreiung wie auch als Verlust beklagt.

3. Zwei Paradigmen Politischer Theorie

Theoriefamilien

Die Politische Theorie in der Moderne gibt vielfältige Antworten auf den Herausforderungskatalog, der im letzten Kapitel skizziert wurde. Von Hobbes über Locke, Rousseau bis hin zu den Theorien der Gegenwart reicht der thematische Bogen konkreter Antworten auf die genannten, aber natürlich auch auf neue Herausforderungen, die sich im Laufe der Zeit ergaben. Dies wirft die Frage auf, in welcher Form man diese Vielfalt an Theorien und Theoretikern sinnvoll präsentieren und diskutieren kann. Eine allgemein akzeptierte Strategie, die Vielfalt der Ansätze zu reduzieren, besteht darin, dass man nach theoretischen „Familienähnlichkeiten" sucht. Die beiden großen „Familien" in der Politischen Theorie und Ideengeschichte sind das *liberale* und das *republikanische* Paradigma. Die Differenzierung in liberale und republikanische Theorien strukturiert daher auch die weitere Argumentation in den folgenden Kapiteln. Je näher wir der Gegenwart kommen, desto problematischer wird jedoch die Zuordnung der diskutierten Ansätze zu den beiden Modellen. Daher führen wir für die jüngsten Ansätze die Kategorien „Deliberative Theorien" und „Postmoderne Theorien" ein.

Verdeutlichung anhand von Modellen

Worin bestehen nun die zentralen Merkmale dieser beiden Theoriestränge? Im Folgenden werden die zentralen Charakteristika in Form von *Modellen* präsentiert. Modelle sind synthetisiert, sie versuchen, das Gemeinsame einzelner, konkreter Theorien zu identifizieren um damit eine höhere Abstraktionsebene zu erreichen. Daraus folgt, dass keine existierende liberale oder republikanische Theorie vollständig dem jeweils skizzierten Modell entspricht. Vielleicht widersprechen konkrete Theorien sogar einigen Annahmen der jeweiligen Modelle.

3.1. Das liberale Paradigma

Menschenbild

Das liberale Modell geht auf der Ebene des Menschenbildes davon aus, dass das Individuum Vorrang gegenüber der Gemeinschaft hat. Das Soziale ergibt sich aus der Aggregation einzelner Handlungen und besitzt keine Qualität *sui generis*. Dieser Zugang, der in der Literatur häufig als *methodologischer Individualismus* bezeichnet wird, verbindet sich zumeist mit weiteren Annahmen über die Natur des Menschen. Häufig wird davon ausgegangen, dass der Mensch ein *homo oeconomicus* ist, d.h. dass seine Handlungsmotivation darin besteht, seinen Nutzen zu maximieren und seine Kosten zu minimieren. Weitere Erwägungen hinsichtlich des moralischen oder ethischen Gehalts einer Handlung werden in dieser Theorietradition häufig als unbegründet und normativ überflüssig zurückgewiesen. Innerhalb einer liberalen politischen Ordnung treten die Akteure sich als *Rechtspersonen* und nicht als (in einem normativ aufgeladenen Sinne verstandene) Bürger gegenüber. Diese Differenzierung bedarf einiger erklärender Erläuterungen.

„Bürger“ im Republikanismus

Innerhalb der zeitgenössischen republikanisch-kommunitaristischen politischen Theorie besitzt der Begriff des Bürgers einen besonderen Status. Er ist normativ aufgeladen, wie man beispielsweise bei Held sehen kann: „The role of the citizen is the highest to which an individual can aspire.“ (Held 1987: 75) *Bürger* ist aus dem alltäglichen Sprachgebrauch zumeist als Kompositum bekannt: Staatsbürger, d. h. Bürger eines Staates. Bürger eines Staates ist man, wenn man eine spezifische Nationalität besitzt und zugleich vom Staat spezifische Rechte, Bürgerrechte, verliehen bekommen hat. Diese Bürgerrechte sind vor allem politische Partizipationsrechte, das heißt das aktive und passive Wahlrecht. Die *differentia specifica* des normativ aufgeladenen Verständnisses des Bürgers im Vergleich zu anderen Personen, die in einem Staat leben, besteht darin, dass er sich politisch beteiligen kann und auch – hier kommt die normative Komponente ins Spiel – beteiligen *soll.* Diese Vorstellung des Bürgers ist dem republikanischen Paradigma verpflichtet und wird auch in dem entsprechenden Kapitel ausführlicher diskutiert.

Ideal der Rechtsperson im Liberalismus

Im Liberalismus erfährt die normative, partizipatorische Dimension des Bürgers weitaus weniger Aufmerksamkeit. Er sieht den Menschen primär als Träger von Abwehr- oder Anspruchsrechten. Es existieren *grosso modo* zwei Arten von Rechten im Liberalismus. Erstens Rechte, die die Rechtspersonen vom Staat verliehen bekommen haben. Diese Rechte werden als *positive Rechte* bezeichnet. Positives Recht ist all jenes Recht, das erst im politischen Prozess entsteht und das keine Legitimationsressource *außerhalb* des politischen Prozesses für sich beansprucht. Zweitens gibt es Rechte, die vorstaatlicher Natur sind. Innerhalb dieser Gruppe kann man zwischen transzendenten und immanenten Legitimationsressourcen differenzieren. Vorstaatliche Rechte, die transzendent begründet sind, berufen sich auf Gott. Aufgrund der Ebenbildlichkeit des Menschen zu Gott besitzt er diese Rechte. Die vorstaatlichen Rechte, die immanent begründet sind, basieren auf anderen Vorstellungen. Am bekanntesten ist die Idee, dass Menschen *als Menschen* unveräußerliche Rechte besitzen, so genannte

Naturrechte. Die Vorstellung von Naturrechten kennzeichnete liberale Theorien über viele Jahrhunderte hinweg. Es gibt jedoch noch andere Quellen, aus denen die Vorstellung begründet werden kann, dass Menschen vorstaatliche Rechte besitzen. In der zeitgenössischen Theorie hat Jürgen Habermas zum Beispiel vorgeschlagen, dass man Rechte kommunikations- und sprachtheoretisch begründet. Auf diese Idee wird im Kapitel „Theorien der Deliberation" eingegangen.

Horizontale & vertikale Rechtsdimension

Unabhängig davon, wie der Liberalismus positive Rechte und vorstaatliche Rechte begründet, sind diese in vielfältiger Hinsicht von herausragender Bedeutung für die Konfiguration des Staates und des politischen Lebens in ihm. Prinzipiell können zwei zentrale rechtliche Interaktionsdimensionen differenziert werden: die horizontale und die vertikale Dimension. Die horizontale Dimension ergibt sich über die rechtlich kodifizierten und vermittelten Interaktionen der Rechtspersonen untereinander. Die vertikale Dimension ergibt sich über die rechtlich kodifizierten und vermittelten Beziehungen zwischen dem Staat und jeder einzelnen Rechtsperson respektive der Gemeinschaft aller Rechtspersonen. Das Recht normiert und strukturiert für den Liberalismus in herausragender Weise die politischen wie sozialen Interaktionen innerhalb der Gesellschaft und des Staates. Die Politische Theorie des Liberalismus basiert daher v.a. auf einer starken Theorie des Rechts.

Staat als Rechtsgarant

Nach diesen Erläuterungen zum Recht erhält der Satz, dass sich die Menschen im Liberalismus als Rechtspersonen und nicht – im normativ aufgeladenen Sinne – als Bürger gegenüberstehen, eine tiefere Bedeutung. Im Liberalismus sind Menschen Träger von Rechten. Ein Recht ist eine verbriefte Garantie auf eine Handlungsoption respektive eine Handlungsunterlassungsgarantie je nach Betrachtungsperspektive. Im liberalen Modell treffen nun Menschen aufeinander, die Rechtstitel besitzen, d. h. sie treffen aufeinander und haben rechtlich verbriefte Ansprüche untereinander. Ihre politischen und ökonomischen Interaktionen sind strukturiert durch die Rechte, die sie jeweils besitzen. Daher wird der Staat vor allem als Garant von Rechten konzipiert. Die zentralen Rechte, die der liberale Staat garantieren muss, sind die *Freiheitsrechte* und – von herausragender Bedeutung – die *Eigentumsrechte*. Die Dimension der politischen Beteiligung, die Vorstellung der Gestaltung des politischen Gemeinwesens in Form eines gemeinschaftlichen, vielleicht sogar deliberativen Prozesses, tritt jedoch deutlich in den Hintergrund.

Rechtsstaat und Demokratie

Die bisherigen Konstruktionsschritte des Modells verdeutlichen, dass die heutige Vorstellung einer liberalen Demokratie zwei Komponenten in eins setzt, deren historische Entwicklung sehr asynchron verlief: einerseits die Ausbildung eines Rechtsstaats und andererseits die Entwicklung hin zur Demokratie. Der Liberalismus benötigt die

Demokratie jedoch nicht, um liberal zu sein.[31] Doch sind staatliche Ordnung und staatliche Herrschaft für den Liberalismus weit davon entfernt, unproblematisch zu sein. Schließlich besteht die primäre Aufgabe des Staates im Liberalismus darin, Rechte auf horizontaler Ebene zu garantieren. Es gibt keinen Eigensinn des Staates im Liberalismus, d.h. er besitzt keinen intrinsischen Wert. Jedoch hat der liberale Staat gleichsam ein zentrales Problem: Um die Rechte schützen zu können, für deren Schutz er eingesetzt wurde, muss er eben jene Rechte partiell außer Kraft setzen. Mit anderen Worten, der liberale Staat legitimiert und delegitimiert sich gleichzeitig.

Funktionale Legitimation des Staates

Die grundlegende Frage lautet: Wie legitimiert sich der Staat im liberalen Modell? Hierzu gibt es zwei dominante Verfahren: Erstens erfolgt die Legitimation im Liberalismus *funktional* über die effektive Sicherung der zentralen Rechte der Rechtsunterworfenen. Das heißt, in jenem Maß, in dem der Staat das leistet, wofür er implementiert worden ist, erwirbt er sich faktische *Legitimität.* Die Sicherung und Durchsetzung der Rechte ist jedoch an die Existenz von Zwangsmitteln und Rechtsdurchsetzungsinstitutionen gekoppelt, die gleichzeitig den Schutz anderer Rechte, insbesondere der Freiheitsrechte, massiv in Frage stellen. Betrachtet man beispielsweise die effektive Sicherung von Eigentumsrechten, dann stellt sich zunächst die Frage, wie ein Eigentumsrecht verletzt werden kann. Eine Möglichkeit besteht darin, dass Verträge einseitig gebrochen werden. Zwischen Person A und Person B besteht ein Vertrag über den Austausch von 10 Kühen gegen zwei Goldbarren. Person A liefert die Kühe, erhält jedoch im Gegenzug keine Goldbarren. Person B wird also vertragsbrüchig. Noch näher liegend ist Diebstahl von Eigentum.

Paradoxie des Eigentumsschutzes

Damit der Staat in beiden Fällen Eigentum schützen kann, benötigt er z.B. eine Polizei. Hier beginnt jedoch das Legitimationsproblem staatlicher Ordnung: Erstens benötigt der Staat zur Bereitstellung von Rechtsdurchsetzungsinstitutionen – zum Beispiel der Polizei – Geld, das er nur in Form von Steuern erheben kann. Das Erheben von Steuern unterminiert jedoch das Eigentumsrecht jeder Rechtsperson in einem Staat. Zweitens muss der Staat jene bestrafen, die auf horizontaler Ebene Eigentumsrechte in Frage gestellt haben, zum Beispiel durch Diebstahl. Strafe erfolgt entweder in Form von finanzieller Kompensation oder Freiheitsentzug. Freiheitsentzug unterminiert je-

31 Der Schutz des Eigentums und der Freiheitsrechte kann auch durch andere Herrschaftsformen realisiert werden. Hans-Hermann Hoppe, ein zeitgenössischer politischer Theoretiker, hat zum Beispiel argumentiert, dass die Monarchie viel eher liberale Ideale realisieren kann als die Demokratie. Andere argumentieren, dass die Aufgaben des liberalen Staates viel besser im Wege der Selbstregulierung gelöst werden können. Ähnliche Vorstellungen werden zeitgenössisch unter dem Label des Anarcho-Kapitalismus diskutiert.

doch die grundlegenden Freiheitsrechte der Rechtsunterworfenen. Daher bedarf es einer starken Legitimation, damit der Staat in vertikaler Perspektive jene Rechte antasten darf, die er in horizontaler Perspektive, also zwischen den Bürgern, schützen soll.

Kontraktualistische Legitimation des Staates

Die funktionale Legitimation des Staates reicht also nicht aus, sondern muss noch erweitert werden. Die dominante Vorstellung der Legitimation im Liberalismus besteht daher zweitens darin, bereits in der Konstitutionsphase des Staates die Menschen akzeptieren zu lassen, dass ihre Rechte durch den Staat später eingeschränkt werden. Das konzeptionelle Mittel dazu ist der Vertrag. Fast alle liberalen Theorien sind daher *Vertragstheorien.* Die Politische Theorie des Liberalismus wird daher auch als liberaler *Kontraktualismus* bezeichnet (vgl. Kersting 1994).

Zwei Vertragstypen

Es existieren zwei Formen von Verträgen: *Gesellschaftsverträge* und *Herrschaftsverträge.* Beide Typen des Vertrages zielen auf die Konstitution von Herrschaft. Sie unterscheiden sich jedoch darin, wie die Herrschaft konstituiert wird und wer an der Konstituierung von Herrschaft beteiligt ist.

Im *Gesellschaftsvertrag* schließen die Bürger *miteinander* und *untereinander* einen Vertrag, aus dem die politische Herrschaft hervorgeht. Dies ist z.B. die Lösung des Herrschaftskonstitutionsproblems bei John Locke.

Im *Herrschaftsvertrag* schließen die Bürger mit einer *anderen* Partei, die nicht die Bürger selber sind, einen Vertrag, aus dem dann politische Herrschaft hervorgeht.

Liberalismus bedarf keiner Tugendkonzeption

Natürlich sind auch Verschachtelungen dieser beiden Formen von Verträgen denkbar. So hat Hobbes einen Gesellschaftsvertrag mit einem Herrschaftsvertrag kombiniert und zwar *in uno acto.* Die Details und die Implikationen dieser beiden Typen von Verträgen werden im Zuge der Präsentation der einzelnen Theoretiker diskutiert. Typisch für den Liberalismus ist, dass er durch die Vorstellung, dass Menschen immanent begründete, vorstaatliche Naturrechte besitzen, eine Herrschaftsordnung rein weltlich legitimieren kann. Auch ist er nicht mehr darauf angewiesen, den Rechtsinhaber tugendhaft zu denken. Dies ist eine Revolution. Ein großer Teil der antiken Philosophie wie auch der politischen Theorie des Mittelalters ging davon aus, dass der Bürger tugendhaft sein muss, damit ein Gemeinwesen funktionieren kann. Die Qualität des politischen Gemeinwesens hing von der Tugendhaftigkeit der Bürger ab.[32] Die Tugendhaftigkeit der Regenten und der-

32 Ein gewisser Teil der philosophischen Literatur des späten Mittelalters gehört zur Gattung der *Fürstenspiegel* (vgl. Mühleisen 1997). Fürstenspiegel sind pädagogi-

Bürger muss folglich immer gesichert und gefördert werden. Im Mittelalter gewährleistete dies die Religiosität. Damit bricht der Liberalismus radikal, und zwar aufgrund der Erfahrung, dass erzwungene Tugendhaftigkeit ein intolerantes Geschäft und allzu viel Moral eine hochexplosive Mischung ist, die sich in Religionskriegen entladen kann. Dem guten Menschen setzt er etwas entgegen, das aus Perspektive der Moralphilosophie nicht schlimmer sein könnte: den nutzenmaximierenden, an ethischen Überlegungen nicht mehr interessierten *homo oeconomicus*. Was für ein Verfall! Vielleicht auch: Was für ein Fortschritt? Sicher ist, dass der Liberalismus in historischer Wirkungsperspektive sehr erfolgreich war. Die Vorteile, die diesen Erfolg mitbegründen, sind vielfältig. Der Liberalismus ist nicht mehr von den kontingenten moralischen Qualitäten der Menschen abhängig. Er setzt gleichsam das *worst-case-Szenario* zum moralischen Normalfall und fragt sich, wie *trotzdem* politische Ordnung möglich ist. Er fragt sich sogar – wenn auch sehr viel später bei John Rawls –, wie eine solche Ordnung *gerecht* sein kann.

Markt als Gesellschaftsmodell

Damit der Liberalismus diesen radikalen Perspektivwechsel vornehmen kann, muss er zwei Dinge gleichsam erfinden oder zumindest ihre konzeptionelle Bedeutung erhöhen: Er muss erstens den *Markt* theoretisieren. Der Markt ist der Ort, an dem die Rechtsinhaber geordnet aufeinander treffen können. Mit der Erfindung des Marktes geht die am prägnantesten von Adam Smith formulierte Doktrin einher, dass die *unsichtbare Hand* des Marktes dem Gemeinwohl dienlicher sei als das am Gemeinwohl orientierte moralisch motivierte Handeln von Einzelpersonen.[33]

Institutionelle Kompensation des Tugendverlusts

Ein gewisses Unbehagen mit der dem Markt attestierten Gemeinwohlorientierung blieb jedoch bestehen. Insbesondere für die staatliche Ebene des politischen Handelns wurde die Frage aufgeworfen, ob individuell nutzenmaximierendes Handeln nicht externe Kosten erzeugt, die aufgefangen und eingehegt werden müssen. Spätestens die Autoren der *Federalist Papers*, also des inoffiziell-offiziellen Kommentars zur amerikanischen Verfassung, haben auf dieses Unbehagen mit einer den weiteren Liberalismus prägenden Antwort reagiert: Wenn die Tugend nicht mehr im Bürger verortet ist, so braucht sie ein Substitut. Die nicht mehr vorhandene Tugend des Bürgers wird substi-

---

sche Lehrhefte für den Regentennachwuchs. Anhand der Auseinandersetzung mit moralischen Lehren sollte der zukünftige Regent seine moralischen Fähigkeiten verbessern und so ein *guter* Regent, und zwar im Sinne eines moralisch guten Regenten, werden.

33 Seitdem werden der *Markt* (Aufeinanderprallen von Interessen und Macht) und das *Forum* (Austausch von Argumenten und Empathie) als die beiden grundsätzlichen Formen angesehen, in deren Rahmen politische Entscheidungen getroffen werden können (vgl. Elster 1986).

tuiert durch ein kluges Arrangement von Institutionen, in denen die nutzenmaximierenden Leidenschaften sich wechselseitig in Schach halten. Das System der institutionellen *Checks and Balances* ergänzt das Marktmodell des Liberalismus auf der politischen Ebene und immunisiert es gegen die negativen Kosten nutzenmaximierenden Handelns auf der Ebene des politischen Systems. Damit hat der Liberalismus seine Anlagen in theoretisch-konzeptioneller Form fast komplett ausgebildet.

Liberale Demokratiekonzeption

Die legitimatorische Basis liberaler Demokratie sind die vorpolitischen Präferenzen der Bürger. In dem Maße, in dem die Politik responsiv auf diese Präferenzen reagiert, ist demokratische Politik legitim. Argumentative Grundlage hierfür ist die anti-paternalistische liberale Annahme, dass jeder Mensch selbst am besten weiß, was für ihn gut ist, und zwar unabhängig von seiner Bildung, seiner Intelligenz und ähnlichen Faktoren.[34] Dieses Argument nimmt die doppelte Form einer axiomatischen Setzung und einer empirischen Aussage an. Aus dieser Vorstellung von politischen Präferenzen resultiert auch die Konfiguration des demokratischen Prozesses – sie besteht vorrangig in der Aggregation von Präferenzen in Form von Wahlen und Abstimmungen in repräsentativ verfassten Demokratien.

Innerhalb des liberalen Paradigmas finden wir unterschiedliche Spielarten von liberalen Theorien, die wiederum zu neuen Modellen komprimiert und in Form eines Stammbaums des Liberalismus dargestellt werden können.

Libertarianismus als Radikalisierung

Ein Seitenfluss des Liberalismus ist der Libertarianismus. Der Libertarianismus priorisiert im Gegensatz zum Liberalismus die Eigentumsrechte des Individuums gegenüber anderen liberalen Grundrechten. Seine zentrale Prämisse lautet, dass einerseits jeder Mensch Eigentum an sich selbst besitzt und andererseits durch Arbeit Eigentum erwirbt. Zudem zeichnet er sich durch eine herausgehobene Stellung des Marktes einerseits und einer sehr geringen Relevanz des Staates andererseits aus, die aus der herausgehobenen Stellung des Eigentums resultieren.

Utilitarismus

In historisch unmittelbarer Nähe zu den Klassikern des Liberalismus befinden sich die Autoren, die den Utilitarismus verteidigen. Der Utilitarismus teilt mit dem Liberalismus die Vorstellung des methodologischen Individualismus, sieht jedoch eine andere Aufgabe als legitimatorische Basis des Staates. Im Zentrum steht der berühmte Satz von dem größten Glück der größten Zahl, das heißt, dass der Staat so handeln soll, dass die aggregierte Summe des individuellen Glücks

34 Ausgeschlossen sind von dieser Annahme nur jene, bei denen die Gesellschaft davon ausgeht, dass sie nicht mehr (oder noch nicht) im Vollbesitz ihrer geistigen Kräfte sind.

maximiert wird. Der Utilitarismus interessiert sich jedoch nicht dafür, wie die Verteilung des Glückes in der Bevölkerung ausfällt. Größere Ungleichverteilungen sind daher für den Utilitarismus aus der Perspektive der Gerechtigkeit kein Problem. Propagiert wurde der Utilitarismus u.a. von Jeremy Bentham und James Mill, sowie – wenn auch in theoretisch stark modifizierter Form – von dessen Sohn, John Stuart Mill.

Politischer Liberalismus

Zeitgenössisch erfuhr der Liberalismus eine Veränderung hin zum politischen Liberalismus, dessen wichtigste Vertreter John Rawls und Bruce Ackerman sind. Der zentrale Unterschied zum klassischen Liberalismus besteht darin, dass im Zentrum des Liberalismus nicht mehr die Eigentumsrechte und die politischen Freiheitsrechte stehen, sondern die demokratischen Prozeduren und Verfahren innerhalb eines *gerechten* liberalen Staates. Die wichtigste Vorstellung, die der politische Liberalismus diesbezüglich vertritt, ist jene von der *Neutralität* des Staates. Angesichts des Faktums des Pluralismus, wie John Rawls es nennt, kann ein demokratischer Staat nur noch dann stabil und gerecht sein, wenn er sich auf die politische Sphäre beschränkt und keine Aussagen mehr darüber trifft, wie ein gutes Leben aussehen soll, mithin also neutral in Fragen des Guten Lebens ist.

Dominanz des liberalen Paradigmas

Das liberale Paradigma ist klar konturiert. Selbst die Nebenflüsse des Liberalismus lassen sich eindeutig identifizieren und teilen wesentliche Annahmen des klassischen Liberalismus. Diese Familienähnlichkeiten resultieren aus unterschiedlichen Faktoren. Erstens ist der Liberalismus in der Ideengeschichte seit Mitte des 18. Jahrhunderts der dominante Strang Politischer Theorie gewesen. Es floss daher eine immense intellektuelle Anstrengung in die Verfeinerung und Verbesserung bereits existierender Theorien. Man trat mit anderen Worten bewusst in eine Traditionslinie ein und stellte sich – wie man in der Scholastik sagte – auf die Schultern von Riesen. Zweitens ist der Liberalismus auch realgeschichtlich der wichtigste Theoriestrang. Aufgrund der dialogischen Wechselbeziehung von politischer Realität und theoretischer Reflexion konnte sich die Theorie kontinuierlich und realitätsnah weiterentwickeln. Vor allem in den USA ist der Liberalismus von einer ideengeschichtlichen Strömung zu einer historisch überaus wirksamen *gesellschaftlichen Selbstbeschreibung* geworden (vgl. Vorländer 1997).

3.2. Das republikanisch-kommunitaristische Paradigma

Antike Ursprünge

Während der Liberalismus klar konturiert ist, ist der Republikanismus als der zweite große Strang innerhalb der Politischen Theorie und Ideengeschichte weitaus schwerer zu definieren. Der Republikanismus ist jedoch mehr als einfach nur das „Andere" des Liberalismus. Grundlegend steht der Republikanismus in einer – wenn auch unterbrochenen – Traditionslinie mit der antiken griechischen Philosophie. Trotz seiner Rückgriffe auf ältere Tugend- und Moraltheorien ist der Republikanismus auch eine ausgesprochen moderne Reaktion auf die Herausforderungen, die sich der Politischen Theorie am Übergang vom Mittelalter zur Neuzeit stellten. Der Republikanismus ist zudem eine Reaktion auf den hegemonial gewordenen Liberalismus und den aus ihm resultierenden sozialen Verlusterfahrungen. Insofern steht der Republikanismus auch in der Traditionslinie eines gemeinschaftlichen Denkens, das den Liberalismus als Verlust kollektiver Tugend und sozialer Wärme beschreibt.

Holismus

Grundlegend unterscheiden sich Liberalismus und Republikanismus in ihrem Menschenbild. Der Republikanismus geht vom *methodologischen Holismus* aus, d.h. die Basis alles Theoretisierens über das Politische ist die Gemeinschaft oder genauer der Mensch innerhalb der Gemeinschaft. Der Republikanismus glaubt nicht daran, dass das Individuum auf sich allein gestellt sein kann. Es ist vielmehr konstitutiv auf soziale Beziehungen zu anderen Menschen angewiesen. Die Gemeinschaft unterstützt dabei unterschiedliche Facetten der individuellen Entwicklung. Die schiere Existenz einer Gemeinschaft, in die man hineingeboren wird, sorgt dafür, dass spezifische menschliche Grundbedürfnisse wie menschliche Nähe, Wärme und Geborgenheit befriedigt werden und man so ein Basisvertrauen entwickeln kann, das im späteren Leben den Umgang mit den Anderen erleichtert und dazu beiträgt, ein dichtes Netz reziproker sozialer Beziehungen aufbauen zu können. Vor allem aber bietet die Gemeinschaft Rollen an, die es erlauben, die eigenen Fähigkeiten bis zur Meisterschaft auszubilden: Ohne die Vorstrukturierung des Möglichen bleibt ein jedes Wollen nur unbestimmt.

Wertevermittlung

Die Gemeinschaft ist für den Republikanismus darüber hinaus von zentraler Bedeutung, da sie als sekundäre Instanz der Sozialisation direkt nach der Familie für die Vermittlung von zentralen gesellschaftlichen Werten und Normen fungiert. Erst die Gemeinschaft erschließt dem Heranwachsenden die moralischen Grundkategorien: Was ist gut, was böse? Was ist richtig, was ist falsch? Aufgrund dieser zentralen Bedeutung von Gemeinschaft für das Individuum argumentiert der Republikanismus, dass die Reflexion über das Politische, den Staat und seine Legitimationsgrundlagen nicht beim Individuum beginnen darf, sondern bei der Gemeinschaft ansetzen muss. Die Gemeinschaft besitzt eine Qualität sui generis, die sowohl intrinsischen als auch funktionalen Wert besitzt.

Primat der Partizipationsrechte

Die Gemeinschaft hat für den Republikanismus nicht nur eine soziale, sondern vor allem auch eine politische Dimension. Diese Vorstellung resultiert aus der antiken Idee, wonach der Mensch ein *zoon politikon* ist, ein durch und durch politisches Wesen, der seine Natur erst dann erfüllt, wenn er sich politisch beteiligt. Wird der Mensch im Liberalismus als Rechtsperson verstanden, wird er im Republikanismus zum *Bürger* geadelt. Die emphatische Konzeption des Bürgers beruht auf der These, dass die Menschen nicht nur politische Beteiligungsrechte haben, sondern diese auch ausleben *sollen* und *wollen.* Der Bürger partizipiert also gerne und freiwillig in allen Belangen des politischen und öffentlichen Lebens. Das normative Profil des Bürgers ist jedoch damit nicht erschöpfend beschrieben, da die inhaltliche, die substanzielle Dimension des politischen Handelns noch nicht angesprochen wurde. Wiederum anschließend an Aristotelische Überlegungen, wird vom Bürger *areté,* also Tugendhaftigkeit in seinen Einstellungen, Handlungen und Urteilen erwartet. Anders als im Liberalismus steht und fällt die Qualität eines politischen Gemeinwesens, ja eines ganzen Staates, mit der moralischen Qualität seiner Bürger sowie des politischen Führungspersonals.

Gemeinwohlorientierung

Diese Betonung des moralischen Bürgersinnes hat bedeutende Konsequenzen für die Art und Weise, wie Politik gemacht wird und welche inhaltlichen Entscheidungen für richtig befunden werden. Wie bereits ausgeführt, glaubt der Liberalismus an den Markt, und dies nicht nur bezüglich der Wirtschaftsordnung, sondern auch als Mechanismus zur Problemlösung in der politischen Sphäre. Das Gute im Staat ergibt sich für den Liberalismus also erst als Ergebnis marktförmigen Handelns politischer Akteure. Im scharfen Kontrast dazu betont der Republikanismus die Idee *gemeinwohlorientierten* Handelns. Das Gemeinwohl ergibt sich dabei nicht aus dem Aggregat individueller Wünsche oder aus anderen, marktförmig ablaufenden Prozessen. Im Gegensatz zum *rechtsförmig-prozessorientierten* Denken des Liberalismus steht das *substanzorientierte* Denken des Republikanismus. Das Gemeinwohl des Republikanismus folgt nicht aus dem politischen Prozess, sondern ist diesem substanziell vorgelagert. Der tugendhafte, reflektierende Bürger erkennt das Gemeinwohl, da es einfach *existent* ist. Auf diese Vorstellung werden wir bei der Diskussion von Rousseau näher eingehen.

Tätiges Leben – politisches Leben

Im Vergleich Liberalismus versus Republikanismus ergeben sich darüber hinaus gänzlich unterschiedliche Vorstellungen davon, was einen guten Staat und was ein gutes Leben innerhalb dieses Staates ausmacht. Besonders deutlich werden diese Unterschiede von Hannah Arendt in ihrem Mitte des 20. Jahrhunderts publizierten Buch *Vita Activa – vom tätigen Leben* herausgearbeitet. Auch sie schließt an antike Vorstellungen des Guten Lebens an und argumentiert, dass ein erfülltes Leben nur ein politisches Leben sein kann. Alle häuslichen Aktivitäten, und dazu gehört in diesem Gedankenmodell auch das wirtschaftliche Handeln, sind nur sekundär und dienen bestenfalls der Sicherung der Grundlagen der Existenz, damit man in der Lage ist, ein politisches Leben führen zu können.

Primat der Politik

Diese Aussagen gelten nicht nur für die individuelle Ebene, sondern auch für die Makroebene, also den Staat. Ein Staat, der seine Politik größtenteils in Wirtschaftspolitik aufgehen lässt, verfehlt sein eigentliches Ziel. Ein Staat, der es aufgrund seiner marktwirtschaftlichen Grundorientierung den Bürgern nahe legt, sich fast ausschließlich mit wirtschaftlichen Fragen zu beschäftigen, leitet die Bürger fehl. Zumindest in normativer Hinsicht beansprucht der Republikanismus, dass die in allen anderen Bereichen der Politikwissenschaft bereits als obsolet angesehene, pyramidenartige Vorstellung vom Staat, in dem an der Spitze lenkend und leitend die Politik thront, weiterhin gelten soll.

„Selbstregierung“

Damit ist auch klar, dass der Republikanismus in direktem inneren Zusammenhang mit der Vorstellung der Selbstregierung steht. Hierin die Demokratieskepsis der antiken griechischen Philosophen überwindend, pflegt er das Ideal kleinteiliger politischer Einheiten, in denen die Bürger sich selbst regieren. Der Republikanismus ist jedoch nicht zwingend gleichzusetzen mit einem *egalitären* Demokratieverständnis. Sein historisches Vorbild zu Beginn der frühen Neuzeit ist einerseits Athen, andererseits die oberitalienischen Stadtstaaten der Renaissance, die republikanische Regierungssysteme implementiert hatten. Das republikanische Element der Selbstregierung besteht in der Betonung der normativen Elemente des Bürgerstatus. Bürger ist, wie bereits gesagt wurde, keine deskriptive Kategorie, sondern eine normative. Man könnte es jedoch auch anders formulieren: Um Bürger sein zu können, muss ein spezifischer Anforderungskatalog erfüllt werden. Dieser Anforderungskatalog, der partiell im Liberalismus bei der Frage, wer das Wahlrecht erhalten soll, in identischer Form auch erscheint, umfasst Eigentumsminima ebenso wie Bildungsminima. Mit anderen Worten: Nur wer besitzt und gebildet ist, erhält Bürgerrechte und darf und soll an der politischen Selbstregierung beteiligt sein – ähnlich der eingeschränkten politischen Partizipation im antiken Athen und Rom.

Gemeinsamkeit: Vertragstheorie

Damit sind die großen Unterschiede zwischen Liberalismus und Republikanismus skizziert. Auf eine Gemeinsamkeit soll jedoch noch hingewiesen werden. Ebenso wie der Liberalismus sieht sich der Republikanismus der Notwendigkeit gegenübergestellt, politische Ordnung sowie politische Herrschaft zu legitimieren. Interessanterweise greifen einige, jedoch nicht alle, Theoretiker des Republikanismus auf vertragstheoretische Überlegungen zurück. Anders als in vielen liberalen Vertragstheorien dominiert im Republikanismus jedoch der horizontale Gesellschaftsvertrag zwischen den Bürgern. Dies resultiert aus dem republikanischen Ideal einer sich selbst inaugurierenden politischen Gemeinschaft, die sich im Anschluss auf mehr oder weniger demokratische Art und Weise selbst regiert.

Die Gruppe der Theoretiker, die dem republikanischen Paradigma zuzuordnen sind, ist relativ heterogen. Daher weichen auch die historischen republikanischen Theorien stärker von dem Modell des Republikanismus, wie es gerade skizziert wurde, ab, als dies beim Liberalismus der Fall ist. Dies hat zahlreiche Gründe. Erstens existiert im Rückgriff auf antike griechische Philosophie ein anachronistisches Element im Herzen republikanischer Theorie. Sie ist also nicht nur ein Reflex auf die Bedingungen der Moderne und insofern auch weniger revolutionär und vielleicht auch weniger innovativ als der Liberalismus. Zweitens haben sich die Theoretiker des Republikanismus weniger als in einer Theorietraditionslinie stehend verstanden: Die Formen des Antiliberalismus sind vielfältig und haben rechte und linke Varianten hervorgebracht. Drittens erfolgte die Ausarbeitung des republikanischen Paradigmas vor allem in Frankreich und in Deutschland und ist mit Namen wie Rousseau, Herder und Hegel verknüpft. Zudem erfolgte auch aus sprachlichen Gründen keine intensive Auseinandersetzung mit dem maßgeblich auf Englisch im angloamerikanischen Raum diskutierten liberalen Paradigma. Und schließlich ist das republikanische Paradigma – vielleicht mit Ausnahme von Frankreich und der Schweiz – in keinem Land historisch so wirkmächtig geworden wie der Liberalismus in den USA und England.

Kommunitarismus als Wiederkehr des Republikanismus

Als *Kommunitarismus* wird jene Strömung innerhalb der *zeitgenössischen* Politischen Theorie bezeichnet, die in der Tradition des (humanistischen) Republikanismus steht. Anders jedoch als beim Republikanismus, für den die normative Leitidee die politische Mitbestimmung war, steht für den Kommunitarismus (zumindest *grosso modo*) die Gemeinschaft im Vordergrund. Daher auch die Bezeichnung *Kommunitarismus* (lat. *communitas* – Gemeinschaft). Im Vordergrund des kommunitaristischen Interesses steht die *normative* Frage nach den sozio-moralischen Grundlagen, auf denen moderne demokratische Gesellschaften ruhen sollen. Daher thematisieren viele kommunitaristische Arbeiten auch den demokratischen Prozess und seine Institutionen bzw. seine institutionellen Strukturen eher beiläufig.

Tabelle 3: Schematische Übersicht Liberalismus – Republikanismus

	Liberalismus	Republikanismus
Vertreter	Hobbes, Locke	Rousseau
Menschenbild	Methodologischer Individualismus	Methodologischer Holismus
Individuelles Handeln ist	nutzenmaximiert	tugendhaft
Zentrale Rechte	liberale Freiheitsrechte	politische Partizipationsrechte
Vergabe dieser Rechte ist	inklusiv	exklusiv
Begründung staatlicher Herrschaft	vertragstheoretisch (Herrschaftsvertrag/ Gesellschaftsvertrag)	vertragstheoretisch (Gesellschaftsvertrag)
Aufgabe des Staates	Sicherung liberaler Grundrechte	Ermöglichung des Guten Lebens in der Gemeinschaft der Staatsbürger
Sicherung der Stabilität eines Staates	Institutionen	Tugend der Bürger und politischen Eliten
Ziel der Politik	Realisierung der Mehrheitsmeinung	Gemeinwohl
Medium des Politischen	Der Markt	Das Forum
Form der Politik	konfrontativ	kooperativ
Verhältnis der Bürger zueinander	Rechtspersonen	*fellow citizens,* Bürger, *Citoyen*

liberal-communitarian debate

Die wichtigste Debatte in den 1970er und 1980er Jahren innerhalb der anglo-amerikanischen Politischen Theorie war jene zwischen Liberalen und Kommunitaristen (die so genannte *liberal-communitarian debate).*[35] Orientiert man sich zunächst nur an Leitdifferenzen, so sind die Positionen des Liberalismus einerseits und des Kommunitarismus andererseits in der Debatte leicht zu identifizieren: Es geht um das Verhältnis des „Rechten" zum „Guten" (the *right* vs. the *good*). Liberale Theoretiker argumentieren, dass das (Ge-)Rechte Vorrang haben muss vor dem Guten, während Kommunitaristen genau umgekehrt dafür plädieren, dass das Gute Vorrang vor dem (Ge-) Rechten haben soll. Dies wirft sofort die Frage auf, was mit „dem Rechten" und „dem Guten" genau gemeint ist. Eine Antwort hierauf ist in dem Kapitel zum Liberalismus bereits teilweise gegeben wor-

35 Axel Honneth (1993) hat einen sehr empfehlenswerten Sammelband herausgegeben, in dem sich die zentralen Quellentexte dieser Debatte in deutscher Übersetzung finden lassen. Vgl. auch Mulhall/Swift (1996).

den. Leitidee des Liberalismus ist die *rechtsförmige* Konstitution des Lebens in der Gesellschaft. Die Menschen stehen sich als *Rechtspersonen* gegenüber, die Aufgabe des Staates ist es, die normative Geltung des Rechts in faktische Gültigkeit zu überführen. Das Recht zielt dabei auf die Herstellung *gerechter* Verhältnisse im liberalen Staat (wie bereits bei der Diskussion von John Rawls deutlich wurde). Die Normativität des Rechts wiederum zielt auf Universalität – darauf, dass es überall und zu jeder Zeit gültig sein sollte. Der Liberalismus argumentiert, dass das Rechte Priorität besitzen soll, da das normative Leitideal moderner, pluralistischer Gesellschaften nur noch die Gerechtigkeit sein kann. Das Besondere der jeweiligen Gemeinschaft von Bürgern, die einen demokratischen (Verfassungs-) Staat konstituieren, spielt nur eine untergeordnete Rolle. Genau hieran stört sich der Kommunitarismus, und zwar in mehrfacher Hinsicht. Er betont die Partikularität, das Einzigartige jedes politischen Gemeinwesens, dass jeweils *nur für sich* entscheiden kann, wie es leben will. So können Gerechtigkeitsvorstellungen für Kommunitaristen nicht losgelöst von der jeweiligen politischen Gemeinschaft identifiziert werden – vielmehr sind sie auch Resultat der jeweils partikularen (Kollektiven-)Identitäten und Kulturen (vgl. Walzer 1983). Das Gute sind kollektiv geteilte Werte, die sich aus der Tradition und einem gemeinsam geteilten (politischen) Leben speisen. In der Opposition „des Rechten" gegen „das Gute" spiegelt sich daher die Rivalität des Universellen (das Rechte) und des Partikularen (das Gute) wider. Normativer Aufhänger dieser Opposition ist dabei die Rolle des politischen Gemeinwesens, und zwar sowohl in demokratischer Perspektive als auch hinsichtlich der Konstitution eines „authentischen Selbst". Diese Debatte endete – zumindest als eine theoretisch relevante – mit der Publikation von John Rawls *Political Liberalism* 1993.

Eine alte Diskussion?

In der deutschen Wissenschaftslandschaft ist die *liberal-communitarian debate* von vielen zunächst nur als Wiedergänger älterer und – so die häufige Kritik – theoretisch besser begründeter Kontroversen wahrgenommen worden. So sahen viele in der aktuellen Debatte die Wiederaufnahme jener zentralen Streitfragen, die Kantianer von Hegelianern trennen. Von soziologischer Seite wurde – nicht ganz zu Unrecht – darauf hingewiesen, dass Ferdinand Tönnies bereits 1887 zwei Integrationsformen sozialer Ordnung vorgelegt hat, die sich auf die aktuelle Debatte projizieren lassen: Gemeinschaft und Gesellschaft. Tönnies beobachtet, dass im Zuge gesellschaftlicher Modernisierungsprozesse in den letzten Jahrhunderten ein Austausch des zentralen Modus gesellschaftlicher Integration erfolgte. Während traditionelle *Gemeinschaften* sich noch über vorpolitische, kollektiv geteilte *Werte* integrierten, und sich durch direkte (*face-to-face*) Interaktion auszeichneten, integrieren sich moderne *Gesellschaften* hingegen maßgeblich über *formal-rechtliche* Prozeduren und Mechanismen. Die Frage ist nur, ob der Wechsel des dominanten Integrationsmodus als Verlust wahrgenommen wird – wie Kommunitaristen es tendenziell tun – oder als Fortschritt und Befreiung aus sozialen Kontexten, die als Einengung der Individualität verstanden werden – wie der Liberalismus es eher macht.

Eine oberflächliche Opposition

Es ist freilich naiv, vom Kommunitarismus im Singular zu sprechen. „Der" Kommunitarismus war als „Label" zunächst eine Fremdzuschreibung, eine *liberale* Fremdzuschreibung, durch den die *liberal-communitarian debate* überhaupt erst richtig in Gang kommen konnte, da durch sie eine natürlich vereinfachende, aber eindeutige Zuschreibung von grundlegenden Positionen erfolgte. Erst 1989 hat der eher dem kommunitaristischen Lager zugehörige kanadische Philosoph Charles Taylor in seinem richtungsweisenden Aufsatz „Cross Purposes" darauf hingewiesen, dass es sich um eine allzu vereinfachende Opposition handelt. Auch ist wichtig zu betonen, dass „der Kommunitarismus" ohne Schwierigkeiten in drei unterschiedliche akademisch-disziplinäre Strömungen differenziert werden kann, wobei diese Differenzierung eher analytischer Natur ist, da sich die beteiligten Theoretiker häufig an unterschiedlichen Diskussionen zugleich beteiligten.

Kommunitarismus als politische Initiative

Erstens existiert ein *politischer Kommunitarismus*. Der politische Kommunitarismus versucht, die Idee der Gemeinschaft – oder besser: den Vorrang der Gemeinschaft vor dem Individualismus – in die Politik zurück zu tragen. Hierzu wurde unter Leitung des Soziologen Amitai Etzioni 1993 die kommunitaristische Plattform ins Leben gerufen (http: //www.gwu.edu/~ccps/index.html). Obwohl die kommunitaristische Plattform an Einfluss weit hinter den konservativen Think Tanks zurückblieb, konnte sie doch für eine gewisse Zeit auf die Politik einwirken. So gehörten Kommunitaristen zum Beraterkreis des amerikanischen Präsidenten Bill Clinton. Doch auch in Deutschland haben sich kommunitaristische Theoretiker aktiv als Berater in die Politik begeben. Zu einer Zeit, in der die SPD noch nicht an der Regierung beteiligt war, gehörte z.B. der Soziologe Hans Joas zum akademischen Beraterkreis der SPD.[36]

Soziologischer Kommunitarismus

Zweitens existiert ein *soziologischer Kommunitarismus*. Der soziologische Kommunitarismus widmet sich primär der Frage, inwieweit der hegemonial gewordene Liberalismus *tatsächlich* die sozialen Strukturen der Gemeinschaft hat erodieren lassen und auf

36 Ein zentrales Werk des politischen Kommunitarismus ist: Amitai Etzioni (1993): The Spirit of Community. Rights, Responsibilities and the Communitarian Agenda; New York: Crown Publishers, Inc.

welche Arten er dies erreichen konnte. Der soziologische Kommunitarismus besitzt also maßgeblich diagnostischen Charakter. Ein zentraler Vertreter dieser Richtung ist der Soziologe Robert A. Bellah.[37]

Philosophischer Kommunitarismus

Schließlich existiert drittens ein *philosophischer Kommunitarismus*. Der philosophische Kommunitarismus entwickelte sich Mitte der 1970er Jahre maßgeblich als Reaktion auf die *Theorie der Gerechtigkeit* von John Rawls. Zentrale Vertreter des philosophischen Kommunitarismus sind Michael Sandel, Charles Taylor, Alasdair MacIntyre und Michael Walzer.[38]

Zwei Dimensionen der Debatte

Charles Taylor (1989/1993dt.) hat in seinem einflussreichen Essay *Cross-Purposes* zu Recht betont, dass ontologische Annahmen über die Natur des Menschen nicht als direkte Anleitung für politische Programme oder die Ausgestaltung von sozialen oder politischen Ordnungsarrangements verstanden werden dürfen. Daher differenziert Taylor zwischen *ontologischen Prämissen* einerseits und *Fragen der Parteinahme* andererseits. Fragen der Parteinahme „beziehen sich auf den moralischen Standpunkt oder die Politik, die man vertritt. Hier gibt es ein Spektrum von Positionen, die am einen Ende individuellen Rechten und Freiheiten den Vorrang geben und am anderen dem Gemeinschaftsleben oder dem kollektiven Gut Priorität zuweisen." (Taylor 1993: 104) Ausgehend von der Differenzierung zwischen ontologischen Annahmen und Fragen der Parteinahme, kann eine schematische Darstellung entworfen werden, die grafisch verdeutlicht, wo die zentralen Unterschiede zwischen den in diesem Buch diskutierten Theorien bestehen, und zwar aus der Perspektive der Kommunitaristen (denn sicher würden Liberale und deliberative Theoretiker *andere* Fragen als die zentralen identifizieren).

---

37 Ein zentrales Werk des soziologischen Kommunitarismus ist: Robert Bellah et al. (1985): Habits of the Heart: Individualism and Commitment in American Life; University of California Press.

38 Zentrale Werke des philosophischen Kommunitarismus sind: Michael Sandel (1982): Liberalism and the Limits of Justice; Cambridge University Press; Charles Taylor (1992): Sources of the Self, Harvard University Press; Alasdair MacIntyre (1981): After Virtue; University of Notre Dame Press; Michael Walzer (1983): Spheres of Justice; Basic Books

Abbildung 2: Schematische Darstellung liberaler und kommunitaristischer Ansätze

		Ontologische Annahmen	
		Methodologischer Individualismus	Methodologischer Holismus
Fragen der Parteinahme	Individuelle Rechte und Freiheiten ↑	Libertarianismus (Nozick, Hobbes) Politischer Liberalismus (Rawls)	Republikanismus (Taylor)
	↓ Gemeinschaftsleben und kollektive Güter		Orthodoxer Kommunitarismus (MacIntyre)

3.3. Kommunitaristische Gesellschaftskritik

Soziologische Kritik an der liberalen Demokratie

Ideenpolitische Folgen der Wende 1989/90

Die Systemkonkurrenz zwischen Ost und West hat in der Zeit nach dem Zweiten Weltkrieg bis 1989/90 zu einer Konzentration auf die grundlegende Alternative zwischen Demokratie vs. Sozialismus geführt. Angesichts dieser elementaren Leitdifferenz traten Differenzierungen innerhalb der jeweiligen (normativen) Vorstellungen von Staatlichkeit zurück. Die Systemkonkurrenz reduzierte darüber hinaus die Notwendigkeit der jeweils systeminternen Legitimationen von Herrschaft. Der Verweis auf den freiheitsbeschränkenden real-existierenden Sozialismus einerseits sowie jener auf den menschenverachtenden Kapitalismus andererseits erzeugte für sich genommen bereits ein hohes Maß an politischer Legitimation. Vor dem Hintergrund dieser Konstellation führte der Zusammenbruch der real-sozialistischen Staaten des Ostblockes zu zwei Konsequenzen: Erstens erhöhte er – wie Fuchs und Klingemann (1998) betont haben – für westliche Demokratien die Notwendigkeit drastisch, ihre normativen Begründungen aus sich selbst heraus zu schöpfen. Da die Bewertung der demokratischen wie ökonomischen Performanz einer realen Demokratie anhand von normativen Bewertungskriterien erfolgt, gewann die normative Demokratietheorie wieder an Relevanz. Zugleich rückten in diesem Prozess die Defizite und Pathologien westlicher Demokratien verstärkt in den Fokus der Aufmerksamkeit.

Kontingenz der Demokratieformen

Zweitens gab der Zusammenbruch den Blick für interne Differenzierungen des Modells westlicher Demokratie wieder frei. Schließlich ist es nicht so, dass nur ein Modell westlicher Demokratie existiert

(Held 1987). Zwar ist die Diagnose zutreffend, dass das Modell liberaler Demokratie historisch hegemonial geworden ist, gleichwohl existieren reale Alternativen dazu, deren Bedeutung zunehmen kann. Zusammenfassend nahm somit die Frage, in welcher Demokratie wir leben wollen, mit dem Zusammenbruch des Sozialismus wieder eine zentrale Stellung auf der gesellschaftspolitischen Agenda ein. Die Diskussion hierzu bezieht sich hauptsächlich auf zwei Bereiche: einerseits auf die Performanz der sozialstaatlichen Dimension von Demokratie, andererseits auf die gesellschaftlichen Konsequenzen ihrer liberal-individualistischen Fundierung.

Erosion sozialer Bindekräfte

Etliche Theoretiker – nicht nur Kommunitaristen, sondern auch Liberale (Galston 1991) – argumentieren, dass die historische Ausweitung sozialstaatlicher Leistungen, die schließlich in vielen westlichen Demokratien zur Ausbildung von Wohlfahrtsstaaten geführt hat, die Solidarität unter den Bürgern hat erodieren lassen. Schließlich übernehme der Sozialstaat heute fast alle Aufgaben, die zuvor die Bürger aus Solidarität füreinander erbracht haben. Aus ökonomischer Sicht hat sich die empirisch fundierte Einsicht durchgesetzt, dass die sozialen Versorgungssysteme in etlichen westlichen Demokratien aus unterschiedlichen Gründen die Grenzen ihrer Leistungsfähigkeit erreicht haben. Es fehlen immer häufiger die finanziellen Ressourcen, um den klassischen Wohlfahrtsstaat sozial-demokratischer Provenienz überhaupt am Leben zu halten. Darüber hinaus haben sich die Bürger zu einer nicht versiegen wollenden Quelle von Ansprüchen an den Wohlfahrtsstaat entwickelt, die dieser auch bei besseren ökonomischen Rahmenparametern nur schwerlich erfüllen kann.

Revitalisierung der Gemeinschaft

Kommunitaristen vertreten vor dem Hintergrund dieser Problemdiagnose die These, dass nur noch die Revitalisierung der Gemeinschaft dabei helfen kann, die westlichen Demokratien angesichts überbordender sozial- und wohlfahrtsstaatlicher Leistungen vor dem Finanzkollaps zu bewahren. Die aus der Gemeinschaft fließende und sie selbst zugleich bewahrende Solidarität unter den Bürgern soll als Ausfallbürgschaft für die zunehmend weitmaschigeren Netze sozialstaatlicher Sicherungssysteme dienen.

Individualisierungskritik

Ausgangspunkt vieler Diagnosen ist die ambivalente Bewertung der Intensität und Richtung der Individualisierung, wie sie sich im Prozess der gesellschaftlichen Modernisierung in den westlichen Demokratien bis heute entfalten konnte. Der Begriff der *Individualisierung* besitzt innerhalb der Sozialwissenschaften eine lange und einflussreiche Tradition (Honneth 1994). Immer ist damit gesellschaftstheoretisch ein Prozess beschrieben worden, der auf einem Strukturwandel basiert. Die erste Welle der Individualisierung ist durch den Übergang von traditionalen zu modernen Gesellschaften gekennzeichnet. Bereits die romantischen Linken – Benjamin, Lukács – sahen in der Entwicklung kapitalistischer Gesellschaften die Gefahr des Verlustes spezifischer Erfahrungsformen, die konstitutiv sind für die Ausbildung sittlicher Gemeinschaften.[39] Diese zeichnen sich durch gemeinsam geteilte *vorpolitische* Werte aus, deren spezifischer Charakter gerade nicht in der *rechtlichen* Anerkennung jedes Gemeinschaftsmitgliedes aufgeht.

Ferdinand Tönnies (1887/1963) hat mit *Gemeinschaft* auf der einen und *Gesellschaft* auf der anderen Seite zwei Formen der sozialen Integration differenziert, an die auch heute noch sozialwissenschaftlich angeschlossen wird. Der Übergang von traditionalen zu modernen Gesellschaften kann somit als ein Prozess der Individualisierung verstanden werden, in dem solidaritätsstiftende Momente der Gemeinschaft in immer stärkerem Maße zugunsten formal-rechtlich-prozeduraler Momente der Gesellschaftskonstitution zurückgedrängt wurden.

Vier Mobilitäten

Der amerikanische Sozialphilosoph Walzer (1990a) differenziert vier Mobilitäten, die aus Prozessen der Individualisierung resultieren. Er sieht in den USA eine bis dahin in dieser Intensität unbekannte *geografische Mobilität*, die aus den arbeitstechnischen Mobilitätsanforderungen moderner Industriegesellschaften resultiert und in dem individuellen Gefühl der Heimatlosigkeit kulminiert. Ähnlich verhält es sich mit der *sozialen Mobilität;* immer weniger amerikanische Staatsbürger folgen dem Lebensstil ihrer Eltern oder befinden sich in derselben gesellschaftlichen Statussphäre. Die *Beziehungsmobiliät* äußert sich nach Walzer im Zuwachs der Scheidungsraten. Die *politische Mobilität* ist für Walzer paradigmatisch verdichtet in der Erscheinung des Wechselwählers. All diese Phänomene fasst Walzer in dem Begriff des *unsettlement* zusammen.

Jenseits von Links und Rechts

Die Kritik am Verlust der Gemeinschaft ist – zumindest in den USA – interessanterweise nicht politisch vorbestimmt, sie wird sowohl von linken als auch von eher konservativen Theoretikern artikuliert. Beide Lager identifizieren übereinstimmend sehr ähnliche Ursachen hierfür. Abstrakt gesprochen ist der Verlust der Gemeinschaft der hegemonial gewordenen liberal-individualistischen Fundierung westlicher Demokratien geschuldet (Taylor 2002).

Hegemonie des Liberalismus

Eines der interessantesten Argumente in dieser Debatte bezieht sich auf die soziale Gestaltungsmacht von Sprache und spezifischen Vokabularen. Der Soziologe Bellah (et al. 1987) vertritt die These,

39 Bei Lukács findet sich z.B. die Formulierung von der „transzendentalen Obdachlosigkeit". Im Kern ging es den kritischen Theoretikern jedoch um die vernünftige Einrichtung der Gesellschaft, in der der „Fremde" nicht der „Feind" ist, in der man „ohne Angst verschieden sein kann" (Adorno). Die Moderne hat – wie in dem Kapitel 2.1 gezeigt, das Individuum erst in einem emphatischen Sinne hervorgebracht, die individualistische Gesellschaft zerstört es tendenziell wieder. Vgl. auch das Kapitel zu Marx.

dass der Liberalismus in den USA nicht nur in den politischen Strukturen, Prozeduren und Institutionen der liberal-repräsentativen Demokratie westlichen Typs hegemonial geworden ist, sondern auch auf der Ebene der Rhetorik, und dies gleichsam „hinter dem Rücken der Bürger". Das empirisch informierte Argument lautet, dass den Bürgern nur noch die Rhetorik und das Vokabular des Liberalismus zur Verfügung stehen, um sich im politischen Diskurs zu verständigen. Diese Rhetorik ist jedoch aufgrund ihrer Orientierung auf das Individuum ungeeignet, um authentisch und angemessen über die Angelegenheiten der Gemeinschaft zu diskutieren. Selbst wenn die Bürger die traditionellen Bänder der sozialen Gemeinschaft reaktivieren wollten, würde ihnen hierfür das Vokabular fehlen, so dass jede Diskussion über Gemeinschaftlichkeit durch die Artikulation im liberalen Paradigma den ironisch-distanziert-zynischen Habitus erhalten muss.

Gemeinschaft ≠ *community*

Wie zutreffend das Argument ist, wonach Vokabulare die politischen Handlungsoptionen beeinflussen, zeigt sich am Begriff der Gemeinschaft selbst sehr deutlich. Die *liberal-communitarian debate* war eine vor allem *amerikanische* Debatte über die sozio-moralischen Grundlagen der *amerikanischen* Gesellschaft. Erst mit einigen Jahren Verzögerung wurde sie dann im deutschen Wissenschaftskontext überhaupt wahrgenommen. Das größte Problem bei dem Theorieimport bestand jedoch in der Terminologie: Geführt wurde eine Debatte über die *Gemeinschaft.* Dieser Begriff war historisch diskreditiert. Er weckte Erinnerungen an den Nationalsozialismus, an Gleichschaltung und Volksgemeinschaft. Das amerikanische Pendant dazu – *community* – weckt diese Assoziationen nicht. Vielmehr ist der Begriff durch die gelebte Geschichte der Amerikaner normativ geradezu invers gepolt, da er für lange Zeit verbunden war mit der Praxis demokratischer Beteiligung auf der lokalen Ebene. Es ist daher nicht verwunderlich, dass die deutsche Diskussion in ihren Anfängen den Begriff „Gemeinschaft" scheute und stattdessen von *community* sprach. An diesem Beispiel zeigt sich exemplarisch, wie Vokabulare den politischen Handlungsspielraum beeinflussen. Was für die bundesdeutsche Diskussion *in academia* zutraf, trifft natürlich in weitaus größerer Intensität auch für die bundesdeutsche, die amerikanische, die italienische Gesellschaft etc. zu. Hier greift das Argument von Bellah et al.: Wenn der Liberalismus wirklich hegemonial geworden ist, dann dominiert er nicht nur das Institutionenensemble und die wissenschaftlichen Diskussionen, sondern auch und gerade über das Vokabular auch das Denken der Menschen.

Aporien der Mehrheitsregel

Demokratie bezeichnet einen spezifischen Modus des Prozesses der Herstellung kollektiv bindender Entscheidungen, deren wichtigster Bestandteil für viele liberale Demokratietheoretiker die Mehrheitsregel ist. Die Abstimmung per Mehrheit impliziert jedoch, dass immer eine Minderheit existiert, die – im Extremfall mit 50% minus einer Stimme – die kollektiv getroffene Entscheidung inhaltlich nicht wollte. Vor diesem Hintergrund gewinnt die Frage, warum die Minderheit sich trotzdem rechtskonform verhält, eine extrem hohe Relevanz. Für jede staatliche Ordnung gilt, dass ihre Stabilität maßgeblich auf der Rechtsakzeptanz ihrer Bürger beruht. Der normative Wert einer freiheitlichen Ordnung wie der Demokratie besteht darüber hinaus jedoch darin, dass die Rechtsakzeptanz – zumindest im Regelfall – nicht erzwungen werden muss, sondern auf Einsicht basiert.

Mehrheit und Minderheiten

Die Gesamtheit der Staatsbürger ist die Bezugsgröße demokratischer Politik. Die Akzeptanz von Recht und das rechtskonforme Handeln gerade derer, die sich hinsichtlich einer demokratisch gefassten Entscheidung in der Minderheit befinden, speist sich daher auch aus der Tatsache, dass sich jeder Bürger zur Gemeinschaft der Staatsbürger zählen kann. Die Vorstellung einer Gemeinschaft begrenzt den potenziellen Schaden, den eine Mehrheitspolitik für eine Minderheit haben kann, da beide – Mehrheit wie Minderheit – zusammen die Gemeinschaft der Staatsbürger bilden. Die Überprüfung der eigenen Präferenzen an der Gemeinschaft der Staatsbürger veredelt politische Präferenzen moralisch, begrenzt dadurch aber auch – und das ist das zentrale Argument – die potenziell negativen Konsequenzen von Mehrheitspolitik und verhindert somit, wovor bereits die amerikanischen Verfassungsväter vor mehr als 200 Jahren die größte Angst hatten: die „Tyrannei der Mehrheit“ (Tocqueville).

Die philosophische Kritik des Kommunitarismus am Liberalismus

Themen

Die philosophische Kritik des Kommunitarismus am Liberalismus fokussiert sich auf wenige Themen. Dies sind die Konstitution des Selbst und der Status der Gemeinschaft, das Freiheitskonzept, die Vorstellung liberaler Gerechtigkeit, die politischen Partizipationsrechte sowie – auf einer sehr viel abstrakteren Ebene – das Verhältnis von Universalismus zu Partikularismus.

Sandel

Diese Debatte wurde mit einem Beitrag von Michael Sandel (1982; 1984) eröffnet. Im Zentrum seiner Kritik stand die Konstitution des Selbst bei Rawls hinter dem „Schleier des Nichtwissens“. Zur Erinnerung: Rawls fand seine zwei Gerechtigkeitsprinzipien durch eine heuristische Fiktion: jene des *Urzustands* in Verbindung mit der Vorstellung eines „Schleiers des Nichtwissens“, hinter dem keine im *Urzustand* befindliche Person weiß, welche individuellen Stärken, Schwächen, Interessen, Fähigkeiten etc. sie in der späteren Gesellschaft haben wird. Durch die Generalisierung des Einzelnen fand

Rawls zwei Gerechtigkeitsprinzipien, in denen er zumindest in der Fassung seiner *Theorie der Gerechtigkeit* aus dem Jahr 1971 noch davon ausging, dass sie universell gültig sind.

Was ist ein Subjekt?

Der Hauptkritikpunkt der Kommunitaristen, und hier insbesondere von Michael Sandel, besteht darin, dass Menschen *nicht* zu moralischen Subjekten werden, indem sie Ziele *wählen*, sondern indem sie Ziele *besitzen*. Menschen existieren nicht vor und unabhängig von ihren Zielen. Sandel geht davon aus, dass das liberale Individuum hinter dem „Schleier des Nichtwissens" gar keine gehaltvollen Aussagen über Gerechtigkeitsprinzipien treffen *kann*. Es sei wenig mehr als die liberale Hülle eines menschlichen Wesens, oder, in anderen Worten: Es ist ein atomistisches Selbst, das ungebunden (*unencumbered*) ist. Mit dieser Kritik könnte Rawls noch gut leben, schließlich wollte er keine psychologisch gehaltvolle Beschreibung eines Menschen vorlegen, sondern eine heuristische Fiktion, mit deren Hilfe er Gerechtigkeitsgrundsätze identifizieren kann. Doch gerade das kann er nicht – so zumindest lautet die zugespitzte Form der Kritik von Sandel. Rawls trenne zwei Dinge, die untrennbar zusammenhängen: Menschen und ihre Ziele (*ends*). Dieser Unterschied zwischen Rawls und Sandel ist grundlegend. Sandel geht davon aus, dass ein Mensch erst durch seine Ziele, die er eingebunden in die unhintergehbare Gemeinschaft finden kann, sein Selbst in einem anspruchsvollen Sinne konstituiert. Erst seine Ziele (im Leben) ermöglichen es ihm, das soziale Universum mit Sinn zu füllen, respektive die Welt sinnhaft zu verstehen. Ein Wesen ohne Ziele kann sich auch keine Vorstellungen davon machen, welche sinnvollen Konzeptionen des Guten Lebens überhaupt existieren. Wenn dies der Fall ist, so bricht jedoch die Konstruktion des „Schleiers des Nichtwissens" als Legitimationsgrundlage für Gerechtigkeitsgrundsätze weg.

Verfehlte Kritik?

Diese Kritikfigur hat sich in der Diskussion jedoch als „wenig ergiebiges Feld der Auseinandersetzung" (Forst 1994: 183) erwiesen, da die heuristische Konstruktion beim Liberalismus eben nicht die Konstitution des Selbst im Blick hat, sondern nur die Explikation von Kriterien der Gerechtigkeit. Dies wird vor allem im 1993 publizierten „Politischen Liberalismus" von John Rawls deutlich.

Taylor

Bedeutsamer ist jedoch ein anderer Kritikstrang. In diesem Kritikstrang wird in einem ersten Schritt das Menschenbild des Liberalismus als atomistisch verworfen, im zweiten Schritt wird dann die Relevanz der Gemeinschaft anhand einer Explikation der normativen Gehalte von Freiheit verdeutlicht. Dieser Ansatz ist vor allem von dem kanadischen Sozial-Philosophen Charles Taylor (1988/2002) vertreten worden.

Wiederkehr des *zoon politikon*

Der Mensch ist – seiner biologischen Natur folgend – ein *gemeinschaftsorientiertes* Wesen, was sich bereits in der Tatsache zeigt, dass der Mensch kein „Nestflüchter" ist. Der Mensch braucht die Gemeinschaft, da er – im Sinne Arnold Gehlens – ein Mängelwesen ist. Es mangelt ihm an Instinktsicherheit, um in der Wildnis überleben zu können, genauso wie an körperlicher Stärke. Der Mensch kann zwar durch seinen Intellekt die Natur beherrschen, doch benötigt er Zeit, um die dazu notwendigen kulturellen und instrumentellen Fähigkeiten zu lernen. Die Tradierung dieser Fähigkeit erfolgt nur in einer (kulturell geprägten) Gemeinschaft. Der methodologische Holismus geht über die funktionale Bestimmung der Gemeinschaftlichkeit des Menschen sogar noch hinaus und attestiert, dass der Mensch ein *zoon politikon*, ein politisches Tier, ist. „Man is a social animal, indeed a political animal, because he is not self-sufficient alone, and in an important sense is not self-sufficient outside a polis.“ (Barber 1984) Aussagen über die „Natur“ des Menschen sind zwangsläufig immer spekulativer Art. Daher kann die Frage, welche Annahmen über die „Natur“ des Menschen „wahr“ sind, nicht beantwortet werden. Sinnvoll diskutiert werden können jedoch die politischen Konsequenzen, die sich aus der Wahl des einen oder anderen Menschenbildes ergeben. Von besonderer Bedeutung ist hierbei das „Wesen“ der Freiheit, die in jeder politischen Theorie eine zentrale Rolle spielt.

Negative Freiheit

Die Freiheit spielt im Liberalismus eine zentrale Rolle als letzte normative Fundierung jeglicher politischer Gesellschaft. Freiheit ist ein Ideal, hinter das man nicht zurückfallen darf. Doch was ist der genaue Kern von Freiheit? Darin Gerechtigkeit oder Gleichheit nicht unähnlich, existieren unzählige Definitionen von Freiheit in der Politischen Theorie. Abstrahiert man jedoch von den Unterschieden im Detail, so sind zwei große Begriffsstränge zu identifizieren (vgl. Ladwig 2004). Das liberale Verständnis von Freiheit kann – einer berühmten Differenzierung von I. Berlin (1958) folgend – als *negative Freiheit* bezeichnet werden. Negative Freiheit bezeichnet jene Sphäre, die das Individuum besitzt, in der es frei ist von Eingriffen von Außen und in der es tun kann, was es will. Es können unterschiedliche Formen von externen Restriktionen identifiziert werden – natürliche Restriktionen (schlechtes Wetter, Berge, Flüsse), soziale Restriktionen (andere Menschen) und – für Politikwissenschaftler zumeist am wichtigsten – politische Restriktionen (der Staat, Gesetze). Vor dem Hintergrund der Fokussierung auf den Staat impliziert negative Freiheit die Existenz von Abwehrrechten, die das Individuum *gegen* den Staat hat. Jene Sphäre, in die der Staat nicht eingreifen darf und deren Unverletzlichkeit er zugleich schützen und garantieren muss. Negative Freiheit impliziert darüber hinaus die Freiheit, *wählen* zu können. Eine Freiheit, die darin besteht, aus zwei Handlungsalternativen eine auszuwählen, ist zweifellos kleiner als jene, aus tausend Handlungsalternativen eine auszuwählen. Negative Freiheit besteht also auch darin, die Qual der Wahl zu haben.

Das eingebettete Ich

Die Verkürzung auf die negative Freiheit ist ein zentraler Kritikpunkt des Kommunitarismus. Aufhänger der Kritik ist die bereits angesprochene Frage, welches die Ressourcen sind, die unser „Selbst“ konstituieren. Wie können wir eine Persönlichkeit ausbilden? Der Liberalismus argumentiert, dass das Selbst vor seinen Zielen existiert, d.h. dass „Ich“ mir meine Ziele im Leben aktiv suche, sie verwerfe, mir neue suche etc. Nicht die Ziele sind daher konstitutiv für mein Selbst, *sondern die Möglichkeit, sie auszuwählen*. Daher ist die negative Freiheit, verstanden als Wahlfreiheit, zentral für die Konstitution des Selbst ebenso wie für den Liberalismus. Doch trifft diese Vorstellung wirklich zu? Und vor allem: Erscheint sie wünschenswert? Für Kommunitaristen ist der liberale Individualismus nur noch dessen Perversion, nämlich Atomismus. Charles Taylor argumentiert, dass die liberale Sicht der Person, das „freischwebende Ich“, von dem Selbst nicht mehr erkennt als seine Hülle. Die liberale Person ist „leer“. Das philosophische Argument lautet, dass ein liberales Selbst keine guten Gründe für seine Ziele besitzen kann, wenn die Ziele dem Individuum nachgeordnet sind. Aus der Grundentscheidung zugunsten des methodologischen Holismus folgt direkt das Infragestellen des für Liberale zentralen Wertes der negativen Freiheit: „Die vollständige Freiheit wäre ein Vakuum, in dem nichts der Mühe wert wäre, nichts irgendetwas zählte. Das Ich, das zur Freiheit gelangt ist, indem es alle äußeren Hindernisse und Einflüsse weggeräumt hat, hat keinen Charakter mehr und damit kein bestimmtes Ziel.“ (Taylor 1977: 157)

Irrtum der negativen Freiheit

Der Kardinalfehler des Liberalismus besteht aus Sicht des Kommunitarismus also darin, dass er aufgrund spezifischer ontologischer Annahmen dem „Irrtum der negativen Freiheit“ erlegen ist. Wahre Freiheit besteht nicht in der liberalen Vorstellung der negativen Freiheit, d.h. der Freiheit von äußeren Zwängen, und sie erschöpft sich erst recht nicht in der substanziell leeren Wahlfreiheit. Um die philosophische Trivialität des negativen Freiheitsbegriffes zu verdeutlichen, reicht ein Beispiel aus dem täglichen Leben: Zwei unterschiedliche Eisdielen haben einmal 10 und einmal 100 Sorten Eis im Angebot. Gewinnen wir wirklich Freiheit dadurch hinzu, dass wir aus einem größeren Angebot wählen können? Ist es allein der Optionsraum, der unsere Freiheit vergrößert?

bedeutungsvolle Wahlentscheidungen

Der Kommunitarismus argumentiert, dass es nicht nur darauf ankommt, Wahlentscheidungen zu treffen, sondern *bedeutungsvolle* Wahlentscheidungen zu treffen (vgl. Rosa 1998; 2009). Doch wann wird eine Wahlentscheidung bedeutungsvoll? Eine Antwort hierauf liefert eine differenziertere Betrachtung von Freiheit. Freiheit bestand in unserer bisherigen Diskussion darin, Wahlfreiheit mit dem Ausbleiben äußerer Hindernisse konzeptionell zu verbinden. Doch sind *äußere* Hindernisse wirklich die einzigen oder gar die entscheidenden Hindernisse? Um diese Frage weiter diskutieren zu können, muss die andere Seite der Freiheit, die positive Freiheit, eingeführt werden.

Positive Freiheit

Das Konzept der *positiven Freiheit* wird vom Kommunitarismus vertreten (Taylor 1988). Positive Freiheit bedeutet, mittels politischer Partizipation gestaltenden Einfluss nehmen zu können auf das soziale und politische Umfeld, innerhalb dessen man lebt und agiert. Der theoretische Hintergrund dieser Überlegung wurde bereits mehrfach ausgeführt: Jeder soziale Verband beschränkt die negative Freiheit. Die Optimierung der negativen Freiheit kann daher nur entlang zweier Richtungen verlaufen: Entweder müssen die Staatsaufgaben radikal reduziert werden, so dass der Staat zwar weiterhin die negative Freiheit einschränkt, dies jedoch nur noch in wenigen Bereichen. Oder, und dies ist die zweite Variante, die Wahlfreiheit muss erhöht werden, indem der Bereich (kollektiv bindender) Entscheidungen *vergrößert* wird. Letztere Variante betrifft nicht nur – und noch nicht einmal vornehmlich – den politischen, sondern vor allem den sozialen und den ökonomischen Raum.

Rousseaus Angebot

Die republikanische Auflösung dieses Dilemmas hat Rousseau in seiner Extremform geliefert: Wenn jeder nur seinem eigenen Gesetz unterworfen ist, dann ist er im Staat genauso frei wie im Naturzustand. Die Realisierung der *volonté générale* sichert in dieser Perspektive die negative Freiheit. Die Konstruktion der *volonté générale* ist jedoch mit so vielen Problemen, Selbstwidersprüchen und totalitären Gefährdungen (vgl. Marejko 1984) versehen, dass diese Lösung für moderne, pluralistische, funktional differenzierte Staaten nicht mehr gangbar ist.

Republikanismus vs. Kommunitarismus

Die von den Kommunitaristen präferierte Auflösung lautet daher auch anders: Sie betonen die Mitsprachemöglichkeit, den politischen Gestaltungsraum jedes Einzelnen durch politische Partizipation auf unterschiedlichen Ebenen, auf unterschiedliche Arten und in unterschiedlichen politischen Arenen. Positive Freiheit ist also jene, politisch gestaltend tätig werden *zu können*. Die Potenzialität der positiven Freiheit unterscheidet den Kommunitarismus von einem Republikanismus à la Rousseau, in dem die politische Partizipation *total* zu werden droht.

Innere Freiheit

Doch sind im Rahmen der Konzepte der negativen und positiven Freiheit bereits alle relevanten Formen von Freiheitshindernissen thematisiert worden? Nein, denn bisher wurden allein jene Hindernisse thematisiert, die *außerhalb* des Individuums lagen und gleichsam objektiver Natur waren. Damit fehlt jedoch ein Bereich, der für den Kommunitarismus außerordentlich wichtig ist, die Konstitution des Selbst. Hier lautet die wichtige Frage, welche Faktoren den Menschen *selbst* daran hindern, ein authentisches Selbst auszubilden. Auf der einen Seite kann man extern daran gehindert werden, ein authentisches Selbst auszubilden. Auf der anderen Seite existieren, und dies ist das Innovative am Kommunitarismus, auch *interne* Hindernisse, die den Menschen hemmen, ein authentisches Selbst auszubilden. Welcher Natur sind nun diese internen Hindernisse?

Selbstverwirklichung als romantisches Ideal

Intern bezeichnet zunächst einmal etwas, was dem Menschen je individuell eigen ist. Es sind also Hindernisse, durch die ich mich selbst daran hindere, mein Selbst auszubilden. Natürliche interne Hindernisse sind solche, die im weitesten Sinne genetisch verursacht sind. Hierzu gehört zum Beispiel Blindheit. Aber auch natürliche Begabungen – oder eben der Mangel an natürlichen Begabungen – können als Hindernis auf dem Weg zur Ausbildung eines authentischen Selbst angesehen werden. Darüber hinaus gibt es jedoch Hindernisse, die zwar außerhalb des Individuums angesiedelt sind, nichtsdestotrotz jedoch Rückwirkungen auf das Individuum haben. Hierzu gehört zum Beispiel ein schlechtes Schulsystem. Diese externe soziale Tatsache führt intern zu schlechter Bildung. Ein weiterer interner Effekt schlechter Bildung kann ein geringes Potenzial zur Selbstreflexion sein. Unterausgeprägte Reflexionsfähigkeiten können wiederum dazu führen, den Optionsraum des eigenen Lebens nicht richtig auskosten zu können. Hinter dieser Überlegung steht eine romantische Vorstellung des Selbst im republikanischen Humanismus. Das Selbst wird hier verstanden als ein Schatz, der in uns liegt, und der gleichsam gehoben werden muss. Wir haben das Potenzial zu einem glücklichen und erfüllten Leben in uns, wir benötigen jedoch einen sozialen und politischen Kontext, der es uns ermöglicht, dieses Potenzial zu realisieren.

Verhältnis der Freiheiten

Versucht man, die Hindernisse der Freiheit zu hierarchisieren, so wird schnell deutlich, dass sowohl die negative Freiheit als auch die positive Freiheit leer und bedeutungslos bleiben, wenn man nicht die inneren Hindernisse überwinden kann. Ein Mensch, der glaubt, dass ein glückliches, erfülltes und gutes Leben darin besteht, möglichst viele Wahloptionen zu besitzen, wird mit seiner politischen Freiheit wohl kaum einen Beitrag dazu leisten, die Welt in einem moralisch anspruchsvollen Sinn zu verändern. Daher muss jede anspruchsvolle Konzeption der Freiheit bei der inneren Freiheit ansetzen, und sie als die zentrale Bedingung für die Konstitution eines authentischen Selbst in den Fokus des Interesses rücken.

Methodologischer Holismus

Betrachtet man die Konstitution des Selbst im Kommunitarismus, so wird der methodologische Holismus wieder relevant. Der Mensch versteht sich und die Welt nur aus dem Kontext einer sinnstiftenden Gemeinschaft heraus. Was Freiheit bedeutet, lässt sich also nicht jenseits der gesellschaftlichen Vorstellungen von Ehre, Solidarität und Identität bestimmen. Bedeutungsvolle Wahlentscheidungen trifft das

Selbst nicht befreit von jedem sozialen Kontext, sondern ausschließlich innerhalb eines sozialen Kontextes. Der soziale Kontext bestimmt damit den effektiven Wert der Freiheit. Damit kann man eine Hierarchisierung der Freiheiten vornehmen: Die anspruchsvollste ist die innere Freiheit. Sie ist zugleich die Basis für eine normative gehaltvolle Ausgestaltung der positiven und negativen Freiheit. Damit rückt die Verfassung der (politischen) Gemeinschaft in das Zentrum des Interesses, denn sie ist es, die jenen „Zaubertrick" vollführen soll, die substanzielle Basis wahrer innerer Freiheit zu legen.

Herders Konzeption der Menschheit

An diesem Punkt der Argumentation greifen Kommunitaristen häufig auf Herder zurück, da er wie kaum ein anderer holistische Grundannahmen mit der Wertschätzung individueller Freiheitsrechte verschmolzen hat und damit ein theoretisches Konzept vorlegte, das heute, unter den Bedingungen pluralistischer Demokratien, so aktuell ist wie nie zuvor. Der Rekurs auf Herder ermöglicht gleichzeitig die Anerkennung von Differenz und die Wertschätzung konstitutiver sozialer Bindungen. Herder vertritt die Idee der „Menschheit als etwas zu Verwirklichendem, und zwar nicht im einzelnen menschlichen Wesen, sondern in der Gemeinschaft aller." (Taylor 2002) Die Vorstellung könnte auf homogene, ethisch geschlossene Gemeinschaften schließen lassen. Doch gehen einige Kommunitaristen den entscheidenden Schritt weiter, wenn sie argumentieren, dass „jedes Leben nur einen kleinen Teil des in der Menschheit beschlossenen Potenzials verwirklichen kann, [daher, d.A.] kommen wir nur dann in den Genuss des ganzen Reichtums menschlicher Errungenschaften und Fähigkeiten, wenn wir uns mit Menschen verbinden, die in ihrer Entwicklung andere Wege eingeschlagen haben. Indem wir andere zur Konformität zwingen, verurteilen wir uns nur selbst zu einem beschränkten und ärmeren Leben." (Taylor 2002: 42)

Doppelte Bedeutung der Gemeinschaft

Die Gemeinschaft ist also in doppelter Hinsicht ein wertvolles Gut: Einerseits, da sie dem Individuum überhaupt erst ermöglicht, bedeutsame Entscheidungen zu treffen, da sie eine *moralische Landkarte* (Taylor) zur Verfügung stellt, die Wertungen hinsichtlich dessen bereitstellt, was richtig und falsch, was wertvoll und was wertlos ist. Erst vor diesem sozialen Hintergrund kann sich ein Selbst ausbilden. Andererseits, da nur in der Gemeinschaft die Menschheit sich als Ganzes evolutionär vervollkommnen kann. Die Pointe dieser Überlegungen besteht darin, dass die Gemeinschaft überhaupt erst bedeutungsvolle ethische Vielfalt ermöglicht und damit den klassischen liberalen Vorwurf der Einschränkung der Individualität durch Gemeinschaft genau umkehrt.

Demokratie und Gemeinschaft

Stärker noch als alle anderen Herrschaftsformen ist die Demokratie eine freiheitliche Herrschaftsform. Gerade deshalb besteht aus Sicht des Kommunitarismus eine ausgesprochen enge Verbindung von Demokratie und Gemeinschaft. Diese zeigt sich v.a. in dem Verhältnis der Bürger zur Demokratie. Die Akzeptanz der Demokratie ist nämlich aufs Engste mit der Gemeinschaft und der aus der politischen Gemeinschaft heraus motivierten politischen Partizipation verbunden. Das kommunitaristische Ideal besagt, dass die Bürger Adressaten der Gesetze sein sollen, die sie als Autoren selbst entworfen haben. Nur wenn diese Personalunion faktisch realisiert ist, besitzen die Bürger politische Autonomie. Die Motivation, sich am demokratischen Prozess zu beteiligen, resultiert im kommunitaristischen Verständnis aus der Einsicht der Bürger in den Wert der positiven Freiheit als Ermöglichungsbedingung eines authentischen Selbst. Politik wird zu einer Lebensform. Die Grenzen der eigenen Entwicklungsfähigkeit werden schließlich durch die Intaktheit der sozialen Gemeinschaft gesteckt. Daher empfindet es jeder Bürger als seine Aufgabe, die Gemeinschaft zu fördern. Die Wasserscheide zwischen liberalen und republikanischen Bürgern besteht in der Bereitschaft, für das politische Gemeinwesen zu kämpfen. Liberale Demokratien waren in historischer Perspektive jene Staaten, die Söldnerheere zur Landesverteidigung aufgestellt haben, während Republiken konstitutiv darauf bauten, dass die Bürger ihr eigenes Gemeinwesen selbst verteidigten.

community of fate

Die Gemeinschaft ist jedoch ein irreführender Singular, da grundlegend zwei Typen von Gemeinschaft im Kommunitarismus differenziert werden müssen: erstens die demokratische Gemeinschaft aller Staatsbürger. Sie ist eine *community of fate*, d.h. eine Gemeinschaft, in die man hineingeboren wird und deren Zugehörigkeit man sich in der Regel nicht auswählen kann. Das identitätsstiftende Band ist jedoch keine partikulare Vorstellung des Guten, sondern die gelebte Tradition demokratischer Selbstbestimmung.

communities of choice

Komplementär dazu verhalten sich jene Gemeinschaften, die für die Ausbildung der „moralischen Landkarten" sorgen. Diese Gemeinschaften sind vielfältiger Natur. Hierzu gehören lokale Gemeinschaften wie die Gemeinschaft der Bewohner eines Bezirkes, eines Straßenzuges o.ä. genauso wie Gemeinschaften, die sich nicht geografisch, sondern entlang von gemeinsamen Interessen konstituieren. Diese Gemeinschaften sind – im Gegensatz zur demokratischen Gemeinschaft – in ihrer Zugehörigkeit offen, es sind *communities of choice*. In diesem Sinne verbindet der Kommunitarismus die Vorstellung der Wahlfreiheit mit der Idee konstitutiver Sozialbeziehungen.

Offene Gemeinschaft

Ein so verstandener Kommunitarismus verdeutlicht, wie wichtig die Gemeinschaft für die Demokratie, aber umgekehrt auch die Demokratie für die Gemeinschaft ist. Er zeigt zudem, dass das liberale Argument, wonach in einer pluralistischen Gesellschaft die Betonung der Gemeinschaft in Konflikt mit elementaren Gerechtigkeitsgrundsätzen stehen muss, so nicht zutrifft. Er öffnet die Augen dafür, dass der vermeintliche Antagonismus von Individualismus und Gemeinschaft auflösbar ist. Er zeigt – im Anschluss an Herder – sogar, dass Differenz aus Gemeinschaft hervorgehen kann, mehr noch, dass Gemeinschaft sich nicht homogen schließen darf, weil sie sonst der Entfaltung des Selbst moralisch fragwürdige Schranken auferlegen würde. Schließlich weckt der Republikanismus Zweifel an der Wertschätzung des liberalen Selbst: Zu groß ist das Versprechen der individuellen, aber sozial eingebundenen Entwicklung im Kontext heterogener Gemeinschaften im Vergleich zum freischwebenden liberalen Selbst, das sich zwar permanent neu erfinden kann, aber dadurch biografische Diskontinuität zur Leitidee erhebt und sie bis zur biografischen Beliebigkeit zuspitzt.

4. Liberale Theorien

4.1. Mechanistische Staatsbegründung: Hobbes

Gründervater Politischer Theorie der Moderne

Ein Vater der Moderne

Mit Thomas Hobbes wird in der Politischen Theorie gemeinhin der Beginn des modernen politischen Denkens angesetzt, und seine Bedeutung sowohl für die moderne Politische Theorie als auch für die politische Wirklichkeit kann kaum überschätzt werden. Selbst republikanische Gegner von Hobbes wie James Harrington zollten der intellektuellen Brillanz seines Denkens Anerkennung: „Es ist richtig, dass ich der politischen Theorie von Herrn Hobbes widerspreche. (...) Trotzdem bin ich fest überzeugt, dass Herr Hobbes heute und für alle zukünftigen Zeiten als der beste Schriftsteller anerkannt werden wird, den diese Welt in diesen unsern Tagen hat." (Harrington 1771: 241)

Hobbes als Radikaler

Anders als die einhellige Beurteilung seines Werkes als herausragend, scheiden sich die Kommentatoren an der Beurteilung der Person Thomas Hobbes. So hatte Leo Strauss Hobbes als einen „unklugen, koboldhaften und bilderstürmerischen Extremisten" (zitiert nach Münkler 2001: 9) bezeichnet. In dieser und ähnlichen Einschätzungen – vor allem von Zeitgenossen von Thomas Hobbes – spiegelt sich jedoch nicht nur die Einschätzung seines Charakters, sondern auch – und vor allem dieser Aspekt lässt diese Aussage für die Politische Theorie relevant werden – das Innovationspotenzial seines Denkens. Hobbes hat seine Zeitgenossen mit seiner selbst heute noch radikal anmutenden Theorie verstört – und die verstörten Zeitgenossen projizierten ihre Irritation wiederum als Charakterdefizit auf die Person Hobbes. Worin besteht vor dem Hintergrund dieser intensiven und zugleich auch sehr emotionalen Einschätzung des Werkes und der Person Hobbes der innovative und so viele verstörende Gehalt seiner Theorie?

Problemlage

Erfahrung des Bürgerkrieges

In dem 1651 veröffentlichten *Leviathan* berichtet Hobbes selbst von der zentralen Erfahrung, die sein gesamtes Werk motiviert hat. Ausgangspunkt ist die Erfahrung des blutigen Bürgerkrieges in England sowie des Dreißigjährigen Krieges auf dem europäischen Kontinent. Beides sind Kriege, die in engem Zusammenhang mit den Prozessen gesellschaftlicher Modernisierung und konfessioneller Spaltung Europas in Katholizismus und Protestantismus stehen. Die zentrale Problemdiagnose besteht also darin, dass in Europa selten Frieden und sehr häufig Krieg herrschte.

Scheitern bisheriger Politischer Theorie

Hobbes vertritt die These, dass sich die Kriege im Europa seiner Zeit zwar an Religionsfragen entzündeten, jedoch tieferliegende Gründe als die konfessionelle Spaltung existierten, die diese Kriege *eigentlich* verursachten. Hier sieht er als einen bestimmenden Faktor die politische Philosophie. Es wäre die zentrale und herausragende Aufgabe der politischen Philosophie gewesen, Theorien zu entwickeln, die den Frieden auf Dauer sichern. Doch beweist die Geschichte, dass sie an dieser Aufgabe gescheitert ist. Dies wirft die Frage auf, *warum* die politischen Theoretiker und Philosophen von der klassischen Antike über das Mittelalter darin erfolglos blieben. Hobbes sieht den Kardinalfehler in der Art und Weise, wie Theorie betrieben wurde. Sein Argument ist dabei mehrstufig. Erstens betreibt er eine Kritik der Sprachphilosophie. Er geht davon aus, dass die Politische Theorie vor ihm vor allem damit beschäftigt war, über die *Bedeutung* von Begriffen zu diskutieren.[40] Eine so betriebene Philosophie löst keine Probleme, sondern schafft nur neue. Sie zeigt, dass die Suche nach der Bedeutung von Begriffen kein Ende finden und somit unendlich fortgesetzt werden kann. Letztlich, so die überspitzte These von Hobbes, waren diese gelehrsamen Dispute mitverantwortlich für die Religionskriege in Europa. Daher muss die Politische Theorie der Neuzeit mit der klassischen politischen Theorie radikal brechen, und zwar sowohl hinsichtlich ihrer theoretischen Prämissen als auch ihres methodischen Vorgehens. Hobbes überträgt daher jene Methoden, die in der Naturwissenschaft seiner Zeit so erstaunliche Erfolge gebracht haben, auf die Theorie der Gesellschaft. Dadurch entsteht eine mechanistische Konzeption, in der Interessen aufeinander prallen und im Vertrag ein Mechanismus zur Steuerung entsteht.

Fragestellung und Vorgehensweise

Mechanistische Methodik

Wie kann Frieden hergestellt und auf Dauer gesichert werden? Wie sieht die korrekte wissenschaftliche Methode aus, in der auf theoretischem Wege erkannt werden kann, was den Frieden sichert? Die richtige Methode entdeckt Hobbes in der Annäherung an die Naturwissenschaften, genauer: an die *more geometrico*. Hobbes bewegt sich entsprechend in einer mechanistischen Hintergrundmetaphorik und hofft, die Erfolge der Nautik und Physik in der Sphäre der Politik wiederholen zu können. Methodisch besteht sie darin, das komplexe Ganze in seine kleinsten Teile zu zerlegen und von dort aus wieder zusammen-

40 Er verdeutlicht dies am Beispiel von Gerechtigkeit. Die lange Zeit akzeptierte Definition lautete, dass Gerechtigkeit dann herrscht, wenn jeder das Seine erhält. Doch, so die Kritik von Hobbes, was nutzt ein Konsens unter Theoretikern, wenn im wirklichen Leben doch immer wieder Streit darüber ausbricht, was „das Seine" konkret bedeutet?

zusetzen.[41] „Für die politische Philosophie folgt daraus, dass sie eine politische Schöpfungsgeschichte erzählen wird, in der die staatliche Ordnung als Ergebnis der rationalen Herstellungshandlungen natürlicher Menschen entwickelt wird.“ (Kersting 1994: 62)

Mensch als Egoist

Die kleinste Einheit des Staates ist der Mensch und sein Handeln. Grundlegend geht Hobbes vom methodologischen Individualismus aus, d.h. Basis seiner Theorie ist der einzelne Mensch. Der Mensch ist zudem ein rationaler Egoist, der gemäß dem rationalen Kosten-Nutzen-Prinzip handelt. Der Nutzen einer Handlung muss für Hobbes jedoch nicht ökonomischer Art sein. Jede dem Menschen angenehme Handlung hat für ihn einen Nutzen. Letztlich zielt die Motivationsstruktur des Menschen bei Hobbes darauf, ein angenehmes Leben zu führen. Die gängigen Interpretationen, wonach der Mensch bei Hobbes von Natur aus schlecht sein soll, sind daher unplausibel. Vielmehr sind es spezifische Kontextvariablen in Verbindung mit einigen problematischen Charaktereigenschaften des Menschen, die ihn dazu bringen, destruktiv zu handeln. Da der Mensch nicht von Natur aus kriegerisch ist, sondern vielmehr von Natur aus darauf zielt, ein angenehmes Leben zu führen, folgt daraus, dass die Gründe für Krieg in den *Interaktionsmustern* der Bürger zu finden sein müssen.[42] Hierfür führt Hobbes den *Naturzustand* ein.

Naturzustand als Hypothese

Der Naturzustand ist rein hypothetisch, er hat nie existiert. Weder die historische Situation des Bürgerkrieges in England noch der Zustand einer archaischen Gemeinschaft gleicht dem Naturzustand. Hobbes hat nicht im Sinn, ein Modell gesellschaftlicher Entwicklungsstufen zu entwickeln. Der Naturzustand ist somit einzig und allein ein *heuristisches Darstellungsmittel.* Hobbes konstruiert einen Naturzustand, der hochgradig lebensfeindlich ist. Die Güter des tägli-

41 „Was meine Methode angeht (…) so muss man meiner Meinung nach mit der Materie des Staates beginnen, dann zu dessen Erzeugung und Gestalt und zum ersten Ursprung der Gerechtigkeit übergehen. Denn eben aus den Elementen, aus denen sich eine Sache bildet, wird sie auch am besten erkannt. Bei einer Uhr, die sich selbst bewegt, und bei jeder etwas komplizierten Maschine kann man die Wirkungsweise und Funktion der einzelnen Teile und Räder nicht verstehen, wenn sie nicht auseinander genommen wird, damit man die Materie, die Gestalt und die Bewegung aller Teile für sich inspizieren kann. Entsprechend muss auch bei der Untersuchung des Rechtes des Staates und der Pflichten der Bürger zwar nicht wirklich aufgelöst, aber doch als in seine Bestandteile aufgelöst betrachtet werden; d.h. es muss richtig erkannt werden, wie die menschliche Natur beschaffen ist, inwieweit sie zur Bildung des Staates geeignet oder ungeeignet ist, und auf welche Weise sich die Menschen zusammenschließen müssen, wenn sie eine Einheit werden wollen.“ (Hobbes 1994: 67)

42 Diese Überlegung ist – so selbstverständlich sie uns heute erscheinen mag – für den Entstehungskontext radikal: Denkt man dieses Argument zu Ende, so trifft die Schuld für unmoralisches Handeln nicht das Individuum alleine, sondern auch jene gesellschaftlichen Verhältnisse, die bestimmtes Handeln motiviert haben.

chen Lebens, ja selbst die Nahrung, sind knapp, weshalb laufend Verteilungskämpfe um die knappen Güter ausbrechen. Das Leben im Naturzustand ist kurz, brutal und hässlich. Doch warum hat Hobbes den Naturzustand so konstruiert? Aus theoriestrategischer Perspektive lautet eine mögliche Antwort: Hobbes benötigte ein möglichst negatives Gegenbild zum geregelten Leben in einem Staat, denn schließlich zielt seine gesamte Theorie darauf, nicht nur einen sehr mächtigen, aus heutiger Perspektive sogar autoritären Staat zu konstruieren, sondern ihn auch darüber hinaus zu legitimieren. Hierzu benötigt er die Zustimmung durch die Rechtsunterworfenen – und hierfür muss der Zustand relativer Rechtlosigkeit unter dem Leviathan einem Zustand latenten Krieges im Naturzustand gegenüber immer noch als vorzugswürdig erscheinen.

Drei Konsequenzen

Doch welches sind die zentralen Weichenstellungen, aus denen dieser Zuschnitt des Hobbesschen Naturzustandes resultiert? Es sind grundsätzlich drei Faktoren, die zu diesem Zustand führen und ihm den Charakter eines latent permanenten Krieges geben. Erstens geht Hobbes davon aus, dass alle Menschen gleich sind. Zweitens geht er davon aus, dass alle Güter im Naturzustand knapp sind und die Menschen daher in prinzipieller Konkurrenz zueinander stehen. Drittens – und entscheidend – geht Hobbes von einer folgenreichen Definition von Naturrecht aus: „Die Natur hat jedem ein Recht auf alles gegeben; d.h. in dem reinen Naturzustande (…) war es jedem erlaubt zu tun, was er wollte und gegen wen er es wollte, und alles in Besitz zu nehmen, zu gebrauchen und zu genießen, was er wollte und konnte." (Hobbes: 1994: 82)

Recht und Rechtlosigkeit

Ein Recht auf alles ist jedoch ein Recht auf nichts. Jeder Mensch im Naturzustand kann temporären Besitz haben, aber kein Eigentum, da es nichts gibt, worauf ein Einzelner *allein* Anrecht hat. Prinzipiell muss also jeder Mensch im Naturzustand permanent damit rechnen, dass ein anderer ihm seine Güter nimmt – und dies in vollkommener Übereinstimmung mit dem Naturrecht. Dies meint die Metapher des Krieges eines jeden gegen jeden. Es geht um die permanente Unsicherheit des *Besitzes* – nicht um die Faktizität kriegerischen Handelns. Da die Menschen – *grosso modo* – alle gleich sind, folgt darüber hinaus, dass sich kein einzelner Mensch qua herausragender Intelligenz oder körperlicher Stärke gegen alle anderen durchsetzen wird. Gerade die Gleichheit der Menschen erhöht den Schrecken, den sie untereinander verbreiten! Da Güter immer knapp sind, wird der Kampf um Güter auch kein natürliches Ende finden, sondern ohne den Leviathan auf alle Ewigkeit fortgesetzt werden. Da es neben dem grundlegenden Recht eines jeden auf alles kein weiteres Recht gibt – welche Gestalt sollte es auch annehmen, angesichts der Grenzenlosigkeit eines Rechts auf alles –, existiert im Naturzustand auch kein Unrecht und keine Ungerechtigkeit.

Hobbes' Innovation

Die Vorstellung natürlicher Rechte ist älter als der *Leviathan*. Das Neue bei Hobbes besteht darin, dass er gleichsam einen Taschenspielertrick anwendet: Er definiert das Naturrecht als Recht auf alles – dies war absolut neu in der Philosophie. Das so definierte Recht ist jedoch im eigentlichen Sinne gar kein Recht mehr, da ein Recht immer exklusiv ist: Ein Rechtsinhaber darf legitimerweise bestimmte Dinge tun (oder hat ein Recht darauf, dass andere bestimmte Dinge unterlassen). Recht inkludiert und exkludiert zeitgleich. Ein Recht auf alles ist daher also nicht nur ein Recht auf nichts, es ist vielmehr überhaupt kein Recht! Es ist vielleicht die Beschreibung eines Zustandes – aber auch nicht mehr. Dies wirft die Frage nach Sinn und Ziel dieses „terminologischen Coups" auf. Folgt man der These von Macpherson (1973), so ist Hobbes' eigentliches Ziel die Etablierung eines sehr starken Staates, der effektiv die Eigentumsrechte seiner Untertanen schützt.[43] Doch wie kann dieser absolute Staat legitimiert werden und woher erhält er seine Rechte?

Wie wir später sehen werden, ist die formale Legitimationsfolie der gekoppelte Gesellschafts- und Herrschaftsunterwerfungsvertrag. Der Leviathan behält dort *als einziger* alle Rechte. Genau hier liegt für Macpherson die Pointe der Rechtsdefinition von Hobbes: Nur durch sie kann er einen starken Staat institutionalisieren, ohne *neue* Rechte in seine Theorie einführen zu müssen. Das Recht auf alles wird von Hobbes nicht vom Menschen im Naturzustand aus konzipiert und dann auf den Staat übertragen, vielmehr ist die Kausalität genau anders herum: Das benötigte Rechtsprofil des Staates wird rückprojiziert auf die Menschen im Naturzustand.

Vertrauen – spieltheoretisch hergeleitet

Die Menschen im Naturzustand sind nicht in der Lage, ihn zu überwinden, obwohl alle in permanenter Unsicherheit leben und niemand diesen Zustand will. Ein wichtiger Grund hierfür ist, dass die Menschen im Naturzustand nicht in der Lage sind, ihre Beziehungen vertragsförmig zu gestalten und auf ihr Recht auf alles zu verzichten und stattdessen Eigentumsrechte einzuführen. Eine Erklärung hierfür liefert die zeitgenössische Spieltheorie (vgl. Axelrod 2005; Gibbons 2003). Ausgehend von der Annahme, dass die Menschen im Naturzustand Nutzenmaximierer sind, wissen sie, dass es in ihrem langfristigen Interesse liegt, mit allen anderen zu kooperieren (sich also an Verträge zu halten und fremdes Eigentum zu akzeptieren) und so aus dem Zustand des latenten Krieges herauszutreten. Dieses langfristige Interesse teilen alle Menschen im Naturzustand. Es gibt jedoch auch einen

43 Macpherson vertritt die These, dass Hobbes der Ahnherr des modernen *Besitzindividualismus* ist. Diese These entfaltet er im Kontext eines eher sozialistisch orientierten Ansatzes, so dass diese Interpretation spätestens in den 1990er Jahren akademisch außer Mode kam. Sie wird interessanterweise inzwischen wieder aufgegriffen, so u.a. von Balibar (2002).

kurzfristigen Nutzen – und dieser ist verhängnisvoll. Für jeden Einzelnen ist es nämlich attraktiver – also nützlicher – nicht zu kooperieren, während alle anderen dies tun! Diese Überlegung ist intuitiv verständlich: Verzichten alle auf ihre Naturrechte *mit Ausnahme von mir*, so habe ich in dieser Konstellation den größten Nutzen. Da jedoch alle diese Überlegung anstellen, werden im Naturzustand keine Verträge eingehalten – da jeder den größten Gewinn für sich haben möchte – und man fällt wieder zurück auf die Stufe des latenten permanenten Krieges. In der formalisierten Sprache der Rational Choice-Theorie handelt es sich im Hobbesschen Naturzustand um ein „N-Personen Prisoners Dilemma Game", das einen Gleichgewichtspunkt besitzt: Niemand kooperiert! Dieses Spiel hat folgende Grundstruktur:

Tabelle 4: Prisoner's Dilemma Game[44]

		Spieler B	
		An Verträge halten	Verträge brechen
Spieler A	An Verträge halten	3,3	0,5
	Verträge brechen	5,0	1,1

Das Prisoner's Dilemma Game ist das bekannteste Spiel innerhalb der Rational Choice-Theorie. Es zeigt ein grundsätzliches Problem von Theorien, die von nutzenmaximierenden Akteuren ausgehen: Individuell nutzenmaximierendes Handeln kann in bestimmten Handlungskontexten zu kollektiv suboptimalen Ergebnissen führen! Obwohl sowohl Spieler A als auch Spieler B für sich alleine gesehen vollkommen rational handeln, ist das kollektive Ergebnis für jeden Einzelnen schlechter, als wenn beide ihren Gewinn nicht maximiert, sondern optimiert hätten.

Für den Hobbesschen Naturzustand folgt daraus, dass die Versuchung, den eigenen Gewinn zu maximieren, indem man Verträge nicht einhält, zu groß ist und die Einsicht in die Grenzen individuell-

44 Lesehinweis: Die beiden Spieler (A, B) befindet sich im Naturzustand und entscheiden sich unabhängig voneinander für eine Handlung (an Verträge halten oder Verträge brechen). In der Tabelle sind die Auszahlungen für die beiden Spieler (A, B) in Abhängigkeit von ihren Entscheidungen aufgeführt (jeweils in einer Spalte oder in einer Zeile zu lesen; vor dem Komma die Auszahlung für A, hinter dem Komma die Auszahlung für B). Entscheidet sich Spieler A z.B. dafür, sich an Verträge zu halten, so erhält er entweder die Auszahlung 3 (wenn Spieler B sich ebenfalls an die Verträge hält) oder die Auszahlung 0 (wenn Spieler B den Vertrag zu seinen Gunsten bricht). Da die beiden Spieler sich nicht absprechen können, wählen beide jene Handlung, die – unabhängig vom Handeln des anderen – den größten Nutzen sichert.

nutzenmaximierenden Handelns zu gering, als dass Verträge – und damit sicheres Eigentum – sich hätte etablieren können. Die einzige Rettung in dieser Situation besteht für die Menschen im Naturzustand darin, dass sie eine Institution einsetzen, die die Einhaltung von Verträgen sanktioniert und so ihre eigene Willensschwäche auf der kollektiven Ebene kompensiert.

Lösungen

Der Staat als Apparat und Monstrum

Hobbes diagnostizierte, dass die politische Philosophie keinen relevanten Beitrag zur Sicherung des Friedens geleistet, ja die politische Philosophie den blutigen Bürgerkrieg in England sogar mit verschuldet habe. Er betont, dass Reflexion und Wissen auf sich allein gestellt prekäre Folgen haben können. Das bekannte Sprichwort von Francis Bacon, wonach Wissen Macht sei, ist falsch. Vielmehr gilt, dass Wissen Macht benötigt, um in der Welt pazifizierende Wirkung zu besitzen. Diese letzte Überlegung ist für das Werk von Hobbes von herausragender Bedeutung. Wenden wir diese Überlegung auf das Beispiel von der Gerechtigkeit an. Hobbes' Argument lautet, dass die Frage, ob man im philosophischen Diskurs das Wesen der Gerechtigkeit gefunden hat, nur sekundär ist. „Der Versuch, eine (…) übergeordnete Vorstellung von Gerechtigkeit durch philosophische Perfektion zu entwickeln, wird von Hobbes abgelehnt, da der diskursiven Vernunft keine verpflichtende Macht oder gar Zwangsgewalt zukomme." (Münkler 2001: 62) Wichtig ist vielmehr, dass der gefundene Gerechtigkeitsstandard – unabhängig davon, was er inhaltlich konkret aussagt – faktisch durchgesetzt wird und damit konkurrenzlos ist: „Wenn also eine Nation einen Mann oder eine Gemeinschaft von Männern erwählt, die sie durch Gesetz regieren sollen, so muss sie ihn mit bewaffneten Männern, Geld und allen Dingen, die für sein Amt notwendig sind, ausstatten, oder aber seine Gesetze werden von keiner Wirkung sein und die Nation verbleibt in Verwirrung, so wie es vorher der Fall war. Daher ist es nicht der Buchstabe des Gesetzes, was die Gesetze wirksam macht, sondern die Macht eines Menschen, der die Stärke der ganzen Nation in sich vereinigt." (Hobbes, zitiert nach Münkler 2001: 61)

Deduktive Methode

Die Problemlösung für die Politische Theorie besteht also darin, systematisch über die gesellschaftlichen Bedingungen ihrer eigenen Realisierung zu reflektieren und die Kontingenz des Theoretisierens einzufrieren. Dies erfolgt einerseits durch die Wahl der richtigen Methodik, einer deduktiv-euklidischen Vorgehensweise (*more geometrico*). Man erkennt das Wesen der Dinge nur dann richtig, wenn man sie in ihre kleinsten Teile zerlegt und von dort aus wieder neu zusammensetzt. Zugleich muss diese Form der Theorie ihren erkenntnistheoretischen Gegenstand so mitschreiben, dass er die Kontingenz der theoretischen Reflexion beendet. Die Theorie muss konstitutiv immer jene Macht mitdenken, die sie letztlich in der wirklichen Welt in Geltung setzen und *halten* soll. Es ist daher kein Zufall, dass Hobbes einen absoluten Staat implementieren und legitimieren möchte, der seine Theorie festschreibt.

Vertrauen und Kooperation

Die Menschen im Naturzustand können ihren defizitären Zustand nicht überwinden, weil sie von ihren Eigennutz maximierenden Strategien daran gehindert werden. Vereinfachend existieren zwei grundlegende Strategien, diesen Zustand zu überwinden. Die erste besteht in der Veränderung der motivationalen Grundlagen der Menschen im Naturzustand. Das Modell des *homo oeconomicus* erzeugt das Dilemma des Naturzustandes überhaupt erst, da Kooperation zwischen den Menschen im Naturzustand gar nicht erst in Gang kommt, da sie einander nicht *vertrauen*! Erst Vertrauen ermöglicht langfristige und dauerhafte Kooperation. Aufgrund der Definition des Naturzustandes kann Vertrauen jedoch nicht entstehen. Hierfür müsste die strikte Kosten-Nutzen-Logik aufgeweicht und durch andere Handlungsmotive – moralische oder ethische – ergänzt werden.

Selbstbindung

Die zweite Überwindungsstrategie des Naturzustandes besteht – in moderner Terminologie – in der Strategie der *rationalen Selbstbindung*. Diese Strategie setzt jedoch voraus, dass die Problematik des Handelns im Naturzustand etwas anders definiert wird, als dies bisher geschehen ist. Die Menschen im Naturzustand besitzen Wünsche (Präferenzen) ganz unterschiedlicher Art, nämlich Präferenzen erster Ordnung und Präferenzen zweiter Ordnung. Einige Theoretiker bezeichnen dies auch als *Präferenz* und *Meta-Präferenz* (also Präferenzen *über* Präferenzen oder Präferenzen höherer und niedriger Ordnung). Auf Hobbes übertragen lautet das Argument, dass die rationalen Egoisten im Naturzustand die einfache Präferenz besitzen, ihre Freiheit ausleben zu wollen. Ihre Metapräferenz ist jedoch, ein glückliches Leben zu führen, eines, in dem kein permanenter Kriegszustand herrscht – und diese Präferenz kann nur dann Realität werden, wenn *jeder* akzeptiert, dass Rechte eingeschränkt werden.

Präferenz und Meta-Präferenz

Mitunter sind jedoch Menschen zu schwach, um das zu tun, was sie *eigentlich* wollen. Die Einsicht wurde von Jon Elster (1983) unter der Bezeichnung *akrasia* (*Willensschwäche*) wieder in die Diskussion eingeführt. Die Welt ist voll von Beispielen dafür: Es beginnt mit dem guten Vorsatz, morgens früher aufzustehen, geht weiter mit dem Vorsatz, mit dem Rauchen aufzuhören und endet nicht damit, mehr Sport zu treiben, weil man ein Rückenleiden hat. Diese edlen Präferenzen werden jedoch selten umgesetzt: Frühes Aufstehen liefert keine sofortige Befriedigung; Rauchen besitzt eine Abhängigkeitskomponente und Sport ist anstrengend. Mithin ist ein kurzfristiger Nutzen wichtiger ist als ein langfristiger Nutzen.

Die Tatsache, dass sich Präferenzen gegen Meta-Präferenzen durchsetzen, resultiert jedoch nicht nur aus irrationaler Willensschwäche, sondern auch aus der Tatsache, dass Menschen den Nutzen von Handlungen *zeitlich diskontieren.* Der Nutzen einer Handlung, der sofort ausgeführt wird, ist – aus der gegenwärtigen Perspektive – höher als der Nutzen derselben Handlung z.B. vier Monate später. Ein Grund hierfür ist, dass mit dem zeitlichen Abstand zu einer Handlung auch die mit einer Handlung verbundene Unsicherheit zunimmt. Die Endlichkeit des menschlichen Lebens spielt ebenso eine Rolle wie die Tatsache, dass Präferenzen sich über die Zeit ändern können.

Es gibt also eine Vielzahl von Gründen dafür, warum nutzenmaximierende Akteure ihren Präferenzen folgen, obwohl sie *eigentlich* ihre Meta-Präferenzen realisieren möchten (vgl. Schaal 2009). Eine Lösung dieses Dilemmas besteht darin, dass ein rationaler Akteur sich selbst bindet. Das Ziel einer *rationalen Selbstbindung* besteht darin, Meta-Präferenzen zu realisieren und nicht kurzfristige Präferenzen (vgl. Schaal 2009). Eine rationale Selbstbindung ist ein kausaler Mechanismus, der *außerhalb* des rationalen Akteurs verortet ist, der jedoch vom Akteur *selbst* eingesetzt wurde. Eine rationale Selbstbindung kann unterschiedliche Formen annehmen: Sie kann die Form der Einschränkung von Handlungsoptionen annehmen. Sie kann aber auch in Form von Sanktionen für unerwünschtes Handeln durch Dritte auftreten.[45] Strategien der Rationalen Selbstbindung finden häufig Anwendung, ohne dass jedoch die kausalen Mechanismen dahinter theoretisiert werden.[46] Da etliche Politische Theorien vom *homo oeconomicus* ausgehen – und auf entsprechende kollektive und individuelle Rationalitätsdefizite stoßen – ist es jedoch wichtig, Strategien und Methoden der rationalen Selbstbindung zu kennen, da sie eine wichtige Überwindungsstrategie von Rationalitätsdilemmata der skizzierten Art sind.

Natürliche Gesetze und Vernunftgesetze

Hobbes entwickelt eine zweistufige Lösung, um den Naturzustand zu überwinden. In einem ersten Schritt stellt er dem Naturrecht die *natürlichen Gesetze* zur Seite. Die natürlichen Gesetze sind etwas verwir-

45 Einige Beispiele zur Erläuterung: Ein Raucher, der eigentlich mit dem Rauchen aufhören möchte, dies aber nicht tut, weil der kurzfristige Nutzen aus dem Genuss einer Zigarette zu hoch ist, kann alle seine Freunde bitten, ihn sozial mit Verachtung zu bestrafen, wenn er raucht. Er kann sie auch darum bitten, seine Zigaretten zu entsorgen. Vielleicht bittet er seine Freunde, abends nur noch in Bars zu gehen, in denen nicht geraucht werden darf (dies ist die Variante für Amerikaner). Vielleicht zieht er auch in ein Land, in dem Rauchen auf öffentlichen Plätzen verboten ist. Derjenige, der morgens früh aufstehen will, dies aber nicht schafft, wird sich einen Wecker stellen und ihn so weit von seinem Bett entfernt aufstellen, dass er aufstehen muss, um den Wecker auszuschalten – in der Hoffnung, dass er dann hinreichend wach ist, um gleich wach zu bleiben und sich nicht wieder ins Bett zu legen. (Vgl. Schaal 2008)

46 Eine sehr einflussreiche Ausnahme hiervon stellt der Beitrag von Offe (1989) dar.

rend bezeichnet, denn ihrem Wesen nach handelt es sich nicht um natürliche *Gesetze* (im Sinne von Recht und Gesetz), sondern um *Klugheitsregeln*, um *Vernunftgesetze.* Vernunftgesetze sind solche, die die Vernunft – und nicht die nutzenmaximierende Rationalität – gebietet. Im thematischen Zentrum der natürlichen Gesetze steht die Fähigkeit, den Naturzustand zu überwinden. Aus der Vielzahl natürlicher Gesetze ist es ausreichend, die zwei wichtigsten herauszugreifen und zu diskutieren. Es handelt sich um das erste und das zweite natürliche Gesetz:

- „Suche Frieden, solange nur Hoffnung darauf besteht; verschwindet diese, so schaffe dir von allen Seiten Hilfe und nutze sie; dies steht dir frei." (Hobbes 1986: 119)
- „Sobald seine Ruhe und Selbsterhaltung gesichert ist, muss auch jeder von seinem Rechte auf alles – vorausgesetzt, dass andere dazu auch bereit sind – abgeben und mit der Freiheit zufrieden sein, die er den übrigen eingeräumt wissen will". (Hobbes 1986: 119)

Dies sind die beiden ergänzenden Motivationen zur individuellen Nutzenmaximierung: Suche den Frieden und verzichte für ihn auf das Recht auf alles. Statte alle Menschen mit demselben Paket an Rechten aus, das du selbst besitzen willst und das kompatibel ist mit der Erlangung und dem Erhalt des Friedens. Übersetzt man die Terminologie von Thomas Hobbes in zeitgenössische Begriffe, so wird deutlich, dass die „natürlichen Gesetze" in ihrem Kern *Meta-Präferenzen* sind. Hobbes deckt im Menschen des Naturzustandes auf, was er *eigentlich* will: Frieden.

Staat und Meta-Präferenz

In einem zweiten Schritt modelliert Hobbes eine externe Institution, die die Handlungsoptionen der Menschen radikal eingrenzt und so Frieden stiften kann: den Leviathan. In der vorgeschlagenen, Rational Choice inspirierten, Lesart ist der Leviathan ein indirektes Mittel zur Erhöhung der individuellen Rationalität. Versteht man den Staat als externalisierte Institution der rationalen Selbstbindung, dann ist auch eindeutig, welche Kompetenzen er besitzen muss: Er muss jene Rechte besitzen, die es ihm erlauben, *alles*, was die Realisierung der Meta-Präferenz behindern kann, zu sanktionieren. Mit anderen Worten: Das Recht des Staates ergibt sich direkt aus den Blockaden der Realisierung der Meta-Präferenzen im Naturzustand.

Monopolisierung von Gewalt

Das Recht eines Jeden auf alles ist der Grund, warum die Menschen im Naturzustand verharren. Daraus folgt, dass der Staat nur dann den Frieden sichern kann, wenn er – und nur er allein – das Recht auf alles besitzt. Dies ist auch die hinlänglich bekannte Lösung des Friedensdilemmas: Die Menschen im Naturzustand schließen untereinander einen Vertrag, dass jeder von ihnen auf das Recht auf alles verzichtet. Dies tun alle Menschen zur selben Zeit. Aufgrund ihrer nutzenmaximierenden Handlungsmotivation wäre dieser Vertragsschluss jedoch ohne friedensstiftende Konsequenzen: „Verträge ohne das bloße Schwert sind bloße Worte und besitzen nicht die Kraft, einem Menschen auch nur die geringste Sicherheit zu bieten. Falls keine Zwangsgewalt errichtet worden oder diese für unsere Sicherheit nicht stark genug ist, wird und darf jedermann sich rechtmäßig zur Sicherung gegen alle anderen Menschen auf seine eigene Kraft und Geschicklichkeit verlassen." (Hobbes 1986: 131) Daher schließen die Menschen zugleich (*in uno acto*) einen Herrschaftsunterwerfungsvertrag: Sie installieren einen sterblichen Gott: den Leviathan, einen Souverän, der jedoch nicht Vertragspartner ist. Vielmehr ist er der begünstigte Dritte der Vertragskonstruktion. Der Leviathan ist der Einzige, der sich nicht seiner natürlichen Rechte entäußert hat. Daher gewinnt er all jene Rechte, die die Menschen zuvor im Naturzustand besessen haben. Durch den Vertragsschluss bräuchten die Menschen daher ihre Rechte auch nicht auf den Leviathan zu übertragen. Dies ist zwar bei Hobbes so angelegt, angesichts der Konstruktion seiner Theorie jedoch überflüssig, da durch die Übertragung der Rechte der Souverän nichts erhält, was er nicht auch ohne besessen hätte. Die zentrale Aufgabe des Leviathan besteht vor diesem Hintergrund darin, den einzelnen Bürger daran zu hindern, in einen vorstaatlichen Zustand zurückzukehren und seine natürlichen Rechte im Umgang mit anderen geltend zu machen.

Totaler Staat

Der so total gewordene Staat sichert über sein Machtmonopol jene Rechtsresiduen, die den Bürgern geblieben sind, wozu maßgeblich das Recht auf Eigentum gehört. Denn erst der totale Staat kann das Eigentum seiner Untertanen effektiv schützen. Der Ansatzpunkt der Hobbesschen Philosophiekritik war die Definition von Gerechtigkeit. Hobbes hat zu Recht darauf hingewiesen, dass sich in der alltagspraktischen Umsetzung der Maxime, dass jeder „das Seine" erhalten soll, ein hohes Maß an Konfliktpotenzial befindet. Seine Lösung besteht darin, dass die Philosophie sich mit der Macht ausstatten soll, sich in der Wirklichkeit durchzusetzen, und zwar unabhängig von ihrem Wahrheitsanspruch. Diese allgemeine Lösung kann auch auf die Frage der Gerechtigkeit angewendet werden. Hier finden wir nämlich die eindrucksvollste Verbindung zwischen Wissen und Macht: Für Hobbes besteht das Ganze der Gerechtigkeit darin, *dass Verträge eingehalten werden.* Diese Gerechtigkeitsvorstellung kann – entlang der Differenzierung von zwei Ebenen des Rechts – in eine *horizontale* und eine *vertikale Gerechtigkeitsvorstellung* differenziert werden.

Horizontale Gerechtigkeit

Die horizontale Gerechtigkeitskonzeption besagt, dass die Verträge zwischen den Untertanen von ihnen selbst eingehalten werden müssen. Die Gerechtigkeit besteht also darin, dass das Eigentum innerhalb einer vertragsförmigen Transaktion geschützt wird. Ganz im

Gegensatz zu den klassischen Vorstellungen von Gerechtigkeit kümmert sich Hobbes jedoch nicht mehr um die inhaltliche Ausgestaltung des Vertrages. Bei Aristoteles findet sich noch die Vorstellung, dass eine gerechte Vertragshandlung darauf basiert, dass bei einem (vertragsförmigen) Tausch Güter *desselben Wertes* getauscht werden. Der Wert der Güter bemisst sich bei Aristoteles noch an den Gütern selber – der Wert ist ihnen gleichsam inhärent. Mit dieser Vorstellung bricht Hobbes zur Gänze. Er muss sich auch nicht um die *Substanz* eines Tausches kümmern, da er vollständig auf die *Prozedur* des Handels setzt. Hobbes geht nämlich davon aus, dass Güter keinen inhärenten Wert besitzen, sondern nur noch einen *Tausch-* oder *Marktwert*! Die Etablierung des Marktes als ein zentrales Koordinationsmedium ist ein Signum des Überganges vom Mittelalter zu Moderne. Bei Hobbes findet man diesen Übergang nicht nur beschrieben, sondern darüber hinaus auf eine der zentralen Fragen der politischen Philosophie, jene der Gerechtigkeit, angewendet! Der Markt ist jedoch nicht nur jener Ort, an dem Gerechtigkeit in Bezug auf Güter, sondern auch in Bezug auf Menschen hergestellt wird: „Die Geltung oder der Wert eines Menschen ist, wie bei allen anderen Dingen, sein Preis, d.h. das, was man für den Gebrauch seiner Macht zu geben bereit ist. Er ist also kein absoluter Wert, sondern von Bedarf und Urteil anderer abhängig. (…) Wie bei anderen Dingen, so bestimmt auch beim Menschen nicht der Verkäufer, sondern der Käufer den Preis. Ein Mensch mag sich selbst so hoch einschätzen, wie er will (…), es zeigt sich doch sein wahrer Wert nur im Urteil anderer.“ (Hobbes 1986: 66)

Vertikale Gerechtigkeit

Die vertikale Gerechtigkeit der Bürger gegenüber dem Leviathan besteht darin, dass sie alle vom Leviathan erlassenen Gesetze befolgen. Gerechtes Handeln der Untertanen ist gesetzeskonformes Handeln, ungerechtes Handeln ist gesetzbrechendes Handeln. Hobbes differenziert zwar zwischen unrechten und ungerechten Handlungen entlang der Motivation, das geltende Recht des Leviathan zu brechen, doch muss diese Differenzierung hier nicht interessieren. Gesetzeskonformes Handeln ist gerecht, weil die Menschen im Naturzustand untereinander einen Vertrag geschlossen haben, in dem sie den Leviathan als Souverän eingesetzt und sich selbst zugleich des Rechts auf alles entäußert haben. Das gesetzeskonforme Handeln ist in dieser Perspektive nichts anderes als die notwendige Konsequenz des ursprünglichen Gesellschaftsvertrages. Bricht man ein Gesetz, so bricht man implizit zugleich den Gesellschaftsvertrag. Da aber das Einhalten von Verträgen das Ganze der Gerechtigkeit ausmacht, ist es gerecht, sich an Gesetze zu halten. Bezeichnender Weise gibt es für die Bewertung der vom Leviathan erlassenen Gesetze keinen normativen Bezugspunkt mehr außerhalb des Leviathan. Jedes Gesetz des Leviathan ist gerecht. Es besteht keine Möglichkeit mehr, die Gerechtigkeit eines Gesetzes, z.B. im Sinne seiner Moralität, kritisch zu hinterfragen. Recht und Gerechtigkeit fallen in eins. Dieses Konzept ist Legalismus pur.

Damit hat Hobbes sein *eigentliches* Ziel erreicht. Ein zentrales Ziel der modernen Politischen Theorie besteht darin, die politische Herrschaft diesseitig zu legitimieren, nachdem transzendente Modi der Legitimation an Überzeugungskraft verloren haben. Hobbes Vorstellung eines Gesellschaftsvertrages ist daher auch kein historisches Modell, das für einen neu zu gründenden Staat Legitimation erzeugen soll. Vielmehr handelt es sich um ein Modell, das für bereits existierende Staaten die Legitimation historisch-fiktiv rückprojiziert![47] Die damals existierenden Staaten sind legitim, da sie als Ergebnis eines hypothetischen Gesellschaftsvertrages *gedacht* werden. Daraus folgt auch, dass die Bürger dem Staat Rechtsgehorsam schulden. Anders als moderne totalitäre Staaten ist dieser Gehorsam jedoch nur äußerer Natur. Der Hobbessche Staat besitzt keine Ideologie, er erwartet von seinen Untertanen keine spezifischen Motive des Rechtsgehorsams. Er zielt nicht auf die Einstellungen oder die Herzen seiner Untertanen, sondern nur auf deren rechtskonforme Handlungen. Insofern besteht ein Refugium der inneren Freiheit in einem stählernen Gehäuse staatlicher Normen und Gesetze.

Wirkmächtigkeit

Ein Hobbessches Zeitalter?

Kaum eine Politische Theorie ist in politisch-historischer Perspektive einflussreicher gewesen als Thomas Hobbes und sein *Leviathan*. Die Reduktion von Gerechtigkeit auf bloßen Legalismus, die Etablierung des Marktes, die Vorstellung der Legitimation eines politischen Gemeinwesens qua Vertrag – all dies beeinflusste die politische und theoretische Diskussion über Jahrhunderte. Hobbes wird weithin rezipiert – und doch ist er kein Theoretiker, auf den man explizit Bezug nahm. Zu unbequem ist seine Theorie, zu negativ seine vermeintlichen Grundannahmen, zu gefährlich die Stärke des Staates, die er konstruiert. Daher finden sich in der weiteren Theoriegeschichte vor allem implizite Bezugnahmen oder abstrakt theoretische Diskussionen seiner Ansätze, ohne dass dabei jedoch explizit der Name Thomas Hobbes fallen würde.

Was bleibt?

Neue Legitimationsformen

Hobbes' historische Leistung besteht darin, politische Herrschaft diesseitig zu legitimieren. Und obwohl die Untertanen mit dem Leviathan einen absoluten Staat gebären, so ist es doch immer noch eine bewusste, aktive, autonome und freie Entscheidung der Menschen im Natur-

47 Hintergrund dieser Aussage ist die These, dass unter den skizzierten Bedingungen ein faktischer Vertragsschluss im Naturzustand praktisch unmöglich ist.

Maximale Herrschafts-legitimation

zustand, die ihn legitimiert. Die Vorstellung, dass die Legitimität eines politischen Gemeinwesens unauflösbar an eine Willenserklärung jedes einzelnen Untertanen geknüpft ist, ist geradezu revolutionär. Der individuelle Wille bestimmt, charakterisiert und legitimiert die politische Form, in der die Menschen zusammenleben. Diese Vorstellung ist heute unhintergehbar und erscheint nicht revolutionär – sie musste jedoch irgendwann einmal als Idee geboren und historisch wirkmächtig werden. Und dieses Verdienst kommt in besonderem Maße Thomas Hobbes zu. Die Form – d.h. insbesondere der Rekurs auf Naturrechte und einen Gesellschaftsvertrag – hat bis heute ihre Attraktivität behalten und die wohl wichtigste Politische Theorie des 20. Jahrhunderts – John Rawls' *Theorie der Gerechtigkeit* ist eine Vertragstheorie und steht somit implizit in einem Traditionsverhältnis zu Hobbes. Normativ unhaltbar ist jedoch die Vorstellung eines absoluten Staates. Unhaltbar ist auch die einseitige Bevorzugung des Eigentumsrechts im Verhältnis zu anderen Rechten – insbesondere Freiheitsrechten.

Kultur und Struktur

Modern und zugleich antiquiert wirkt die Vorstellung, dass sich Gesellschaften ausschließlich – oder doch zumindest maßgeblich – über rechtsförmige Beziehungen integrieren. Hobbes interessiert sich kaum für die Werte und Einstellungen der Bürger, er orientiert sich an ihrem Handeln als Maßstab der Stabilität des Staates. In empirischer Perspektive hat die politische Kulturforschung diese These in Frage gestellt. Ihr Argument lautet, dass die Stabilität eines politischen Gemeinwesens entscheidend von der Komplementarität von Kultur und Struktur abhängt. Mit anderen Worten: Politische Einstellungen spielen eine wichtige Rolle! In normativer Perspektive hat der Republikanismus hervorgehoben, dass die Gemeinschaft für die Ausbildung eines authentischen Selbst von zentraler Bedeutung ist. Letztlich würde aus heutiger Perspektive die Kritik an Hobbes lauten, dass sein Staatsmodell ein normatives Integrationsproblem besitzt, da die Untertanen nur als Rechtspersonen und nicht als Bürger miteinander interagieren.

Darüber hinaus ergibt sich für Hobbes ein Problem, das in ähnlicher Form auch für eine andere Spielart der Legitimation von Staaten gilt: Wann sind Verträge moralisch gültig? Es handelt sich bei Hobbes ja nur um einen fiktiven Vertrag: Welche Bindewirkung hat ein *fiktiver* Vertrag gegenüber der realen Gemeinschaft der Untertanen? Und selbst wenn der Vertrag nicht fiktiv wäre: Welche Bindewirkung hat ein Vertrag gegenüber jener Generation, die ihn selbst nicht mehr abgeschlossen hat, sondern „bloß" in das politische Gemeinwesen hineingeboren wurde?

Rational Choice

In methodischer Perspektive ist Hobbes der Ahnherr der *Rational Choice-Theorie* – und viele Probleme, die die zeitgenössischen Rational Choice-Theorien aufweisen, lassen sich bereits bei Hobbes finden.

Im Gegensatz zur methodologisch verkürzten Rational Choice-Theorie (vgl. Kapitel 4.8) lässt sich bei Hobbes jedoch ein theoretisch-philosophischer Unterbau finden. Hobbes zeigt, wie wichtig Vertrauen für die Etablierung von politischen Strukturen ist. Diese Relevanz wird vor allem in gesellschaftlichen Strukturen deutlich, die eine gewisse Ähnlichkeit mit dem Hobbesschen Naturzustand aufweisen. Hobbes ist auch für heutige Probleme anschlussfähig, da er *prototypische* Problemdiagnosen liefert, die nicht in der Entstehungszeit des *Leviathan* verhaftet bleiben, sondern relativ zeitlos gültig sind.

4.2. Toleranz als Staatsaufgabe: Locke

Von der Medizin zur Politik

Empiristische Prägung

Das Erscheinen des *Leviathan* zog einen großen Skandal nach sich, den John Locke in seinen jungen Jahren selbst verfolgen konnte. Insofern steht Locke seit frühen Jahren im Kraftfeld des Hobbessianismus. Seine politische und vor allem politiktheoretische Arbeit beginnt jedoch erst später, zu einem Zeitpunkt, als er bereits als Mediziner und Naturforscher wirkte. Während seines Studiums in Oxford wird er mit der scholastischen (d.h. mittelalterlich-christlichen) Tradition vertraut, die jedoch seine intellektuellen Interessen nicht befriedigen kann. Es ist die Methodik der aufstrebenden Naturwissenschaften und Medizin, die ihn fasziniert, so dass er Arzt wird. Die erkenntnistheoretische Position des Empirismus, die er später in epochaler Weise formulieren und verteidigen wird, hat ihre Wurzeln in der praktischen Arbeit des Heilberufs.

Der Weg in die Politik

Als er 1667 als Arzt in die Dienste des Earl of Shaftesbury tritt, rückt er in ein Umfeld auf, das seine Aufmerksamkeit auf politische und philosophische Fragen lenkt. Er steigt nun zum Politikberater auf, der die Whigs im Vorfeld der *Glorious Revolution* (1688) mit Ratschlägen und Argumenten versorgt. Die politische Instabilität, die bereits Hobbes' Fragestellungen geprägt hat, ist auch zu Lockes Lebzeiten nicht beendet. In der Auseinandersetzung mit den Stuarts bleibt das Schicksal unberechenbar und wechselhaft: Locke wird Staatssekretär, muss nach der Aufdeckung der Verschwörung gegen den König schließlich nach Holland fliehen und kann erst nach der Einsetzung Wilhelms III. von Oranien wieder zurückkehren. Nun kann er endlich frei arbeiten und seine philosophischen und politischen Hauptwerke formulieren. Er bleibt bis zu seinem Tode 1704 ein wichtiger geistiger Inspirator für die Politik Englands. Seine außerordentliche Wirkung kann Lockes Werk vor allem durch seine Anwendbarkeit und Praxisbezogenheit entfalten. In die amerikanische Verfassung flossen Lockes Formulierungen teilweise wörtlich ein, beispielsweise die zur Gewaltenteilung.

Problemlage

Gefahr absoluter Macht

Die Problemdiagnose hat sich für Locke gegenüber Hobbes leicht verschoben; zwar bleibt auch für Locke die Grundfrage nach einer gelingenden Neuordnung der Gesellschaft nach dem Ordnungsschwund bestehen. Doch Locke hat einschlägige Erfahrungen mit dem von Hobbes propagierten Absolutheitsanspruch politischer Herrschaft gemacht. In der Auseinandersetzung zwischen den Anhängern der Stuarts und den Vertretern des Parlaments war deutlich geworden, dass beide Formen unkontrollierter, uneingeschränkter und ungeteilter Regierung, Monarchie und Volksherrschaft, fatal sind.

Suche nach neuer Ordnung

Während Hobbes noch darum bemüht sein musste, Herrschaft überhaupt erst wieder herzustellen und ihre Legitimation zu begründen, stellt sich für Locke das Problem der Einschränkung von Herrschaft. Dabei kann er in seiner Konzeptionierung durchaus auf Vorläufer wie beispielsweise den berühmten Dichter John Milton zurückgreifen. Letztlich stellt sich jedoch für ihn die Aufgabe, all die in allerlei utopischen Romanen oder Traktaten im Umlauf befindlichen liberalen Ideen zu einem stringenten Ganzen zusammenzufügen und zu ordnen. Das konkret-historische Problem, das dabei beantwortet werden soll, ist die Wiedereinrichtung einer politischen Ordnung, die nach der *Glorious Revolution* alle Konfliktparteien vor der Willkür der Gegenseite schützen und ihre Beteiligung ermöglichen muss. Für uns mögen Lockes Positionen daher oft selbstverständlich und trivial klingen, beispielsweise seine Ausführungen zur Toleranz. Daher ist es wichtig, sie in ihrem historischen Kontext zu betrachten.

Fragestellung

Sicherheit *und* Toleranz

Lockes Fragestellung greift entscheidende Elemente des *Leviathan* auf; doch am Ende seiner Vertragstheorie soll nicht der absolute, sondern der tolerante Staat stehen. Daher lautet die für Locke entscheidende Frage: Wie lassen sich politische Institutionen so ausgestalten, dass sie Freiheit und Toleranz begünstigen, Willkürherrschaft verhindern und dem Wohl der Menschen dienen? Die Frage der Toleranz rückt damit erstmals ins Zentrum der politischen Philosophie und verdrängt die von Hobbes formulierte Zielsetzung der Sicherheit: Sicherheit ohne Toleranz ist nach Locke nur als Diktatur möglich und daher nicht erstrebenswert.

Vorgehensweise

Naturzustand der Kooperation

Auch Locke nimmt seinen Ausgang im Gedankenexperiment des Naturzustandes. Während Hobbes in diesem jedoch vor allem das Verhältnis zwischen den Menschen analysiert und daraus das Modell des Krieges jedes gegen jeden entwickelt, nimmt Locke eine Akzentverschiebung vor. Der Naturzustand ist bei ihm weniger durch ein naturwüchsiges Verhältnis der Menschen untereinander ausgezeichnet als vielmehr durch ein naturwüchsiges Verhältnis des Menschen zur Natur. Der Mensch des Naturzustandes arbeitet mit und gegen die Natur. Damit greift Locke die biblische Bestimmung des Menschen aus der Genesis auf: Dem Menschen ist von Gott auferlegt, sich sein täglich Brot im Schweiße seines Angesichtes zu erarbeiten und seinen Unterhalt der Natur abzuringen.

Recht auf Besitz und Selbstbesitz

Diese biblische Konnotation ist entscheidend, denn Locke folgert daraus, dass dem Menschen natürlich auch die Möglichkeiten mitgegeben sein müssen, die es ihm erlauben, seine Aufgabe zu erfüllen. Naturrechtliche und theologische Argumentationen gehen hier also Hand in Hand: Der Mensch muss mit einer natürlichen Vernunft ausgestattet sein. Ihm muss jedoch auch die Natur überantwortet sein, die ihm erlaubt, Früchte zu erarbeiten. Die Natur ist für Locke der gemeinsame Besitz der Menschen, die prinzipiell auch alle das gleiche (gottgegebene) Recht des Umgangs mit ihr haben. Während die Natur sich dadurch auszeichnet, dass sie vom Menschen besessen wird, ist der Mensch dadurch ausgezeichnet, sich selbst zu besitzen, sein eigener Herr zu sein. Dies ist für Locke die Bestimmung eines Menschen als Person: seiner selbst Herr zu sein, durch ein Selbstverhältnis des Besitzes. Diese Konzeption der „self-ownership" ist eine entscheidende Grundlage in Lockes Konzeption, weil sie den Menschen zum Herrn seiner selbst und „Eigentümer seiner eigenen Person" (Locke 1997: 227) macht. Lockes Naturzustand ist aufgrund dieses Elements kein rechtloser Zustand, sondern ein Zustand, in dem die Menschen „nach der Vernunft" (Locke 1997: 211) zusammenleben, also das natürlich-göttliche Recht respektieren.

Angeborene Freiheit

Dies bedeutet jedoch nichts anderes, als dass jeder Mensch über sich selbst verfügen können muss und durch Geburt frei ist. Diese angeborene Freiheit kann nur dort ihre Einschränkung finden, wo sie die Freiheit anderer zerstört. Grundsätzlich fordert damit jedoch Locke bereits jene Rechtsgleichheit und jenes Verbot der Sklaverei, das uns heute selbstverständlich scheint. Entscheidend ist nun, dass – im Gegensatz zur Hobbesschen Variante – diese angeborene Freiheit, diese gegebene und nicht erworbene Freiheit, auch nicht verwirkt oder abgegeben werden kann: Die eigene Freiheit dem Leviathan im Tausch gegen Sicherheit ein für alle Mal zu übertragen – dies ist nach Locke undenkbar.

Evolution der Kooperation

Für die folgende Argumentation ist jedoch noch eine andere Konsequenz aus der Rekonzeptionierung des Naturzustandes entscheidend. Denn für Locke folgt aus der Tatsache, dass der Mensch sich ursprünglich in der Auseinandersetzung mit der Natur in der Arbeit befindet, dass er dabei auf Kooperation angewiesen ist. Nur kooperierend lässt sich die Natur beherrschen. Kooperation, nicht Krieg, erwächst also natürlich aus dem Naturzustand. Sie beginnt in praktischen Zusammenhängen und verfeinert sich über einfache technische Instrumente bis hin zu ausgereiften Kulturtechniken wie beispielsweise dem Geldverkehr. Mit der Kooperation beginnen jedoch zugleich das Organisationsbedürfnis und damit die Frage nach der institutionellen Ausgestaltung des Gemeinwesens.

Lösungen

Schutzaufgaben des Gemeinwesens

Die Lösungen, die Locke hierfür vorschlägt, dienen entsprechend explizit der Ausgestaltung und Sicherung einer Kooperation, die sich gewissermaßen schon spontan ergibt. Das im Sozialvertrag geschlossene Gemeinwesen (*commonwealth*) hat folglich auch nur die Aufgabe, bereits vorstaatlich, durch die Natur gegebene Rechte zu schützen. Damit wird also durch den Vertragsschluss der Naturzustand nicht überwunden, aufgehoben oder beendet, sondern die aus ihm natürlich erfolgende Entwicklung gekrönt und die bereits gegebenen Rechte in neuer Klarheit institutionalisiert. Die positiven Tendenzen zur Kooperation im Naturzustand werden lediglich auf ein Niveau der Explizierung in Gesetzes- und Verfassungsform gehoben. Zu diesen vorstaatlichen Rechten zählt Locke 1. Leben (*life*), 2. Freiheit (*liberty*) und 3. Eigentum (*estate*, bzw. *property*). Zu diesen drei Rechten gehört die wohlfahrtsstaatliche soziale Absicherung wohlgemerkt nicht. Der Staat muss den Besitz von Gütern verteidigen, aber selbst keine Güter verteilen. Der moderne Sozialstaat, der den Bürger vor Lebensrisiken zu schützen versucht, wäre für Locke wohl eine groteske Vorstellung gewesen.

Mandatierung der Regierung

Durch die Unterzeichnung des Sozialvertrags verpflichten sich die Mitglieder, die Mehrheitsregel zu akzeptieren. Erst in einem zweiten Schritt ernennen sie nun eine politische Repräsentation und gehen damit einen Vertrag mit einer Regierungsgewalt (*government*) ein. Dieser Vertrag ist nicht nur rein rechtsförmig, sondern stellt zugleich ein Vertrauensverhältnis dar. Da man beispielsweise die Abgeordneten nicht ununterbrochen kontrollieren kann, brauchen sie ein „freies Mandat" und damit einen Vertrauensvorschuss. Durch Lockes revolutionär neue Vertrauenskonzeption wird die Regierung gewissermaßen zum Angestellten der Gesellschaft; seine Arbeit kann geprüft und der Angestellte gegebenenfalls entlassen werden, falls er seine Aufgabe nicht erfüllt oder, schlimmer noch, seine Kompetenzen überschreitet.

Doppelte Zielsetzung

Die Zielsetzung einer dreifachen Rechtssicherung des Gemeinwesens bestimmt im Folgenden die innere Struktur, die zwei Aufgaben in ausbalancierter Weise erfüllen muss, nämlich erstens durch Zwangsgewalt die Bürger voreinander zu schützen und zweitens durch Freiheitsrechte den Bürger vor dem Staat zu schützen.

Gewaltenteilung

Das alles entscheidende Instrument für die zweite Zielsetzung ist die Gewaltenteilung, die Locke (noch vor Montesquieu) paradigmatisch begründet und fordert. Locke geht es vor allem um die klare Trennung von legislativer und exekutiver Gewalt (während Montesquieu auch die Judikative strikt getrennt sehen will). Diese Akzentsetzung erklärt sich auch aus der politischen Konfliktlage und den politischen Institutionen, die Locke selbst vor Augen hatte. Die entscheidende Stärke der Legislative ist in Lockes Konzeption entsprechend neben der Gesetzgebungsfunktion der Legislative vor allem die Budgethoheit. Durch sie wird die Exekutive *de facto* einer parlamentarischen Kontrolle unterworfen: Ohne Finanzierung lässt sich auch schon zu Lockes Zeiten kein Krieg führen.

Drei Vetospieler

Die Legislative selbst sollte nach Locke auch in sich ausdifferenziert werden, nämlich in eine Vertretung des Volkes (*House of Commons*), des Adels (*House of Lords*) und ein Vetorecht des Königs. Damit sind insgesamt drei Veto-Spieler am Gesetzgebungsprozess beteiligt und die Gefahr der Willkürgesetzgebung wird maximal eingeschränkt. Man erkennt an dieser inneren Differenzierung, wie sehr sich Locke bemüht, die politischen Gruppierungen nach der *Glorious Revolution* durch Integration zu gewinnen und damit die Systemtransformation zu konsolidieren. Volk, Adel und König werden institutionell so eingebunden, dass kein Gesetz gegen eine der drei Parteiungen beschlossen werden kann.

Monarchistische Reste

Die Exekutive, für Locke selbst noch der Monarch, hat in dieser liberalen Konzeption überall dort Handlungsrecht, wo keine gesetzliche Regelung der Exekutive vorliegt. An dieser etwas merkwürdig erscheinenden Funktion wird erkennbar, was für den frühen Liberalismus noch selbstverständlich war, uns heute jedoch unvorstellbar scheint, nämlich dass es regelungsfreie Räume gibt, für die keine gesetzliche Bestimmung vorliegt. Der gelingende Staat zeichnet sich nach diesem liberalen Verständnis gerade dadurch aus, dass er nicht alles regelt. Für Locke war noch selbstverständlich, dass das Ungeregelte frei vom Monarchen entschieden werden kann. In diesem Sinne steht er noch in monarchistischer Tradition. Die wichtigste Aufgabe der Exekutive besteht jedoch nach Locke in der außenpolitischen Repräsentation und Führung des Landes. Auch hat der Monarch das Begnadigungsrecht, was ebenfalls die klassische Tradition der Souveränität fortsetzt.

Budgethoheit des Parlaments

Diese Aspekte dürfen jedoch nicht darüber hinwegtäuschen, dass Lockes liberale Staatskonzeption in vielerlei Hinsicht völlig neue Wege beschreitet. Dies gilt beispielsweise für das Prinzip, demzufolge keine Steuern ohne Zustimmung der zu Besteuernden erhoben werden können. Damit ist ein altes Königsrecht verabschiedet und die Basis für jene Formel gelegt, die für die amerikanische Unabhängigkeitsbewegung so bedeutsam werden sollte: *No taxation without representation!*

Toleranzgebot

Ein weiterer Aspekt in Lockes Theorie des Gemeinwesens ist prägend für das neuzeitliche politische Denken geworden, nämlich seine Theorie der Toleranz. Diese durchzieht bereits seine *Abhandlungen über die Regierung*. Sie wird aber eigens in einem *Brief über Toleranz* ausformuliert, der in seiner Klarheit und rhetorischen Brillanz wegweisend wurde. Denn hier gelingt es Locke, das Toleranzgebot nicht *gegen*, sondern *aus* der Religion heraus zu entwickeln. Ein intolerantes und herrschsüchtiges Christentum (für Locke im Katholizismus idealtypisch ausgebildet) kann gar kein Christentum sein, so Locke. Stattdessen sei es dem wahren Christen eine Pflicht, seine Mitbürger in religiösen Dingen frei ihren Glauben ausführen zu lassen, ja sich sogar religiös irren zu dürfen. Nur jene Formen des Glaubens, die das tolerante Gemeinwesen ihrerseits gefährden, müssen kontrolliert und falls nötig bekämpft werden. Locke schlägt entsprechend eine strikte Trennung zwischen dem „Geschäfte der staatlichen Gewalt und dem der Religion" (*business of civil government from that of religion*) (Locke 1996: 11) vor. Die bürgerliche Regierung dient zur Befriedigung der *civil interests* (Leben, Freiheit, Gesundheit, Schmerzlosigkeit des Körpers und Besitz äußerer Dinge wie Geld, Ländereien etc.), während die *salvation of souls* von anderen, religiösen Institutionen befördert werden darf. Damit ist die funktionale Ausdifferenzierung zwischen der Bereitstellung der immanenten und der transzendenten Güter geleistet und damit der Staat säkularisiert.

Toleranzbegründung

Die drei Begründungen, die Locke hierfür anführt, wirken wie eine ferne Antwort auf Hobbes: a) Die Sorge um das Seelenheil ist von Gott nie auf die staatliche Gewalt übertragen worden; jede Seele kann nur sich selbst erlösen. Wer Menschen zu einem öffentlichen Bekenntnis zwingt, das ihrem eigentlichen Glauben widerspricht, zwingt sie zur Heuchelei und ist damit selbst ein Sünder. Der Staat, der dies erzwingt, senkt also die Sündenbilanz nicht etwa, sondern erhöht sie. Damit teilt Locke die Hobbessche Einsicht in die Unerzwingbarkeit des Glaubens, gibt hier aber dem religiösen Interesse an der Sündenfreiheit das Vorrecht vor dem staatlichen Interesse sozialer Kohäsion durch erzwungene Bekenntnisse. b) Wieder erscheint das empirische Argument, dass man Menschen ganz offensichtlich nicht zu einem Glauben zwingen kann. Der Glaube wird hier als eine persönliche Haltung, womöglich als Gnade Gottes interpretiert, nicht aber als erzwingbare Entscheidung. Daher dürfe die staatliche Obrigkeit in Religionsdingen zwar überzeugen, nicht aber zwingen: „But it is one thing to persuade, another to command" (Locke 1996: 16). c) Auch das dritte Argument ist ebenso simpel wie überzeugend: Ließe sich die Sorge um das Seelenheil an die Obrigkeit abgeben, so hinge das Schicksal der Seelen vom Geburtsort der Menschen ab.[48] Ist der religiöse Pluralismus erst einmal als Fakt anerkannt, so lässt sich die religiöse Kontingenz nicht aus der Welt schaffen.

Funktionale Ausdifferenzierung

Mit der Unterscheidung zwischen *public* und *religious interests* führt Locke eine Differenzierung ein, die für die weitere Entwicklung des Liberalismus entscheidend sein wird. Denn Lockes Plädoyer für religiöse Toleranz kann lückenlos übersetzt werden in das Gebot weltanschaulicher Toleranz allgemein (die für Locke selbst noch undenkbar war, beispielsweise gegenüber Atheisten). Damit wird das liberale Staatswesen zur Toleranz verpflichtet und eine entscheidende Weiche für moderne Politikgestaltung gestellt.

Wirkmächtigkeit

Locke isoliert?

Nicht nur Lockes Lehren, auch seine konkrete Arbeit beispielsweise an der Verfassung der damaligen Siedlerkolonie Carolina haben im gesamten angelsächsischen Raum eine breite Wirkung entfaltet. Zwar hat J. G. A. Pocock zeigen können, dass Locke unter den Zeitgenossen in mancherlei Hinsicht isoliert war (Pocock 1980), doch allein die Zahl der Auflagen – 23 allein in England (Euchner 2004: 177) – belegt, dass Locke bis zum Ende des 18. Jahrhunderts von breiten bürgerlichen Kreisen rezipiert wurde. Die Väter der amerikanischen Verfassung beriefen sich in ihrer Ausgestaltung, auch in ihrer naturrechtlichen Begründung der Freiheitsordnung und Toleranzpflicht des Staates, explizit auf Locke, der beispielsweise bei Thomas Jefferson zu den geistigen ‚Hausheiligen' zählte. Seine Wirkmächtigkeit kann daher kaum überschätzt werden.

Was bleibt?

Ein aktueller Klassiker

Insgesamt kommt Locke unter allen Klassikern unserem modernen Demokratieverständnis am nächsten: Gewaltenteilung, Beteiligungs- und Schutzrechte sowie Toleranzgebot gehören heute zu den Grundlagen moderner Demokratien. Sein Plädoyer für die Aufteilung politischer Macht durch Veto-Spieler bleibt ebenso aktuell wie seine aus-

48 Realität war diese für Locke problematische Konstruktion auf deutschem Boden durch den Augsburger Religionsfrieden (1555) und der daraus abgeleiteten Regelung: *cuis Regio eius religio*. Danach folgten die Untertanen dem Bekenntnisstand des Landesherren. Wer dies aus Gewissensgründen nicht konnte, durfte unter bestimmten Umständen das Emigrationsrecht wahrnehmen (*ius emigrandi*).

führliche Diskussion religiöser Toleranz im *Toleranzbrief*. Seine empiristische und damit in gewisser Weise pragmatische Argumentationsweise ist stilbildend gewesen und noch heute vorbildlich.

4.3. Vernunftgemäßer Staat: Kant

Kosmopolit aus der Provinz

„Eleganter Magister"

Die liberale Tradition ist stark von englischen Autoren bestimmt worden. In deutscher Sprache entwickelte sich jedoch eine Variante des Liberalismus, die aufgrund des philosophischen Kontextes ihrer Entstehung ganz besondere Eigenheiten aufweist. Kant ist nicht primär ein politischer Theoretiker, sondern Philosoph. Er gilt in Deutschland als der wichtigste philosophische Gründervater der Moderne, prägend nicht nur durch seine Theorien und Einsichten, sondern auch in seiner Argumentationsweise und seinem Theoriestil. Als wichtigster Autor der deutschen Aufklärung bildet er noch heute den entscheidenden Referenzpunkt vieler Diskurse. Obwohl er sein ganzes Leben in Königsberg verbrachte, wird er auch als Kosmopolit gefeiert. Während man Kant lange als einen etwas weltfremden und zwanghaften Professor darstellte, zeichnet die Forschung der letzten Jahre das Bild von einem „eleganten Magister", der auch die politischen Ereignisse seiner Zeit sehr genau beobachtete (Kuehn 2004). An seinen Jubiläen wird er daher oft als Urvater westlicher Werte gepriesen. Bei ihm finden wir eine Variante liberaler Staatsbegründung, die man als „transzendentalphilosophisch" bezeichnet.

Problemlage

Erkenntnistheorie als Ausgangspunkt

Die Problemdiagnose, die Kant in seinem ersten Hauptwerk, der *Kritik der reinen Vernunft*, formuliert, ähnelt entfernt derjenigen bei Hobbes und Locke. Die Geschichte der Metaphysik – der Lehre von den letzten, nicht erfahr- und erkennbaren Gründen und Zusammenhängen des Seins – stellt sich für Kant als eine einzige Aneinanderreihung eitler Streitereien dar. Ganz offenbar kann die Metaphysik, die eine ewige Ordnung voraussetzte, nicht mehr in der alten Form betrieben werden. Daher kann die Metaphysik – zumindest in der bisherigen Form – auch nicht zur Letztbegründung von Erkenntnissen, Handlungsnormen oder Gesellschaftsordnungen dienen. Auch Kant kämpft also gewissermaßen mit dem Ordnungsschwund der Moderne.

Neugründung der Metaphysik

Doch will er die Metaphysik keineswegs abschaffen, sie bedarf lediglich eines neuen, festen Fundaments. Kant sucht daher ein methodisches Rüstzeug und einen Kriterienkatalog, der es erlaubt, klare

Prinzipienerkenntnis von bloßer Schwärmerei zu unterscheiden. Die Frage der richtigen politischen und gesellschaftlichen Ordnung soll sich dann daraus ergeben, aber sie steht nicht am Anfang der Philosophie Kants. Als Philosoph geht es ihm um viel mehr als eine Theorie der Politik. Er hofft, die Menschheit insgesamt könne – durch die rechte Philosophie zur Vernunft gebracht – „den Ausgang aus der selbstverschuldeten Unmündigkeit" (so seine berühmte Definition der Aufklärung) finden, das dunkle Zeitalter verlassen und die Epoche der Aufklärung vollenden. Die Frage nach den dem Menschen mitgegebenen Fähigkeiten, die diesen Ausgang aus der Unmündigkeit ermöglichen, ist Kants Schlüsselfrage. Auch bei Kant steht die Frage nach dem Menschen also am Anfang.

Selbstkritik der Vernunft

Bei Hobbes wurde bereits deutlich, dass die Ausgestaltung politischer Theorie wesentlich davon bestimmt wird, welches Menschenbild die jeweiligen Theoretiker zugrunde legen. Dies gilt umso mehr für Kants Theorie eines vernünftig verfassten Gemeinwesens. Kants Bestimmung des Menschen beginnt mit den Erkenntnisfähigkeiten des Menschen: In seiner epochalen *Kritik der reinen Vernunft* liefert er eine Erkenntnistheorie, die es erlauben soll, die Metaphysik auf ein neues Fundament zu stellen und den Jahrhunderte langen Streit zwischen den Empiristen (die glauben, dass Erkenntnis wesentlich aus der Erfahrung hervorgeht) und den Rationalisten (die glauben, dass uns die für die Erkenntnis entscheidenden Ideen bereits angeboren sind) zu schlichten. Was er in seiner *Kritik der reinen Vernunft* vorschlug, war eine Art Kompromiss: Inhaltlich soll alle Erkenntnis auf Empirie angewiesen sein, formal aber ist sie durch angeborene Kategorien bestimmt. Ohne jede Empirie sind unsere Begriffe zu nichts zu gebrauchen; aber ohne ordnende Begriffe wird uns die reine Empirie zum bloßen Flimmern und Rauschen. In Kants Worten: „Gedanken ohne Inhalt sind leer, Anschauungen ohne Begriffe sind blind." (Kant 1998: II 96)

Kants Kritikbegriff

Die Konsequenzen, die sich nach Kant aus dieser Einsicht ergeben, sind enorm. Denn wenn unsere Anschauungen immer schon durch Kategorien geordnet werden, dann haben wir gar keine reinen Tatsachen; wir erkennen nie die Dinge „an sich betrachtet", wie Kant schreibt. Dann aber bedeutet der Titel seines Werkes *Kritik der reinen Vernunft* ein Doppeltes: Nicht nur wird die Möglichkeit der Vernunft aufgezeigt, kritisch die vermeintlichen Erkenntnisse zu prüfen. Auch die Vernunft selbst wird kritisch über ihre Möglichkeit befragt. Kritik kann dann wörtlich aus dem griechischen Verb *krînein* verstanden werden: als ein Entscheiden oder Abgrenzen (die *Krisis* bezeichnet den Moment der Entscheidung). Der Geltungsspielraum der Vernunft wird dann nämlich eingegrenzt auf diejenigen Dinge, die uns wirklich gegeben sind.

Ende der Metaphysik alten Stils

Genau darum geht es Kant in seiner These, dass wir die Dinge nie „an sich betrachtet“ erkennen können, sondern nur durch den kategorisierenden Filter unseres Verstandesapparates. Damit war es für unmöglich erklärt, die großen Streitpunkte der Metaphysikgeschichte ein für alle Mal zu klären: Ist der Mensch frei? Gibt es einen Gott? Auf diese Fragen gibt es nach Kant jeweils zwei sich widersprechende Antworten, die sich jeweils gleich gut begründen lassen. Dass wir aber überhaupt Antworten auf diese Fragen suchen, die wir ja ganz offenbar nicht endgültig beantworten können, war für Kant eine anthropologische Tatsache. Der Mensch strebt von Natur aus über den beschränkten Rand seiner Erkenntniskräfte hinaus. Er ist auf Metaphysik hin angelegt. Die Philosophie als Selbstreflexion der Vernunft kann ihn aus dieser Asymmetrie von Erkenntniswunsch und Erkenntnisfähigkeit nicht retten. Aber sie vermag zumindest ihm den eigenen Erkenntnisapparat transparent zu machen und ihn dadurch vor überzogenen Versuchen, jener von Kant verachteten „Schwärmerei“, zu retten.

Transzendentaler Universalismus

Damit schließt Kant also alle Erkenntnis des Transzendenten, des Jenseitig-Liegenden aus. Das ist gewissermaßen eine These, die er den Empiristen zugibt. Andererseits aber soll unsere Erkenntnis ja durch Kategorien geordnet sein. Diese Kategorien aber sind nach Kant universell, also bei allen Vernunftwesen gleich, egal wo sie aufgewachsen sind und welche Sprache sie sprechen. Daher ist Kant auch heute noch eine Leitfigur der Universalisten. Für Kant sind diese transzendentalen Bedingungen der Möglichkeit von Erkenntnis bei allen Vernunftwesen gleichermaßen deduzierbar, also in der Selbstbesinnung ableitbar. Zwar weiß auch Kant, dass es schlauere und weniger schlaue Menschen gibt. Aber dies liegt nach Kant nur daran, dass die einen ihren Erkenntnisapparat besser zu bedienen wissen als die anderen (nur wenn die Urteilskraft ganz fehlt, so räumt Kant ein, ist nicht mehr zu helfen). Damit wird der methodische Ansatz erkennbar, den Kant verfolgt.

Fragestellung

Physik als Paradigma

Sein Erkenntnisideal, sein „Paradigma“ ist (bis zur späten Wende hin zu einer Theorie des Lebens) die Mathematik oder die mathematisch formalisierte Physik. Die Mathematik ist orts- und zeitunabhängig; sie ist aus wenigen Prinzipien ableitbar und für alle Menschen gleich. Diese Bedingungen der Möglichkeit von Erkenntnis nennt er „transzendental“. Seine Philosophie nennt man daher auch Transzendentalphilosophie, weil sie genau jene Strukturen analysieren will, die die Erkenntnis leiten.

Transzendentalphilosophie

Wir erkennen hier eine entscheidende Wendung: Während die Metaphysik vor Kant auf das Transzendente zielte, also wörtlich auf das Gegenüberliegende, das Jenseitige, dasjenige „hinter" der empirischen Welt, beschäftigt sich Kant mit dem Transzendentalen, also mit jenen Strukturen, die „vor" der Erkenntnis liegen und uns Vernunftwesen als Erkenntnisapparat mitgegeben sind. Die transzendentalphilosophische Methode fragt stets nach den „Bedingungen der Möglichkeit von Erkenntnis" und versucht diese abzuleiten. Kant versteht sich selbst folglich als erster Vertreter einer völlig neuen Wissenschaft, die die alten Fragen – in Kants Terminologie „kritisch" – behandeln muss und damit eine epochale Neuordnung vornimmt. Diese von Kant als „kritisch" bezeichnete Methode soll nun in allen philosophischen Disziplinen zur Geltung kommen.

Vorgehensweise

Deduktion

Dieser Ansatz prägt folglich auch Kants Fragestellung in der Politischen Theorie, denn auf dieselbe Weise will Kant den Staat transzendental begründen. Seine rechtsphilosophische Schrift heißt entsprechend: *Metaphysische Anfangsgründe der Rechtslehre*. Schon in diesem Titel sehen wir eine klare Abgrenzung zu Hobbes. Zwar brauchen wir die Empirie zur Erkenntnis, aber moralische oder rechtsphilosophische Grundsätze lassen sich nach Kant nie empirisch begründen. Hierfür bedarf es „metaphysischer Anfangsgründe" und damit können bei Kant natürlich nur angeborene Vernunftprinzipien gemeint sein.

Praktische Vernunft

Diese transzendentale Methode wendet Kant auch in der Moralphilosophie an: In seiner *Kritik der praktischen Vernunft* wird der berühmte kategorische Imperativ nicht etwa nur behauptet, sondern aus den transzendental gegebenen Vernunftbeständen des Menschen abgeleitet. Die Frage der Moral ist nach Kant nur „deontologisch" zu beantworten; sie muss durch das beantwortet werden, woran wir „gebunden" sind, nicht durch Erfolgsrezepte, die uns erklären, wie man Erfolg hat.

Anti-Empirismus

Kants Anti-Empirismus in der Moral- und Rechtsphilosophie ist gegen Aristoteles, Hobbes und die französischen Klugheitslehren gerichtet und wird in aller Schärfe vorgetragen. Auch wenn neuere Interpretationen diesen Gegensatz zwischen Klugheitsethik und Pflichtenethik abzumildern versuchen (z.B. Höffe), so ist Kant selbst doch äußerst polemisch: In der Moralphilosophie habe man, so Kant, stets den Fehler gemacht, danach zu fragen, wie der Mensch glücklich werden könne. Was soll ich tun? Diese Frage wurde seit Aristoteles immer mit einem hinzugedachten Halbsatz behandelt: Was soll ich tun, *um glücklich zu sein*? Mit dieser Frage nach dem Guten Leben beginnt bei Aristoteles die Ethik, die dann verschiedene, empirisch aufgelesene Antworten verhandelt. Kant argumentiert nun dagegen, dass es überhaupt nicht darauf ankommen könne, welche Handlungen auf dem Wege zum Glück klug und daher ratsam sind, sondern einzig und allein darauf, welche Handlungen moralisch geboten und daher unsere Pflicht sind.

Moral versus Ethik

Wer Handlungen empirisch begründet (und eine solche empirische Frage ist nach Kant die Frage nach dem Guten Leben), der verliert sich zwangsläufig in einen Relativismus, weil jeder nach Lust und Laune etwas anderes unter einem Guten Leben verstehen kann. Die Empirie ist wechselhaft, die Bedürfnisse ändern sich. Daher ist eine auf Empirie beruhende Morallehre nach Kant überhaupt keine richtige Morallehre, weil sie prinzipienlos ist. In unserem Wohlbefinden sind wir nämlich nach Kant von den wechselhaften Gegebenheiten der Umwelt abhängig. Durch diese sind wir jedoch lediglich „pathologisch affiziert", also krankhaft mal so mal anders gestimmt. Moral darf aber nicht von veränderlichen Wünschen und Stimmungen abhängen, will sie nicht zu einer bloßen Klugheitslehre, zu einer Lebensberatung herabsinken. Wenn also Hobbes erklärt, der Leviathan gehe aus dem Wunsch nach Überleben und Sicherheit hervor, so kann Kant diese Argumentation nicht als Begründung gelten lassen. Es sind ja durchaus Menschen denkbar, denen Ehrgefühl wichtiger ist als ihr Leben. Wie aber lassen sich ein Staat und eine Gesellschaftsordnung transzendental begründen?

Lösungen

Vernunftvertrag

Auch Kant sieht den Staat durch einen Vertrag begründet, auch er ist ein Vertragstheoretiker. Doch Kants Vertrag wird nicht aus egoistischem Kalkül geschlossen, sondern aus der Einsicht in die transzendentale Notwendigkeit des Staates. Die Subjekte, die sich in Kants Vertrag zum Staat zusammenschließen, sind nicht empirisch gegebene Menschen, sondern transzendentale Vernunftsubjekte. Bei Kant finden sich folglich die Elemente der Vertragstheorie in transzendentalphilosophisch gewendeter Form. Auch der Naturzustand ist bei Kant über jeden Verdacht erhaben, er könne eine historische Situation bezeichnen. Der Naturzustand in Kants Theorie ist lediglich die rationale Konstruktion einer Vernunftidee. Er muss nicht deshalb überwunden werden, weil er Unsicherheit und Schrecken beinhaltet, sondern weil in ihm keine Freiheit möglich ist.

Selbstbindung als Bedingung der Freiheit

Damit wiederholt sich in Kants Rechtsphilosophie ein Motiv aus der Moralphilosophie: Rechtlosigkeit zerstört (ebenso wie Pflichtvergessenheit in der Moralphilosophie) die Freiheit des Subjekts. Der Mensch ist frei, indem er anerkennt, dass er dem Sittengesetz unterworfen ist. Als autonome Subjekte erfahren wir uns nach Kant, weil wir das unbedingte Sollen als ein Faktum der Vernunft erfahren. Wir wissen, dass wir frei sind, weil wir in uns die „Tatsache" („Faktum der Vernunft") vorfinden, dass wir dem Sittengesetz unterworfen sind.

Umgekehrt bedeutet dies, dass nur frei ist, wer erkennt, dass in ihm die Vernunft den kategorischen Imperativ an ihn wendet. Wer sich an kein Gesetz gebunden sieht und nur nach Lust und Laune lebt, ist nicht frei, sondern Sklave seiner Launen. Subjektwerdung geschieht bei Kant also durch die Unterwerfung unter das Sittengesetz. Die normative Verpflichtung ist „deontisch", also real als Prinzip gegeben. Moralische Sätze wie „Man darf keinen Unschuldigen töten" haben daher für Kant denselben Wahrheitsstatus wie der Satz des Pythagoras.

Ein transzendentaler Vertrag

Nun ist der Rechtsstaat etwas anderes als das Moralgesetz. Rechtsphilosophie und Moralphilosophie sind bei Kant klar getrennt. Aber auch in der Rechtsphilosophie sind wir aus prinzipiellen und nicht nur aus empirischen Gründen an die Gesetze gebunden. Daher wäre es auch falsch zu sagen, dass der Rechtsstaat durch den Vertrag „geschaffen" würde; eher wird ein immer schon als Vernunftidee existierendes Ideal umgesetzt. Kant nennt ihn auch den „ursprünglichen Kontrakt" und meint damit keinen zeitlichen, sondern einen logischen Ursprung. Er ist ein Vertrag „von so eigentümlicher Art, dass [...] er sich [...] von allen anderen wesentlich unterscheidet". Da alle die Umsetzung dieses Ideals als vernunftnotwendig einsehen, ist auch keine Verhandlung notwendig, die dem Vertragsschluss vorausgehen könnte. Nur der Staat kann die Freiheit des Einzelnen sichern; damit hat jeder Einzelne ein Recht auf Staat – und zugleich eine Pflicht gegenüber dem Staat, weil er zum Schutz der Freiheit der Anderen verpflichtet ist. Auch bei Kant ist daher Freiheit nur als „wohlgeordnete Freiheit" (Kersting 1984) möglich.

„Ein Volk von Teufeln…"

Vor allem aber ist die Staatsbildung von Moral und Kultur unabhängig. Sie erwächst nicht einer allmählichen Kultivierung des Menschen, sondern wäre selbst für unmoralische Vernunftwesen eine logische Notwendigkeit: „Das Problem der Staatserrichtung ist, so hart wie es auch klingt, selbst für ein Volk von Teufeln (wenn sie nur Verstand haben) auflösbar und lautet so: ‚Eine Menge von vernünftigen Wesen, die insgesamt allgemeine Gesetze für ihre Erhaltung verlangen, deren jedes aber in Geheim sich davon auszunehmen geneigt ist, so zu ordnen und ihre Verfassung einzurichten, dass, obgleich sie in ihren Privatgesinnungen einander entgegenstreben, diese einander doch so aufhalten, dass in ihrem öffentlichen Verhalten der Erfolg ebenso derselbe ist, als ob sie keine solche böse Gesinnung hätten.' Ein solches Problem muss auflöslich sein." (Kant 1998b: VI, 224) Die Lösung des Problems, der Staat, gründet also auf Vernunft.

Drei Prinzipien

Drei Prinzipien gehen aus dem Vertrag hervor: 1.) ein Freiheitsprinzip, dem zufolge alle Glieder der Gesellschaft als Menschen frei sind, 2.) das Gleichheitsprinzip, dem zufolge alle als Untertanen gleich sind; 3.) das Prinzip der Selbstständigkeit der Bürger. Diese Prinzipien gehören zum Bild eines Staates, wie er sein soll – völlig unabhängig von der historischen Staatsrealität, die Kant vorfand. Kants Rechtsphilosophie zeigt uns die Republik der Vernunft, nicht die Staaten der Wirklichkeit. Kants Prinzipien politischer Ordnung bilden jedoch die Basis moderner Rechtsstaatlichkeit.

Theorie Internationaler Beziehungen

Kant äußerte sich jedoch auch zum Verhältnis zwischen den Staaten und lieferte damit eine frühe Theorie internationaler Beziehungen. Aus der Konzeption wohlgeordneter Freiheit ist eine Theorie des internationalen Friedens entstanden, die heute in den Diskussionen beinahe stärker präsent ist als seine Rechtsphilosophie, nämlich die Abhandlung *Zum ewigen Frieden*. Hier formuliert Kant die Utopie einer Friedensordnung, die den Krieg für alle Zeiten abschafft und rechtsförmige Verhältnisse zwischen den Staaten institutionalisiert. Dabei wird die zivilrechtliche Befriedung zwischen den Bürgern auf der Ebene der Staaten wiederholt: Ebenso, wie sich die Bürger *a priori* zu einem Rechtswesen zusammenfinden müssen, sind auch die Staaten verpflichtet, eine internationale Rechtsordnung auszuformulieren. Damit wird also eine Weltrepublik notwendig, die die zwischenstaatlichen Konflikte ebenso rechtsförmig ordnet und löst, wie die Rechtsstaaten die Konflikte zwischen Bürgern regeln.

Wirkmächtigkeit

Heterogene Einschätzungen

Die Einschätzungen des Kantischen Modells einer Republik der Vernunft gehen sehr weit auseinander. Da sich in Kants rechtsphilosophischen Schriften allerlei zeitgebundene Besonderheiten finden, die man heute als skandalös empfindet (bezüglich der Frauenrechte, des Eherechts etc.), stand Kant lange im Ruf, ein formalistischer, etwas weltfremder Rigorist zu sein. Fest steht, dass Kant dem Staat, indem er ihn im Paradigma quasi-mathematischer Erkenntnis transzendental-philosophisch begründet, ein Höchstmaß an Legitimation zu verschaffen versucht. Der Staat wird als vernunftlogische Notwendigkeit hergeleitet. In den letzten Jahren rückt man in der Kant-Forschung jedoch von einer Interpretation ab, die Kant als Verteidiger des aufgeklärten Absolutismus preußischer Prägung verstand.

Kant als Demokratietheoretiker

Ingeborg Maus zeigt in ihrer wegweisenden Interpretation, dass die spezifischen demokratietheoretischen Voraussetzungen des 20. Jahrhunderts für diese verstellende Rezeption verantwortlich sind. Entsprechend müsse man bei Kant bereits den Übergang von materialem zu prozeduralem Naturrecht konstatieren, also die Legitimität des Rechts wie später Habermas auf das demokratische Prozedere zurückführen. Kants Begriff der Volkssouveränität beinhalte dann eine Konzeption der Selbstgesetzgebung der Bürger, die in modernen, hochkomplexen und daher tendenziell technokratischen Gesellschaften nicht mehr zu finden sei, nämlich „die demokratische Steuerung des gesamten Entscheidungsprozesses“ (Maus 1992: 8). Auch wenn man Ingeborg Maus in ihrer Aktualisierung Kants folgt, so bleibt der Kantische Universalismus ein Ansatz, der mit enormen philosophischen Voraussetzungen arbeitet und beispielsweise allgemeine Annahmen über die Ableitbarkeit von Prinzipien macht. Wer Kants Theorie transzendentaler Vernunft nicht teilt und beispielsweise davon ausgeht, dass Prinzipien sprachgebunden sind und daher verschiedene Kulturen auch verschiedene ethische Prinzipien ausbilden, wird diese Begründung als verfehlt ansehen. In der Vorstellung transzendentaler Vernunftstrukturen würde man dann einen (im vorkantischen Sinne) metaphysischen Rest sehen, der den Menschen unplausibel in einen empirischen und einen apriorischen Aspekt aufteilt.

Was bleibt?

Universalismus

Kant hat realpolitisch sehr viel weniger gewirkt als die Theorien von Hobbes, aber der vorgestellte Grundansatz findet sich in manchen heutigen Positionen in verwandelter Form wieder. Kants Theorie ist daher in anderer Hinsicht hochgradig modern: Der Universalismus und das Plädoyer für die rechtliche Ordnung des Nebeneinander der Staaten werden heute von manchen als ein genialer Wurf betrachtet, der sich eines Tages in einer erstarkten und reformierten UNO wird erfüllen können. Andere sehen gerade in der Idee universalistischer Kategorien den entscheidenden Fehler, weil offenbar die Kulturen der Welt sehr viel heterogener sind als Kant glaubte. Selbst wenn in den Wissenschaften ähnliche Verfahren und Kategorien zur Anwendung kommen, scheinen die normativen Vorstellungen in den Tiefenschichten der Sprachen und Kulturen verankert.

Doch selbst wenn man einen ethischen Universalismus ablehnt, stellt sich die Herausforderung einer rechtlichen Ausgestaltung der internationalen Ordnung. Da sich das internationale Recht zum einen aus Gewohnheitsrecht, zum anderen aus Verträgen speiste, ist die internationale Rechtsordnung unsystematisch entstanden und unkontrolliert gewachsen. Otfried Höffe hat plausibel gezeigt, dass Kants Schrift „Zum ewigen Frieden“ (1795) auch heute als Ausgangspunkt jener Bemühungen dienen kann, die darauf abzielen, Globalisierung und Demokratie auszusöhnen und eine internationale Rechtsordnung aus einem Guss zu entwickeln (Höffe 1999: 263ff.). Allerdings muss auch Höffe einräumen, dass seine Anknüpfung an Kant eine Periode überbrückt, in der – von Ausnahmen wie Max Scheler abgesehen –, Kants Theorie der internationalen Ordnung kaum rezipiert wurde.

Ein entscheidender Gedanke Kants ist aus dem Diskurs der Politischen Theorie der Moderne nicht wegzudenken: Die Vorstellung der Autonomie, der Selbstgesetzgebung des Subjekts.

Religion & Politik

Inspirierend für die Politische Theorie der Gegenwart bleibt auch eine andere Schrift Kants, nämlich der Traktat „Die Religion in den Grenzen der bloßen Vernunft“. In dieser sieht Habermas ein Modell für den nachmetaphysischen Umgang postsäkularer Gesellschaften mit religiösen Gemeinschaften. Kant führe nämlich paradigmatisch vor, wie sich die Theorie und der politische Diskurs gleichermaßen agnostisch und lernbereit gegenüber den dogmatischen Glaubensinhalten positionieren können. Schon bei Kant, so Habermas' Pointe, könne man sehen, wie der Liberalismus religiöse Überzeugungen zwar einerseits privatisieren kann und zugleich dessen Potenziale in die areligiöse Sphäre der Politik übersetzt werden können. Die „Sensibilitäten, Gedanken und Motive“ (Habermas 2005: 249) aus den religiösen Traditionen sind (von Philosophen!) auf Begriffe zu bringen, die der Formulierung öffentlich anerkennbarer Gründe dienen können.

Meinungsfreiheit

Wird Religion öffentlich verhandelt, kann es schnell zur Verletzung religiöser Gefühle kommen. Peter Niesen hat gezeigt, dass sich bereits bei Kant eine sehr ausgearbeitete Theorie der Redefreiheit rekonstruieren lässt, die durch ihre Differenzierungen dazu beitragen kann, die Konflikte um Meinungsfreiheit konzeptionell genau zu fassen. Entscheidend an dieser Argumentation ist eine Pointe, die die Kategorisierung Kants als transzendentalphilosphischen Denker zumindest relativiert: Bereits Kant konzipiert eine öffentliche Sphäre, in der sich Bürger in ihren Meinungen gegenseitig korrigieren, und begründet diese ohne übertrieben anspruchsvolle Annahmen aus der Moralphilosophie (Niesen 2008).

Pflicht ohne Gegenleistung

Eine weitere Wirkungsgeschichte Kants läuft auf eine geradezu antiliberale Stoßrichtung hinaus. Kant hatte Moral und Recht scharf getrennt. Der in der liberalen Tradition stark werdenden Konzeption des Menschen als nutzenmaximierendem Akteur (vgl. vor allem im Neoliberalismus und Rational-Choice-Theorien) setzt er jedoch den Gedanken entgegen, dass der Mensch durch ein Sittengesetz gebunden ist. Diese deontologische Konzeption (von griech. *to deon* = das Schickliche) ist in der Debatte um intergenerationelle Gerechtigkeit wiederentdeckt worden. Wo Gerechtigkeit gegenüber künftigen Generationen geleistet werden soll, kann diese nicht auf Vertrag oder Tausch beruhen, sondern nur durch prinzipielle Verpflichtung des Einzelnen, moralisch zu handeln. Damit wird jedoch die für den Liberalismus typische Grenzziehung von Politik und Moral in Frage gestellt (vgl. Hösle 1997: 762ff.). Demnach müsste Kants rigorose Position in der Moralphilosophie gegen den Liberalismus im Politischen in Stellung gebracht werden, will man der Langzeitwirkung technischen Handelns im 21. Jahrhundert gerecht werden.

4.4. Universalistische Gerechtigkeit: Rawls (1)

Eine Neubegründung

Zwei Hauptwerke

Im 20. Jahrhundert ist kein Theoretiker für das liberale Paradigma so wichtig geworden wie der 2002 verstorbene amerikanische Philosoph John Rawls.[49] Der Ruhm John Rawls' gründet sich dabei auf zwei Bücher: auf das 1971 erschienene *A Theory of Justice* sowie auf *Political Liberalism* aus dem Jahr 1993. Insbesondere das erste Werk, *A Theory of Justice,* auf Deutsch 1975 unter dem Titel *Eine Theorie der Gerechtigkeit* erschienen, begründet seine internationale Anerkennung. Einige Kritiker vergleichen sein Werk sowohl hinsichtlich seines Einflusses auf die Disziplin als auch hinsichtlich seines theoretischen Innovationsgehaltes sogar mit den Werken von Immanuel Kant. Obwohl die akademischen Debatten in der Politischen Theorie und innerhalb der Politischen Philosophie heute nicht mehr um Rawls zentriert sind, bleibt sein Werk der Anstoß für die aktuellen Debatten. Er ist – anders gefasst – zu einem Klassiker geworden, da er – im Sinne der Cambridge School – das Vokabular, mit dem und in dem Politische Theorie betrieben wird, nachhaltig beeinflusst hat. Beide Werke sind für die Politische Theorie also von herausragender Bedeutung. Doch während *Eine Theorie der Gerechtigkeit* eine philosophische Abhandlung ist, gehört der *Politische Liberalismus* eher zur Politikwissenschaft, genauer zur Demokratietheorie. Die folgende Rekonstruktion umfasst beide Bücher, und zwar in chronologischer Reihenfolge.

Problemlage

Anfeindung der Normativität

Die erste Problemdiagnose betrifft den Status der Politischen Theorie und Philosophie innerhalb des Kanons der akademischen Disziplinen. Einen Extrempunkt markiert das inzwischen berühmt gewordene Diktum des amerikanischen Politikwissenschaftlers Peter Laslett aus dem Jahr 1956: „Political philosophy is dead" (Laslett 1956: vii). An den Departements für Politikwissenschaft dominierte – zumindest in den USA – der Behavioralismus und mit ihm verbunden die Vorstellung, dass eine „gute" Politische Theorie sich an den Standards guter Theo-

49 Die Sekundärliteratur zum Werk von Rawls ist ausufernd. Eine der besten Diskussionen seines Werkes im Kontext der *liberal-communitarian debate* ist auch heute noch Forst (1994). Zu empfehlen ist auch Mulhall/Swift (1996).

riebildung in den Naturwissenschaften zu orientieren habe. Das bedeutet konkret: Sie muss objektiv und prognosefähig sein, sie darf keine normativen Setzungen enthalten und muss prinzipiell empiriefähig sein. Greift man die gängige Differenzierung in normative Theorien einerseits und empirisch-analytische Theorien andererseits auf, so sollten nur noch empirisch-analytische Theorien in der Politischen Theorie benutzt werden. Normativen Theorien wurde der Theoriestatus an und für sich abgesprochen! Dies ist das intellektuelle Klima, in dem die ersten Bemühungen von John Rawls, die klassische Frage der Politischen Philosophie nach der Gerechtigkeit wieder zu beleben, angesiedelt sind. Die wissenschaftsinterne Problemdiagnose lautet daher, dass aufgrund wissenschaftstheoretischer Entwicklungen politische Philosophie eine gering geschätzte akademische Disziplin ohne große Zukunftshoffnungen war.

Ungerechtigkeiten in Amerika

Die gesellschaftlichen Problemdiagnosen in der *Theorie der Gerechtigkeit* sind schwieriger zu identifizieren – vielleicht auch deshalb, weil John Rawls immer ein *academic intellectual* war, ein Professor, der sich nicht in politische Kämpfe eingemischt hat. Die Beschäftigung mit Fragen der Gerechtigkeit hat in der politischen Philosophie eine lange Tradition – man kann sogar so weit gehen, die Frage nach der Gerechtigkeit als die zentrale Frage innerhalb der Politischen Philosophie zu bezeichnen. Es ist daher eher eine tentative Vermutung als eine gesicherte Erkenntnis, wenn die sozialen und politischen Verhältnisse in den USA mit dem Thema der *Theorie der Gerechtigkeit* in Beziehung gesetzt werden. Obwohl sich die Amerikaner selbst als eine nivellierte Mittelstandsgesellschaft begreifen, kann diese Selbstbeschreibung zumindest in Teilen als Ideologie bezeichnet werden. Dies zeigen zum einen die großen Unterschiede im Einkommen, die in den USA herrschen. Diese Unterschiede sind darüber hinaus auch noch systematisch mit spezifischen Faktoren verbunden. So sind Afro-Amerikaner häufig ökonomisch schlechter gestellt als der weiße amerikanische Durchschnitt. Noch gravierender sind die Unterschiede jedoch hinsichtlich der staatsbürgerlichen Rechte. Die Rassensegregation war in den Südstaaten ein gesellschaftliches Faktum. Die politische Initiative für die Abschaffung der Rassensegregation und die rechtliche Gleichheit aller Amerikaner mündete schließlich in dem von Martin Luther King angeführten Protestmarsch auf Washington, D.C. Die gesellschaftliche Problemdiagnose liegt also auf der Hand: Weder in ökonomischen Fragen noch in politischen Fragen kann Amerika in den 1950er Jahren als eine gerechte Gesellschaft bezeichnet werden.

Die Verbindung dieser beiden Problemdiagnosen verdeutlicht darüber hinaus, dass von der Politischen Philosophie keine Lösungen für diesen defizitären Zustand zu erwarten waren: Woher sollen schließlich auch normative Bewertungsstandards kommen, wenn die normative Theorie als akademische Disziplin desavouiert war?

Fragestellung

Normative Fragen und sozialwissenschaftliche Methoden

Wie kann die normative Politische Philosophie wieder rehabilitiert werden? Diese Frage kann noch näher spezifiziert werden, und zwar anhand jener Gründe, die dafür ausschlaggebend waren, dass sie als akademische Disziplin in Ungnade gefallen ist. Liegt es daran, dass die Beschäftigung mit normativen Fragen *an und für sich* bereits hochproblematisch ist? Wäre dies der Fall, so hätte das Bestreben, die normative Politische Philosophie zu rehabilitieren, keine Aussicht auf Erfolg – zumindest so lange nicht, wie ein naturwissenschaftlich inspiriertes Verständnis von „guter“ Theorie auch die Sozialwissenschaften dominiert. Eine Chance würde jedoch dann bestehen, wenn nicht die Beschäftigung mit normativen Fragen an und für sich das Problem darstellte, sondern nur die *Art und Weise,* wie normative Fragen bislang diskutiert wurden. Verknüpft man diese beiden Überlegungen, so wird die eigentliche erkenntnistheoretische Fragestellung deutlich: Existiert in der Politischen Philosophie eine Methodik, die es erlaubt, normative Fragen so zu diskutieren, dass sie von dem herrschenden positivistischen Wissenschaftsverständnis als wissenschaftlich akzeptiert wird? Trifft diese Annahme zu, so wäre die Normativität nicht länger dem Thema einer Erörterung – hier der Gerechtigkeit – gleichsam eingeschrieben, sondern nur, wissenschaftstheoretisch weitaus unproblematischer, an die Methode der Analyse respektive Diskussion gebunden.

Diese methodische Fragestellung verbindet sich mit der inhaltlichen: Gibt es Gerechtigkeitsstandards, die universelle Geltung besitzen? Welche inhaltliche Gestalt nehmen diese Gerechtigkeitsstandards an? Wie können sie als Korrektiv für die Wirklichkeit dienen? Dies sind die inhaltlichen Fragen, die John Rawls in seiner *Theorie der Gerechtigkeit* beantworten will.

Vorgehensweise

Syntheseversuche

In der Wahl seines methodischen Ansatzes zeigen sich zwei grundlegende Strömungen: Einerseits greift Rawls auf vertragstheoretische Überlegungen zurück, modifiziert diese jedoch so, dass sie wissenschaftstheoretisch gegen Kritik durch den Positivismus immunisiert werden. Andererseits erweitert Rawls das vertragstheoretische Modell, das in der Ideengeschichte bisher immer rein fiktiv geblieben war, um empirische Überlegungen. Konkret bezieht er die Gerechtigkeitsvorstellung der Gemeinschaft der Bürger, für die Gerechtigkeitsgrundsätze gefunden werden sollen, konstitutiv in seine Theorie mit ein. Dies sind die beiden grundlegenden methodischen Ansätze, die im Folgenden näher ausgeführt werden sollen.

Urzustand

Beginnen wir mit der inhaltlichen Fragestellung: Wie können Gerechtigkeitsgrundsätze gefunden werden, die universell, also zu jeder Zeit und an jedem Ort, gelten? Nun ist es nicht so, als ob es in der Ideengeschichte keine Überlegungen zur Gerechtigkeit gegeben hätte. Nur haben diese in der Regel einen geringeren Geltungsanspruch gehabt: Es ging ihnen nicht darum, Gerechtigkeit universell zu bestimmen, sondern sie beschränkten sich auf spezifische Kontexte: spezifische Orte, spezifische Gemeinschaften, spezifische Zeiten. Um Gerechtigkeitsgrundsätze zu finden, die universell gültig sind, verfolgt Rawls im ersten Schritt eine Strategie, die von Hobbes über Locke und Rousseau in der Politischen Theorie bekannt ist: Er abstrahiert von einem gegebenen, faktischen Gesellschaftszustand und konstruiert im Gegensatz dazu einen *Urzustand.*

Wiederbelebung der Vertragstheorie

Dieser Urzustand ist wie bei den meisten anderen Theoretikern des liberalen Paradigmas ein *fiktiver*. Um dies zu betonen, bezeichnet ihn Rawls auch als Urzustand, nicht – wie in der Tradition von Hobbes – als Naturzustand. Der Urzustand fungiert auch bei Rawls als eine heuristische Fiktion, als ein erkenntnistheoretisches Mittel, um Gerechtigkeitsstandards zu finden. Doch ist dieser Ansatz weit entfernt davon, für sich allein genommen innovativ zu sein. Vielmehr befand sich die Vertragstheorie in den 1950er Jahren in der Mottenkiste der Politischen Theorie. Damit kommt Rawls zwar das Verdienst zu, die Vertragstheorie intellektuell reanimiert zu haben, ein Innovationssprung ist hier jedoch noch nicht zu erkennen.

Neukonzeption

Der innovative Kern der Rawlsschen Theorie hält erst im nächsten konzeptionellen Schritt Einzug in die *Theorie der Gerechtigkeit.* Die entscheidende Frage lautet: Wie ist der Mensch im Urzustand? Welche Fähigkeiten besitzt er? Die meisten liberalen Vertragstheorien gehen vom *homo oeconomicus* aus: Der Mensch wird als Nutzenmaximierer verstanden, der – ohne Altruismus und ohne Ethik, aber in voller Kenntnis seiner selbst – versucht, einen *legitimen* Staat aufzubauen. Rawls verabschiedet sich von dieser Konzeption gleich in doppelter Hinsicht. Während erstens für die klassische Vertragstheorie der Vertrag und der Naturzustand Mittel sind, *legitime* politische Herrschaft zu implementieren, benutzt Rawls beides nur noch, um Gerechtigkeitsstandards zu identifizieren. Das Ziel der Konstruktion ist also ein ganz anderes. Zweitens, und dies markiert seine innovative Leistung, führt er ergänzend zum Naturzustand den *Schleier des Nichtwissens* (*veil of ignorance)* ein. Alle Personen im Naturzustand befinden sich hinter dem Schleier des Nichtwissens. Den Schleier des Nichtwissens definiert Rawls wie folgt: „Zu den wesentlichen Eigenschaften dieser Situation gehört, dass niemand seine Stellung in der Gesellschaft kennt, seine Klasse oder seinen Status, ebenso wenig sein Los bei der Verteilung natürlicher Gaben wie Intelligenz oder Körperkraft. Ich nehme sogar an, dass die Beteiligten ihre Vorstellung vom Guten und ihre besonderen psychologischen Neigungen nicht kennen.“ (Rawls 1975: 29)

Schleier des Nichtwissens

Der Schleier des Nichtwissens ist jene Methode, mit der Rawls glaubt, *universalistische* Kriterien der Gerechtigkeit finden zu können. Menschen werden in politische Gemeinschaften hinein geboren, durch die Familie, die Schule und – im weitesten Sinne – die Gesellschaft sozialisiert und internalisieren auf diese Art und Weise die Werte und Normen der Gesellschaft, in der sie leben. Natürlich determiniert die Sozialisation weder die Persönlichkeitsstrukturen noch Wertanschauungen, doch kann sich niemand vollständig davon befreien. Doch wie kann man universelle Gerechtigkeitsstandards finden, also solche, die im gleichmäßigen Interesse aller liegen und denen jeder, ungeachtet seiner persönlichen Situation, seiner Vorlieben und psychischen Dispositionen freiwillig zustimmen kann, wenn jeder in seinem partikularen Ich, im Gefängnis seiner Psyche und seines Seins, gefangen ist? Dieses Puzzle kann auf unterschiedliche Arten aufgelöst werden. Die Universalismusvermutung in der *Theorie der Gerechtigkeit* basiert darauf, dass der Schleier des Nichtwissens das gesellschaftlich sozialisierte und konstituierte Individuum von allem entfernt, was an ihm partikular ist. Der Schleier des Nichtwissens ist ein Identitätsabstraktionsmechanismus. Er funktioniert nach jenem Prinzip, das bei Kindergeburtstagen zu einer gerechten Verteilung des Geburtstagskuchens führen soll: Derjenige, der den Kuchen schneidet, darf nicht entscheiden, welches Stück er bekommt.

Universalismus

Diese Methode wendet Rawls auch in seiner *Theorie der Gerechtigkeit* an: Im Urzustand, hinter dem Schleier der Unwissenheit, sollen Menschen jene Gerechtigkeitsgrundsätze finden, die später für die Gesellschaft, in der sie leben, gelten sollen. Da die Menschen weder ihren Status in der Gesellschaft noch ihre Talente oder psychischen Dispositionen kennen, sind sie in der Lage, Gerechtigkeitsgrundsätze zu finden, die universell gültig sind. Da durch sie keine Person, Schicht oder Gruppe in der Gesellschaft bevorzugt wird, muss auch in der wirklichen Welt jeder Bürger und jede Bürgerin diesen Gerechtigkeitsgrundsätzen prinzipiell zustimmen können, da jeder – hätte er sich dem Gedankenexperiment selbst unterzogen – zu identischen Lösungen, d.h. Gerechtigkeitsstandards gekommen wäre. Auf diese Art und Weise löst Rawls das Universalismusproblem. Er stattet die Menschen hinter dem Schleier des Nichtwissens jedoch mit Kenntnissen darüber aus, wie die Gesellschaft aussieht, für die sie Gerechtigkeitsgrundsätze finden sollen. Damit ist Rawls nah an den Problemen konkreter Gesellschaften, oder genauer: Diese werden zur Problemfolie der Beratungen im Urzustand. Trotz dieser partikularen Problemsituation sind die Gerechtigkeitsgrundsätze, die hinter dem Schleier des Nichtwissens gefunden werden, universell gültig, da ja keine realen Menschen, sondern generalisierte Abstraktionen von Menschen, von Rawls auch Parteien genannt, miteinander diskutieren.

Menschenbild

Das methodische Grundgerüst der *Theorie der Gerechtigkeit* ist damit in seinen Grundzügen dargestellt. Offen sind nur noch die Annahmen zum Menschenbild. Doch bereits der Begriff „Menschenbild" ist irreführend, da es sich ja nicht mehr um Menschen mit Leidenschaften, Hoffnungen, Ängsten etc. handelt, sondern um generalisierte Abstraktionen, die man am ehesten als „Akteure" oder „Parteien" (Rawls) bezeichnen kann. Vielmehr stehen *Entscheidungsregeln* im Vordergrund: Nach welchen Regeln entscheiden sich die Parteien hinter dem Schleier des Nichtwissens für spezifische Gerechtigkeitsregeln? Die Beantwortung dieser Frage führt zur zweiten methodologischen Innovation in der *Theorie der Gerechtigkeit*. Diese Innovation greift die erste, die wissenschaftstheoretische Problemdiagnose und die dazugehörige erkenntnistheoretische Fragestellung wieder auf: Existiert eine Methode, mit der man normative Fragen so diskutieren und analysieren kann, dass sie den harten Standards naturwissenschaftlicher Theoriebildung genügen, obwohl sie normativ sind? Rawls' Coup besteht darin, dass er einerseits den methodologischen Individualismus als Ausgangspunkt seiner Theorie nimmt, andererseits hinsichtlich der Entscheidungsregeln methodologisch auf die Wirtschaftswissenschaften zurückgreift und die Theorie des rationalen Handelns zum entscheidungstheoretischen Kern der *Theorie der Gerechtigkeit* macht. Er benutzt mit anderen Worten das methodologische Instrumentarium der Wirtschaftswissenschaften – Kosten-Nutzen-Rechnungen, Gleichgewichtspunkte etc. – um sich gegen den Vorwurf zu immunisieren, bloß normative Theorie zu betreiben.

Ökonomisches Handlungsmodell

Die Akteure hinter dem Schleier des Nichtwissens sind individuelle, rationale Nutzenmaximierer, die allen anderen Akteuren hinter dem Schleier mit Gleichgültigkeit begegnen, sie sind weder neidisch (was zu kriegsähnlichen Zuständen führen würde wie bei Hobbes) noch altruistisch (was zu idealisierenden Beschreibungen des Naturzustandes führen würde wie bei Rousseau). Darüber hinaus – und damit weitet Rawls das ökonomische Modell bedenklich aus – besitzen alle Akteure einen „Gerechtigkeitssinn". Diese Konstruktion birgt einen Vorteil, der bereits bei Kant und seinem „Volk von Teufeln-Republikanismus" deutlich zutage tritt. Die Orientierung am Eigennutz nimmt keine idealistischen Unterstellungen hinsichtlich der Tugendhaftigkeit der Menschen vor, vielmehr geht sie von dem für die Bildung eines gerechten Gemeinwesens schlechtesten Zustand aus:

Die Menschen interessieren sich nur für sich selbst und ihren eigenen Nutzen. Die Gerechtigkeitskriterien, die von eigennützigen Akteuren gefunden werden, sind dennoch stabil, da sie in einem starken Movens der menschlichen Psyche begründet liegen.

Maximin-Regel

Die Frage nach der *konkreten* Entscheidungsregel ist mit dem Verweis auf die Wirtschaftswissenschaften und den *homo oeconomicus* jedoch noch nicht eindeutig geklärt, da ein ganzes Set von unterschiedlichen Entscheidungsregeln kompatibel ist mit den gerade genannten Grundannahmen der ökonomischen Handlungstheorie. An dieser Stelle nimmt Rawls eine Weichenstellung vor, die, wie noch gezeigt werden soll, ausgesprochen weitreichende Konsequenzen besitzt. Er geht davon aus, dass alle Akteure im Urzustand *Risikovermeider* (risk-avoider) sind. Wenn es darum geht, Kosten und Nutzen einer Handlung miteinander ins Verhältnis zu setzen und daraus resultierend Gerechtigkeitsregeln aufzustellen, so verfahren sie nach der Regel: *Maximiere den minimalen Gewinn*! In der etwas formalisierten Sprache der Rational Choice-Theorie (oder der Wirtschaftswissenschaften) wird diese Regel als *Maximin-Strategie* bezeichnet.

Damit ist das methodische Grundgerüst der *Theorie der Gerechtigkeit* in den hier interessierenden Fragen fast vollständig dargestellt. Menschen sollen im Urzustand und hinter einem Schleier des Nichtwissens jene Gerechtigkeitsgrundsätze finden, die für die Gesellschaft gelten sollen, in denen sie leben. Die Entscheidung für die Gerechtigkeitsgrundsätze treffen die Akteure hinter dem Schleier auf Basis von Kosten-Nutzen-Kalkülen, wobei als Entscheidungsregel die Maximin-Strategie, also die Maximierung des minimalen Nutzens, zum Tragen kommt. Diese Entscheidungsregel ist Ausweis dafür, dass die Akteure im Urzustand Risikovermeider sind.

Überlegungs-gleichgewicht

Eine weitere Innovation innerhalb des methodischen Ansatzes der *Theorie der Gerechtigkeit* besteht in dem „Überlegungsgleichgewicht“. Das Überlegungsgleichgewicht antwortet auf einen zentralen Einwand, dem sich *alle* Vertragstheorien stellen müssen und der bereits bei Hobbes diskutiert wurde. Der Einwand lautet, dass der Vertrag und die in ihm substanziell gefundenen Übereinkünfte für die Gemeinschaft der Bürger nicht bindend seien, da es sich nur um einen *fiktiven* oder *hypothetischen* Vertrag handelt. Die Bürger haben ihm *faktisch* nie zugestimmt.

Reale Geltung

Hinzu kommt ein weiterer, schwächerer Einwand. Er lautet, dass die substanziellen Ergebnisse des Vertrages der besonderen Situation des Urzustandes geschuldet sind und daher auch nur Plausibilität für gesellschaftliche Kontexte besitzen, die strukturanalog aufgebaut sind. Da in der Regel jedoch die gesellschaftliche Wirklichkeit und der Urzustand diametral sind, kann von einer Problemlösung für die Gesellschaft unter den Bedingungen des Urzustandes nicht die Rede sein. Daher seien die Lösungen irrelevant und der Vertrag mithin überflüssig und nichtig. Diese generellen Einwände treffen partiell auch auf die *Theorie der Gerechtigkeit* zu, obwohl das etwas grundlegend anderes ist: Rawls geht es nicht um die Legitimation von Herrschaft, sondern um die abstrakte, universelle Begründung von Gerechtigkeitsprinzipien. Daher ist das Konstrukt Urzustand von vornherein plausibler und gegen spezifische Einwände besser geschützt als ein Naturzustand, der staatliche Herrschaft legitimieren soll. Ein Grundproblem stellt sich jedoch auch: Warum sollten die unter den Bedingungen des Urzustandes und hinter dem Schleier des Nichtwissens gefundenen Gerechtigkeitsgrundsätze auch in der wirklichen Welt gelten?

Hier stellen sich ein *normatives Begründungs-* und ein psychologisches *Motivationsproblem*. Aus normativer Perspektive kann die These aufgestellt werden, dass in der wirklichen Welt die psychische Struktur des Menschen gerade nicht jener des *homo oeconomicus* entspricht. Vielmehr sind wirkliche Menschen in der Lage, Empathie und Mitgefühl zu zeigen, sie sind altruistisch und streben nicht immer danach, auf Kosten anderer ihren Gewinn zu maximieren. Welche normative Bindewirkung geht vor diesem Hintergrund von Gerechtigkeitsstandards aus, die von rationalen Egoisten gefunden wurden?

Motivationsprobleme

Der zweite Einwand thematisiert die Motivation der Menschen in der wirklichen Welt, sich an die Gerechtigkeitsgrundsätze zu halten. Das Motivationsproblem resultiert daraus, dass die Gerechtigkeitsgrundsätze auf eine Welt treffen, in der Ungerechtigkeiten tatsächlich existieren. Von diesen Ungerechtigkeiten profitieren jedoch einige, während Andere darunter leiden. Warum nun, so die motivationspraktische Frage, sollen sich die Profiteure von den Grundsätzen gebunden fühlen, die sie – würden sie wirklich angewendet werden – schlechter stellen werden als zuvor? Das zweite Problem kann Rawls nicht methodologisch, sondern nur substanziell lösen. Daher wird auf das motivationale Problem im nächsten Abschnitt näher eingegangen werden. Das erste Problem kann jedoch methodologisch gelöst werden. Die Lösung dieses Problems besteht in dem bereits erwähnten „Überlegungsgleichgewicht". Sehr verkürzt gesprochen besteht es darin, dass die hinter dem Schleier des Nichtwissens gefundenen Gerechtigkeitsgrundsätze verglichen werden sollen mit den moralischen Intuitionen der Bürger vor dem Schleier des Nichtwissens. Die hinter dem Schleier gefundenen Gerechtigkeitsstandards müssen kompatibel sein mit unseren moralischen Intuitionen – wenn nicht, muss die Reflexion hinter dem Schleier neu beginnen.

Lösungen

Das innovative Potenzial einer Gerechtigkeitstheorie, die ihre Antworten über eine Vertragstheorie mit Urzustandsheuristik zu finden sucht, besteht in der Definition des Urzustandes, nicht in ihren Ergebnissen. Die beiden innovativen Leistungen von Rawls bestehen im Schleier des Nichtwissens und dem Einsatz wirtschaftswissenschaftlicher Methodik – im Verhältnis dazu verblassen die substanziellen Ergebnisse seiner Suche nach Gerechtigkeitskriterien.

Gesellschaftliche Grundstruktur

Die Antworten auf die Suche nach Gerechtigkeitsstandards hinter dem Schleier des Nichtwissens beziehen sich auf eine ganz spezifische Klasse von Gütern und Ordnungsprinzipien. Die Gerechtigkeitsstandards beziehen sich erstens auf die *gesellschaftliche Grundstruktur,* d.h. auf den grundsätzlichen Aufbau der politischen Institutionen einer Gesellschaft. Die *institutionelle Grundstruktur* einer Gesellschaft wird in der Regel in einer *Verfassung* rechtlich verbindlich und mit höherer Legitimität versehen festgelegt. Die Akteure hinter dem Schleier des Nichtwissens sind daher rationale Konstrukteure einer Verfassung. Eine Verfassung regelt jedoch nicht nur den institutionellen Aufbau einer Gesellschaft. Zu ihren Kernbestandteilen gehört darüber hinaus die Kodifizierung der *Grundrechte* der Bürgerinnen und Bürger eines politischen Gemeinwesens. Die rationalen Verfassungskonstrukteure bestimmen hinter dem Schleier des Nichtwissens daher auch, welche Rechte die Bürgerinnen und Bürger besitzen sollen.

Rechte und Güter

Rechte sind jedoch keine materiellen Güter, ihre Verteilung erfolgt nicht vor dem Hintergrund einer grundlegenden Knappheit. Die Gerechtigkeitsprinzipien, die die Verteilung von Grundrechten bestimmen, folgen daher auch nicht der Idee der Verteilung eines knappen Gutes. Vielmehr wird etwas anderes problematisch: die Kompatibilität von individuellen Rechtsgütern in einer politischen Gemeinschaft. Stattet man *ein* Individuum mit einem spezifischen Recht aus, so mag daraus kein Problem resultieren. Stattet man jedoch eine ganze Gesellschaft mit einem spezifischen Recht aus, so kann es sein, dass die Ausübung dieses Rechts durch den Einzelnen in gesamtgesellschaftlicher Perspektive zu Blockaden führt, wenn das Recht des Einen durch dasselbe Recht eines anderen eingeschränkt wird. Daher stehen bei der Verteilung von Grundrechten hinter dem Schleier des Nichtwissens auch die Interaktionseffekte von Rechtsinhabern im Vordergrund.

Gerechtigkeit und Verteilungsgerechtigkeit

Gerechtigkeit bezieht sich bei Rawls jedoch nicht nur auf die gesellschaftliche Grundstruktur, sondern auf die *Verteilungsgerechtigkeit.* Wir leben in einer Welt der Knappheit. Daher lauten die beiden zentralen Fragen: *Welche Güter* sind überhaupt Gegenstand einer gerechtigkeitstheoretischen Betrachtung? *Wie* können die zuvor bestimmten Güter gerecht verteilt werden? Dies sind die Fragen, auf die Rawls eine Antwort geben muss.

Konzeptionen des Guten Lebens

Beginnen wir mit der zweiten Frage, der Frage nach der Verteilungsgerechtigkeit. Rawls geht von einer starken These aus: Es gibt *Grundgüter*, die jede *vernünftige Konzeption des Guten Lebens* benötigt, um realisiert werden zu können. Eine Konzeption des Guten Lebens ist eine ethische Vorstellung davon, wie man sein Leben führen soll – sie beinhaltet Vorstellungen darüber, was moralisch gut und was moralisch verwerflich ist, welche Ziele im Leben erstrebenswert sind etc. Es gibt eine fast unendliche Zahl von Konzeptionen des Guten Lebens. Nicht alle sind jedoch qualifiziert, um in der *Theorie der Gerechtigkeit* berücksichtigt zu werden. Dies trifft ausschließlich auf *vernünftige* Konzeptionen des Guten Lebens zu. Vernünftig ist eine Konzeption dann, wenn sie den Test der *Verallgemeinerbarkeit* besteht, d.h. wenn sie für ihre eigene Realisierung nicht auf die Unterdrückung anderer Lebenskonzeptionen zurückgreifen muss. Der Gedanke, den Rawls in der vernünftigen Konzeption des Guten Lebens verwirklicht, findet sich in vielen moralischen Lehren in unterschiedlichen Formen. Berühmt geworden ist die Formulierung, wonach die Freiheit des einen dort endet, wo die Freiheit des anderen (oder: aller anderen) anfängt. Diese Idee wird maßgeblich in der Vorstellung einer vernünftigen Konzeption des Guten Lebens transportiert.

Grundgüter

Dies wirft die nächste Frage auf, was *Grundgüter* sind. Grundgüter sind solche Güter, die *jede* vernünftige Konzeption des Guten Lebens benötigt, um sich realisieren zu können. Es handelt sich um „Dinge, von denen man annimmt, dass sie ein vernünftiger Mensch haben möchte, was auch immer er sonst noch haben möchte. Wie auch immer die vernünftigen Pläne eines Menschen im Einzelnen aussehen möchten, es wird angenommen, dass es Verschiedenes gibt, von dem er lieber mehr als weniger haben möchte. Wer mehr davon hat, kann sich allgemein mehr Erfolg bei der Ausführung seiner Absichten versprechen, welcher Art sie auch sein mögen. Die wichtigsten Arten der gesellschaftlichen Grundgüter sind Rechte, Freiheiten und Chancen, sowie Einkommen und Vermögen. (…) Es dürfte auf der Hand liegen, dass die Dinge im Allgemeinen als Grundgüter zu betrachten sind. Es sind gesellschaftliche Grundgüter, da sie mit der Grundstruktur zusammenhängen; Freiheiten und Chancen werden durch die Regeln der wichtigsten Institutionen festgelegt, ebenso die Einkommens- und Vermögensverteilung." (Rawls 1975: 112-113)

Zwei Gerechtigkeitsgrundsätze

Wie sehen vor diesem Hintergrund nun die konkreten Antworten von Rawls aus? Er argumentiert, dass die Akteure hinter dem Schleier des Nichtwissens zwei Gerechtigkeitsgrundsätze finden werden:

1. „Each person is to have an equal right to the most extensive total system of equal basic liberties compatible with a similar system of liberty for all.“
2. „Social and economic inequalities are to be arranged so that they are both (a) to the greatest benefit of the least advantaged, and (b) attached to offices and positions open to all under conditions of fair equality and opportunity“ (Rawls 1971: 302).

Erster Gerechtigkeitsgrundsatz

Mit dem ersten Gerechtigkeitsgrundsatz stellt sich Rawls in die große Traditionslinie des liberalen Paradigmas. Er verteilt das umfassendste System von Rechten an die Bürger, das noch kompatibel ist mit der Anwendung derselben Rechte durch die Bürger. Der erste Grundsatz der Gerechtigkeit besitzt dabei lexikalische Priorität vor dem zweiten, d.h., dass die Geltung der Grundrechte in jedem Fall Vorrang vor anderen Gerechtigkeitserwägungen besitzt. Damit hat Rawls eine *Theorie der Gerechtigkeit* als eine Theorie liberaler Grundrechte vorgelegt. Er steht damit ganz in der Traditionslinie des liberalen Paradigmas. In Anlehnung daran erfolgt auch der Aufbau der Grundstruktur der Gesellschaft. Die rationalen Verfassungswähler entscheiden sich für eine gesellschaftliche Grundstruktur, die vollständig dem Modell des liberalen Konstitutionalismus entspricht: eine gewaltenteilige, repräsentative Demokratie nach dem institutionellen Vorbild der Vereinigten Staaten. Der Innovationsgehalt des ersten Gerechtigkeitsgrundsatzes ist damit relativ gering. Nichtsdestotrotz hat Rawls eine Begründungsfigur für liberale Grundrechte gefunden, die robuster ist als die klassische naturrechtliche Begründungsfigur.

Zweiter Gerechtigkeitsgrundsatz

Es ist der zweite Grundsatz der Gerechtigkeit oder, genauer gesagt, der erste Halbsatz des zweiten Gerechtigkeitsgrundsatzes, für den Rawls berühmt wurde. Dieser erste Halbsatz wird auch als *Differenzprinzip* bezeichnet. Worin besteht nun das Innovative des Differenzprinzips? Hierzu muss man sich in Erinnerung rufen, gegen welche Positionen Rawls argumentiert. Die erste Position, gegen die er implizit argumentiert, versteht Gerechtigkeit als die Gleichverteilung von sozialen und ökonomischen Gütern. Hintergrund dieses Arguments ist die Überlegung, dass, wenn die Menschen gleich sind – und dies ist das Basispostulat der Politischen Theorie in der Moderne – es theoretisch anspruchsvoll ist, Ungleichverteilungen zu rechtfertigen. Auf der einen Seite kämpft Rawls daher gegen die Vorstellung der Gleichverteilung von Gütern als Basispostulat von Gerechtigkeit.

Ungleichheit unter Begründungszwang

Die Positionen, die Rawls vertritt, sind für einen klassischen Liberalen jedoch schwer zu akzeptieren. Rawls argumentiert, dass Ungleichverteilungen dann ungerecht sind, wenn sie bestimmten gesellschaftlichen Erfordernissen nicht genügen. In diesem Fall kann mit argumentativem Rekurs auf das Differenzprinzip jedoch eine staatlich organisierte Umverteilung angezeigt sein. Eine redistributive Sozialpolitik setzt eine triviale Tatsache voraus: das Erheben von Steuern! Staatliche Steuern greifen jedoch genau jene Eigentumsrechte an, die der liberale Staat eigentlich schützen soll. Daher benötigt Rawls ein gutes Argument dafür, warum das Erheben von Steuern nicht ungerechter ist als die ungleiche Verteilung von sozialen und ökonomischen Gütern in einer Gesellschaft. Letztlich handelt es sich also um einen trade-off zwischen unterschiedlichen Arten und Intensitäten von Ungerechtigkeit. Welches Argument würden klassische Liberale gegen die redistributive Sozialpolitik erheben?

Formen der Ungleichheit

Diese Frage kann durch eine andere beantwortet werden: Warum verdienen Menschen in ihrem Job unterschiedlich viel Geld? Eine Erklärung könnte darin bestehen, dass *systematische* Ungleichheiten in den Zugangschancen zu Ämtern und Positionen existieren. Würden z.B., wie es in fast allen Ländern noch der Fall ist, Frauen systematisch benachteiligt werden, so ist die daraus resultierende ungleiche Verteilung von ökonomischen Gütern auch für einen klassischen Liberalen ungerecht. Die Ungerechtigkeit besteht jedoch nicht primär in der Ungleichverteilung, sondern in der Verletzung des Kriteriums der Chancengleichheit. Ist die formale und prozedurale Chancengleichheit gewahrt, so sind ungleiche Verteilungen von Gütern gerecht.

Substanzielle Chancengleichheit

Rawls greift diese Position mit zwei Argumenten an: Gegen das liberale Argument der Chancengleichheit wendet er ein, dass es blind ist gegenüber den sozialen Ausgangzuständen, in denen sich Menschen befinden, die um Positionen konkurrieren. Was nutzt ein formal neutrales Verfahren, wenn wir es einerseits mit einem Bewerber aus einem bildungsnahen Haushalt zu tun haben und andererseits mit einem Bewerber aus einem bildungsfernen? Werden die Chancen, einen Job zu bekommen, nicht durch die sozialen Voraussetzungen gleichsam determiniert? Vor dem Hintergrund dieser Überlegungen wird in der *Theorie der Gerechtigkeit* daher dafür plädiert, dass die formale Chancengleichheit durch das Kriterium der substanziellen *Chancengleichheit* ergänzt wird. Hierfür benötigt der Staat nach Rawls jedoch Steuergelder. Daher muss der zweite Einwand, wonach das Erheben von Steuern einem Diebstahl gleichkommt, entkräftet werden.

Natürliche Lotterie & Eigentumsansprüche

Das zweite Argument gegen das Kriterium der formalen Chancengleichheit lautet, dass die Menschen keinen *absoluten* Anspruch auf Eigentum besitzen. Wodurch werden denn Eigentumsunterschiede generiert? Die klassischen Liberalen argumentieren, dass die Unterschiede – formale Chancengleichheit vorausgesetzt – in der unterschiedlich guten Ausnutzung von Chancen bestehen, die sich allen im gleichen Maße bieten. Die Ausnutzung der Chancen wiederum sei Ausfluss natürlicher Talente wie Intelligenz (nicht Bildung!), Kraft, Charme oder Schönheit. Obwohl die Verteilung dieser Talente in der biologischen Lotterie zufällig erfolgte, sind sie doch die Eigenschaften – oder besser: der Besitz – der entsprechenden Personen. Resultiert nun ein größerer Besitz aus der besseren Ausstattung mit natürlichen Talenten, so sind für die klassischen Liberalen die daraus resultierenden ungleichen Verteilungen von ökonomischen Gütern gerecht, weil – und dies ist das zentrale Argument des Besitzindividualismus – der Mensch Eigentumsrechte an seinem eigenen Körper besitzt. Alles, was ich durch meinen Körper und meine Arbeit erwirtschafte, besitze ich rechtmäßig. Gegen dieses Argument erhebt Rawls nun gravierende Einwände. Sein zentrales Argument lautet, dass die Verteilung von Talenten *kontingent*, d. h. zufällig, ist und Menschen keinen absoluten Anspruch auf die Früchte von kontingent verteilten Talenten besitzen. Gesellschaftliche Ungleichverteilungen von ökonomischen Gütern, die aus ungleich verteilten kontingenten Talenten resultieren, *können* ungerecht sein, weil niemand eine individuelle Schuld daran trägt, Talente *nicht* zu besitzen.

Redistributive Sozialpolitik

Mit diesen beiden Argumenten kann Rawls *prinzipiell* eine redistributive Steuerpolitik rechtfertigen. Er qualifiziert die prinzipielle Möglichkeit jedoch: Ungleichverteilungen sind genau dann zu rechtfertigen, wenn sie die Situation desjenigen, der in der Gesellschaft am schlechtesten gestellt ist, verbessern. Mit dem Differenzprinzip greift Rawls alle antagonistischen Argumente auf und reflektiert sie im Kontext seiner *Theorie der Gerechtigkeit*: Gleichverteilungen sind nicht *per se* gerecht, Ungleichverteilungen nicht *per se* ungerecht. Eigentumsrechte sind ein wichtiges liberales Gut, gelten jedoch nicht bedingungslos und müssen sich gegebenenfalls gerechtigkeitstheoretischen Überlegungen geschlagen geben. Zugleich reflektiert der zweite Gerechtigkeitsgrundsatz im zweiten Abschnitt die klassische liberale Position formaler Chancengleichheit.

Tautologievorwurf

In dieser konstruktiven Verbindung unterschiedlicher Strömungen des Liberalismus liegt die substanzielle Innovation der *Theorie der Gerechtigkeit*. Gleichwohl muss kritisch eingewendet werden, dass die Ergebnisse, das heißt die beiden Gerechtigkeitsgrundsätze, *massiv* durch die Spezifikation des Urzustandes und den Schleier des Nichtwissens beeinflusst werden. Die Frage, wie überzeugend die beiden Gerechtigkeitsprinzipien sind, kann daher eigentlich nur im Rekurs auf die Überzeugungskraft des Urzustandes beantwortet werden. Dieses starke Argument, das in Deutschland vor allem von Wolfgang Kersting (1994) vertreten wird, soll skizzenartig verdeutlicht werden. Die erste zentrale Weichenstellung nimmt Rawls vor, indem er den Akteuren im Urzustand Gleichgültigkeit gegenüber allen anderen Akteuren hinter dem Schleier des Nichtwissens attestiert. Altruismus oder Antagonismus hätten zu einer gänzlich anderen Konfiguration der gesellschaftlichen Grundstruktur geführt. Der erste Gerechtigkeitsgrundsatz wird mithin durch die Handlungsmotivation der Parteien im Urzustand strukturiert.

Die zweite zentrale Weichenstellung betrifft im Ergebnis das Differenzprinzip. Warum, so die zentrale Frage, sollten die Akteure im Urzustand ausgerechnet die Position des am schlechtesten Gestellten optimieren wollen? Denkbar wäre schließlich auch, dass derjenige prämiert werden soll, der an der Spitze der Gesellschaft steht. Diese Person zeichnet sich schließlich durch Tüchtigkeit aus, die Wertschätzung erfahren sollte. Das Differenzprinzip resultiert fast vollständig aus der zugrunde gelegten Entscheidungsregel! Die *Mini-Max-Rule* besagt schließlich nichts anderes, als dass Risiko vermeidende Akteure probieren, die schlechteste Position zu *optimieren*. Diese Regel überträgt sich auf die Gesellschaft eins zu eins durch das Differenzprinzip.

Diese beiden Beispiele sollen illustrieren, dass die Ergebnisse der *Theorie der Gerechtigkeit* nicht freischwebend sind, sondern massiv von der Konstruktion des Urzustandes abhängen. Die Ergebnisse der Theorien verlieren hierdurch nicht an Überzeugungskraft. Eine theoretisch sinnvolle Diskussion darf jedoch nicht an den beiden Gerechtigkeitsprinzipien ansetzen, sondern muss die vertragstheoretische Konstruktion in den Mittelpunkt stellten.

Wirkmächtigkeit

Initialzündung einer Debatte

Wie bereits eingangs festgestellt wurde, kann die Bedeutung der *Theorie der Gerechtigkeit* kaum überschätzt werden. Erstens rehabilitierte die *Theorie der Gerechtigkeit* die normative Politische Philosophie und Theorie als akademische Disziplin. Nach ihrer Veröffentlichung erschien viel normative Literatur, die sich jedoch nicht nur mit Fragen der Gerechtigkeit beschäftigt hat, sondern ihr thematisches Feld weit darüber hinaus abgesteckt hat. Zweitens initiierte die *Theorie der Gerechtigkeit* die wichtigste theoretische Debatte der 1970er und 1980er Jahre: die *liberal-communitarian debate*. Die Debatte zwischen Liberalen und Kommunitaristen – so die Bezeichnung für die maßgeblich amerikanischen Theoretiker, die in der Tradition des republikanischen Paradigmas stehen – kreiste um die Frage, wie viel Gemeinschaft eine liberale Demokratie benötigt. Der zentrale Vorwurf gegen Theoretiker wie Rawls lautete, dass er dem *Atomismus* Vorschub leiste, der gesellschaftlichen Fragmentierung in kleinste, unverbundene Einheiten. Drittens hat Rawls es ermöglicht, den Liberalismus mit sozialdemokratischem Gedankengut zu kompatibilisieren. Der Liberalismus nach Rawls nimmt die sozialen Voraussetzungen der Chancengleichheit ernst und ermöglicht es, sozialstaatliche Programme im Rekurs auf Freiheit und Gerechtigkeit zu legitimieren. Gerade für die USA, deren soziale Sicherungsprogramme aus europäischer Perspektive unterentwickelt erscheinen, war dies wichtig. Aus der amerikanischen Perspektive ist Rawls „liberal", aus europäischer Perspektive würde man ihn als einen sozialdemokratischen Theoretiker bezeichnen müssen.

Was bleibt?

Ein Klassiker

Rawls gehört zum Kanon der Klassiker der Politischen Theorie. Seine *Theorie der Gerechtigkeit* ist nichtsdestotrotz im Zuge der *liberal-communitarian debate* heftiger Kritik ausgesetzt gewesen. Keine dieser Kritiken erreichte das philosophische Niveau der *Theorie der Gerechtigkeit*, kein Ansatz des kommunitaristischen Lagers hat einen Gegenentwurf vorgelegt, der ähnlich umfassend wäre. Die punktuelle Kritik an Rawls hinterließ die Theorie jedoch angeschlagen, so dass man resümieren muss: Heutzutage kann und muss man auf Rawls aufbauen; mehr als ein Ausgangspunkt, um in den aktuellen Debatten bestehen zu können, ist er jedoch nicht.

Revitalisierung vertragstheoretischen Denkens

Zu den bleibenden Innovationen gehört, dass die Verbindung aus politischer Philosophie und wirtschaftswissenschaftlichem Modell sich als fruchtbar erwiesen hat und von anderen Theoretikern, so unter anderen James Buchanan, fortgesetzt wurde. Auch vertragstheoretische und naturrechtliche Positionen werden heute in der politischen Philosophie wieder vertreten, so v.a. von R. Dworkin. Allen Kritikern des kommunitaristischen Lagers zum Trotz bleibt der methodologische Individualismus in der Politischen Theorie der dominante Ansatz.

Universalismus umstritten

Umstritten bleibt die Vorstellung, Gerechtigkeitsgrundsätze mit universeller Geltung finden zu können. An die Stelle eines einzigen Kriteriums der Gerechtigkeit, welches auf alle gesellschaftlichen, ökonomischen und politischen Fragen angewendet wird, treten heute häufig vielfältige Vorstellungen von Gerechtigkeit. Michael Walzer identifiziert zum Beispiel elf *Sphären der Gerechtigkeit,* in denen jeweils eigene Gerechtigkeitsprinzipien anzuwenden sind. Weiterhin wurde als Defizit der *Theorie der Gerechtigkeit* identifiziert, dass sie – ganz in der negativen Tradition des Liberalismus – zu wenig Wert auf faktische demokratische Prozesse und die tatsächliche Beteiligung der Bürger über Wahlen hinaus legt. Und obwohl der methodologische Individualismus gleichsam als Sieger aus der liberal-kommunitaristischen Debatte hervorging, musste Rawls doch akzeptieren, dass seine Konzeption der Person hinter dem Schleier des Nichtwissens unbefriedigend ist. Es handelt sich hierbei nur um eine äußere Hülle eines Menschen, dem alles fehlt, was einen Menschen auszeichnet. Bei Rawls handelt es sich um eine Modellannahme, die die „wahre Natur" des Menschen, die Komplexität seiner Psyche, nicht abbilden *muss*. Der Einwand gegen ihn lautet jedoch zu Recht, dass Akteure im Urzustand, die derartig „entkernt" sind, sich keine substanziellen Konzeptionen des Guten Lebens mehr vorstellen können. Sie haben keine Vorstellung mehr davon, für welche vernünftigen Konzeptionen des Guten Lebens sie Gerechtigkeitsgrundsätze entwerfen, ja sie wissen noch nicht einmal, welche Grundgüter überhaupt benötigt werden!

Die gerade skizzierten Einwände gegen die *Theorie der Gerechtigkeit* machten eine Reformulierung der Rawlsschen Theorie notwendig. Er legte sie in Form des Buches *Political Liberalism* 1993 vor.

4.5. Neutralität des Staates: Rawls (2)

Revision oder nur Neuakzentuierung?

Kontinuität und Wandel

Mit *Political Liberalism* antwortete Rawls auf die Kritik an seiner *Theorie der Gerechtigkeit*. Hinsichtlich seiner Bedeutung und seiner Wirkung steht der *Politische Liberalismus* hinter der *Theorie der Gerechtigkeit* weit zurück. Das inhaltliche Verhältnis zwischen *Eine Theorie der Gerechtigkeit* und *Politischer Liberalismus* wird in der Literatur sehr unterschiedlich charakterisiert. Rawls selbst geht davon aus, dass es sich um Evolution handelt und er in *Politischer Liberalismus* seiner *Theorie der Gerechtigkeit* nur eine akzentuiertere Gestalt gegeben, jedoch keine substanziellen Veränderungen vorgenommen hat. Diese Position wird jedoch nur von wenigen geteilt; klassische Liberale kritisieren, dass Rawls sich in vielen Fragen seinen kommunitaristischen Kritikern zu stark angenähert habe. Darüber hinaus liege der Fokus des politischen Liberalismus nicht länger auf Fragen der Gerechtigkeit. Für diese Kritiker liegt gleichsam eine (Konter-)Revolution im Denken von John Rawls vor.

Problemlage

Faktum des Pluralismus

Im *Politischen Liberalismus* gewinnt eine Problemdiagnose zentrale Bedeutung, die in der *Theorie der Gerechtigkeit* zwar angesprochen, deren Implikationen aber nicht entwickelt worden sind. Die Problemdiagnose lautet, dass moderne demokratische Gesellschaften unausweichlich dem *Faktum des Pluralismus* ausgesetzt sind. In dessen Folge können gesellschaftliche Desintegrationsprozesse zur Destabilisierung eines politischen Gemeinwesens führen. Das *Faktum des Pluralismus* bezeichnet die Tatsache, dass innerhalb einer Gesellschaft viele *vernünftige* Konzeptionen des Guten Lebens vertreten werden, die nur noch einen kleinen Bereich überlappender

Werte teilen. Dieser Pluralismus ist westlichen Demokratien empirisch eingeschrieben. Diese These wird durch empirisch-historisches Wissen gestützt. Ähnlich der Argumentation von Dahl (1989), der von „modern, dynamic, pluralist societies“ spricht und die Pluralisierung als historisches Faktum begreift, geht Rawls davon aus, dass unter Bedingungen garantierter Grundrechte und -freiheiten die Pluralisierung weiter zunehmen wird. Sein normatives Argument schließt an die Idee der wechselseitigen Anerkennung der Bürger als Freie und Gleiche an. Kollektiv bindende Konzeptionen des Guten (Lebens) könnte ein demokratischer Staat nur noch mittels repressiver Zwangsmaßnahmen durchsetzen. Das letzte Argument bezeichnet Hinsch als eines *„epistemologischer* Art“. Rawls führt hierzu sechs Gründe an: „(1) die Widersprüchlichkeit und Vieldeutigkeit empirischer Befunde; (2) die Möglichkeit, Befunde hinsichtlich ihrer Konsequenzen unterschiedlich zu gewichten; (3) die offenen Grenzen des korrekten Gebrauchs von Begriffen; (4) die Abhängigkeit der Beurteilung und Gewichtung von Sachverhalten vom jeweils besonderen individuellen Erfahrungshintergrund; (5) die Schwierigkeit, zu einer vernünftigen Entscheidung zu gelangen, wenn für jede Alternative gewichtige, aber miteinander inkommensurable moralische Gründe angeführt werden; (6) die Tatsache, dass aufgrund des gewissermaßen begrenzten gesellschaftlichen Raumes kein System von Institutionen alle moralischen und politischen Werte uneingeschränkt verwirklichen kann.“ (Rekonstruktion von Hinsch (1992: 24))

Fragestellung

Zwei Ausgangsfragen

Ausgehend vom Faktum des Pluralismus formuliert Rawls im *Politischen Liberalismus* zwei Fragen: Auf der theoretischen Ebene wirft er die Frage auf, welchen Geltungsbereich eine Theorie der Gerechtigkeit im Angesicht des Faktums des Pluralismus überhaupt noch haben kann. Auf der theoretisch-praktischen Ebene artikuliert er die Frage, wie eine demokratische Gesellschaft zugleich stabil und gerecht sein kann. „Wie sind allgemeine Prinzipien der Gerechtigkeit und entsprechende Institutionen zu rechtfertigen, ohne den Pluralismus ethischer Konzeptionen des Guten (...) auf ‚unvernünftige Weise‘ zu beschneiden?“ (Forst 1994: 69-70). Hintergrundannahme dieser zweiten Frage ist eine Veränderung hinsichtlich des grundsätzlichen Verständnisses von Gerechtigkeit. Im politischen Liberalismus geht Rawls davon aus, dass die Realisierung einer vernünftigen Konzeption des Guten Lebens *selbst* gerecht ist.

Vorgehensweise

Umfassende Lehren vs. freistehende Theorien

Innerhalb des zeitgenössischen Liberalismus – dem *politischen Liberalismus* – erfolgte, unter dem Eindruck des *empirischen* Problemhaushaltes westlicher Demokratien, eine Verschiebung innerhalb der zentralen Kategorien: Das Konzept der *Neutralität* verdrängte jenes der Freiheit, um zugleich normative Gerechtigkeitskriterien und empirische Stabilitätserwartungen zu erfüllen. Der politische Liberalismus wird auf zwei separaten, wenn auch systematisch aufeinander bezogenen, Ebenen modelliert: auf der *normativ-philosophischen* und der *empirischen Ebene,* auf die im Folgenden als *Begründung* und *Stabilität* Bezug genommen wird. Pluralismus ist ein unhintergehbares Faktum moderner Demokratien. Eine Theorie der Gerechtigkeit muss daher auf die empirisch vorfindbare Pluralität von Konzeptionen des Guten Lebens sensibel eingehen, da sie ansonsten innerhalb der gesellschaftlichen Realität irrelevant würde. Die daraus resultierende Frage lautet: Wie kann eine Theorie der Gerechtigkeit theoretisch so modelliert werden, dass sie von den Bürgern faktisch akzeptiert wird, und zwar unabhängig von ihren jeweils verfolgten Konzeptionen des Guten Lebens? Rawls trägt dieser Frage auf der Ebene der theoretischen Begründung von Gerechtigkeitsstandards damit Rechnung, dass er zwischen *comprehensive doctrines* und *freestanding theories* differenziert.

comprehensive doctrines vs. *freestanding theories*

Comprehensive doctrines sind Ideenkomplexe, die einen uneingeschränkten Objektbereich besitzen und handlungsanleitend wirken. Jede Konzeption des Guten Lebens basiert auf einer (oder ist eine) *comprehensive doctrine*; über diese können vernünftige Meinungsverschiedenheiten herrschen. Eine *freestanding theory* kommt hingegen ohne Rekurs auf partikulare Vorstellungen des Guten Lebens aus. Der politische Liberalismus als *freestanding theory* antwortet auf die Pluralität von *comprehensive doctrines* auf der Ebene der Begründung mit einer doppelten Einschränkung des *Objektbereichs*: Zunächst ist sie eine *politische* Konzeption von Gerechtigkeit, keine umfassende oder – wie Rawls es auch bezeichnet – metaphysische. Zum anderen ist sie auf der Ebene der Begründung der Gerechtigkeitsstandards eine *moralische Gerechtigkeitskonzeption.* Unabhängig von den internen Veränderungen in seinem Theoriedesign gelten die Gerechtigkeitsgrundsätze der *Theorie der Gerechtigkeit* bei Rawls auch innerhalb des *politischen Liberalismus*.

Begriff der Person

Davon ausgehend, stellt sich Rawls die Frage, wie eine *well-ordered society* aufgebaut sein kann. Dabei geht er von der Prämisse aus, dass Bürger sowohl in der *original position* als auch in lebensweltlichen Kontexten zwei Fähigkeiten besitzen: einen Gerechtigkeitssinn und die Fähigkeit, eine Konzeption des Guten Lebens zu entwickeln; dies bezeichnet Rawls als eine *politische Konzeption der Person*. Es ist anzunehmen, dass sich innerhalb einer Demokratie eine Vielzahl von Konzeptionen des Guten Lebens entwickeln wird, die öffentlich mit *vernünftigen* Argumenten zu verteidigen sind. Dabei hat jede Konzeption, die sich in der Öffentlichkeit mit vernünftigen Argumenten verteidigen lässt, ein Recht darauf, realisiert zu werden, da die Bürger sich wechselseitig als Freie und Gleiche wahrnehmen.

Folgen für die Verfassung

Aus der Perspektive der Stabilität bzw. Akzeptanz seitens der Bürger ist die Frage wichtig, welches *die wesentlichen Verfassungsinhalte* sein sollen, auf welche sich die Bürger hinter dem Schleier des Nichtwissens einigen werden, da sie die Voraussetzung für die Akzeptanz und Unterstützung der Verfassung sind. Jede Konzeption des Guten Lebens ist eine *comprehensive doctrine;* d.h. ihr Gegenstandsbereich ist größer als das Politische. Um generalisierte Unterstützung für die *zentralen Verfassungsinhalte* erwarten zu können, muss Rawls die These aufstellen, dass letztere sich neutral hinsichtlich der Unterstützung *jeder* vernünftigen Konzeption des Guten Lebens verhalten.

Diese These wird im argumentativen Rekurs darauf vertreten, dass die zentralen Verfassungsinhalte innerhalb einer *freistehenden Theorie* gefunden werden, deren Objektbereich ausschließlich das Politische ist und die Begründungen nur im Medium der Moral als gültig ansieht. Daher ist auch *einstimmige* Unterstützung für eine solche Verfassung zu erwarten. Die Einstimmigkeit resultiert nach Schmalz-Bruns jedoch aus der Entkernung der basalen Gerechtigkeitsgrundsätze: „Deshalb sieht sich Rawls dann (...) mit Blick auf die Bedingungen der Stabilität des liberalen Verfassungskonsens genötigt, den übergreifenden Konsens auf prozedurale Verfassungsinhalte zu beschränken, die das Differenzprinzip des zweiten Grundsatzes der ‚Theorie der Gerechtigkeit' nun nicht mehr einschließen (...).“ (Schmalz-Bruns 1995: 49)

Lösungen

Overlapping consensus und Neutralität der Verfassung

Die Antworten sind in der Methodik bereits angelegt und wurden z.T. auch bereits ausgeführt. Eine demokratische Gesellschaft ist dann gerecht und stabil, wenn sich die Grundstruktur der Gesellschaft, d.h. die Verfassung, neutral verhält in Bezug auf rivalisierende Konzeptionen des Guten Lebens, die jede für sich vernünftig sind. Eine Verfassung wird von einem *overlapping consensus* getragen, da erstens ein sektoraler Zuschnitt des Konsensbereiches, der gerechtigkeitstheoretisch begründet wird, erfolgte: Verfassungen regeln ausschließlich den Bereich des *Politischen*. Da eine Vielzahl vernünftiger Lebenskonzeptionen besteht und diese – da sie den liberalen Test der Universalisierbarkeit bestanden haben – gerechtigkeitstheoretisch denselben Anspruch auf die Möglichkeit ihrer Realisierung besitzen, darf der Staat einerseits keine Konzeption in ihrer Entfaltung hindern, andererseits aber auch keine explizit bevorzugen. Daher muss eine Verfassung neutral hinsichtlich der rivalisierenden vernünftigen Konzeptionen des Guten Lebens sein, da sie ansonsten keinen allgemeinen Konsens auf sich vereinen würde. Da sich im Politischen jedoch moralische und ethische Diskurse vermischen, nimmt Rawls eine weitere Restriktion vor: Um seine Neutralität zu wahren, gelten im Verfassungsdiskurs ausschließlich moralische Argumente, d.h. solche, die im gleichmäßigen Interesse aller Mitglieder der politischen Gemeinschaft liegen.

primary goods

Vor diesem Hintergrund ist es Rawls möglich, zentrale Verfassungsinhalte zu spezifizieren, die in dem oben genannten Sinne neutral sind. Vernünftige Konzeptionen des Guten Lebens benötigen spezifische *primary goods,* um realisiert werden zu können. Die Stammliste der Grundgüter umfasst fünf Rubriken: „– Grundrechte und Grundfreiheiten (…); – Freizügigkeit und freie Berufswahl vor dem Hintergrund vielfältiger Möglichkeiten; – Befugnisse und Zugangsrechte zu Ämtern und Positionen innerhalb der politischen und ökonomischen Institutionen der Grundstruktur; – Einkommen und Besitz (...); – die sozialen Grundlagen der Selbstachtung.“ (Rawls 1998: 275) Sie setzen sich auf spezifische Art und Weise in die zentralen Verfassungsinhalte um: Gewaltenteilung, das Recht zu wählen und in der Politik zu partizipieren, die konkrete Ausgestaltung des Mehrheitsprinzips, der Schutz des fairen Wertes der politischen Freiheitsrechte, Gewissens-, Versammlungs- und Meinungsfreiheit sowie der Schutz der Rechtsstaatlichkeit.[50]

Akzeptanz einer Verfassung

Die Frage der motivationalen Ressourcen der Unterstützung des *overlapping consensus* ist – allen normativen Argumentationsleistungen zum Trotz – letztlich jedoch die zentrale Determinante der Stabilität und Gerechtigkeit eines demokratischen Gemeinwesens. Dies wird auch von Rawls so gesehen, der diesbezüglich zwei Kernfragen identifiziert: „Die erste lautet, ob Menschen, die unter gerechten Institutionen (...) aufwachsen, normalerweise einen hinreichend starken Gerechtigkeitssinn entwickeln, so dass sie sich im Allgemeinen diesen Institutionen fügen. Die zweite Frage ist, ob angesichts (...) der Tatsache eines vernünftigen Pluralismus die politische Konzeption zum Fokus eines übergreifenden Konsenses werden kann.“ (Rawls 1998: 228) Die erste Frage kann laut Rawls von der politischen Philosophie nicht beantwortet werden. Kompetent ist hierfür auf theoretischer Ebene die Psychologie, ansonsten handelt es sich um eine empirisch zu beantwortende Frage. Die zweite Frage fällt für Rawls in den Zuständigkeitsbereich philosophischen Räsonierens. Er geht davon aus, dass sich ein *overlapping consensus* entwickelt, er scheint jedoch eher

50 Vgl. Rawls (1992: 344) sowie Hinsch (1992: 30).

unentschieden, welche akzeptanzerhöhende Leistung für sich selbst der Konsens empirisch erbringt, beziehungsweise normativ erbringen sollte. Einerseits muss er neutral sein, damit er von allen vernünftigen Konzeptionen des Guten Lebens akzeptiert wird. Andererseits geht Rawls davon aus, dass er die Weltsichten (*comprehensive doctrines*) dahingehend verändern soll, dass sie zumindest die Prinzipien des liberalen Verfassungsstaates akzeptieren (vgl. Rawls 1993: 163).

Wirkmächtigkeit

Gelungener oder misslungener Kompromiss?

Die Wirkmächtigkeit des *Politischen Liberalismus* muss in zwei Dimensionen differenziert werden. Einerseits in die eher philosophische Frage, ob der Liberalismus mit seiner grundbegrifflichen Hinwendung zur Neutralität in Zukunft ein sinnvolles Theorieprojekt betreibt. Hier zeigt sich, dass der Politische Liberalismus auch weiterhin die aktuelle Ausprägung des Liberalismus ist und die Fokussierung auf die Neutralität aktuell bleibt. Allerdings schloss sich Rawls hier einem wissenschaftlichen Trend an, anstatt ihn selbst zu setzen. In der zweiten Dimension geht es um die Rezeption innerhalb der Politischen Theorie. Der *Politische Liberalismus* ist eher als die *Theorie der Gerechtigkeit* eine Demokratietheorie, selbst wenn die Institutionen und Prozeduren des demokratischen Prozesses nur in Ansätzen bestimmt sind. Insofern ist der *Politische Liberalismus* für die Politikwissenschaft anschlussfähiger als die *Theorie der Gerechtigkeit*.

Was bleibt?

Stabilität pluralistischer Gesellschaften

Es kann festgehalten werden, dass Rawls einen sehr gewichtigen Vorschlag präsentiert hat, wie man angesichts zunehmender Pluralisierung von Konzeptionen des Guten Lebens einen stabilen, gerechten und demokratischen Staat konzipieren kann. Er zeigt uns darüber hinaus auch, dass ein weltanschaulich neutraler Staat auch die Unterstützung von fast allen Religionsgruppen erhalten kann, solange sie für die Realisierung ihrer Konzeptionen des Guten Lebens nicht auf die Unterstützung des Staates angewiesen sind. So elegant die Neutralität des Verfassungsrechts das Problem pluralistischer Konzeptionen des Guten Lebens zunächst zu lösen scheint, so resultieren doch einige theoretische und empirische Herausforderungen aus diesem Ansatz.

Problematische Trennung zwischen Privat und Öffentlich

Die Stabilität eines gerechten demokratischen Gemeinwesens ruht im *Politischen Liberalismus* maßgeblich auf zwei Säulen: philosophisch auf der Akzeptabilität der zwei Gerechtigkeitsprinzipien und empirisch auf der Ausbildung eines die Verfassung tragenden *overlapping consensus*, wobei beide Aspekte nicht unabhängig voneinander sind. Damit Bürger rationale Einsicht in die Akzeptabilität der Gerechtigkeitsprinzipien entwickeln können, müssen sie einen Gerechtigkeitssinn entwickelt haben. Die Ausbildung dieses Gerechtigkeitssinns ist – wie oben gezeigt – für Rawls eine empirische Frage. Gleichwohl ist der Gerechtigkeitssinn innerhalb des Begründungsprojektes in eine zentrale Position aufgerückt, da die politische Konzeption des Bürgers zwei moralische Qualitäten normativ voraussetzt: die Befähigung zu einer Konzeption des Guten und einen Gerechtigkeitssinn. Es erscheint zumindest problematisch, die Geltung der Theorie letztlich an ein empirisches Faktum zu binden. Das Vorhandensein eines Gerechtigkeitssinns vorausgesetzt, wird die Akzeptanz des *overlapping consensus* von seiner Akzeptabilität und normativen Geltung beeinflusst. Doch scheint die Trennung zwischen privat und öffentlich bzw. zwischen politisch und sozial selbst nicht moralisch begründet zu sein, woraus für Kritiker eine Schwächung der Akzeptabilität resultiert (vgl. Baynes 1995). Darüber hinaus optimiert Rawls die empirische Stabilität einer Gesellschaft durch die Rücknahme der Geltung des zweiten Gerechtigkeitsgrundsatzes, da dieser kein zentraler Verfassungsinhalt mehr ist und somit auch nicht vom *overlapping consensus* getragen werden muss (vgl. Schmalz-Bruns 1995: 47-53). Somit stehen Gerechtigkeit und Stabilität in einem Konkurrenzverhältnis.

Anspruchsvoller Liberalismus...

Der Politische Liberalismus bekommt darüber hinaus nicht in den Blick, dass er hinsichtlich der sozio-moralischen Dispositionen und Einstellungen der Bürger ein sehr anspruchsvolles Projekt ist. Es bedarf einer an Freiheit gewöhnten Bevölkerung, damit sich ein *overlapping consensus* entwickeln kann. Die konkrete Frage, welches die sozio-moralischen Minimalvoraussetzungen für die Implementierung eines solchen Modells sind, bleibt jedoch unbeantwortet. Selbst die von Rawls favorisierte Vorstellung einer Verfassungsordnung, die sich in ihre eigene Umwelt gleichsam „einschreibt", bleibt auf der Ebene der Beschreibung des konkreten Prozesses merkwürdig unspezifiziert.

...oder zu anspruchslos?

Das gängige Diktum innerhalb der liberalismuskritischen Demokratietheorie, wonach anspruchsvolle Konzeptionen des Guten Lebens von ethisch neutralen Verfassungen systematisch benachteiligt werden, legt darüber hinaus nicht nahe, dass alle vernünftigen Konzeptionen des Guten Lebens in gleichem Maße motiviert sind, eine vom politischen Liberalismus inspirierte Verfassungsordnung zu tragen.[51] Schließlich verliert der politische Liberalismus aus dem Blick, dass Verfassungen empirisch immer aus dem Schoß einer Gesellschaft stammen und somit Partikularität entfalten müssen. Eine ethisch neutrale Verfassung, die ausschließlich Prozedurales rechtlich kodifiziert, ist in Reinheit schwerlich vorstellbar.

---

51 So das Argument von Galston (1991).

4.6. Liberale Demokratie: Dahl

Modelle statt Ideale

Dominante Demokratietheorie

Das wichtigste zeitgenössische Modell realer Demokratie ist die liberale Demokratie. Doch um die Idealvorstellungen liberaler Theoretiker in ihrer konkreten Ausgestaltung überhaupt erfassen und beschreiben zu können, bedürfen wir einsehbarer Kriterien. Die Frage, was eine Demokratie nicht nur idealiter, sondern auch realiter ausmacht, ist durchaus kein Problem bloßer Operationalisierbarkeit (vgl. auch die Debatte dazu in der PVS im Jahr 2008). Den wichtigsten Vorschlag dazu hat Robert A. Dahl formuliert. Seine Entwürfe gehören heute zum festen Bestandteil des politikwissenschaftlichen Rüstzeugs. Daher soll er im Folgenden als der wohl wichtigste Theoretiker der zeitgenössischen liberalen Demokratietheorie vorgestellt werden.

Problemlage

Zwischen Theorie und Empirie

Theorien der Demokratie oszillieren häufig um zwei Extrempunkte: Einerseits ist ein großer Teil der vorhandenen Demokratietheorien strikt normativ und trifft kaum Aussagen über die Möglichkeit der Implementierung ihrer Theorieprogramme. Andererseits gewinnt ein kleinerer Teil der Demokratietheorien sein Theorieprogramm durch die systematische Analyse bestehender Demokratien und verliert so seine Kritikfähigkeit an den bestehenden Zuständen. Die theoriestrategische Herausforderung, der sich Robert A. Dahl stellt, ist die Entwicklung einer Theorie, die normative Kriterien bereithält, um den normativen Überschuss der Idee von Demokratie in den Fokus zu bekommen, ohne die empirische Bodenhaftung zu verlieren.

Vorgehensweise

Demokratien und Polyarchien

Mit *Democracy and its Critics* hat Dahl (1989) ein Werk vorgelegt, das dieser Herausforderung umfassend Rechnung trägt und inzwischen zu einem *instant classic* avanciert ist. Dahl hat dabei keine umfassende Demokratietheorie im eigentlichen Sinne und erst recht keine Gesellschaftstheorie verfasst. Vielmehr wird eine *Theorie des demokratischen Prozesses* entfaltet, die zugleich bescheidener hinsichtlich ihrer normativen Grundannahmen und – z.T. daraus resultierend – konkreter bezüglich ihrer empirischen Anwendbarkeit ist. Legitimer Ausgangspunkt einer solchen Theorie sind für Dahl (1989: 7) sowohl empirische Beobachtungen als auch normative Aussagen. Diese gleichermaßen berechtigten und doch zugleich zutiefst unterschiedlichen *erkenntnistheoretischen* Zugänge greift Dahl mit einer zentralen *terminologischen* Weichenstellung auf: „Demokratie" benennt jenes politische System, das den utopischen Gehalt seiner normativen Grundsätze vollständig ausschöpft – und daher immer Utopie bleiben wird. Die notwendigerweise immer defizitären faktischen Annäherungen an die normativen Gehalte von Demokratie bezeichnet Dahl als „Polyarchien" (Dahl 1971: 8; 1989: 218; 1998: 90). Alle real existierenden demokratischen politischen Systeme sind daher in Dahls Terminologie „Polyarchien" und keine „Demokratien". Mit dieser grundbegrifflichen Entscheidung kann Dahl einerseits die normativen theoretischen Gehalte des abstrakten Konzepts „Demokratie" benennen, ohne sie zugleich mit den real existierenden Demokratien zu vermischen. Andererseits zielt Dahls Theorie des demokratischen Prozesses auch auf die demokratische Wirklichkeit, auf die Anwendung normativer Standards, auf die Benennung jener Faktoren, welche die Entwicklung der demokratischen Wirklichkeit beeinflussen, und – *last but not least* – auf die Kategorisierung realer Polyarchien anhand der Frage, wie demokratisch diese sind. Dieses empirische Anliegen kann durch die kategoriale Differenzierung angemessener entfaltet werden.

Begründung demokratischer Prozesse

„On what grounds can a belief in the democratic process be rationally justified, or if 'rationally' seems too demanding, at least reasonably justified?" (Dahl 1989: 83) Diese, für jede Demokratietheorie zentrale Frage wird von Dahl in der für ihn erkenntnistheoretisch charakteristischen, doppelt verankerten Art und Weise beantwortet. Demokratie kann einerseits über die Performanz einer Polyarchie begründet werden: „[W]hen the idea of democracy is actively adopted by a people, it tends to produce the best feasible political system, or at any rate the *best* state, taken all around." (Dahl 1989: 84) Eine solche Begründungsstrategie ist jedoch den Kontingenzen des faktischen demokratischen Prozesses mit seinen *ups and downs* ausgeliefert und damit nicht besonders robust – der Verweis auf die neuen Demokratien in den ehemals staatssozialistischen Ländern mag hier ausreichen. Darüber hinaus ist *best state* zu unbestimmt, um darüber Demokratie begründen zu können und daher benötigt der empirische Begründungsversuch eine normativ-theoretische Fundierung.

Idea of Intrinsic Equality

Dahl bemüht sich deshalb, den „moralischen" Kern des „best" zu identifizieren: „I believe that virtually all attempts to answer a question like this fall back, even if only by implication, on an assumption so fundamental that it is presupposed in most moral arguments. This is what might be called the *Idea of Intrinsic Equality*." (Dahl 1989: 84-85 Hervorhebung d.A.]) Der „beste Staat" – oder eher: die beste Staatsform – ist also jene(r), der die normativen Gehalte der *idea of intrinsic equality* am „verlustfreiesten" in die Praxis umsetzt. Diese Annäherung an den moralischen Kern des „besten Staates“ zieht jedoch zwei Folgeprobleme nach sich: die Notwendigkeit einer definitorischen Konkretisierung der *idea of intrinsic equality* auf der theoretischen Ebene sowie ihrer Operationalisierung auf der eher empirischen Ebene.

Begründung der *intrinsic equality*

In der Ideengeschichte ist die Vorstellung der *intrinsic equality* von zentraler Bedeutung, die für Dahl direkt aus der kulturellen Tradition des Christentums resultiert, sind doch alle Menschen Kinder Gottes und somit gleich. Trotz der ideengeschichtlichen Prominenz existiert jedoch kein (substanzieller) Konsens hinsichtlich des spezifischen theoretischen Zuschnittes von „intrinsischer Gleichheit“, insofern ermöglicht sie es Dahl auf den ersten Blick auch nicht, die normativen Gehalte hinreichend konkretisieren zu können. Allerdings will Dahl keine umfassende Gesellschaftstheorie auf moralphilosophischer Basis vorlegen, sondern „nur“ eine Theorie des demokratischen Prozesses. Daher kann er die Idee intrinsischer Gleichheit auf ihre Implikationen für den demokratischen Prozess hin argumentativ und konzeptionell zuspitzen, womit sich die konkretere Frage ergibt, was intrinsische Gleichheit im Kontext des demokratischen Prozesses bedeutet. Eine Antwort hierauf erschließt sich über die Entfaltung der *differentia specifica* der demokratischen Dimension des politischen Prozesses.

Equal Consideration of Interests

Menschliche Assoziationen differenzieren sich ab einer bestimmten Größe funktional aus. Zur Senkung der Koordinationskosten wird ein System entwickelt, das die Kompetenz besitzt, kollektiv bindende Entscheidungen zu treffen und autoritativ sanktioniert zu implementieren: das politische System. Das Besondere der Demokratie identifiziert Dahl in der *Allokation* und *Zurechenbarkeit* von Entscheidungskompetenz. Für die Theorie des demokratischen Prozesses übersetzt Dahl die Idee intrinsischer Gleichheit – aus einer Vielzahl konkurrierender Verständnisse von Gleichheit – daher in das *principle of equal consideration of interests* (Dahl 1989: 86). Dies impliziert, dass jedes von einer politischen Entscheidung betroffene Mitglied einer Assoziation, das moralisch, nicht juristisch gleiche *Recht* besitzt, hierzu seine Interessen artikulieren und den gleichen *Anspruch* geltend machen kann, dass seine Interessen „akkurat interpretiert“ (Dahl 1989: 86) werden. Aus der Idee der *equal consideration of interests* resultiert jedoch noch keine starke Begründung für Demokratie, da sie aufgrund der Unklarheit, wer Interessen „akkurat interpretieren“ darf, eine offene Flanke gegen den Einwand des Paternalismus besitzt. Wenn Akteur A Präferenz x artikuliert und Akteur B jedoch weiß, dass y für A besser wäre, spricht kein Argument dafür, A's Präferenz gegen B's durchzusetzen.

Strong Principal of Equality

Daher muss Dahl das Prinzip der Equal Consideration durch eine Zusatzannahme stärken: das *strong principal of equality* (Dahl 1989: 97). Damit wird die eher empirisch als normativ orientierte Prämisse eingeführt, dass „a substantial portion of adults are adequately qualified to govern themselves" (Dahl 1989: 97). Mit dieser Prämisse wird Dahls Begründung von Demokratie gegen den skizzierten paternalistischen Einwand (oder, in der Terminologie Dahls, gegen *guardianship*) abgesichert. Das zunächst Paternalismus abwehrende *strong principal of equality* kann, wenn die impliziten Gehalte expliziert werden, auch als Argument *für* den demokratischen Prozess dienen. Diese positive Wendung führt Dahl (1989: 99-100) mit der *Presumption of personal autonomy* ein: „In the absence of a compelling showing to the contrary everyone should be assumed to be the best judge of his or her own good or interests." In der Anwendung auf faktische demokratische Prozesse lässt sich diese Annahme in die normative Aussage paraphrasieren, dass man hinter die subjektiven politischen Präferenzen der Bürger nicht zurückfallen darf. Sie sind – in Abwesenheit eines überzeugenden Beweises der geistigen Nichtzurechnungsfähigkeit eines Bürgers – nicht hintergehbar, ohne Gefahr zu laufen, undemokratisch zu handeln.

Begründung von Demokratie

Damit kann Dahl seine Begründung von Demokratie – wenn auch eher zirkulär – folgendermaßen zusammenfassen: „Taking as premises, then, the Principle of Equal Consideration of Interests and the Presumption of Personal Autonomy justify our adopting the Strong Principal of Equality. The Strong principal, in turn, is at once the most powerful and the most controversial assumption in the theory of the democratic process. By accepting the Strong Principal, in effect we accept the democratic process as a requirement for making binding decisions." (Dahl 1989: 105)

Lösungen

Fünf Kriterien des demokratischen Prozesses

Dahl kann zeigen, dass die Demokratie jene politische Staatsform ist, in der die moralische Intuition, wonach alle Menschen intrinsisch gleich sind, auf der politischen Dimension am besten realisiert wird. Offen ist jedoch, wie der *faktische* politische Prozess gestaltet sein muss, damit der demokratische Anspruch, nach dem alle Mitglieder einer politischen Gemeinschaft das gleiche Recht auf Teilhabe am politischen Prozess haben, effektiv realisiert wird.[52]

Dahl argumentiert, dass die folgenden fünf Kriterien den demokratischen Aspekt des politischen Prozesses ausreichend beschreiben.[53] Die Kriterien befinden sich intern in einem hierarchischen Ver-

52 Mit dieser Frage verschiebt sich der Fokus weg von den normativen Begründungen hin zu eher empirisch orientierten Fragestellungen.

53 Die Rekonstruktion der fünf demokratischen Kriterien orientiert sich an Dahl (1989: 108-118). Sie finden sich jedoch auch in anderen Werken wieder – in der Grundorientierung gleich, in Details jedoch verschieden (vgl. Dahl 1979 und 1998: 37-40).

hältnis; es gilt das kumulative Prinzip, wonach ein Mehr an erfüllten demokratischen Kriterien den politischen Prozess demokratischer werden lässt:

1. „Effective Participation: Throughout the process of making binding decisions, citizens ought to have an adequate opportunity, and an equal opportunity, for expressing their preferences as to the final outcome. They must have adequate and equal opportunities for placing questions on the agenda and for expressing reasons for endorsing one outcome rather than another." (Dahl 1989: 109)
2. „Voting Equality at the Decisive Stage: At the decisive stage of collective decisions, each citizen must be ensured an equal opportunity to express a choice that will be counted as equal in weight to the choice expressed by any other citizen. In determining outcomes at the decisive stage, these choices, and only these choices, must be taken into account." (Dahl 1989: 109)
3. „Enlightened Understanding: Each citizen ought to have adequate and equal opportunities for discovering and validating (within the time permitted by the need for a decision) the choice on the matter to be decided that would best serve the citizen's interests." (Dahl 1989: 112)
4. „Control of the Agenda: The demos must have the exclusive opportunity to decide how matters are to be placed on the agenda of matters that are to be decided by means of the democratic process." (Dahl 1989: 113)
5. „Inclusion: The demos must include all adult members of the association except transients and persons proved to be mentally defective." (Dahl 1989: 129)

Diese fünf Kriterien sind Spezifikationen der abstrakten Idee „intrinsischer Gleichheit" und benennen erschöpfend die Voraussetzungen dafür, dass der demokratische Prozess unverzerrt ist und die normativen Gehalte der Idee intrinsischer Gleichheit vollkommen ausgeschöpft werden können. Sie sind jedoch bei weitem zu anspruchsvoll, als dass sie in Polyarchien zur Gänze realisiert werden können. Diese sind mit Referenz auf die fünf Kriterien immer nur mehr oder weniger demokratisch. Dies zeigt nicht notwendigerweise demokratische Defekte der Polyarchien an, sondern spiegelt nur die grundbegriffliche Weichenstellung von Demokratie als normativem Bezugspunkt und Polyarchien als faktische Realisierung des normativen Konzeptes wider.

Sieben Institutionen der Polyarchie

Dahl (1989: 221) spezifiziert sieben Institutionen, die ein politisches System besitzen muss, um als Polyarchie klassifiziert werden zu können. Dies sind erstens *elected officials*.[54] Gemeint ist damit, dass

54 Alle Zitate Dahl (1989: 221).

alle politischen Entscheidungen ausschließlich von gewählten Repräsentanten getroffen werden dürfen und dies so auch verfassungsrechtlich abgesichert ist. Zweitens müssen in regelmäßigen Abständen *free and fair elections* abgehalten werden, bei denen drittens alle erwachsenen Bürger das aktive (*inclusive suffrage*) und viertens das passive Wahlrecht (*right to run for office*) besitzen. Hinzu tritt fünftens das Recht auf freie Meinungsäußerung (*freedom of expression*), von dem ohne Angst vor Repressalien Gebrauch gemacht werden kann. Sechstens müssen politische Informationen für alle Bürger zugänglich sein (*alternative information*), was verfassungsrechtlich durch Pressefreiheit garantiert werden kann. Siebtens muss Vereinigungsfreiheit (*associational autonomy*) existieren. Eine Polyarchie muss alle sieben aufgeführten Institutionen besitzen. Die Intensität, mit der eine Polyarchie demokratisch ist, kann in Abhängigkeit von der faktischen Ausgestaltung der einzelnen Institutionen jedoch stark variieren.

Qualität von Polyarchien

Zwischen den sieben Institutionen der Polyarchie und den fünf demokratischen Kriterien besteht ein spezifischer Zusammenhang: Bestimmte real existierende Institutionen sind Voraussetzung dafür, dass spezifische demokratische Kriterien erfüllt werden können. Damit z.B. das demokratische Kriterium *voting equality* erfüllt wird, muss (1) die Wahl politischer Repräsentanten in (2) freien und fairen Wahlen erfolgen. Dieser Zusammenhang wird in Tabelle 5 schematisch dargestellt.[55]

Tabelle 5: Polyarchie und Kriterien des demokratischen Prozesses[56]

Demokratische Kriterien / *Institutionen der Polyarchie*	Voting Equality	Effective Participation	Enlightened Understanding	Control of the Agenda	Inclusion
Elected officials	√	√		√	
Free and fair elections	√			√	
Inclusive Suffrage		√		√	√
Right to run for office		√		√	√
Freedom of expression		√	√	√	√
Alternative information		√	√	√	√
Associational autonomy		√	√	√	√

55 Die Exaktheit und konzeptionelle Präzision, die sich in Tabelle 5 widerspiegelt, begründet, warum Dahl in der empirischen Demokratieforschung in den 1990er Jahren des letzten Jahrhunderts zum zentralen theoretischen Referenzpunkt avancierte. Vgl. exemplarisch für eine entsprechend inspirierte empirische Studie Elklit (1994).

56 Diese Tabelle folgt Dahl (1989: 222). Vgl. für frühere Systematisierungen Dahl (1971: 3).

Die sieben Institutionen der Polyarchie konstituieren zwei Dimensionen des Demokratisierungsprozesses (Dahl 1971: 4-8). Erstens die Dimension *liberalization* (oder *public contestation*) und zweitens *inclusiveness* (oder *participation*). Liberalisierung umfasst all jene Prozesse, institutionellen Vorkehrungen etc., die es ermöglichen, eine Regierung – sei sie demokratisch oder autokratisch – „herauszufordern“ (daher auch *public contestation*). Der Möglichkeitsraum reicht auf dieser Dimension vom nicht absetzbaren „Herrscher (Regierung) auf Lebenszeit“ bis hin zu regelmäßig abgehaltenen Wahlen, in denen effektiv die Regierung bestimmt wird. Diese Dimension charakterisiert jedoch nur 50% des Demokratisierungsprozesses, da nicht automatisch die Größe der Gruppe mitbestimmt wird, die diese Rechte und institutionellen Garantien in Anspruch nehmen darf. Daher führt Dahl mit der Inklusivität (*participation*) eine zweite Demokratisierungsdimension ein. Diese bildet den Optionsraum „Einer“ (autokratischer Herrscher) bis „der gesamte Demos“ ab. Erst eine positive Entwicklung auf beiden Dimensionen wird von Dahl als Demokratisierung verstanden – wobei die sieben Institutionen der Polyarchie sowohl auf einer als auch auf beiden Dimensionen gleichzeitig (so das Wahlrecht) lokalisiert sein können.

Empirische Anwendbarkeit

Die fünf demokratischen Standards schöpfen den normativen Gehalt von Demokratie sehr intensiv aus – zu intensiv, so scheint es zunächst, um als angemessene und sinnvoll anwendbare Evaluationsstandards faktischer demokratischer Prozesse dienen zu können. Wenn Dahl auch und gerade die empirische Dimension des demokratischen Prozesses in den analytischen Blick bekommen will, sind solche Standards dann nicht kontraproduktiv? Diese Intuition soll exemplarisch am vierten demokratischen Kriterium[57] diskutiert werden, da es auf den ersten Blick der Idee identitärer Demokratie entspricht, welche höchstens in demokratischen Stadt-Staaten mit einem zahlenmäßig kleinen Demos zu verwirklichen ist, der zeitlich vor der zweiten demokratischen Transformation angesiedelt ist. Darüber hinaus ist fraglich, ob der Demos tatsächlich die notwendige faktische Kompetenz besitzt, um alle politischen Fragen entscheiden zu können. Falls nicht, würde daraus eine entscheidende Schwächung der normativen Begründung von Demokratie resultieren.

Qualifikation der Bürger

Dahl selbst umgeht diese „Falle“, indem er bei der Überführung der normativen Standards in lebensweltlich Erwartbares Abstand von der substanziellen Kompetenz nimmt und statt dessen auf eine reflexive Kompetenz (Schmalz-Bruns 1995: 221) setzt, die die Grenzen der

57 „Control of the Agenda: The demos must have the exclusive opportunity to decide how matters are to be placed on the agenda of matters that are to be decided my means of the democratic process.“ (Dahl 1989: 113)

Kompetenz des Demos jeweils fallbezogen aufzeigen kann: „Thus the criterion of final control does not presuppose a judgment that the demos is qualified to decide every question requiring a binding decision. It does presuppose a judgement that the demos is qualified to decide (1) which matters do or do not require binding decisions, (2) if those that do, which matters the demos is qualified to decide for itself, and (3) the terms of which the demos delegates authority." (Dahl 1989: 114) Den idealen Bürger, den *zoon politicon*, ersetzt Dahl daher durch den *good-enough citizen* oder *adequate citizen* (Dahl 1992: 48).

Die reflexive Kompetenz ermöglicht es Dahl, die konkrete Ausgestaltung des demokratischen Prozesses nicht theoretisch vorzuentscheiden, sondern in die Kompetenz des Demos selbst zu legen, und dies für alle politischen Fragen, die kollektiv bindende Entscheidungen erfordern. Eine solche Konfiguration ist weit davon entfernt, den normativen Gehalt von Demokratie zu verkennen (Habermas 1992: 386) oder gar elitistisch zu sein (Zolo 1992; Eisenberg 1996: 380). Sie trägt der epistemologischen Komplexität zeitgenössischer politischer Entscheidungen ebenso Rechnung wie dem Ideal der Volkssouveränität, ohne dabei jedoch auf die unrealistische Forderung nach permanenter identitärer Demokratie auf der territorialen Ebene von Stadt-Staaten zu bestehen.[58]

Prozedurales Gemeinwohl

Auch Dahls Verständnis des „common good" – des Gemeinwohls – unterstreicht, dass er kein Pluralismustheoretiker im klassischen Sinne, sondern ein prozeduraler Demokratietheoretiker ist. Innerhalb der pluralistischen Demokratietheorie (Fraenkel) ergibt sich das Gemeinwohl als Resultante eines Kräfteparallelogramms: Politische Interessengruppen besitzen spezifische politische Präferenzen, bringen diese in den politischen Prozess ein und treffen dort auf rivalisierende Präferenzen anderer Gruppen. Das Austarieren dieser konfligierenden Interessen erfolgt unter Macht- und Einflussaspekten. Anders Dahl (1989: 163-192): Gegen republikanische Konzeptionen à la MacIntyre argumentiert er, dass die Heterogenität moderner Gesellschaften ein substanzielles *a priori* Gemeinwohl unmöglich werden lässt. Gegen den skizzierten Pluralismus führt er ins Feld, dass er gegen das fünfte demokratische Kriterium – *enlightened understanding* – verstößt, da die politischen Präferenzen der Bürger (Interessengruppen) im demokratischen Prozess nicht reflexiv sind, sondern als statisch begriffen werden. Daher steht bei Dahl – zumindest in seinem demokratietheoretischen Werk – nicht der Machtaspekt im Vordergrund, sondern der Aspekt der Präferenzgenese. Dieser kann – wie Habermas ihn rekonstruiert (1992: 383-386) – deliberativ sein, er kann jedoch auch andere

58 Obwohl Dahl dieser Forderung normativ sympathisch gegenüber steht (Dahl 1967; vgl. dazu auch Dahl 1987).

Gestalten annehmen. Daher ist die Demokratietheorie Dahls auch prozedural, aber nicht notwendigerweise deliberativ. Das Konzept des Gemeinwohls geht für Dahl daher auch in jenen prozeduralen Voraussetzungen des demokratischen Prozesses auf, die die Erfüllung der fünf demokratischen Kriterien (und dabei insbesondere das fünfte demokratische Kriterium) garantieren.

Probleme der liberalen Demokratie

Obwohl die Relevanz der liberal-pluralistischen Demokratietheorie nicht in Frage steht, hat sie – aufgrund der genannten Prozesse – in den letzten Jahren weniger Aufmerksamkeit erhalten als in den 1960er und 1970er Jahren. So wurde in einem „Review Symposium", welches das Journal of Politics anlässlich der Publikation von *Democracy and its Critics* veranstaltete, nur äußerst moderate Kritik an Dahl artikuliert, Jack Nagel (1991: 217) spricht sogar davon, das Buch „suffers from a shortage of critics".

Von der Wirklichkeit überholt?

Trotzdem gibt es Kritik an Dahl. Die von ihm diskutierten demokratietheoretischen Themen besitzen in der Politischen Theorie zwar eine beeindruckende Ahnenreihe, sie werden jedoch durch *empirische* Phänomene der Globalisierung einerseits und der Lokalisierung andererseits zunehmend in die zweite Reihe gedrängt (vgl. Schmitter 1999; Held 1998). Die analytischen Werkzeuge, um einer zunehmend komplexer werdenden demokratischen Umwelt konzeptionell Herr zu werden, sind von diesen demokratietheoretischen Großentwürfen noch nicht vorgelegt worden,[59] so dass sie sich, obwohl dem eigenen Anspruch nach eine empirisch einflussreiche Teildisziplin, selbst marginalisiert. Die Situation ist geradezu paradox: Einerseits konnte die – zumeist am amerikanischen Vorbild orientierte – Theorie der liberalpluralistischen Demokratie nach dem Niedergang des Kommunismus einen bemerkenswerten *politischen* Triumph feiern, andererseits ist sie nicht mehr in der Lage, die auch aus diesen Veränderungen resultierende und geradezu exponentiell zunehmende Komplexität theoretisch zu verarbeiten (Zolo 1992; Schmalz-Bruns 1995). Zum anderen gerät die liberale Demokratietheorie auch aus theoretischer Perspektive zunehmend unter Druck. In der politischen Philosophie erlebt die (mitunter auch nur implizite) moralphilosophisch anspruchsvolle Diskussion der normativen Begründung von Demokratie eine bemerkenswerte Renaissance. Aus gesellschaftstheoretischer Perspektive wird die

59 Dahl (1999: 927) selbst ist skeptisch hinsichtlich der Frage, ob angesichts dieses Problemdrucks Demokratie in Zukunft funktionieren kann: „Sceptics argue, that the conditions required for the function of democratic institutions simply do not exist at the international level and are unlikely to develop within any foreseeable time. I find myself among the sceptics."

Interdependenz aller gesellschaftlichen Teilbereiche betont, so dass die Vorstellung einer isolierten Analyse des „demokratischen Prozesses“ stark verkürzt erscheint – wenn ein solcher sektoraler Zuschnitt überhaupt möglich ist. Aus empirischer Perspektive erobern in den letzten Jahren Analysen kurzer oder mittlerer Reichweite zunehmend größeres Terrain (vgl. von Beyme 1991).

4.7. Radikaler Liberalismus: Libertarians

Libertarians und Anarchisten

Im Zentrum dieses Kapitels steht kein einzelner Autor, sondern ein Ansatz: der Libertarianismus. Der Libertarianismus fordert unser normales Verständnis von Demokratie heraus, indem er die typischerweise unproblematischen Hintergrundannahmen der Demokratie expliziert und sie in Frage stellt. Er ist daher für die Politische Theorie, aber auch für die politische Praxis, von besonderer Bedeutung, da er gleichsam der Prüfstein ist, an dem sich die Demokratie argumentativ zu bewähren hat. Die Demokratie ist zu allen Zeiten Objekt der Anerkennung, aber auch Objekt der Kritik gewesen. Der Libertarianismus geht mit seiner Kritik einen entscheidenden Schritt weiter. Er kritisiert nicht nur die Demokratie, sondern stellt den Staat an sich in Frage. Er greift die grundlegende Frage der Politischen Theorie in der Moderne wieder auf, radikalisiert sie jedoch. Der Libertarianismus kritisiert, dass die theoretischen Überlegungen über die Legitimation eines Staates einen Gedankenschritt zu spät ansetzen. Ist der Staat *überhaupt* zu rechtfertigen? Der *Anarchismus* antwortet, dass dies nicht der Fall sei. Für ihn existiert keine Herrschaftsform, die moralisch legitim ist. Diese Position wird vom Libertarianismus nur partiell geteilt. Einige Autoren vertreten die These, dass der Staat prinzipiell notwendig, jedoch nur ein *Minimalstaat* legitimierbar sei. Der *Anarcho-Libertarianismus* hingegen behauptet, dass kein Staat legitim sein kann.

Wahrer Liberalismus?

Der Libertarianismus erhebt den Anspruch, die Tradition des „wahren“ Liberalismus zu vertreten. Der moderne Liberalismus à la Rawls habe seinen philosophischen Kern verloren. Er fokussiere nicht länger das Eigentum, es gehe ihm noch nicht einmal mehr um die negative Freiheit. Vielmehr reüssiere der normative philosophische Liberalismus mit einer Theorie der Gerechtigkeit! Der Liberalismus selbst plädiere für den redistributiven Sozialstaat. Dies sei nicht länger ein „richtiger“ Liberalismus! Der „wahre“ Liberalismus wird von den Libertarianisten vertreten – zumindest aus der Perspektive seiner Verfechter.

Nozick, Hayek, Hoppe

Der Amerikaner Robert Nozick (1938-2002) gehört seit seinem 1974 publizierten Buch „Anarchy, State, Utopia“ zu den Klassikern des *philosophischen* Libertarianismus. Neben einigen versprengten Aufsätzen hat Nozick jedoch keinen weiteren Beitrag zur theoretischen Ausformulierung des Libertarianismus geleistet. Der Österreicher Friedrich August von Hayek hat im Vergleich dazu sein ganzes akademisches Leben zu Fragen des Libertarianismus publiziert. Anders als Nozick, der philosophische Fragen in den Vordergrund seines Werkes stellte, behandelt Hayek wirtschaftswissenschaftliche und rechtswissenschaftliche Themen. Sein Hauptwerk ist das 1960 publizierte Buch *Die Verfassung der Freiheit*. An einigen Stellen werden auch Argumentationsfiguren des deutschen Anarchokapitalisten Hans-Herrmann Hoppe relevant. Hoppe, der heute in Las Vegas lehrt, habilitierte sich bei Jürgen Habermas und argumentiert nun mit dem Eifer, den nur ein Konvertit sein Eigen nennen kann, gegen die Demokratie und gegen jede Form von Staatlichkeit.

Problemlage

Zu viel Staat

Eine verbindende Problemdiagnose aller Libertarianisten lautet, dass der Staat zu viele Kompetenzen besitzt und zu viele Bereiche reglementiert.[60] Ein wichtiger Grund hierfür liegt in der sukzessiven Ausweitung der Rechte der Bürger. In seiner klassischen Studie kommt der Soziologe T.H. Marschall (1977) zu dem Ergebnis, dass drei distinkte Phasen in der Ausweitung der Rechte der Bürger existieren: Historisch am Anfang stehen liberale Grundrechte, vor allem das Recht auf Eigentum. Diese Rechte flankieren den ökonomischen Aufstieg des Bürgertums und seine sukzessive wichtiger werdende Rolle als wirtschaftlicher Motor in den sich konsolidierenden Nationalstaaten. Darauf folgt die zweite Phase, die Ausweitung der politischen Partizipationsrechte. Auch diese Phase steht in einem kausalen Verhältnis zum aufstrebenden Bürgertum. Das durch Handel und Produktion zu Reichtum gelangte Bürgertum gewinnt gegenüber der politischen Führung an Selbstbewusstsein und klagt politische Mitbestimmung ein. Diese Mitbestimmungsrechte sind noch exklusiv an spezifische Schichten oder Gruppen innerhalb der Bevölkerung gekoppelt und weit davon entfernt, unserem heutigen Verständnis von demokratischen Mitspracherechten zu entsprechen. In der dritten Phase erfolgte schließlich eine Ausweitung der Rechte auf die soziale Sphäre. Der Staat hat sukzessive mehr Aufgaben gegenüber seinen Bürgern wahrgenommen. Insbesondere der westeuropäische Wohlfahrtsstaat der zweiten Hälfte des 20. Jahrhunderts zeichnet sich durch eine historisch einmalige Breite an Aufgabenfeldern aus.[61]

---

60 Dies betrifft die Sozialpolitik und die Wirtschaftspolitik. Insbesondere bei letzterer wird das Argument vertreten, dass der Staat wettbewerbs- und marktverzerrend in die Ökonomie eingreife.

61 Bereits in den 1970er Jahren gab es eine breite Diskussion über die Grenzen des Sozialstaats. Eher konservative Politikwissenschaftler argumentierten, dass der

Sozialstaat unfinanzierbar

a) Hoppe argumentiert, dass die Verbindung von Demokratie und Sozialstaat – unabhängig vom politischen Personal und der spezifischen Ausgestaltung des institutionellen Ensembles – *unweigerlich* zum finanziellen Kollaps des demokratischen Sozialstaates führen muss. Er geht davon aus, dass in jeder demokratischen Gesellschaft eine ungleiche Verteilung an materiellen Gütern vorliegt: Viele Menschen besitzen wenig materielle/finanzielle Güter, während wenige Menschen viele Güter besitzen. In einer Demokratie, so seine These, verbünden sich die Vielen, die wenig besitzen, gegen die Wenigen, die viel besitzen.

Redistribution zerstört Freiheit

Dreh- und Angelpunkt dieses Argumentes ist das Menschenbild des Liberalismus. Die Bürger stehen sich als Rechtspersonen gegenüber, die ihren eigenen Nutzen maximieren und keine Tugenden besitzen. Als Korrektiv für die negativen Effekte individuellnutzenmaximierenden Handelns sieht der Liberalismus ein Institutionenensemble vor, das so brillant konstruiert ist, dass der gesellschaftliche Gesamtnutzen trotz individueller Nutzenorientierung seiner Bürger steigt. Der Rational Choice-Theoretiker Anthony Downs (1985) argumentiert, dass Politiker primär an Macht und nicht an Programmen interessiert sind. Macht erhalten sie, indem sie gewählt werden. Da das maßgebliche Interesse von politischen Parteien in der Demokratie also darin besteht, gewählt zu werden, um im Amt die Vorzüge der Macht genießen zu können, unterstützen alle Parteien die Forderungen der *Mehrheit* der Gesellschaft. Hoppe argumentiert nun, dass die Forderung nach einem Mehr an knappen Gütern – also *sozialstaatliche Redistribution* – die Mehrheit der Bevölkerung eint. Die gesellschaftliche Umverteilung von Gütern erfolgt laut Hoppe so lange, bis die Unterschiede fast komplett eingeebnet sind. Das Problem liegt hier nicht in der Demokratie als Staatsform, sondern in dem Regelungsbereich der Demokratie, dem Sozialen.

Subventionen als Ungerechtigkeit

b) Ein anderes Problemverständnis hat Hayek. Er argumentiert, dass nicht die Mehrheit des Volkes sich den Staat zur Beute macht, sondern starke Lobbygruppen und Einzelinteressen. Große Gruppen sind, dies zeigt wiederum die Rational Choice-Theorie, schlecht organisierbar (vgl. Olson 2004). Die Tatsache, dass es keine einflussreiche Partei der Rentner oder der Arbeitslosen gibt, verdeutlicht die Plausibilität dieses Argumentes. Kleine Gruppen hingegen sind organisierbar und treten mit Angeboten an die Parteien heran, die für diese verlockend sind. Hayek argumentiert daher, dass in der Politik permanent Partikularinteressen auf Kosten

---

Staat überfordert sei, da zu viele inkompatible Ansprüche an ihn herangetragen würden (vgl. für einen Überblick dieser Diskussion Kaase/Newton 1995).

von Allgemeinwohlinteressen durchgesetzt werden. Alle Formen von Subventionen sind für ihn Ausdruck dieser grundlegenden Tatsache. Für Hayek resultiert daraus jedoch nicht, dass der Staat finanziell kollabieren wird. Sein Argument ist eher moralphilosophisch: Das Gebot der Allgemeinheit von Gesetzen wird verletzt, da nicht alle Bürger gleichermaßen Adressaten allen Rechtes sind.

Sozialstaat instrumentalisiert Bürger

c) Nozicks Kritik an der sozialstaatlichen Demokratie ist eher philosophisch begründet. Er geht von der Prämisse aus, dass „die Menschen Rechte haben und es Dinge gibt, die ihnen kein Mensch und keine Gruppe antun dürfen." (Nozick o.J.: 11). Menschen dürfen daher „nicht ohne ihr Einverständnis für andere Ziele geopfert oder gebraucht werden" (Nozick o.J.: 42-43). „Die Politik hat daher nicht die Aufgabe, bestimmte Ziele oder Zwecke zu verwirklichen, sondern die Durchbrechung bestimmter moralischer Schranken absolut zu vermeiden." (Niesen 2002: 86-87) Das Argument lautet, dass *jeder* Staat jedoch *permanent* Macht und Herrschaft über seine Bürger ausübt und so ihre Autonomie einschränkt. So erhebt der Staat Steuern, um Projekte finanzieren zu können, die *allen* zugute kommen. Kant hat die moralische Regel aufgestellt, dass man Menschen immer nur als Zwecke ansehen, nie jedoch als Mittel zum Zweck benutzen darf. Der Mensch als Mittel zum Zweck verliere seine moralische Autonomie. Nozick argumentiert nun, dass der Staat, indem er Steuern erhebt, die *anderen* zugute kommen, jeden einzelnen Steuerzahler als Mittel zum Zweck benutzt, da der Einzelne für den Staat insofern nützlich ist, als dass er ihm (dem Staat) zur Realisierung seiner Projekte verhilft.

Selfownership

Das zweite Argument ist bei Nozick das grundlegende. Im Zentrum des Libertarianismus stehen Rechte, vor allem das Recht auf Eigentum (vgl. Taylor 2004). Nozicks Konzeption des Eigentums strukturiert seine gesamte Theorie. Das zentrale Argument, das er im Rekurs auf Arbeiten von John Locke vertritt, lautet, dass Menschen *Besitz an sich selbst* haben. Dies bezeichnet Nozick als *Selfownership*. Menschen haben Besitz an sich selbst sowie an jenen Dingen, die sie sich ursprünglich aneignen. Aus der Selfownershiptheorie folgt ein sehr spezifisches Verständnis zu staatlich erhobenen Steuern: Indem der Staat Steuern erhebt, nimmt er dem Bürger Arbeitsleistung in Höhe der Steuerleistung weg. Letztlich – so Nozicks Argument – besteht kein Unterschied, ob der Staat Steuern im materiellen Gegenwert von z.B. fünf Arbeitsstunden erhebt oder seine Bürger zu fünf Stunden Sklavenarbeit zwangsverpflichtet. Akzeptiert man die These, dass Menschen an sich selbst Eigentumsrechte besitzen und daraus abgeleitet auch Eigentumsrechte an den Früchten ihrer Arbeit, so kann man

Steuern deuten als *Teileigentum* des Staates an seinen Steuerzahlern! Die Verletzung der Eigentumsrechte ist für Nozick unmoralisch – insbesondere vor dem Hintergrund, dass der liberale Staat ursprünglich etabliert wurde, um die Eigentumsrechte des Bürgertums gegen die ungerechtfertigten Übergriffe des Adels zu schützen. Es ist jedoch wichtig, in Erinnerung zu rufen, dass Nozick nicht gegen den Staat als solchen argumentiert, sondern gegen einen Staat, der über einen Minimalstaat hinausgeht.

Fragestellungen, Vorgehensweise und Lösungen

Kann man den Staat rechtfertigen? Welche Art von Staat kann man rechtfertigen? Welche legitimen Aufgaben besitzt dieser Staat? Welche Vorstellungen von Gerechtigkeit werden in diesem Staat realisiert?

Nozick und Locke

In der Ableitung des Staates orientiert sich Nozick an Locke, d.h. an der klassischen Vertragstheorie. Dementsprechend geht Nozick von einem grundsätzlich positiven Naturzustand aus – einem Naturzustand, in dem die Menschen Rechte besitzen (insbesondere das Recht auf Eigentum) und miteinander zu jedermanns Vorteil kooperieren. Die Beziehungen zwischen den Menschen im Naturzustand werden durch Verträge und Tauschaktionen geregelt. Dieser Zustand könnte fast paradiesisch sein, wenn es nicht ein Merkmal dieses Naturzustandes gäbe, das dies konterkarieren würde: Wie geht man im Naturzustand damit um, dass Verträge gebrochen werden? Wie geht man im Naturzustand damit um, dass der Inhalt von Verträgen nicht immer eindeutig ist und der interpretierenden Konkretisierung bedarf? Wie geht man im Naturzustand mit Streitfragen um, die direkt aus der marktförmigen Interaktion zwischen den Menschen resultieren? Die Antwort von Locke ist eindeutig: Neben dem Recht auf Eigentum besitzt jeder Mensch auch ein Recht darauf, in eigener Sache Recht zu sprechen und es durchzusetzen. Verletzt Partei B den Vertrag mit Partei A, so hat A das Naturrecht, gegen diesen Vertragsbruch *selbst* vorzugehen.

Diese naturrechtliche Konstruktion bei Locke ist mit vielen Problemen behaftet. So wird man als Richter in eigener Sache vermutlich parteiisch sein. Auch die Tatsache, dass Richter und vollstreckende Instanz ein und dieselbe Person sind, ist nicht unproblematisch. Diese Probleme erkennt Nozick ebenso wie Locke.

Für Locke folgt – wie bereits gezeigt wurde – hieraus, dass es eine übergeordnete Instanz geben muss, die dafür sorgt, dass Verträge eingehalten werden und die Vertragsbruch bestraft – den Staat. Der Staat bei Locke hat jedoch einen weitaus reicheren Kompetenzbereich als nur eine Schiedsrichterfunktion – vielmehr konzipiert Locke einen umfassenden Staat mit weit reichenden politischen Aufgaben.

Privatisierung der Sicherheit

Obwohl Nozick die Naturrechtskonzeption von Locke übernimmt, verweigert er sich dessen staatlicher Lösung. Vielmehr stellt sich Nozick die Frage, wie das Problem der Rechtsunsicherheit im Naturzustand anders gelöst werden kann. Sein eigenständiger Beitrag zur Lösung dieses Problems besteht darin, dass nicht ein Staat implementiert werden soll, sondern private Schutzvereinigungen. *Private Schutzvereinigungen* werden – im Gegensatz zum Staat – durch freiwillige Zahlungen der Menschen im Naturzustand ermöglicht. Die privaten Schutzvereinigungen regeln alle rechtlichen Fragen für ihre Mitglieder, so dass es zu einem erhöhten Maß an Professionalität und Produktivität kommt. Die Schutzvereinigungen stehen in marktwirtschaftlicher Konkurrenz zueinander – sie versuchen, sich wechselseitig durch Preis und Leistungen vom Markt zu verdrängen. Dieser Prozess führt zu einer Marktkonzentration auf wenige, schließlich auf einen privaten Anbieter von Sicherheitsleistungen. Diese private Schutzvereinigung nimmt bereits die Form eines Ultraminimalstaates an.

Ultraminimalstaat

Damit aus ihm ein Ultraminimalstaat hervorgeht, muss Nozick erklären, warum freiwillige Leistungen für den privaten Sicherheitsdienst in Steuern für einen Minimalstaat transformiert werden dürfen. Sein Argument basiert auf der Annahme, dass all jene, die zuvor nicht bereits in einer privaten Schutzvereinigung waren, genau dann zwangsverpflichtet werden dürfen, wenn sie dafür eine Kompensation erhalten. Dieses Argument ist jedoch ausgesprochen schwach und wird selbst von Libertarianisten nicht mehr vertreten. Es kann mithin als widerlegt gelten.[62] Unabhängig von der philosophisch gescheiterten Begründung, argumentiert Nozick für einen Minimalstaat, der sich nur um die Sicherung der Eigentumsrechte sowie die für die Marktwirtschaft notwendigen infrastrukturellen Maßnahmen kümmert, sofern sie nicht marktwirtschaftlich realisierbar sind.

Zwei Gerechtigkeitskonzeptionen

Gerechtigkeit ist eine der zentralen politischen Legitimationsressourcen der heutigen Politik. Unsere Gerechtigkeitsintuitionen strukturieren unser politisches ebenso wie unser privates und soziales Handeln. Dies wirft die Frage auf, welche Vorstellungen von Gerechtigkeit der Libertarianismus vertritt. Es ist vor allem die Theorie von Nozick, die hierauf Antworten liefert. Um diese besser nachvollziehen zu

62 So argumentiert Hoppe, dass jeder Staat, und damit auch ein Minimalstaat, ein territorialer Monopolist ist, der schlechtere Sicherheitsleistungen bei höheren Preisen erbringt als die marktwirtschaftlich orientierten privaten Schutzvereinigungen im Naturzustand. Für Hoppe folgt daher auch aus dem Naturzustand keine Minimalstaatsnotwendigkeit, sondern nur eine gut organisierte private Schutzvereinigungslandschaft. Der Markt ist für Libertarianisten als Allokationsmechanismus schließlich allen anderen Formen der Distribution, so z.B. der autoritativen Distribution durch den Staat, überlegen.

können, ist es hilfreich, jene Vorstellungen von Gerechtigkeit zu skizzieren, gegen die er sich mit seinem eigenen Ansatz abgrenzt.

Teleologie

Das erste formale Gerechtigkeitskonzept ist *teleologischer Natur*. Es beschreibt und bewertet eine gerechte Gesellschaft anhand eines *Endzustandes*, der erreicht werden soll. Die Vorstellung, dass in einer gerechten Gesellschaft keine Einkommensunterschiede mehr vorherrschen, wäre zum Beispiel ein teleologisches Gerechtigkeitskonzept. Dieses Gerechtigkeitskonzept besitzt – zumindest theoretisch – einen stabilen Gleichgewichtspunkt: Ist – um das gewählte Beispiel noch einmal aufzugreifen – die Verteilung von Gütern innerhalb einer Gesellschaft tatsächlich gleichmäßig, dann ist die Aufgabe der Gerechtigkeitspolitik beendet. Offen ist bei diesem Konzept, ob sich die Mittel zur Erreichung eines gerechten Zustandes selbst an Gerechtigkeitsstandards orientieren müssen.

Verteilungsschema

Das zweite formale Gerechtigkeitskonzept stützt sich auf ein *Verteilungsschema*. Ausgehend von einer gegebenen Verteilung von Gütern in einer Gesellschaft werden abstrakte Kriterien angewendet, die die gegebene – als ungerecht erachtete – Verteilung mit Hilfe von redistributiver Politik in eine gerechte Verteilung transformieren. Ein solches Gerechtigkeitskonzept wird u.a. von John Rawls vertreten. Dieses Gerechtigkeitskonzept besitzt keinen Gleichgewichtspunkt: Aufgrund der Dynamik moderner Gesellschaften wird es immer wieder zu Verteilungszuständen kommen, die aus der Perspektive des Verteilungsschemas ungerecht sind und den Eingriff der Politik verlangen. Eine gerechtigkeitsorientierte Politik gemäß einem Verteilungsschema muss daher kontinuierlich angewendet werden. Die *erste Kritiklinie* bezieht sich darauf, dass eine Gerechtigkeitstheorie, die sich an einem Verteilungsschema orientiert, permanent angewendet werden muss und daher in der politischen Wirklichkeit permanente Eingriffe in die Eigentumsverhältnisse der Bürger nach sich zieht. Vielleicht – so das entgegenkommende Argument von Nozick – wäre es gerade noch akzeptabel, wenn eine *einmalige* Anwendung eines gerechten Verteilungsschemas erfolgen würde. Doch muss ein Verteilungsschema immer und immer wieder angewendet werden, damit der gesellschaftliche Verteilungszustand gerecht *bleibt.* Diese Vorstellung von Gerechtigkeit perpetuiert also die Ungerechtigkeit von staatlichen Eingriffen in die Eigentumsverhältnisse der Bürger und ist damit moralisch nicht zu rechtfertigen. Die *zweite Kritiklinie* bezieht sich auf die Tatsache, dass Gerechtigkeitstheorien, die sich an Verteilungsschemata orientieren, blind sind für die geschichtlichen Prozesse, die zu einer aktuellen Verteilung geführt haben. Verteilungsschematheoretiker betrachten nur den augenblicklichen Zustand einer gegebenen Gesellschaft und bewerten ihn anhand ihrer Bewertungskriterien. Doch warum – so Nozick – sollte man die Entwicklung von gesellschaftlichen Verteilungszuständen nicht auch in gerechtigkeitstheoretische Überlegungen miteinbeziehen?[63] Doch wie weit in die Vergangenheit reicht der Blick, den der Theoretiker einnehmen muss, um beurteilen zu können, ob der augenblickliche Zustand einer Gesellschaft gerecht ist?

Gerechtigkeit bei Nozick

Nozick beantwortet diese Frage durch die *drei Prinzipien der Gerechtigkeit*:

1. „Wer ein Besitztum im Einklang mit dem Grundsatz der gerechten Aneignung erwirbt, hat Anspruch auf dieses Besitztum.
2. Wer ein Besitztum im Einklang mit dem Grundsatz der gerechten Übertragung von jemandem erwirbt, der Anspruch auf das Besitztum hat, der hat Anspruch auf das Besitztum.
3. Ansprüche auf Besitztümer entstehen lediglich durch (wiederholte) Anwendung der Regel 1 und 2." (Nozick o.J. 144)

Auf Basis dieser drei Gerechtigkeitsprinzipien kann Nozick schlussfolgern:

„Alles, was aus gerechten Verhältnissen auf gerechte Weise entsteht, ist selbst gerecht." (Nozick o.J. 144)

Mitunter erfolgte jedoch keine Aneignung nach dem Grundsatz der gerechten Aneignung oder keine Übertragung nach dem Grundsatz der gerechten Übertragung. Für diesen Fall benötigt Nozick noch ein viertes Gerechtigkeitsprinzip:

„Das Bestehen älterer Ungerechtigkeit (früherer Verletzungen der ersten beiden Grundsätze der Gerechtigkeit bei Besitztümern) bildet den dritten Hauptgegenstand der Gerechtigkeit bei den Besitztümern: die Berichtigung ungerechter Besitzverhältnisse [durch den Staat, d.A.]." (Nozick o.J. 144)

Historische Gerechtigkeit

Fasst man die Argumentation von Nozick zusammen, so besteht die Gerechtigkeit einer Verteilungssituation nicht in der aktuellen Verteilung von Gütern, sondern die Gerechtigkeit besteht im faktischen historischen Prozess, der zu dieser Verteilung führte. Lassen wir zunächst das erste Gerechtigkeitsprinzip der gerechten ursprünglichen Aneignung beiseite und gehen von dem Gedankenexperiment aus, dass seit der gerechten ersten Aneignung ausschließlich gerechte Tausch-

63 Nehmen wir an, dass Person x zwar einen Job hat, aufgrund mangelnder Motivation jedoch nie aufgestiegen ist und auch keine Leistungsprämien erhält. Zudem hat er die Uni abgebrochen, weil er mehr Freizeit haben wollte. Person z lebt hingegen nur für seinen Job und verdient ein Vielfaches von x. Mit Rawls könnte man in diesem Fall für eine redistributive Sozialpolitik argumentieren. Nozick hält dem entgegen, dass die Lebens- und Gütersituation eines Menschen durch seine eigenen Handlungen maßgeblich beeinflusst wurde, so dass es dem Kriterium der individuellen Autonomie Hohn sprechen würde, individuelle Motivationsmängel gesellschaftlich zu kompensieren.

akte durchgeführt wurden. Ist dies historisch tatsächlich der Fall, so ist die Verteilung von Gütern in der Gegenwart vollkommen gerecht, unabhängig davon, wie sie konkret aussieht. Selbst eine radikale Ungleichverteilung wäre nach dieser Theorie gerecht. Unsere Gerechtigkeitsintuition sagt uns vielleicht, dass es ungerecht ist, dass Kinder aus bildungsfernen Haushalten mit geringem Einkommen schlechtere Chancen auf dem Arbeitsmarkt haben (unabhängig von dem Kriterium der formalen Chancengleichheit) als solche, die aus reicheren Elternhäusern kommen. Unsere Gerechtigkeitsintuition würde vielleicht auch dafür plädieren, dass das bildungsferne Kind als Erwachsener redistributive Sozialtransfers vom Staat erhält, schließlich ist es für die Situation seiner Eltern nicht zur Verantwortung zu ziehen.

Für Nozick ist diese Intuition ein Zeichen von Menschlichkeit, doch sollte sie auf der sozialen, privaten Ebene bleiben und auf gar keinen Fall das Handeln des Staates anleiten. Hierfür bietet er mehrere Argumente:

- *Staatliche* Sozialpolitik degradiert den Menschen zum Mittel (und achtet ihn nicht als Zweck) und reduziert damit seine moralische Autonomie.
- *Staatliche* Sozialpolitik benötigt Steuergelder, deren Erhebung Zwangsarbeit gleichkommt.
- *Staatliche* Sozialpolitik setzt das Primat der Gemeinschaft über das Individuum voraus, und dies steht im strikten Gegensatz zum Menschenbild des klassischen Liberalismus.

Chancengleichheit verabschiedet?

Es ist vor allem der letzte Punkt, der näher ausgeführt werden muss. Hierzu ist es hilfreich, sich noch einmal Rawls' *Theorie der Gerechtigkei*t vor Augen zu führen. Das Differenzprinzip prämiert den Wohlstand der gesamten *Gesellschaft* (oder: Gemeinschaft), obwohl der Ausgangpunkt der Theorie strikt individualistisch ist. Die Vermittlung zwischen methodologischem Individualismus auf der Ebene der Konstruktion des Urzustandes harmoniert nicht mit dem gemeinschaftsorientierten Differenzprinzip. Der Libertarianismus kann vor diesem Hintergrund berechtigt fragen, warum ich – als gesellschaftlich Gutgestellter – Solidarität mit Jenem zeigen soll, der gesellschaftlich am Schlechtesten gestellt ist. Neben den abstrakten gerechtigkeitstheoretischen Motiven ist es die *Solidarität* mit meinen *fellow citizens*, die mich dazu motiviert, Steuern zu zahlen, damit das Differenzprinzip greifen kann. Die Solidarität kann einer abstrakten Menschlichkeit ebenso entspringen wie einem konkreten Patriotismus. Doch kann dieses Gefühl tatsächlich Redistribution rechtfertigen?

Welche Chancengleichheit?

Dass Kinder unterschiedliche Lebenschancen haben, erscheint uns ungerecht, weil hier die Kinder gleichsam für ihre Eltern, für deren ökonomische Leistungsfähigkeit und vielleicht auch nur für deren

Glück, haftbar gemacht werden. Doch warum, so kann der Libertarianismus fragen, erscheint es uns so viel gerechter, Menschen zu alimentieren, nur weil sie – kontingenterweise – im selben Staat leben, als in die Tradition der Eltern zu treten, mit denen Kinder immerhin in Blutsverwandtschaft stehen? Das eine ist nationalstaatlich motivierte Solidarität, das andere historisch bedingte Verantwortung.

Normenkonflikt

Die Forderung, dass jeder ein Recht auf ein menschenwürdiges Leben besitzt oder auch nur die bescheidenere Forderung, dass die Autonomie eines Lebens nicht durch die kontingenten Handlungen der jeweiligen Eltern belastet sein dürfen, führt für Nozick zu einem Zusammenstoß letzter Normen: Das Eigentumsrecht an der eigenen Person ist unhintergehbar. Wenn die Realisierung der Autonomie anderer Personen davon abhängig ist, dass sie mit Gütern ausgestattet werden, die durch Steuermittel bezahlt werden, verliere ich das Eigentumsrecht an mir – oder zumindest an Teilen von mir. Was wiegt also höher? Das abstrakte Recht auf Autonomie, basierend auf *substanzieller Chancengleichheit*, das jedoch nur auf Kosten des Selbsteigentumsrechts *aller* realisiert werden kann – oder das Selbsteigentumsrecht an sich? Mit dem Argument, dass Menschen nicht als Mittel zum Zweck benutzt werden dürfen, hat Nozick zumindest moralphilosophisch ein starkes Argument auf seiner Seite.

Kritik an der ursprünglichen Aneignung

Auf dieser Ebene kann man Nozick argumentativ schlecht schlagen – zumindest, wenn man den Grundsatz des *Selfownership* akzeptiert. Trotz ihrer theoretischen Stringenz widerspricht diese Theorie unseren Gerechtigkeitsintuitionen – was nicht viel besagen mag, schließlich können diese Intuitionen sich auch täuschen, wie John Stuart Mill verdeutlicht hat. Die Theorie von Nozick kann jedoch dann einer Kritik unterzogen werden, wenn man den Grundsatz der gerechten ursprünglichen Aneignung näher betrachtet. Die gerechte ursprüngliche Aneignung übernimmt Nozick fast vollständig von John Locke. Es handelt sich dabei um ein fünfstufiges Argument für die Rechtmäßigkeit von Eigentum:

„1. Die Menschen besitzen sich selbst.
2. Die Welt gehört ursprünglich niemandem.
3. Man kann absolute Rechte über einen ungleichen Teil an der Welt erwerben, wenn dadurch niemand schlechter gestellt wird.
4. Dies ist ziemlich leicht möglich. Daher gilt:
5. Wenn es nun Privateigentum gibt, ist ein freier Kapital- und Arbeitsmarkt moralisch erforderlich." (Kymlicka 1996)

Gleiche und ungleiche Aneignung

Die erste Annahme ist bereits erläutert worden und bedarf keiner weiteren Klärung. Unproblematisch erscheint auch die zweite Annahme: Die Welt – hier vor allem verstanden als Land, das bewirtschaftet werden kann – war ursprünglich leer und wurde in einem historischen

Prozess von den Menschen erobert. Damit sind wir bei dem dritten Argument, das sehr implikationsreich ist: „Man kann *absolute* Rechte über einen *ungleichen* Teil an der Welt erwerben, wenn dadurch niemand *schlechter* gestellt wird." Die erste weit reichende Implikation resultiert aus der Vorstellung, dass man *absolute* Rechte erwerben kann. „Absolut" steht hier in einer direkten Verbindung zur Idee des *Selfownership* und dem normativ unbedingten Vorrang der Geltung von Eigentumsrechten. Gemeint sind also solche Rechte, die Verfügung über ein Gut ausschließlich dem Besitzer garantieren und keiner anderen Person. Der solcherart erworbene Besitz darf nur einen Teil der Welt, nicht die ganze Welt umfassen. Darüber hinaus ist die Größe der Erwerbung qualifiziert durch die Bedingung, dass durch sie niemand *schlechter* gestellt werden darf. Dies wirft die Frage auf: schlechter in Bezug worauf? Der Vergleichszustand ist für Nozick der materielle Gewinn, der aus einer *gemeinschaftlichen* Nutzung jenes Stückes Land resultiert, das jetzt privatisiert wird.

Land ist jedoch endlich – irgendwann kann es keine ursprüngliche Aneignung von Land mehr geben. Daher folgt logisch aus der Theorie der ursprünglichen Aneignung die Entwicklung einer kapitalistischen Marktwirtschaft. Innerhalb einer kapitalistischen Marktwirtschaft resultiert aus der *Bearbeitung* eines Gutes jedoch kein Eigentumsanspruch mehr, da das Gut, das z.B. in einer Fabrik bearbeitet wird, ja bereits dem Unternehmer gehört.

Wirkmächtigkeit

Thatcherism und Reaganomics

Der Libertarianismus ist auch politisch wirkmächtig. So diente das zentrale Werk von Hayek, die Verfassung der Freiheit, als programmatische Schrift für die Wirtschafts- und Sozialpolitik der Thatcher-Regierung Ende der 1970er bis Mitte der 1980er Jahre. Robert Nozicks Theorie wird von vielen als legitimatorische Grundlage der Reaganomics 1980-1988 gesehen.[64] In beiden historischen Fällen ähnelt sich die Art der Politik, die auf Basis dieser theoretischen Grundlagen realisiert wurde. Sie bestand in England in der Privatisierung staatseigener Betriebe, der Liberalisierung des Marktes sowie in dem sukzessiven Abbau sozialstaatlicher Leistungen. Die Politik Reagans spiegelt jene der Thatcher-Regierung. Die wirtschaftlichen Versprechungen des Libertarianismus sind also gleichsam in einem Realexperiment überprüft worden. Die Ergebnisse sind gemischt, was aus der Sicht der Libertarianisten auf die Tatsache zurückzuführen ist, dass ein etabliertes politisches System und dessen Akteure einer solchen Transforma-

64 Dies jedoch fälschlicherweise, da die Theorie von Nozick, hätte man sie konsequent angewendet, die bestehenden Besitzverhältnisse komplett verändert hätte.

tion Widerstände entgegensetzen und ein gewisses institutionelles Beharrungsmoment vorherrscht.

Neoliberalismus

Nachhaltig prägend war der Einfluss des Libertarianismus in den 1990er Jahren. Nach dem Zusammenbruch der real existierenden sozialistischen Staaten gaben sich diese Länder innerhalb kurzer Zeit neue Verfassungen. Es erfolgte ein reger Verfassungsimport auf Seiten der neuen Demokratien. In dieser Zeit schlug auch die Stunde des Libertarianismus. Etliche Theoretiker, die diesem Paradigma verbunden sind, fungierten als Experten beim Drafting von neuen Verfassungen. Insbesondere die baltischen Staaten haben sich verfassungsrechtliche Strukturen gegeben, die einem Mix aus amerikanischer Verfassung minus libertarianistischer Diskontierung entsprechen. Mit der Gegenüberstellung von Liberalismus (vor allem im Sinne der Rawlsschen *Theorie der Gerechtigkeit*) und Libertarianismus stehen sich also nicht nur abstrakte Theorien gegenüber, sondern Legitimationsfiguren für reale Politiken und Staaten.

Probleme des Libertarianismus

Künstliche Stunde Null?

Nozick argumentiert, dass vergangenes Unrecht – z.B. in Form von Betrug, Diebstahl oder ungerechter ursprünglicher Aneignung – *rückgängig* gemacht werden muss. Dies würde für *alle* Gesellschaften revolutionäre Umbrüche bedeuten. Ein Kritiker Nozicks argumentiert, dass Amerika sofort an die Indianer zurückgegeben werden müsste. Ein realistischer Blick auf das Gerechtigkeitskriterium der Berichtigung ungerechter Besitzverhältnisse zeigt, dass heute niemand wissen kann, ob ein gerechtes oder ungerechtes Besitzverhältnis vorliegt. Da Nozick den historischen Aspekt seiner Gerechtigkeitstheorie sehr stark ausgeprägt hat, muss er auf diesen Einwand reagieren. Er tut dies, indem er eingesteht, dass seine Theorie über die Gerechtigkeit bestehender Besitzverhältnisse wenig aussagen kann. Dieses Manko könne jedoch überwunden werden, indem man *einmalig* eine gerechte Verteilung von Gütern innerhalb einer Gesellschaft herstellt, zum Beispiel anhand der Gerechtigkeitsprinzipien von John Rawls. Anders als die Verteilungsschematheoretiker argumentiert Nozick jedoch, dass ab diesem Zeitpunkt, der sozusagen einen künstlichen Punkt T0, eine künstliche Situation direkt nach einer hypothetischen ursprünglichen Aneignung darstellt, die Gesellschaft gerechtigkeitspraktisch sich selbst überlassen bleiben soll. Sie solle ausschließlich angeleitet werden durch die Prinzipien der Gerechtigkeit. Alle gesellschaftlichen Zustände, die aus gerechten Transfers resultieren, wären dann gerecht, unabhängig davon, wie ungleich die Verteilung von Gütern in der daraus resultierenden Gesellschaft wäre.

Sozialdarwinismus?

Viele Kritiker halten Nozick jedoch vor, dass er die Armen individuell unverschuldet verhungern lassen würde, damit die Reichen noch reicher werden können. Diese Kritik mag einen hypothetischen realen Zustand treffend beschreiben, dieser Zustand geht jedoch nicht zwingend aus der Theorie von Nozick hervor. Er ist kein Sozialdarwinist oder Menschenverächter – seine Argumente zielen alle gegen die *staatliche* Allokation von sozialer Unterstützung. Für Nozick ist es durchaus denkbar – und sogar wahrscheinlich – dass Nächstenliebe zu privater und freiwilliger Sozialhilfe für die Armen führt. Sollte es nicht das soziale Gewissen sein, so könnte die Angst vor sozialen Unruhen diese Mildtätigkeit bei den Reichen motivieren.

Systematische Einwände

Angreifbar ist Nozicks Theorie in Bezug auf ihre normativen Prämissen auf unterschiedlichen Ebenen. So mag man den absoluten Vorrang von Eigentumsrechten als unzulässige Verkürzung der Idee von liberalen Grundrechten ansehen. Dies ist jedoch gleichsam eine externe Kritik, die an die Theorie von außen herangetragen wird. Ein solches Vorgehen ist immer möglich, hilft aber kaum, eine Theorie intern zu schärfen bzw. zu verbessern. Auf der internen Ebene besteht jedoch ein gravierender Kritikpunkt, der an dem dritten Argumentationsschritt von Locke ansetzt: „Man kann *absolute* Rechte über einen *ungleichen* Teil an der Welt erwerben, wenn dadurch niemand *schlechter* gestellt wird." Der Vergleichsmaßstab für das „schlechter gestellt" sein ist ein ökonomischer – es geht um den Ertrag bzw. die Früchte der eigenen Arbeit (vgl. Kymlicka 1996). Ein Beispiel soll dies illustrieren:

Ein Beispiel

Adam und Bedam nutzen eine gemeinsame Ackerfläche, auf der sie jedoch je einzeln arbeiten. Der materielle Erlös seien 80 Nutzeneinheiten bei Adam und 20 bei Bedam, der das Pech hat, ackerbautechnisch unbegabt zu sein. Nach einiger Zeit nimmt Adam 100% der Ackerfläche in Privatbesitz – was unproblematisch ist, da es noch weiteres Land gibt. Da Bedam nicht fortziehen will, arbeitet er als Lohnangestellter bei Adam. Professionell angeleitet, arbeitet er effizienter als zuvor alleine. Sein Lohn als abhängig Angestellter beträgt daher 40 Nutzeneinheiten, d.h. er hat mehr als zuvor. Für Nozick wäre dies eine gerechte ursprüngliche Aneignung. Doch hier stellt sich die zentrale Frage: Kann *materieller* Nutzen tatsächlich der einzige Vergleichsmaßstab sein? Es macht schließlich einen wesentlichen Unterschied, ob man autonom als Landwirt arbeitet, sich seine Zeit selbst einteilt (auch unter der Rahmenannahme einer geringeren Effizienz des eigenen Tuns) oder ob man lohnabhängig arbeitet und fremdbestimmt ist. Sobald andere Faktoren als der materielle Nutzen als Vergleichsmaßstab des dritten Argumentationsschrittes von Locke dienen können, bricht das Theoriegebäude von Nozick in sich zusammen. Das Besondere dieser Kritik besteht darin, dass nichts *in der Theorie* von Nozick zwingend dazu führt, den materiellen Nutzen als Vergleichsmaßstab zu benutzen.

4.8 Rational Choice

Grundlegende Annahmen des Rational Choice *Ansatzes*

Ursprünge dieses Theorietyps

Der *Rational Choice* Ansatz unterscheidet sich in vielerlei Hinsicht deutlich von den meisten anderen Theorien, die wir in diesem Buch präsentieren. Dies resultiert maßgeblich aus der Tatsache, dass *Rational Choice* Theorien – oder Theorien rationaler Wahl – ihren Ursprung in der Ökonomie haben und als Konzepttransfer in die Politikwissenschaft gekommen sind. Die Ursprünge der *Rational Choice* Theorien können ideengeschichtlich zurückverfolgt werden bis zu Hobbes und den Werken der Schottischen Moralphilosophie im 17.-18. Jahrhundert, wobei das bekannteste Werk dieser philosophischen Tradition Adam Smiths „The Wealth of Nations“ (1776) ist.

RC-Theorien in den USA und Kontinentaleuropa

In der Politikwissenschaft gewannen Theorien rationaler Wahl nach 1950 aufgrund der behavioristischen Wende (vgl. Kapitel 1.2.1) rasch an Bedeutung, wobei man zwischen einer angloamerikanischen und einer kontinentaleuropäischen Wirkungsgeschichte differenzieren muss. In den USA ist *Rational Choice* in den letzten drei Jahrzehnten zu dem vermutlich wichtigsten Ansatz innerhalb der Politikwissenschaft geworden (vgl. Green/Shapiro 1994), während die Rezeption in der kontinentaleuropäischen Politikwissenschaft eher zurückhaltend war. Inwieweit *Rational Choice* im engeren Sinne eine Politische Theorie ist, oder ob man darin nicht eher einen Ansatz im Bereich der politischen Theorien sehen sollte, ist umstritten. Eindeutig ist jedoch, dass einige der Klassiker der *Rational Choice* Theorie auch innerhalb der Politischen Theorie relevant sind und eine Übersicht über die Politischen Theorien der Moderne ohne diesen Ansatz unvollständig wäre.

Die Theoriearchitektur: Modell des *homo oeconomicus*

Rational Choice Theorien sind Theorien mittlerer Reichweite. Ihr Ziel ist es, Handlungen von individuellen oder kollektiven Akteuren zu beschreiben, zu erklären und – zumindest partiell – auch zu prognostizieren. Sie verstehen sich als ein nicht-normativer, analytischer Ansatz zur Erklärung sozialer und politischer Phänomene. Da der Ansatz aus der Ökonomie kommt, teilt er auch dessen zentrale Annahmen. Die Theoriefamilie geht vom Postulat des *methodologischen Individualismus* aus, d.h. die Basis der Theorie ist das Individuum und seine individuellen Handlungen. Das Soziale besitzt keine eigene Qualität – d.h. keine Qualität *sui generis* – sondern resultiert aus der Aggregation der individuellen Handlungen. Soziale Strukturen sind damit das emergente Ergebnis von absichtsvollen individuellen Handlungen. Individuelles Handeln ist durch Eigeninteressen motiviert und erfolgt immer unter Einsatz von knappen Ressourcen (Zeit, Geld etc.). Akteure verfügen über vollständige Informationen. Innerhalb dieser Grenzen handeln Individuen so, dass sie ihren Nutzen durch ihr Handeln maximieren. Diese Axiome charakterisieren den *homo oeconomicus*. Er liegt den meisten *Rational Choice* Theorien zugrunde. Etliche neuere Ansätze erweitern oder modifizieren die grundlegenden Annahmen. Von besonderer Bedeutung ist die Frage, ob Akteure vollständige Informationen über die Welt besitzen oder unvollständige. Der „klassische" *homo oeconomicus* besitzt vollständige Informationen. Viele neuere Ansätze verwerfen die Prämisse, da sie unrealistisch ist und Probleme aufwirft, die unter der realistischeren Annahme unvollständiger Information nicht auftreten.

Leben als Wählen: Optionen und Beschränkungen

Die Leitdifferenz der Theorien rationaler Wahl lautet daher *choice* und *constraints* – also Auswahl und Beschränkungen. In fast jedem Moment des Lebens ist der Mensch gezwungen, Entscheidungen zu treffen. Einige von ihnen sind wohlüberlegt und gründlich reflektiert – was will ich studieren, wo möchte ich wohnen, möchte ich Vater sein –, andere eher Resultat einer unreflektierten Bauchentscheidung – Fahrrad oder Bahn, blaues oder weißes T-Shirt etc. Diese Entscheidungen treffen wir jedoch unter spezifischen Rahmenbedingungen, die unsere Entscheidungen beeinflussen. Habe ich z.B. kein Geld, werde ich mir kein Ticket für die Bahn kaufen können und nutze das Fahrrad. Habe ich keinen Partner, wird die Option, Mutter oder Vater zu sein, schwieriger. *Constraints* setzen also den Rahmen des Möglichen, innerhalb dessen ein Akteur seine Ziele wählt.

Ziele als gegeben

Mit den Zielen ist ein weiterer zentraler Aspekt der Theorien rationaler Wahl angesprochen. Die Rationalität, die titelgebend für den Ansatz ist, bezieht sich ausschließlich auf die *Mittel* zum Erreichen eines Zieles, *nicht* auf die *Ziele* selbst. Innerhalb des Ansatzes kann die Rationalität eines Zieles nicht bewertet werden – nur die Mittel, dieses Ziel zu erreichen.

Stabile und transitive Präferenzordnungen

Menschen haben jedoch nie nur ein Ziel, sondern stets eine Pluralität von Zielen – oder, in der Theoriesprache von *Rational Choice*: *Präferenzen*. Daher geht diese Theorie davon aus, dass Akteure die Fähigkeit besitzen, ihre Präferenzen zu ordnen, also in eine Reihenfolge zu bringen, und damit eine *Präferenzliste* auszubilden, die *stabil* und *transitiv* ist. Transitiv meint hierbei eine Relation zwischen Präferenzen. Gehen wir von den drei Präferenzen (oder Zielen) A, B und C aus. Präferiert ein Akteur A vor B und B vor C, so muss er auch A vor C präferieren, sonst wäre seine Präferenzliste nicht transitiv.

Homo Oeconomicus als heuristische Fiktion

Wie groß ist plausiblerweise der Objektbereich?

Abschließend soll noch der Status der grundlegenden Annahmen des *Rational Choice* Ansatzes diskutiert werden. Hierbei sind drei unterschiedliche Einschätzungen zu differenzieren. Die erste und gängigste besteht darin, den *homo oeconomicus* als eine *heuristische Fiktion* zu verstehen, d.h. als eine Sammlung von Annahmen, die absichtsvoll nicht der Realität entsprechen, die sich jedoch hilfreich sind, spezifische reale Probleme zu erklären. Weniger gängig ist die zweite

Einschätzung, wonach die Annahmen tatsächlich der Realität entsprechen, sie also rein *deskriptiv* sind. Vertreter der deskriptiven Richtung gehen davon aus, dass der *Rational Choice* Ansatz eine allgemeine Theorie menschlichen Verhaltens ist, der daher zur Analyse aller Bereiche des menschlichen Lebens genutzt finden kann. Ein wichtiger Vertreter dieser Richtung ist der amerikanische Ökonom Gary S. Becker, der u.a. die Ehe mit Hilfe des *Rational Choice* Instrumentariums analysiert hat.[65] Diese Einschätzung ist nicht unumstritten. So argumentiert Russel Hardin (1982:14) für einen eingeschränkten Bereich dessen, was Rational-Choice-Theorien prinzipiell überhaupt zugänglich ist: „To attempt a complete decision theory of human behavior would be absurd." Drittens wird die Auffassung vertreten, dass *Rational Choice* eine *normative* Theorie ist, d.h. sie ermöglicht Aussagen darüber, wie ein Akteur sich verhalten muss, wenn er seinen Nutzen maximieren will. Jon Elster gehört zu jenen Theoretikern, die *Rational Choice* normativ verstehen.

Kann RC normativ sein?

Der Ansatz ist vor allem in der amerikanischen Politikwissenschaft sehr erfolgreich. Zugleich steht er jedoch im Kreuzfeuer der Kritik, die – je nachdem, welche der drei Ansichten über den Status der Annahmen die kritisierte Theorie vertritt – eine unterschiedliche Zielrichtung hat. Das hier nur kurz anzureißende Tableau der Kritik ist umfangreich. Häufig entzündet sich die Kritik am unrealistischen Menschenbild (Menschen handeln nicht immer rational und eigennutzorientiert). Diese Kritik geht oft ins Leere, da die Annahmen als heuristische Fiktionen verstanden werden. Methodisch anspruchsvoller ist die Kritik, wonach *Rational Choice* eine tautologische Theorie ist. Da jedes beobachtbare Verhalten als eine Handlung gedeutet wird, die den Nutzen des Akteurs maximiert, entsteht das zirkuläre Argument, dass jedes Handeln nutzenmaximierend ist und jedes beobachtete Handeln entsprechend den Nutzen maximiert hat. Der Erkenntnisgewinn einer solchen Tautologie sei gering – so die Kritiker. Schließlich wird gegen *Rational Choice* Theorien angeführt, dass sie häufig *ad hoc* Erklärungen anführen oder – wie im Anschluss bei der Rekonstruktion der ökonomischen Theorie der Demokratie von Downs gezeigt wird – häufig ihre eigenen Rationalitätspostulate untergraben, um reale Prozesse erklären zu können.[66]

Klassische Einwände

Die in der Politikwissenschaft und in der Politischen Theorie weithin rezipierten Klassiker des Ansatzes entstanden zwischen 1951 und 1968: Kenneth J. Arrow „Social Choice and Individual Values"

Klassische Werke der RC-Schule

65 So Gary S. Becker (1976:8): „All human behavior can be viewed as involving participants who maximize their utility for a stable set of preferences and accumulate an optimal amount of information and other inputs in a variety of markets."

66 Vgl. Green/Shapiro (1994) für eine sehr pointierte und gut lesbare Kritik an der *Rational Choice* Theorie.

(1951), Anthony Downs „Economic Theory of Democracy“ (1957), Duncan Black „Theory of Committees and Elections“ (1958), James M. Buchanan/Gordon Tullock „The Calculus of Consent“ (1962), William H. Rikers „Theory of Political Coalitions“ (1962) sowie Mancur Olson „Logic of Collective Action“ (1965). Ausnahme hiervon ist der heute ebenfalls zentrale Band „Evolution of Cooperation“ (1984) von Robert Axelrod. Die zentralen Themen, Fragestellungen und methodischen Ansätze wurden in diesen Werken entwickelt – und obwohl sich der *Rational Choice* Ansatz vor allem in seiner mathematischen Komplexität immens weiterentwickelt hat, ist die Kenntnis der Klassiker sinnvoll. Zwei davon, Downs „Economic Theory of Democracy“ und Olsons „Collective Action“ sollen daher im Folgenden dargestellt werden. Die Form der Darstellung weicht aufgrund anderer Erkenntnisinteressen und Methodiken von der bisherigen Darstellung deutlich und absichtlich ab.

Anthony Downs: Eine ökonomische Theorie der Demokratie

Das 1957 auf englisch publizierte Werk „An Economic Theory of Democracy“ (dt. 1968: Eine ökonomische Theorie der Demokratie) von Anthony Downs (geb. 1930) gilt als Klassiker der *Rational Choice* Theorie. Es nimmt in gewisser Weise die Kernidee des bereits 1942 von Joseph Schumpeter verfassten „Capitalism, Socialism, and Democracy“ auf und fragt, welche Form der demokratische Prozess unter der Bedingung annimmt, dass sich sowohl die Parteien als auch die Wähler rational im Sinne des Modells des *homo oeconomicus* verhalten.

Wähler als rationale Akteure

Hierzu muss zunächst die Bedeutung der Rationalität für Wähler und Parteien geklärt werden. Die Rationalität der Wähler besteht darin, dass sie jene Partei wählen, die – sollte sie an die Macht kommen – ihr „Nutzeneinkommen“ maximiert. Parteien stellen sich wiederum zur Wahl, um Regierungsverantwortung übernehmen zu können: „Wir nehmen an, dass sie (die Parteimitglieder, d.A.) nur handeln, um das Einkommen, das Prestige und die Macht zu erlangen, die mit öffentlichen Ämtern verbunden sind.“ Folglich treten die Parteien „mit politischen Konzepten hervor, um Wahlen zu gewinnen; sie gewinnen nicht die Wahlen, um mit politischen Konzepten hervortreten zu können.“ (Downs 1968: 27-28) Die Beschreibung der Handlungsmotivationen von Wählern und Parteien – bzw. deren Mitgliedern – ist jedoch empirisch und mit Blick in die Parteiengeschichte fragwürdig. Auf diese Kritik entgegnet Downs (1968: 21): „Theoretische Modelle soll man vor allem an der Genauigkeit ihrer Voraussagen, weniger am Realitätsgehalt ihrer Annahmen prüfen.“ Downs modelliert seine ökonomische Theorie der Demokratie in unterschiedlichen Stufen – er beginnt mit Annahmen, die dem Standardmodell des *homo oeconomicus* entsprechen und ergänzt diese um realitätskompatiblere Annahmen – so u.a. jene, dass die Wähler keine vollständige Information besitzen. Beginnen wir mit den Annahmen des Standardmodells.

Abbildung 3: Unimodale Verteilung politischer Präferenzen

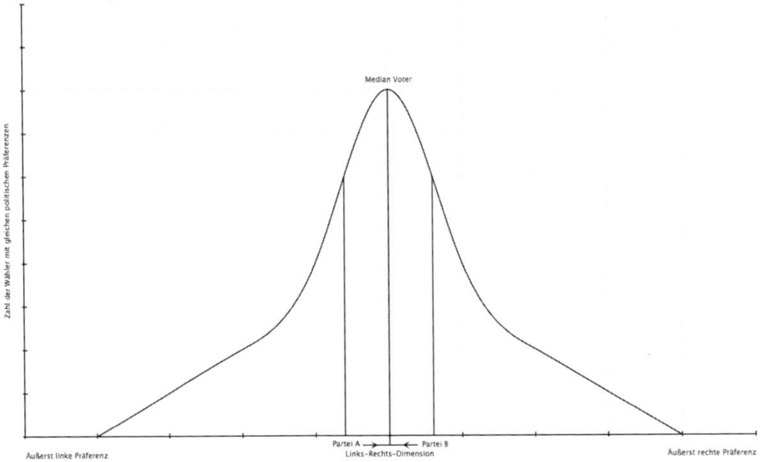

Rechts-Links-Schema als Leitdifferenz

Downs geht davon aus, dass alle politischen Fragen auf einer Links-Rechts-Dimension abgebildet werden können und jeder Bürger eine stabile und fixe Präferenz für alle politischen Fragen besitzt und vollständig informiert ist. Daraus folgt, dass sich auch die *aggregierten* Präferenzen der Bürger auf einer Links-Rechts-Dimension abtragen lassen. In seinem Grundmodell bilden die Präferenzen der Wähler eine unimodale, d.h. eine eingipfelige, Verteilung. Der höchste Punkt der Verteilung markiert den *Median-Voter*. Der Wähler entscheidet sich bei der Wahl für jene Partei, die seinen Präferenzen am nächsten kommt.

Parteien tendieren im Zwei-Parteien-System zur Mitte

Im Grundmodell existieren zwei Parteien, die sich programmatisch links und rechts vom *Median-Voter* positioniert haben. Ihn gilt es zu gewinnen, um an die Macht zu kommen. Entsprechend bewegen sie sich ideologisch zur Mitte. Diese Bewegung hin zur politischen Mitte verändert das programmatische Profil der Parteien: Sie werden zu „catch all parties“ (Downs) und „Allerweltsparteien“ (Otto Kirchheimer). Die Entwicklung vieler Parteien in westlichen Demokratien hin zu „catch all parties“ ist eine empirisch gesicherte Beobachtung, die für die Voraussagekraft einer ökonomischen Theorie der Demokratie spricht.[67] Doch wie steht es mit der Voraussagekraft des Wählerverhaltens? Und wie sieht es aus, wenn man die grundlegenden Annahmen realitätskompatibler gestaltet?

Politisches Interesse als Opportunitätskosten

In seinem differenzierteren Modell gibt Down die Annahme auf, dass die Akteure vollständig informiert sind und geht sogar noch einen entscheidenden Schritt weiter, indem er die Opportunitätskosten politischer Information berücksichtigt. Opportunitätskosten ergeben sich aus jenen Gewinnen, die nicht realisiert werden, weil Handlungsalternativen ausgeführt wurden. Ein Beispiel: Die Opportunitätskosten des Zeitungslesens bestehen darin, dass ich in dieser Zeit nicht arbeiten kann und mir der Lohn dieser Arbeit entgeht.

Politische Wahl als quasi-ökonomische Entscheidung

Die Wähler in dem differenzierteren Modell von Downs wählen jene Partei, die ihnen ein größeres Nutzeneinkommen bei der Übernahme der Regierung bringen wird. Um den Nutzen einschätzen zu können, ist fundierte politische Information notwendig. Hierzu gehört u.a. das Lesen der Parteiprogramme, die Überprüfung alter Wahlversprechen etc. Die Kosten einer seriösen Einschätzung des Nutzeneinkommens sind also sehr hoch. In hinreichend großen Elektoraten ist die Wahrscheinlichkeit, dass die eigene Stimme wahlentscheidend ist, jedoch sehr niedrig. Die Kosten des Sich-Informierens stehen also in keinem Verhältnis zum daraus resultierenden Nutzen. Formal kann dieser Sachverhalt in folgender Gleichung wiedergegeben werden:

$$U(W)=p*B-C$$

U ist der Nutzen der Wahl, *p* ist die Wahrscheinlichkeit, dass die eigene Stimme wahlentscheidend ist, *B* der Nutzen, der aus der Regierungstätigkeit meiner präferierten Partei resultiert und *C* die Kosten der Wahl – hierzu gehören neben den Informationskosten auch die

---

67 Die Entwicklung hin zur Mitte trifft insbesondere für nivellierte Mittelstandsgesellschaften zu, in denen die politischen Präferenzen der Bürgerinnen und Bürger unimodal verteilt sind und das Mehrheitswahlrecht gilt. Treffen diese Rahmenbedingungen nicht zu, muss das Modell entsprechend modifiziert werden. In Gesellschaften mit polymodalen Verteilungen der politischen Präferenzen sowie Verhältniswahlrecht ist die Ausbildung eines Mehrparteiensystems sehr wahrscheinlich. Die programmatischen Bewegungen der Parteien in solchen Systemen sind jedoch weitaus schwerer vorherzusagen, da auch die Wähler schwerer vorhersagbar sind. Dies resultiert erstens aus der Möglichkeit zur Koalitionsbildung, was die Antizipation der Regierungszusammensetzung anhand des Wahlausgangs erschwert. Zweitens können die Wähler in einem Verhältniswahlsystem *sincere* und *strategic voting* betreiben. Sincere voting bedeutet, dass der Wähler jene Partei wählt, die sein Nutzeneinkommen maximiert. Strategic voting impliziert, dass man – Koalitionsverhandlungen antizipierend – auch eine Partei wählt, die z.B. nicht das Nutzeneinkommen maximiert, sondern den Nutzenverlust *minimiert* oder/und die überhaupt eine Chance hat, sich an der Regierungsbildung zu beteiligen.

Opportunitätskosten des Wahlakts selber. In großen Elektoraten ist p ungefähr 0, daraus folgt:

$$U(W)=0-C$$

Rationales Desinteresse

Der „Nutzen" der Wahl besteht allein aus den Kosten der Wahl. Es ist innerhalb der Logik der rationalen Wahl also nicht rational, wählen zu gehen. Sollte der Wähler trotzdem zur Wahl gehen, ist es nicht rational, sich politisch zu informieren. Dieses Verhalten resultiert direkt aus den Prämissen der *Rational Choice* Theorie und kann als *rationale Abstinenz* und *rationale Ignoranz* bezeichnen werden. Diese These enthält normativen Sprengstoff für das Selbstverständnis von liberalen Demokratien. In ihrer Selbstbeschreibung partizipieren informierte Bürger mit klaren Präferenzen am demokratischen Prozess. Träfe das Modell von Downs jedoch zu, müsste die Wahlbeteiligung außerordentlich niedrig sein und/oder die Wähler ignorant und uninformiert. Unter diesen Bedingungen könnte eine Regierung kostengünstiger ausgelost werden.

Warum gehen Bürger überhaupt wählen?

Trotzdem liegt die Wahlbeteiligung in vielen Demokratien faktisch bei weit über 50%. Die Diskrepanz zwischen den modellinternen Vorhersagen und der empirischen Wahlsituation wird als *paradox of voting* bezeichnet und ist seit der Analyse von Downs ein ständiges theoretisches Problem dieser Theorierichtung.

Ideologien

Downs versucht das *paradox of voting* doppelt zu lösen. Einerseits führt er *Ideologien* ein. Ideologien sind Komprimierungen von parteipolitischen Programmen und Positionen. Ideologien reduzieren die Informationskosten, indem sie Parteien auf dem Links-Rechts-Spektrum eindeutig verorten. So könnte Partei A sich als Partei der sozialen Gerechtigkeit und Partei B sich als Partei der freien Marktwirtschaft ideologisch positionieren. Diese Ideologie kann und wird im Modell von Downs sachlich unterfüttert – für den Wähler interessant sind jedoch die Kondensate, die man auch beiläufig und ohne zusätzliche Kosten in der alltäglichen Kommunikation wahrnehmen und verarbeiten kann. Ideologien besitzen aus der Perspektive eines normativen Demokratieverständnisses einen weiteren Vorteil: Sie nötigen die Parteien dazu, über die Zeit hinweg ein nachvollziehbares und kontinuierliches Ideologieprofil zu vertreten. Würden Parteien – in ihrem Kampf um den *Median-Voter* –ideologisch gleichsam über den Gegner „springen", so verlören sie an Glaubwürdigkeit.

Demokratieobulus

Und doch reichen Ideologien nicht aus, um das *paradox of voting* zu überwinden, denn noch immer sind in diesem Modell die Kosten des Wählens höher als sein Nutzen. Downs führt daher einen „Demokratieobulus" D ein. Demokratie ist demnach eine Staatsform, die selbst einen Nutzen für die Bürgerinnen und Bürger erzeugt. Demokratie kann aber nur dann Bestand haben, wenn die Bürger sich an ihr – z.B. in Wahlen und Abstimmungen – beteiligen. Fügt man den Demokratieobolus ein, so ergibt sich folgende Gleichung:

U(W)=p*B-C+D und wieder gilt: U(W)=0-C+D

Doch auch diese Ergänzung leidet unter zwei Defiziten: Zum einen resultiert der Nutzen aus einer Wahl nun maßgeblich aus der Existenz der Staatsform Demokratie, nicht aus der Regierungsarbeit einer spezifischen Partei. Das Politische des Wahlaktes, die Wahl einer konkreten Partei aus programmatischen Erwägungen, ist mit dem Faktor „D" nicht mehr handlungsmotivierend, und modellintern ist es (fast) unerheblich, welche Partei man wählt.[68] Damit ist das Politische nicht mehr konstitutiv für den Wahlakt – eine in normativer Perspektive problematische Folge der Einführung des Demokratieobolus.

Zum anderen greift die Logik des kollektiven Handelns. Demokratie ist jedoch ein öffentliches Gut, und vom Nutzen der Demokratie kann niemand ausgeschlossen werden, selbst wenn er oder sie nicht selbst zur Wahl gegangen ist. Vor diesem Hintergrund ist es jedoch nur rational, die anderen wählen zu lassen und selbst den Wahlsonntag mit der Familie oder Freunden zu verbringen. Da jeder Wähler und jede Wählerin diese Rechnung aufmachen wird und zum Trittbrettfahrer der anderen mutiert, würde niemand zu Wahl gehen.

Ist wählen rational?

Was bleibt? Die Wahlforschung ist eine Paradedisziplin für die Anwendung der *Rational Choice* Theorie. Dies überrascht, da gerade das Wahlverhalten der Wähler mit dem analytischen Instrumentarium der Theorie rationaler Wahl schlecht erklärt werden kann. Vielleicht handelt es sich wirklich um eine „low cost – low benefit" Situation (vgl. Aldrich 1993). Eine Situation also, in der die Bürger nicht Kosten und Nutzen verrechnen, sondern einfach wählen gehen – vielleicht um einen Spaziergang zu machen, vielleicht um Freunde zu treffen, vielleicht auch, weil sie sich hinsichtlich des Wertes der eigenen Stimme verrechnet haben. Das Verhalten der Parteien – insbesondere der Trend hin zur Mitte – kann sehr plausibel innerhalb der *Rational Choice* Theorie erklärt und sogar vorhergesagt werden. Offen bleibt die Klärung eines irritierenden Faktums: Warum können sich Parteien rational verhalten, wenn die Wähler es nicht sind?[69]

---

68 Own/Grofman (1984: 322) hierzu: „If you are going to bother to vote at all, then never allow yourself to be talked out of voting for the candidate of your choice. Since your vote is not going to make a difference anyway, you may as well at least have the satisfaction of voting for the candidate whom you prefer."

69 Grofman (1983: 57) hierzu: „Gerald Kramer (personal communication, 1981, only somewhat misquoted) has remarked that rational choice modellers will be able to explain voting and nonvoting as soon as they solve the problem of why people sa-

Mancur Olson: Die Logik des kollektiven Handelns

Mancur Olson (1932-1998) hat zwei auch für die Politische Theorie bedeutende Werke verfasst. Dies ist sind „Logic of Collective Action“ (1965) (dt. 1968: Die Logik des kollektiven Handelns) sowie „Rise and Decline of Nations“ (1982) (dt. 1991: Aufstieg und Niedergang von Nationen). Im Folgenden beschränken wir uns auf die Diskussion der „Logik des kollektiven Handelns“.

Theoriegenese

Mancur Olsons besondere Leistung kann am besten gewürdigt werden, wenn man sie in den größeren Kontext der Theorieentwicklung und -moden der 1950er und 1960er Jahre einbettet. Ein damals wichtiger Ansatz innerhalb der Politikwissenschaft allgemein und der Demokratietheorie im Besonderen war die *Pluralismustheorie.* Ihr Basispostulat lautete – sehr pointiert –, dass Interessen der „Stoff“ der Politik sind. Entsprechend schließen sich Personen mit ähnlichen Interessen zusammen, um als Lobbygruppe, NGO, Partei etc. ihre Interessen effektiver in den demokratischen Prozess einzuspeisen und – je nach Gesamtlage der Interessen – auch durchzusetzen. In der deutschen Spielart dieses Theorieansatzes, der maßgeblich mit dem Namen Ernst Fraenkel verbunden ist, findet sich die Vorstellung eines Kräfteparallelogramms, welches aus dem Kampf um die Durchsetzung der Interessen der einzelnen, mit unterschiedlicher *bargaining-power* ausgestatteten, Interessengruppen resultiert. Das Basispostulat entspricht unserer Alltagsintuition. Aber auch aus der Perspektive der *Rational Choice* Theorie erscheint es plausibel. Diese Plausibilitätsunterstellung nachhaltig erschüttert zu haben, und zwar ironischer Weise gerade aus *Rational Choice* Perspektive, ist das bleibende Verdienst von Mancur Olson.

Interessen und die Schwierigkeit, diese zu organisieren

Olson vertritt in der „Logik des kollektiven Handelns“ zwei zentrale Thesen. Erstens geht er davon aus, dass sich nicht alle Interessen gleich gut organisieren lassen. Je größer die Gruppe ist, die ein Interesse teilt, desto *schlechter* lässt sich die Gruppe organisieren und desto schlechter lässt sich das Gruppeninteresse politisch durchsetzen. Zweitens vertritt er die These, dass die Organisierbarkeit von Interessen nicht nur von der Größe der Gruppe abhängt, sondern auch von der Arbeit des Gutes, das politisch durchgesetzt werden soll. Besonders schlecht sind laut Olson jene Güter durchzusetzen (oder zu produzieren, auf diesen Fall gehen wir später ein), die man als *public goods*, als öffentliche Güter, bezeichnet. Öffentliche Güter sind da-

lute the flag even when they know that nobody is looking. The Palfrey/Rosenthal paper offers an elegant mathematical framework for the analysis of dichotomous choices in a multi-actor environment, but as a contribution to empirical social science research on turnout it does not pass the Fannie Grofman test, i.e., it does not help me understand the behavior of my mother (voting behavior, that is).“

durch definiert, dass es „den anderen Personen in einer Gruppe praktisch nicht vorenthalten werden kann, wenn irgendeine Person Xi in einer Gruppe X1, ... Xi, ... Xn es konsumiert. Mit anderen Worten, denjenigen, die von dem öffentlichen oder kollektiven [Gut] weder etwas kaufen noch dafür bezahlen, kann man es weder vorenthalten, noch kann man ihnen seinen Konsum verwehren, wie man das [bei] nicht nicht-kollektiven Gütern kann." (Olson 1968: 13-14)

Kollektive Präferenzen und ihre Umsetzung

Beide Thesen erzeugen in Verbindung einen erheblichen Problemdruck, ist doch die Produktion von Kollektivgütern ein Problem sozialer Kooperation, das sowohl in der Gesellschaft als auch in der Politik häufig auftritt. Gegen dieses Argument lässt sich einwenden, dass es eine zentrale Aufgabe des Staates ist, ja sogar ein Teil seiner historischen Legitimation, Kollektivgüter herzustellen oder ihre Produktion zumindest zu sichern. Das sicherlich bekannteste Kollektivgut ist Sicherheit. Dieses Gegenargument berücksichtigt jedoch nicht, dass es politische Präferenzen gibt, die innerhalb der Bevölkerung weit verbreitet sind und trotzdem nicht realisiert werden, gerade *weil* es sich hierbei um öffentliche Güter handelt und *weil* viele es wollen.

Ein Beispiel

Dies wirft die Frage auf, warum öffentliche Güter nicht oder nur suboptimal hergestellt werden. Zur Lösung dieser Frage differenziert Olson – immer vor dem Hintergrund des *homo oeconomicus* – drei unterschiedliche Gruppen, mit jeweils spezifischen Problemen bei der Produktion von öffentlichen Gütern (Olson 1968: 21-52). Die privilegierte oder kleine Gruppe – bei denen die Bereitstellung relativ gesichert ist –, die mittelgroße Gruppe – deren Verhalten Olson nicht genau beschreiben kann –, und die latente Gruppe – die bei der Bereitstellung eines öffentlichen Gutes systematisch versagt.

Drei Modelle

Freerider-Problem als politisches Dilemma

Die Probleme bei der Bereitstellung eines öffentlichen Gutes können formal als ein n-Personen PD Game modelliert werden (vgl. das Kapitel zu Hobbes). Ausgehend vom *homo oeconomicus* ist es für einen rationalen Akteur nicht sinnvoll, sich an der Produktion eines Gutes zu beteiligen, von dessen Konsumption er nicht ausgeschlossen werden kann, unabhängig von seinem Beitrag zur Bereitstellung des Gutes. Dieses Phänomen wird als Trittbrettfahrertum (*freerider*) bezeichnet. Da jeder rationale Akteur darauf vertraut, dass alle anderen für die Bereitstellung des öffentlichen Gutes Sorge tragen, wird das öffentliche Gut nicht produziert. Formal gesprochen, führt die Anwendung individueller Rationalität zu kollektiv suboptimalen Ergebnissen. Dieses Phänomen ist im politischen wie sozialen Kontext häufig zu beobachten. Je größer die Gruppe ist, die ein gemeinsames Interesse mit Kollektivgutcharakter hat, desto unwahrscheinlicher ist es, dass dieses Kollektivgut produziert wird. Die grundlegende Problematik trifft auch auf kleine Gruppen zu. Doch existieren Strategen der

Überwindung der Trittbrettfahrerproblematik, die bei kleinen Gruppen effektiver wirken als bei großen.

Vorteile kleiner Gruppen

In kleinen Gruppen ist die Produktion eines öffentlichen Gutes aus drei Gründen relativ gesichert: 1. Es existiert gegenseitige soziale Kontrolle der Mitglieder der Gruppe, so dass sich Einzelne nicht unbeobachtet von der Produktion des Kollektivgutes zurückziehen können. 2. Der Zusammenhang zwischen individuellem Beitrag zur Produktion und dem Produkt selbst ist stärker als in großen Gruppen sichtbar. 3. Die Wichtigkeit des individuellen Beitrages zur Bereitstellung des öffentlichen Gutes ist in kleinen Gruppen höher als in großen. Daraus folgt, dass Interessen von kleinen Gruppen sich politisch besser durchsetzen lassen als jene von großen! Dies ist in normativer Perspektive überaus problematisch und verdeutlicht, dass die Pluralismustheorie von Annahmen ausging, die selbst dann nicht empiriefest sind, wenn strikt eigennutzorientiertes Verhalten unterstellt wird.

Große Gruppen sind dann organisierbar, wenn an die Seite des kollektiven Gutes noch ein privates Gut gestellt wird. Dieses private Gut fungiert als ein *selektiver Anreiz* der individuellen Beteiligung in einer großen Gruppe. Das Beispiel des ADAC mag dies verdeutlichen. Der ADAC vertritt die Interessen aller Autofahrer – unabhängig davon, ob sie Mitglied sind oder nicht. Die *bargaining power* des ADAC ist jedoch abhängig von seiner Mitgliederzahl und der Grad an Organisiertheit wird von seiner Finanzkraft beeinflusst. Folgt man der Theorie des kollektiven Handelns, dürfte die Zahl der Mitglieder des ADAC klein sein – dies ist jedoch nicht der Fall, da die Mitgliedschaft beim ADAC die Konsumption eines privaten Gutes ermöglicht: Pannenhilfe! Aus normativer Perspektive kann jedoch – abstrahiert man vom Beispiel ADAC – eingewendet werden, dass viele Gruppen ihren (politischen) Charakter verändern, wenn die Produktion und die Bedeutung des privaten Gutes wächst und das ursprüngliche Interesse – das Kollektivgut – dahinter zurückfällt.

Wirkungsmächtigkeit

In der Politikwissenschaft

Hinsichtlich der Wirkungsmächtigkeit kann zwischen zwei Sphären differenziert werden. Innerhalb der Politikwissenschaft dominieren Theorien der rationalen Wahl inzwischen in den anglo-amerikanischen Ländern (vgl. Green/Shapiro 1994). Dieser Trend hat Kontinentaleuropa noch nicht erreicht, vieles spricht angesichts einer globalisierten Politikwissenschaft jedoch dafür, dass *Rational Choice* Theorien auch hier an Bedeutung gewinnen.

Im Alltagsleben

Theorien rationaler Wahl sind jedoch auch im Alltagshandeln angekommen. Auch wenn die folgenden Überlegungen spekulativerer Natur sind als die bisherigen, so spricht doch einiges dafür, dass *ra-*

tional choice Theorien *self-fulfilling prophecies* sind. Betrachtet man lebensweltliche Situationen, so scheint es relativ unumstritten zu sein, dass viele Menschen entweder überhaupt keine Nutzenmaximierer sind oder dies nur in bestimmten Situationen. Die entscheidende Frage lautet also: Wann werden Akteure zu rationalen Nutzenmaximierern? Scheinbar besteht zwischen der Kenntnis und der Anwendung ökonomischer Rationalität ein synergetisches Verhältnis!

Korrelieren Nutzenmaximierung und Individualismus?

Diese These steht nicht im Widerspruch zu den üblichen Annahmen über die Verbindung von Individualisierung und ökonomischer Rationalität, vielmehr ist sie ein Hinweis darauf, dass das Problem weiter reichend ist, als die Individualisierungsthese andeutet. Beck (1986), Honneth (1994) u.a. konstatierten für die Bundesrepublik seit den ausgehenden achtziger Jahren Prozesse der Auflösung traditioneller Milieus und den Zerfall sozialer Strukturen. Zugleich Auslöser und Konsequenz dieser Auflösungstendenzen waren Prozesse zunehmender Individualisierung. Wiesenthal (1987a) setzt diese Tendenzen in eine positive Beziehung zur Ausbreitung ökonomischer Rationalität innerhalb der Gesellschaft, m.a.W. Individualisierung begünstigt nutzenmaximierendes Handeln.

Rational-Choice als Selbstläufer: Kommt die Gesellschaft der Nutzenmaximierer?

Dass Kosten-Nutzen-Kalkulationen in politischen Fragen bei den Bürgern zunehmend intensiver vorgenommen werden, kann darüber hinaus durch zwei Faktoren erklärt werden: einerseits die Hegemonie des neoliberalen Wirtschaftsmodells und die daraus resultierenden spill-over Effekte, v.a. auf den Bereich des Politischen; andererseits sind Rational-Choice Kalkulationen *self-reenforcing*. Diese Effekte hat bereits Wiesenthal (1987a) in seiner umsichtigen Einleitung der „Subversion der Rationalität" von Elster (1987) analysiert. Claus Offe (2001: 246) diskutiert die antizipierten (!) Rational-Choice Kalkulationen unter dem Stichwort „moral hazard": „Wenn zum Beispiel in einer politischen Gemeinschaft generell unterstellt wird, dass alle Akteure den Versuchungen individuell-rationalen Handelns (moral hazard) erliegen werden", können riskante (und vermutlich: anspruchsvolle) Politiken, die ausbeutbar sind, nicht mehr implementiert werden. „So wird das Universum der als ‚realistisch' und ‚effektiv' in Betracht kommenden staatlichen Politiken (...) durch kognitive Prämissen über die Vertrauenswürdigkeit von relevanten Interaktionspartnern bestimmt und beschränkt." Wobei „Vertrauenswürdigkeit" sich hier konkret auf die Nicht-Anwendung von Rational-Choice Kalkülen bezieht. Przeworski (1998) hat diesen Argumentationsfaden aufgenommen und überzeugend darauf hingewiesen, dass zwischen individuellen Einstellungen und Annahmen über die Handlungsmotive und Einstellungen anderer systematisch differenziert werden muss. Die Handlungslogiken und Dispositionen aller anderen Staatsbürger beeinflussen demnach mein eigenes Handeln. Es sind jedoch Mutmaßungen über die Einstellungen der anderen. Die Wahrnehmung dieser Einstellungen ist steuer- und manipulierbar. Ist z.B. die Wahrnehmung dominant, dass die anderen Bürger RC-Kalkulationen folgen, so wird diese Realitäts*unterstellung* zu einer Realitäts*beschreibung*, weil sie mein Handeln informiert und motiviert. Auf den Bereich des Politischen fokussiert, lautet zusammenfassend die Diagnose, dass der ökonomische Neo-Liberalismus in Form von lebensweltlichen Rational-Choice Kalkülen auf die Sphäre des Politischen und den Bereich der Zivilgesellschaft übergreift und anschließend dort eine *self-fulfilling prophecy* zu werden droht.

Rational Choice – was bleibt?

Versuche der Ergänzung

Peter Abell (1992:183) betitelt einen Aufsatz „Is Rational Choice Theory a rational choice of Theory?“ *Rational Choice* Theorien befinden sich generell in einem Dreieck, dessen Eckpunkte Anwendbarkeit, Prognosefähigkeit (d.h. auch Prägnanz der Ergebnisse) und Theoriekomplexität sind. Die Anwendbarkeit von *Rational Choice* Theorien ist von der generellen Gültigkeit ihrer Axiome abhängig. *Rational Choice* besitzt die Tendenz, a-historisch zu argumentieren und vernachlässigt somit historische und/oder soziale Spezifika. Wird dieser Tatsache Rechnung getragen (über Brückenhypothesen, vgl. Kunz 2004: 104-122), so verliert die Theorie einen Teil ihrer axiomatischen Sparsamkeit und damit Prognosefähigkeit. Bohman (1992: 208) radikalisiert diesen Gedanken und argumentiert gegen Brückenhypothesen als Bestandteil von *Rational Choice* Theorien: „A research program begins with the explanation of a ‘core’ set of phenomena and develops by gradually expanding its scope from this successful, elementary core. A research program reaches its limits, however, when this extension fails: The program then either produces inadequate explanations or begins to appeal to extratheoretical, auxiliary assumptions that do the explaining. I want to argue that rational-choice-theorists already have done both (...).“ Die Prognosefähigkeit als ein wichtiger Pluspunkt von Rational-Choice-Theorien ist abhängig von der Simplizität ihrer Akteursannahmen. Je komplexer die Axiomatik und vielfältiger die Theorieerweiterungen sind, desto geringer ist die Prognosefähigkeit. Wir befinden uns bei der Bewertung der Anwendbarkeit in einer *trade-off* Situation. Die Anwendungsbreite von *Rational Choice* Theorien wird mit sinkender Prognosefähigkeit und steigendem Anteil von „real-tautologischen“ ex-post-Erklärungen erkauft (vgl. Green/Shapiro 1994). Ihre Anwendung wird zwar vom empirischen Trend hin zu ökonomischer Rationalität in lebensweltlichen Kontexten unterstützt, doch bleibt ihr Erklärungspotenzial mitunter eingeschränkt.

Anwendungsbereiche

Insgesamt dominiert eine skeptische Einschätzung der Anwendungsfähigkeit von *Rational Choice* Theorien auf Wahlbeteiligung; wobei die Möglichkeit besteht, dass die Wahlrationalität der Bürger einfach noch nicht das Niveau erreicht hat, das für eine sinnvolle Anwendung von *Rational Choice* Theorien notwendig ist. Die mangelnde Aussagefähigkeit im Bereich der Wahlbeteiligung muss jedoch nicht notwendigerweise zu einer generellen Abkehr von diesen Theorien führen, vor allem aufgrund ihres hohen deduktiven Erklärungspotenzials. Sinnvoller erscheint, dass Kriterien erarbeitet werden, die für die Anwendung von *Rational Choice* Theorien notwendig sind; letzten Endes muss der Objektbereich der Theorien eingeschränkt werden, um sie sinnvoll anwenden zu können.

Schwerwiegende Einwände kamen in den letzten Jahren aus dem Forschungsfeld der Verhaltensökonomie. Diese untersucht in empirischen Versuchen das tatsächliche Verhalten von Akteuren. Experimente zeigen, dass Menschen offenbar nicht umhin können, sich durch die Darstellung einer Wahlmöglichkeit beeinflussen zu lassen (Kahnemann/Tversky 2000). Muss sich ein Patient entscheiden, eine Operation vollziehen zu lassen, so kann der Arzt beispielsweise formulieren: „90 Prozent der Patienten überleben das Verfahren" oder „10 Prozent der Patienten sterben durch das Verfahren". Diese beiden inhaltlich identischen Aussagen führen jedoch zu signifikant anderen Entscheidungen. Diese *Framing*-Effekte zeigen, dass es keine neutrale Art gibt, Entscheidungen anzubieten (zu diesen Effekten vgl. auch Ariely 2008). Cass Sunstein und Richard Thaler werben dafür, diese bekannten Effekte systematisch politisch zu benutzen und den Bürger durch bewusste Ausgestaltung der Entscheidungsstruktur bei gleichzeitiger Wahlfreiheit (sogenannte *nudges*) zu beeinflussen, vor allem in der Gesundheitsvorsorge (Sunstein/Thaler 2008). Insgesamt steht durch eine solche Verabschiedung des *homo oeconomicus* die wichtigste heuristische Prämisse der Rational Choice Theorien auf dem Spiel. Zu einem Zeitpunkt, an dem das neoliberale Paradigma an realpolitischer Wirkungskraft einbüßt, stehen zugleich Fortentwicklungen der ökonomischen Theorie zur Diskussion, die den *homo oeconomicus* verabschieden.

5. Republikanisch-kommunitaristische Theorien

Ein Korrektiv?

Der Republikanismus entwickelt seine zentralen Positionen und Inhalte in Abgrenzung von und in Reaktion auf die zunehmende Dominanz liberalen Denkens im Prozess der Modernisierung. Der zeitgenössische politische Philosoph Michael Walzer – seines Zeichens selbst Kommunitarist – geht daher davon aus, dass der Republikanismus nicht auf Augenhöhe mit dem Liberalismus steht (1990a: 157). Vielmehr ist er ebenso wie der auf ihn aufbauende Kommunitarismus oft als „kritischer Stachel“, als ein Korrektiv für den Liberalismus interpretiert worden, der seine Fehlentwicklungen und Pathologien diagnostiziert und Therapien anbietet, ohne jedoch die Hoffnung zu haben, selbst jemals so dominant wie dieser zu werden.

5.1. Radikal-demokratische Republik: Rousseau

Ein Skandal-Intellektueller

Selbstkritik der Moderne

Jean-Jacques Rousseau, 1712 geboren, war ein auf vielen Gebieten tätiger Intellektueller und hat für die Moderne prägende Werke in der Pädagogik, der Memoirenliteratur und der Politischen Philosophie geschaffen. Im französischen Sprachraum erlangte er eine Bedeutung, die mit Kants Rolle im deutschen Sprachraum vergleichbar ist. Sein Ruhm gründet sich maßgeblich auf die Schriften „Abhandlung über die Preisfrage der Akademie, ob die Wiederherstellung der Wissenschaften und Künste zur Läuterung der Sitten beigetragen hat?“ (1750) sowie auf die 1762 erschienenen Schriften „Vom Gesellschaftsvertrag oder Prinzipien des Naturrechts“ und „Emile oder Über die Erziehung“. Er ist der wichtigste Vertreter moderner Entfremdungskritik. Eine Linie der Rezeption sieht ihn daher häufig verkürzt als einen romantischen Republikaner, der eine verklärt-idealistische Vorstellung vom Naturzustand habe – so z.B. in dem Bild vom edlen Wilden – und für eine radikale, partizipationsorientierte Demokratie plädiere (vgl. Pateman 1970). Rousseau hat jedoch weitaus mehr zu bieten, wenn man ihn von diesem interpretativen Ballast befreit und daraufhin befragt, welchen Beitrag er zur zeitgenössischen Frage nach der Legitimierbarkeit demokratischer Systeme leisten kann. Hier liegt sein genuiner Beitrag, der darüber hinaus auch weiterhin aktuell ist, da die Auseinandersetzung zwischen Liberalismus und Republikanismus auch heute noch nicht abgeschlossen ist.

Problemlage

Moderne als Entfremdung, Gemeinschaft als Versöhnung

Die Problemlage, in die sich Rousseau gestellt sieht, lässt sich sehr gut durch den Begriff der „Entfremdung" fassen. Seine skandalöse Generaldiagnose besteht nämlich zunächst in einer radikalen Kultur- und Modernekritik: Alle kulturellen Errungenschaften haben den Menschen nach seiner Einschätzung nicht etwa besser und glücklicher gemacht, sondern ihn im Gegenteil in eine Entfremdung von seinen ursprünglichen Bedürfnissen getrieben. Der Mensch der Metropolen und höfischen Gesellschaften, der Salon- und Geschäftswelt ist verlogen und verstellt sich. Die Menschen machen so nicht nur andere zu ihren Sklaven, sondern auch sich selbst zum Sklaven ihrer Karrierewünsche, Abhängigkeiten und Usancen. Die großen Rousseau-Interpreten wie Ernst Cassirer und Jean Starobinski sind sich in der Einschätzung einig, dass ein Ausweg aus dieser Entfremdung der Moderne das alle Werke überspannende Projekt Rousseaus ist. Auch seine politische Philosophie antwortet, so kann man zeigen, auf diese hintergründige Problemlage einer allgemeinen Selbstentfremdung des Menschen in der Kultur. Auch die Gemeinschaft gilt es nach Rousseau so zu konstruieren, dass sich der Einzelne nicht verstellen muss und sich als Besonderer im Allgemeinen wiedererkennen kann.

Fragestellung

Frei sein – in der Gemeinschaft

Seine zentrale Frage artikuliert er in aller Deutlichkeit im *Gesellschaftsvertrag*: „Finde eine Form des Zusammenschlusses, die mit ihrer ganzen gemeinsamen Kraft die Person und das Vermögen jedes einzelnen Mitglieds verteidigt und schützt und durch die doch jeder, indem er sich mit allen vereinigt, nur sich selbst gehorcht und genauso frei bleibt wie zuvor." (Rousseau 1977: 16ff.).

Der freie Mensch

Die von Rousseau aufgeworfene Fragestellung ist in vielfältiger Hinsicht sehr aufschlussreich. Zunächst impliziert die Fragestellung bereits eine weitere, im ersten Satz des Gesellschaftsvertrages mit einem Paukenschlag artikulierte Problemdiagnose: Die Menschen waren zwar ursprünglich frei, doch liegen sie heute überall in Ketten. Darüber hinaus verbindet die Fragestellung einerseits liberale Aspekte im Schutz der Person und ihres Vermögens – das jedoch nicht verkürzt allein als Eigentum verstanden werden darf, Vermögen bezeichnet darüber hinaus auch die *Anlagen* oder die prinzipielle *Befähigung* einer Person, in einer spezifischen Form zu handeln – mit republikanischen Idealen wie Gemeinschaft und Selbstregierung. Die Fragestellung liefert in dieser Perspektive bereits die Pointe der Antwort: Die zu findende Regierungsform ermöglicht es, sich zu einer politischen Gemeinschaft zu vereinen und doch in der Gemeinschaft nur sich selbst – d.h. den eigenen Gesetzen – zu gehorchen.

Naturzustand als Heuristik

Die Tatsache, dass die Menschen heute nicht mehr frei sind, sondern überall in Ketten liegen, kann man laut Rousseau nur genealogisch erklären, das heißt im Rückgriff auf die historische Entwicklung, die zu dem heutigen Zustand geführt hat. An diesem Punkt der Argumentation greift auch Rousseau auf ein Konstrukt zurück, das bereits mehrfach diskutiert worden ist: die Vorstellung eines Naturzustandes. Der methodologische Status dieser Überlegungen ist in der Literatur jedoch umstritten. Einige Autoren vertreten die These, dass Rousseau den Naturzustand als einen historischen Zustand versteht. Diese Deutung wird durch scheinbar anthropologische Aussagen zum „edlen Wilden" gedeckt. Andere Autoren sehen im Naturzustand ein heuristisches Werkzeug, ein rein argumentatives Konstrukt, das allein dem Zweck dient, kritischer Bewertungsstandard für die politische Realität zu sein. Gerade das letzte Argument verdient Beachtung: Etliche zeitgenössische Kritiker nehmen die Theorie der radikalen Demokratie von Rousseau *at face value* und verwerfen sie mit dem Hinweis, dass sie nicht realisierbar sei.

Diese Kritik zielt jedoch ins Leere, da zumindest jene im Gesellschaftsvertrag ausgeführten Überlegungen gerade *nicht* auf gesellschaftliche Realisierung zielten, sondern vielmehr als Kritikfolie für die defizitären politischen Zustände seiner Zeit dienen sollten. Die Frage, ob der Naturzustand ein fiktiver oder ein historischer ist, kann jedoch aufgeklärt werden. In der Literatur werden in der Regel zwei Phasen des Schaffens von Rousseau unterschieden, eine frühe und eine späte. Die frühe Phase zeichnet sich durch eine insgesamt sehr kulturskeptische Haltung Rousseaus aus – die Kultur seiner Zeitgenossen empfindet er als degeneriert und im Verfall begriffen. Gerade gegen die Dekadenz seiner Zeitgenossen betont er die Natürlichkeit des Menschen im Naturzustand. Vor dem Hintergrund dieser Folie kann der Naturzustand als historischer Zustand gelesen werden. Die späteren Arbeiten zeichnen sich – vielleicht durch die wachsende Anerkennung seiner Zeitgenossen – durch eine optimistischere Grundhaltung aus. Dieser Gesellschaft muss kein Naturzustand als historisches Faktum mehr entgegengehalten werden. Vielmehr muss sich diese Gesellschaft *fortentwickeln,* republikanischer werden.

Für die Rekonstruktion ergeben sich aus dieser Heterogenität im Werk Rousseaus natürlich Probleme. Aufgelöst werden sie, indem an den entsprechenden Weichenstellen in der Argumentation darauf hingewiesen wird, welche *alternative* Interpretation existiert.

Vorgehensweise

Der ursprüngliche Mensch

Auch Rousseau geht von einem Naturzustand aus. Zum methodologischen Status führt er aus: „Man muss die Untersuchungen, die dazu nötig sind, nicht als historische Wahrheiten, sondern, wie es die Naturkundigen zu machen pflegen, wenn sie von einem Ursprung der Welt handeln wollen, als bedingte und hypothetische Vernunftschlüsse betrachten, die mehr die Natur der Dinge beleuchten, als ihren wahren Ursprung zeigen." (Rousseau 1978, I, 193). Der Naturzustand fungiert also primär als ein heuristisches Darstellungsmittel (vgl. Kersting 1996). Er ist für den Menschen kein paradiesischer Zustand, sondern vielmehr geprägt vom Kampf ums tägliche Überleben. Doch anders als bei Hobbes resultiert der Kampf nicht aus der Tatsache, dass Eigentumsunklarheiten bestehen, sondern daraus, dass die Natur ihre Früchte nur in knapper Form zur Verfügung stellt. Der Mensch im Naturzustand muss hart arbeiten, um sein physisches Überleben zu sichern. Das Bemerkenswerte im Vergleich zu anderen republikanischen Theoretikern besteht darin, dass Rousseau den Menschen im Naturzustand aufbürdet, diesen Kampf ums tägliche Überleben *allein* auszutragen, da der Mensch im Naturzustand noch *kein* genuin soziales Wesen ist. Noch nicht einmal der Familienverband als die kleinste Form der Sozialität existiert für Rousseau am Anfang. Der Mensch ist allein. Hinsichtlich der Motivationsstruktur ist der natürliche Mensch gleichsam zwischen einem Tier und dem modernen Menschen verortet:

„Es ist nichts zahmer als der Mensch in seinem ursprünglichen Zustande, da ihn die Natur von der Dummheit der Tiere und von den schädlichen Einsichten des gesitteten Menschen gleich weit entfernt, da Vernunft und Instinkt nur darauf abzielen, dass er sich vor einem Übel hüte, von dem er bedroht wird, und da er durch ein natürliches Mitleid abgehalten wird, jemals Böses zu tun, auch wenn es ihm von einem anderen zugefügt wird, und nichts kann ihn dazu antreiben, es ihm wiederum zu vergelten." (Rousseau 1978: I 237)

Eigentum als Unrecht

Das Leben im Naturzustand ist hart, aber friedlich. Es ist kein paradiesischer Zustand, aber im Vergleich zur Unfreiheit des gesellschaftlichen Zustandes durchaus ein angenehmer Zustand. Warum verlässt der natürliche Mensch ihn? Rousseau liefert zwei Antworten auf diese Frage, die aus unterschiedlichen Phasen seiner Theorieentwicklung stammen. Die spätere Antwort lautet, dass die Menschen angesichts der Probleme, die das Überleben in der Natur bereitet, *notgedrungen* die Kooperation mit anderen Menschen suchen, um so Kooperationsgewinne zu erzielen. Aus Kooperation folgt Arbeitsteilung, funktionale Differenzierung und – *in the long run* – die evolutionäre Herausbildung des Staates, mit all seinen Defiziten, die er so heftig kritisiert. An die Seite dieser evolutionär-kooperativen Staatsthese stellt Rousseau eine zweite, eigentumskritische. Er geht davon aus, dass der Sündenfall, der zum Verlassen des Naturzustands zwang, die Etablierung von Privateigentum war. In dem folgenden Zitat greift er auf sehr kritische Art die Idee der ursprünglichen Aneignung von Locke auf und identifiziert sie als zentrale Quelle gesellschaftlicher Ungerechtigkeit:

Grundbesitz als Betrug

„Der erste, welcher ein Stück Land umzäumte, sich in den Sinn kommen ließ zu sagen: dieses ist mein, und einfältige Leute antraf, die es ihm glaubten, der war der wahre Stifter der bürgerlichen Gesellschaft. Wie viel Laster, wie viel Krieg, wie viel Mord, Elend und Gräuel hätte einer nicht verhüten können, der die Pfähle ausgerissen, den Graben verschüttet und seinen Mitmenschen zugerufen hätte: ‚Glaubt diesem Betrüger nicht; ihr seid verloren, wenn ihr vergesst, dass die Früchte euch allen, der Boden aber niemandem gehört.' Allein, allem Ansehen nach muss es damals schon so weit gekommen sein, dass es nicht mehr auf dem alten Fuße hat bleiben können." (Rousseau 1978: I 230).

Parallelen zur Utopie

Mit dieser Einschätzung ist Rousseau der Antipode zum besitzindividualistischen Liberalismus und auch zum zeitgenössischen Libertarianismus. Er steht damit zugleich in der Tradition des utopischen Romans. Dort wird – beginnend bei Thomas Morus' *Utopia* und lange nicht endend bei Campanellas *Sonnenstaat* – Eigentum als die zentrale Problem*quelle* moderner Gesellschaften gesehen. Es verwundert daher auch nicht, dass die meisten Autoren der klassischen Utopien deshalb auch für eine Sozialisierung des Eigentums, also für eine Abschaffung des Privateigentums und die Etablierung eines Staatssozialismus plädierten.[70]

Nicht zurück zur Natur

Diesen Weg ist Rousseau jedoch nicht gegangen. Das Faktum des Eigentums sei den modernen Gesellschaften eingeschrieben und das Rad der Zeit könne – zumindest diesbezüglich – nicht zurückgedreht werden. Daher muss Rousseau einen anderen Weg finden, mit den negativen gesellschaftlichen Konsequenzen privaten Eigentums produktiv umzugehen. Seine Lösung ist eine explizit *politische* Lösung: Sie besteht in einer spezifischen Konfiguration des politischen Prozesses in der *Republik.* Daher muss zunächst geklärt werden, wie die Republik aus dem Naturzustand hervorgehen kann.

Gemeinschaftsbildung

Der Naturzustand wird für den natürlichen Menschen irgendwann einmal zu beschwerlich, so dass er sich entschließt, ihn zu beenden und einen Staat aufzubauen. Um seine natürliche Freiheit wissend, sucht der natürliche Mensch an der Schwelle zum Staat nach einer Staatsform, die es ihm ermöglicht, seine natürliche Freiheit in eine gesellschaftliche Freiheit zu überführen, wobei die gesellschaftliche

70 Vgl. Saint-Simon, Fourrier oder Owen sowie Engels, Der Sozialismus von der Utopie zur Wissenschaft, 1882.

Freiheit qualitativ gleich beschaffen sein muss wie die natürliche, das heißt, dass auch in der Gesellschaft der Einzelne nur sich selbst gehorcht. Dieses Ziel wirkt auf den ersten Blick geradezu atomistisch und scheint sich nicht allzu sehr von einem liberalen Verständnis des Lebens in einer politischen Gemeinschaft zu unterscheiden. Und doch gibt es einen radikalen Unterschied. Bei Rousseau finden sich zwei mögliche Staatszustände, die einander historisch ablösen – und dies ist auch das Alleinstellungsmerkmal des Kontraktualismus von Rousseau: Die *République des Riches* (bourgeoise Gesellschaft) und die *République véritable*.

Lösungen

Rechtstausch

Im horizontalen Gesellschaftsvertrag übergibt jeder Vertragsschließende *alle* seine Rechte an *alle anderen,* oder, in den Worten Rousseaus: „Diese Bestimmungen [des Gesellschaftsvertrages, d.A.] lassen sich bei richtigem Verständnis sämtlich auf eine einzige zurückführen, nämlich die völlige Entäußerung jedes Mitgliedes mit allen seinen Rechten an das Gemeinwesen als Ganzes. (...) Gemeinsam stellen wir alle, jeder von uns, seine Person und seine ganze Kraft unter die oberste Richtschnur des Gemeinwesens; und wir nehmen, als Körper, jedes Glied als untrennbaren Teil des Ganzen auf. (...) Dieser Akt des Zusammenschlusses schafft augenblicklich anstelle der Einzelpersonen jedes Vertragspartners eine sittliche Gesamtkörperschaft, die aus ebenso vielen Gliedern besteht, wie die Versammlung Stimmen hat, und die durch ebendiesen Akt ihre Einheit, ihr gemeinschaftliches Ich, ihr Leben und ihren Willen erhält." (Rousseau 1977: 16)

Menschwerdung durch Vergemeinschaftung

In diesem Zitat ist gleichsam die Essenz eines holistischen Republikanismus enthalten. Dies betrifft erstens die Vorstellung der *Transformation.* Aus dem vereinzelten, natürlichen Menschen, dessen psychologische Verfassung zwischen Tier und vergesellschaftetem Menschen angesiedelt war, wird ein sittlicher *Staatsbürger (Citoyen).* Der Akt des horizontalen Gesellschaftsvertrages verändert den Menschen also grundlegend hinsichtlich seiner ethischen Motivationsstruktur. Die Transformation betrifft zweitens auch das objektive Verhältnis des Teils zum Ganzen. Ähnlich wie Hobbes greift auch Rousseau auf eine Körpermetapher zurück. Doch anders als bei der mechanistischen Staatsbegründung bei Hobbes wird der Körper *als Ganzes* durch die *Bürger* gebildet – die Bürger *sind* das Gemeinwesen, jeder von ihnen ist ein Teil dieses Körpers. Da sie ein Teil des Körpers sind, kann Rousseau auch davon ausgehen, dass niemand dem Gemeinwesen absichtlich und vorsätzlich schaden wird, da niemand sich selbst vorsätzlich Schaden zufügen würde. Schließlich verliert niemand seine Freiheit durch den horizontalen Vertrag. Wenn jeder seine Rechte und seine natürliche Freiheit *an alle* entäußert, entäußert er sie eigentlich an niemanden. Die gleichmäßige Herrschaft aller über alle ist – wenn nur bestimmte Verfahrensregeln eingehalten werden – die Herrschaft eines jeden über sich selbst.

„Allgemeiner Wille“

Damit wird deutlich, dass der Gesellschaftsvertrag bei Rousseau eine zweistufige Konstruktion ist: Auf einer ersten Ebene wird ein horizontaler Gesellschaftsvertrag geschlossen, dessen Kernbestandteil die vollständige Entäußerung jedes Vertragsschließenden an alle anderen Vertragsschließenden ist. Dies ist die formale Voraussetzung dafür, dass jeder auch im Staat seine Freiheit leben kann. Die formale Dimension ist eine notwendige, aber keine hinreichende Bedingung der Freiheit. Die Freiheit benötigt hierfür eine substanzielle Rückendeckung in der Vorstellung des allgemeinen Willens, die *volonté générale.* Im Folgenden steht die Betrachtung der Art und Weise der politischen Entscheidungsfindung im Vordergrund. Rousseau hat hierfür analytische Differenzierungen vorgeschlagen, die auch heute noch anschlussfähig sind. Zunächst differenziert er den Menschen im Staat nach der Art und Substanz, *wie* er *welche Ziele* politisch verfolgt.

Citoyen versus Bourgeois

Der erste Idealtyp ist der *Staatsbürger*, der *Citoyen.* Er ist der zentrale Akteur der *République véritable.* Der Staatsbürger orientiert sich in seinen politischen Präferenzen am Wohl der Gemeinschaft. Er versucht, seinen eigenen Willen von Partikularismen und eigennützigen Wünschen zu befreien und sich selbst in den Dienst der Gemeinschaft zu stellen. Der zweite Idealtyp ist der *Besitzbürger (bourgeois)* – der wiederum der zentrale Akteur in der République des Riches ist. Der *Bourgeois* interessiert sich *nicht* für die Belange der Gemeinschaft, sondern nur für die optimale Durchsetzung seiner privaten Interessen. Es ist selbstverständlich, dass ein republikanisches Gemeinwesen allein auf einer staatsbürgerlichen Gesinnung aufbauen kann.

Allgemeiner Wille & Wille aller

Die zweite idealtypische Differenzierung, die Rousseau vornimmt, ist jene zwischen dem allgemeinen Willen *(volonté générale)* und dem Willen aller *(volonté de tous).* Die Differenzierung soll in zwei Schritten diskutiert werden: zuerst im Rekurs auf Rousseau und das klassische Verständnis, anschließend im Rekurs auf einen richtungsweisenden Aufsatz der neueren deliberativen Demokratietheorie von Bernard Manin (1987).

Rousseau selbst differenziert die beiden Formen des Willens entlang der Frage, wie sie zur Gemeinschaft stehen. In diesem Sinne ergibt sich eine Parallelisierung von *Citoyen* und *volonté générale* einerseits und *Bourgeois* und *volonté de tous* andererseits: „Es gibt oft einen beträchtlichen Unterschied zwischen dem Gesamtwillen und dem Gemeinwillen; dieser sieht nur auf das Gemeininteresse, jener auf das Privatinteresse und ist nichts anderes als eine Summe von Sonderwillen: aber nimm von ebendiesen das Mehr und das Weniger weg, das sich gegenseitig aufhebt, so bleibt als Summe der Unterschiede der Gemeinwille.“ (Rousseau 1977: 30)

Wie entsteht das Gemeinwohl?

Unproblematisch ist die erste Definition Rousseaus: Die *volonté générale* ziele auf das Gemeinwohl, während die *volonté de tous* nur die Summe der Partikularinteressen sei. Der zweite Argumentationsschritt hingegen erscheint nebulös: Das Gemeinwohl wäre hier das Mittlere zwischen egoistischen Interessen. Diese Definition bleibt jedoch eher rhetorischer Natur und erscheint kaum operationalisierbar. Doch braucht uns der zweite Argumentationsschritt zunächst nicht zu kümmern, da eine andere Frage für den Bestand eines republikanischen Gemeinwesens weitaus wichtiger ist: Woran erkennt man, dass es sich um eine *volonté générale* handelt? Was zeichnet eine Orientierung auf das Gemeinwohl aus? Was ist überhaupt „das Gemeinwohl“?[71] Bevor Rousseaus Lösungsvorschlag präsentiert wird, soll die Frage in zeitgenössische Terminologie überführt werden. In den Worten der modernen Demokratietheorie lautet die Frage: *Wovon hängt die substanzielle Qualität politischer Präferenzen ab?*

Zwei Dimensionen des Gemeinwohls

Diese Frage besitzt – ähnlich wie jene von Rousseau – zwei Dimensionen: eine inhaltliche und eine eher prozedurale: Die inhaltliche Frage lautet, welche konkreten substanziellen Anforderungen eine politische Präferenz, ein politischer Wille besitzen muss, damit man ihn als gemeinwohlförderlich oder als „gute“ oder „moralische“ Präferenz titulieren kann? Die eher prozedurale Frage lautet, wie das, was inhaltlich gewünscht wird, formal erzielt werden kann. Beide Fragen bergen außerordentlich hohen politischen wie theoretischen Sprengstoff. Im Detail wird dieser Zusammenhang im Kontext der deliberativen Demokratietheorien wieder aufgegriffen. An dieser Stelle ist jedoch ein Vorgriff darauf notwendig, um das Besondere der Lösung von Rousseau zu verdeutlichen. Zunächst zur inhaltlichen Dimension. Der Liberalismus argumentiert, dass jeder Mensch am besten weiß, was für ihn gut ist, daher dürften politische Präferenzen nicht bewertet werden.

Prozeduralisierung des Gemeinwohls

Doch kann die inhaltliche Qualität eines Diskurses unabhängig von der Sachkenntnis seiner Teilnehmer sein? Vielleicht benötigt man nur eine Expertenrunde, damit Sachkenntnis über Eigennutz triumphieren kann und das Gemeinwohl siegt? Vielleicht ist für die Realisierung des Gemeinwohls auch bereits eine spezifische *Aggregationsregel* ausreichend? Warum dürfen wichtige Entscheidungen mit Hilfe der Mehrheitsregel entschieden werden? Wenn in *allen* Fragen *immer*

Aporien der Aggregation

71 Vgl. hierzu die Forschungsberichte der interdisziplinären Arbeitsgruppe „Gemeinwohl und Gemeinsinn“, hrsg. von Herfried Münkler, Harald Bluhm und Karsten Fischer (2001f.).

die Einstimmigkeitsregel Anwendung finden würde, könnten sich keine Partikularinteressen mehr durchsetzen. Was den Test der Einstimmigkeitsregel passieren kann, *muss* gut für die Allgemeinheit sein. Die zeitgenössische Diskussion darüber, *was* das Gemeinwohl ist und *wie* man es erreichen kann, ist viel zu komplex, als dass an dieser Stelle eine sinnvolle Antwort auf die aufgeworfenen Fragen gegeben werden kann (vgl. Seubert 2004). Erhellend ist die Diskussion jedoch trotzdem für das Verständnis von Rousseau einerseits und für die Einschätzung seiner Relevanz für die zeitgenössische Demokratietheorie andererseits. Erstens wird deutlich, dass die einzige sichere empirische Einschätzung jene politischen Präferenzen betrifft, die egoistisch nur ihren eigenen Nutzen maximieren wollen. Aber selbst hier ist unklar, ob nicht vielleicht doch die *invisible hand* des Marktliberalismus Gemeinwohl als Ergebnis eigennützigen Handelns erzeugt. Zweitens wird deutlich, dass die *volonté générale* theoretisch weitaus schwerer zu bestimmen ist, als es auf den ersten Blick erscheint. Umso spannender ist die Antwort, die Rousseau selbst auf die Frage liefert, was die *volonté générale* auszeichnet!

Die folgenden Zeilen Rousseaus erhellen nicht nur diese Fragen, sondern haben darüber hinaus in der zeitgenössischen deliberativen Demokratietheorie eine intensive Diskussion ausgelöst:

Wahrheit des Gemeinwillens

„Der beständige Wille aller Glieder des Staates ist der Gemeinwille; durch ihn sind sie Bürger und frei. Wenn man in der Volksversammlung ein Gesetz einbringt, fragt man genau genommen nicht danach, ob die Bürger die Vorlage annehmen oder ablehnen, sondern ob diese ihrem Gemeinwillen entspricht oder nicht; jeder gibt mit seiner Stimme seine Meinung darüber ab, und aus der Auszählung der Stimmen geht die Kundgebung des Gemeinwillens hervor. Wenn also die meiner Meinung entgegengesetzte siegt, beweist dies nichts anderes, als dass ich mich getäuscht habe und dass das, was ich für den Gemeinwillen hielt, es nicht war. Wenn mein Sonderwille gesiegt hätte, hätte ich gegen meinen eigenen Willen gehandelt und wäre deshalb nicht frei gewesen." (Rousseau 2003: 116-117)

„Wenn die Bürger keinerlei Verbindung untereinander hätten, würde, wenn das Volk wohl unterrichtet entscheidet, aus der großen Zahl der kleinen Unterschiede immer der Gemeinwille hervorgehen, und die Entscheidung wäre immer gut. Aber wenn Parteiungen entstehen, Teilvereinigungen auf Kosten der großen, wird der Wille jeder dieser Vereinigungen ein allgemeiner hinsichtlich seiner Glieder und ein besonderer hinsichtlich des Staates." (Rousseau 1977: 30).

Inklusion und Exklusion

Diese Zitate sind hinsichtlich der Frage, was die *volonté générale* ausmacht, extrem aufschlussreich. Erstens, und das zeigt Rousseau an anderer Stelle, ist eine notwendige Voraussetzung dafür, dass die *volonté générale* gefunden werden kann, dass sich *alle* Bürger beteiligen. Die Inklusivität der Entscheidungsfindung – oder genauer: der Entscheidungsabstimmung – ist absolut notwendig. Notwendig ist darüber hinaus, dass jeder Bürger für sich abstimmt und keine Form von Parteiungen existiert. Der Bürger muss für sich abstimmen, da nur er als Bürger Teil des Ganzen, des Gemeinschaftskörpers ist. Als Mitglied z.B. einer Partei wäre er Teil des Ganzen einer Partei, aber deren Gemeinwohl entspricht nicht dem Gemeinwohl des Staatskörpers, und zwar *per definitionem*. Schließlich, und dies ist aus demokratietheoretischer Perspektive am wichtigsten, entspringt die *volonté générale nicht* den politischen Präferenzen, *nicht* dem Willen des einzelnen Bürgers! Dies verdeutlicht das Zitat überdeutlich: Abgefragt wird in einer Abstimmung eine *Meinung*, kein Wille! Abgefragt wird die Meinung, was die Bürger für die *volonté générale* halten. Darüber hinaus – und vollkommen konträr zur zeitgenössischen deliberativen Demokratietheorie, für die einige Theoretiker Rousseau fälschlicher Weise vereinnahmen – erhöht sich die Wahrscheinlichkeit, dass der *Citoyen* die *volonté générale* erkennen kann, wenn er sich mit den anderen *Citoyens* darüber *gerade nicht* unterhält. Jede Diskussion mit anderen führt nämlich dazu, dass Parteien oder Parteiungen entstehen, da eine Parteiung eine – wie auch immer geartete – Gruppe von Leuten ist, die als Ergebnis eines kommunikativen Prozesses *identische* Auffassungen davon hat, was das Gemeinwohl ist.

Gemeinwohl ohne Deliberation

Diese argumentative Wendung besitzt weit reichende Implikationen. Die wohl wichtigste betrifft die Frage, wann das Gemeinwohl erkennbar wird. Bernard Manin (1987) vertritt in einem sehr einflussreichen Aufsatz die These, dass die Existenz des Gemeinwohls nach Rousseau jeder Abstimmung *vorgelagert* ist, m.a.W., das Gemeinwohl existiert unabhängig davon, ob die Bürger darüber reflektieren. Die Staatsbürger müssen das Gemeinwohl nur *erkennen!* Mitunter täuschen sie sich jedoch dabei und sie erkennen das Gemeinwohl nicht richtig. Hier greift für Rousseau so etwas wie erkenntnistheoretische Statistik: In der Summe werden sich die vielen kleinen Fehlwahrnehmungen wechselseitig korrigieren und in dem aggregierten Abstimmungsergebnis tritt dann das Gemeinwohl eindeutig und unfehlbar zutage! Diese Überlegung scheint auch jenes Argument zu stützen, dass vorhin noch als nebulös bezeichnet wurde, wonach man von den einzelnen Willen das Zuviel und das Zuwenig abziehen solle, um den Gemeinwillen zu erreichen.

Zwei Säulen

Rousseaus Theorie basiert also auf zwei Säulen: einerseits auf der Vorstellung eines prä-politischen, prä-diskursiven Gemeinwohls; andererseits auf einer statistischen Verrechnungsmethode, um individuelle und vermutlich unvermeidliche Fehler im Erkennen des Gemeinwillens auszugleichen. Diese beiden Säulen sind für die Konfiguration des demokratischen Prozesses sehr folgenreich:

Erstens geht Rousseau davon aus, dass der Wille unteilbar ist. Nur wenn *alle* Staatsbürger selbst bei einer Abstimmung entscheiden dürfen, kann der Gemeinwille gefunden werden.

Zweitens argumentiert Rousseau, dass es daher in einer Republik *keine Repräsentation* geben kann, da jede Form der Repräsentation die Zahl derjenigen, die faktisch abstimmen, reduziert und so die Realisierung des Gemeinwillens verunmöglicht!

Drittens darf es keine Parteien oder Parteiungen geben, da sie die Zahl der Meinungen darüber, was der Gemeinwille ist, reduzieren.

Viertens muss die Souveränität beim Volk in seiner Realpräsenz bleiben. Daher ist für Rousseau Gewaltenteilung kein wünschenswertes Prinzip.

Fünftens stellt sich die verfahrenstechnische Frage, wer die Vorlagen für Abstimmungen liefert. Die Vorlagen für Abstimmungen soll die Regierung, die lediglich ein ausführendes Organ der Volksversammlung ist, vorlegen. Da die Regierung nur ein ausführendes Organ ist, kann die Republik auch auf sehr unterschiedliche Arten geleitet werden: „Republik nenne ich deshalb jeden durch Gesetze regierten Staat, gleichgültig, unter welcher Regierungsform dies geschieht: weil nur hier das öffentliche Interesse herrscht und die öffentliche Angelegenheit etwas gilt. Jede gesetzmäßige Regierung ist republikanisch (…).“ (Rousseau 1977: 40f.)

Sechstens – und eher deduktiv daraus abgeleitet – folgt daraus, dass die Rousseausche Republik *kein politischer Ort* ist! Die Politik erfolgt genau in einem Punkt: der Abstimmung. Das Politische als jener Ort, an dem diskursiv über politische Fragen reflektiert wird, existiert jedoch nicht und darf aus den oben genannten Gründen auch nicht existieren. In diesem Punkt unterscheidet sich Rousseau massiv sowohl von der Athenischen Demokratie – die viele Autoren als das Vorbild der Rousseauschen Republik sehen – als auch von Hannah Arendt.

Wirkmächtigkeit

Direkte Demokratie & Partizipationsrechte

Die Beurteilung von Rousseaus Werk in theoretischer wie politischer Perspektive variiert enorm. In theoretischer Perspektive wird Rousseau zumeist als jener Theoretiker diskutiert, der am vehementesten für eine direkte Demokratie eingetreten ist und so dem Ideal einer „wahren“, am Athenischen Vorbild orientierten Demokratie folgte. In der jüngeren deliberativen Demokratietheorie wird er vereinzelt als Vorreiter eines deliberativen Demokratieverständnisses diskutiert. Insbesondere die Vorstellung, dass die Freiheit eines Gemeinwesens grundlegend davon abhängt, dass *jeder* Bürger nicht nur das Recht zur politischen Partizipation besitzt, sondern *faktisch* partizipiert, ist Ausdruck eines konsequent zu Ende gedachten Konzepts der Gleichheit. Neben diesen sehr positiven Einschätzungen existieren zugleich Stimmen, die auf totalitäre oder zumindest anti-freiheitliche Momente im Werk Rousseaus hinweisen. Ein freiheitsunterminierender Aspekt resultiert direkt aus dem eben genannten gleichheitsinspirierten Partizipationsideal. Dieses Ideal *nötigt* die Bürger, sich politisch zu beteiligen. Das liberale Grundrecht, sich *nicht* für Politik interessieren zu müssen und *nicht* an Wahlen und Abstimmungen teilnehmen zu müssen, wird von Rousseau in Bausch und Bogen verworfen. In der Tendenz ähnlich problematisch ist die Differenzierung von *volonté générale* und *volonté de tous*. Es besteht für die Regierung keine Notwendigkeit, den Volkswillen in Gesetze zu überführen, wenn es sich nur um gleichsam private Meinungsäußerungen (*volonté de tous*) handelt. Damit ist einem staatlichen Paternalismus jedoch Tür und Tor geöffnet. Dies ist umso problematischer, da – wie bereits gezeigt wurde – die Frage, welche *substanziellen* Entscheidungen tatsächlich dem Gemeinwohl dienen, aus erkenntnistheoretischen Gründen höchst umstritten ist.

Konkrete Wirkungen?

Eine Reihe von Autoren hat versucht nachzuweisen, dass Rousseaus Schriften direkten Einfluss auf zwei zentrale politische Ereignisse der französischen Geschichte besessen haben. Erstens auf den Text der ersten *französischen Revolutionsverfassung* von 1789. Die Vorstellungen direkter Demokratie und der Unteilbarkeit und Unvertretbarkeit eines politischen Willens sei direkt auf den Gesellschaftsvertrag rückführbar. Zweitens diene der Gesellschaftsvertrag als Legitimationsgrundlage der Jakobinischen Schreckensherrschaft (Robespierre und Saint-Just). Insbesondere die bereits diskutierte Vorstellung eines demokratischen *Paternalismus* sei durch Rousseau legitimiert. Die These von der doppelten direkten Beeinflussung ist in der Literatur jedoch umstritten (vgl. Fetscher 1993).

von Rousseau zu Hegel

In der Geschichte der politischen Ideen kann Rousseau als Ahnherr des republikanischen Denkens gelten, dessen Wirkung auf so einflussreiche Denker wie z.B. Hegel sich klar nachvollziehen lässt. Hegel greift vor allem Rousseaus Vorstellung auf, dass der Mensch erst durch die Einbettung in die Gesellschaft seine Potenziale voll ausschöpfen und im emphatischen Sinne Mensch sein kann. Rousseaus These von der Identität von Herrschenden und Beherrschten findet sich im Gefolge bei allen antiliberalen Denkern wieder, auch wenn diese sich ideenpolitisch bisweilen als Opponenten Rousseaus verstehen. Die Ablehnung der politischen Repräsentation verbindet entsprechend die Vertreter der direkten Volksherrschaft auf der extremen Rechten mit jenen der extremen Linken. Vor allem mit der kommunitaristischen Gesellschaftskritik entwickelt der Republikanismus eine heute diskutierte Form, weswegen wir die vielfältige Wirkungsgeschichte Rousseaus bis in die 1970er Jahre nur skizzenhaft referieren.

So formuliert beispielsweise Carl Schmitt, der wichtigste verfassungstheoretische Kritiker der Weimarer Republik und spätere „Kronjurist des Dritten Reiches" eine letztlich den Führerstaat propagierende Kritik am Parlamentarismus, die den Reichstag als entscheidungsunfähige „Schwatzbude" darstellt. Diese extreme Form eines Republikanismus der Volksgemeinschaft, in der die Identität von Beherrschten und Herrschenden durch den Führer hergestellt wird, konnte im deutschsprachigen Raum selbstverständlich nur sehr untergründig wirken. Schmitt selbst verachtete Rousseau als Romantiker.

Identitätstheorie bei Schmitt

Wichtiger war hingegen der in der so genannten Ritter-Schule um den Philosophen Joachim Ritter entstandene Neu-Hegelianismus. In seiner Aufsatzsammlung *Politik und Metaphysik* greift Ritter auf Aristoteles und Hegel zurück, um jene Argumente gegen den Liberalismus in Stellung zu bringen, die in der Kommunitarismus-Debatte wiederkehren. Im konservativen Milieu der frühen Bundesrepublik wurde diese gemäßigte Form des Republikanismus vertreten, der in der Hegel-Nachfolge zwar in der Traditionslinie Rousseaus steht, im Gegensatz zu Rousseau jedoch die Rolle der Institutionen betont und in diesem Sinne streng anti-rousseauistisch ist.

Ritter-Schule

Was bleibt?

Zu den bleibenden Konzepten Rousseaus gehört die Vorstellung, dass politische Herrschaft nur dann freiheitssichernd und autonomieschonend ist, wenn das Ideal angestrebt wird, dass alle Bürger Autoren jener Rechte sind, denen sie als Rechtsadressaten auch zugleich unterworfen sind. Rousseau versucht, diese Identität von Rechtsautoren und Rechtsadressaten durch die *volonté générale* und eine spezifische Konfiguration des Gemeinwesens herzustellen. Diese Lösung ist – wie gezeigt wurde – durchaus problematisch. Das Ideal ist es jedoch nicht, weil es von den Kontingenzen der politischen Praxis zu abstrahieren vermag. Es tief und fest in der alt europäischen Politischen Theorie und politischen Praxis verankert zu haben (vgl. Habermas 1992), ist das bleibende Verdienst von Jean-Jacques Rousseau.

5.2. Überwindung der Politik: Marx

Marx und die Marxismen

Wie bei kaum einem Theoretiker dürften sich im Falle von Karl Marx (1818-1883) das Werk eines Theoretikers und dessen Rezeption zu einem unauflösbaren Amalgam von Theorie und Ideologie vermengen. Der offensichtliche Grund dafür, dass sich in diesem Fall Diag-

Marx als Theoretiker – Marxismus als Ideologie

nosen einerseits und geschichtsphilosophische Spekulation andererseits schwer trennen lassen, liegt darin, dass Marx selbst immer schon mehr als ein Theoretiker war, nämlich Journalist, politischer Akteur und Revolutionär. Entsprechend ist sein Werk durchzogen von einer merkwürdigen Ambivalenz gegenüber dem Eigenrecht der Theorie. Dieser wird einerseits nämlich eine ganz und gar entscheidende Funktion zugesprochen. Der Kommunismus wurde als Wahrheit der Geschichte verstanden. Andererseits soll jedoch die Debatte gerade dort enden, wo die Wahrheit beginnt: Gerade weil der Kommunismus die „Wahrheit" ist, soll er weitere Diskussionen über Theorie unnötig machen.

Der philosophische und der ökonomische Marx

Hinter diesem „ideologischen" Marx gilt es, den Theoretiker wieder zu entdecken. Die enorme und verheerende Wirkung, die Marx' Denken entfaltet hat, macht diesen Versuch schwer, ist sein Name doch mit den Verbrechen der kommunistischen Regime weltweit verknüpft. Nun belegt die Wirkung im Praktischen allein noch nicht die Relevanz im Theoretischen. Im Falle von Marx beschränken sich jedoch die Wirkungen nicht nur auf die Sphäre des Praktischen. Nicht alle Anknüpfungen des sogenannten Neomarxismus lassen sich einfach als Totalitarismus abfertigen. Gerade die „philosophischen" Schriften Marx' bleiben daher – im Gegensatz zu seinen ökonomischen Arbeiten – auch heute relevant und einflussreich. Rund 30 Jahre nach dem Ende realsozialistischer Experimente wird zudem ein unbefangener Blick auf Marx möglich.[72]

Von der Philosophie zur Tat

Marx wurde 1818 in Trier in einer vom Judentum zum Protestantismus konvertierten Familie geboren und studierte nach dem Abitur 1835 zunächst Jura in Bonn. Als er 1836 nach Berlin ging, um sich dort vor allem seinen philosophischen Studien zu widmen, trat er in die Kreise der Linkshegelianer ein, die versuchten, das Erbe des 1831 verstorbenen Hegel unter progressiven Vorzeichen fortzuführen. Da ihm eine wissenschaftliche Karriere aus politischen Gründen nicht möglich war, betätigte er sich zunächst als Journalist. 1843 ging er nach Paris, wo er begann, sich systematisch mit den Fragen der Ökonomie auseinanderzusetzen und in Abgrenzung zu den französischen Sozialisten einen eigenen Standpunkt zu entwickeln. Nach einer Zwischenphase im vergleichsweise liberalen Belgien musste Marx nach den Revolutionen von 1849 schließlich nach London fliehen, wo er unter ärmlichen Verhältnissen lebte, mit journalistischen Arbeiten Geld zu verdienen versuchte, letztlich jedoch nur durch die Unterstützung seines Freundes Friedrich Engels die Familie über Wasser zu halten vermochte. Zu seinen journalistischen und wissenschaftlichen Arbeiten kam sein politisches Engagement: 1864 wurde unter seiner

72 Zu aktuellen Rezeptionstendenzen vgl. Weckwerth (2008).

Mitarbeit die *Internationale Arbeiter Assoziation* gegründet. Bis zu seinem Tod 1883 unterhielt er zudem einen umfangreichen Briefwechsel mit führenden Intellektuellen aus ganz Europa.[73]

Problemlage

Die soziale Frage …

Die Problemlage, auf die Marx eine Antwort sucht, ist eine doppelte. Zum einen beobachtet Marx die unerträgliche Verarmung des städtischen Proletariats in der Hochphase der Industrialisierung. Die Verelendung erlebt er in direkter Anschauung, inklusive der Kinderarbeit, des Hungers und der unerträglichen Armut. Diese Situation – oft mit dem Euphemismus der „sozialen Frage" bezeichnet – wird selbstverständlich auch von anderen Zeitgenossen als unmenschlich wahrgenommen. Anders als beispielsweise die christlich orientierte Arbeiterhilfe glaubt Marx jedoch nicht, dass die Herausforderung der Gegenwart durch einen Rückgriff auf die Moral der Vergangenheit zu lösen ist. Marx sieht sich selbst als Zeuge eines epochalen Umbruchs: Der Widerspruch zwischen technischem und wissenschaftlichem Fortschritt einerseits und massenhafter Verelendung andererseits muss aus seiner Sicht mit einer gänzlich neuen Antwort behoben werden.

… und das Schweigen der Philosophie

Gerade die Philosophie seiner Gegenwart jedoch, so muss Marx feststellen, schweigt zur sozialen Frage. Sie kann weder erklären, wie es zur Verelendung der Massen kommen konnte, noch, wie ein Ausweg aus der Misere zu finden ist. Marx interpretiert dieses Schweigen als Ausdruck eines systematischen Fehlers. Als Paradigma eines solchen verfehlten Denkens beschreibt Marx an erster Stelle Hegel, aber auch dessen idealistische Schüler, die Linkshegelianer, die er als „Gedankenhelden" (MEW III: 17) verhöhnt.

von Hegel zu Marx

Hegel hatte die Weltgeschichte als eine Geschichte der Selbstentfaltung des Geistes rekonstruiert. Im Verlauf dieser Geschichte hatte sich aus Hegels Sicht die konstitutionelle Monarchie Preußens als „irdisch-göttliches" Gebilde erwiesen, das die individuellen Rechte einerseits und die Ansprüche des Allgemeinen andererseits zum Ausgleich brachte. Ähnlich wie Rousseau und durchaus in systematischer Anknüpfung an den *Contrat social* ging Hegel davon aus, dass das Individuum in der wohlgestalteten Gemeinschaft zu sich selbst finden könnte, indem es sich selbst in den staatlichen Institutionen gegenübertritt.[74] Hegels Geschichtsphilosophie beruhte auf der These, dass zwischen Wirklichem und Vernünftigem kein dauerhafter Widerspruch bestehen könne: Alle Geschehnisse der Welt mussten sich im

---

73 Wir zitieren die Werke nach der gängigen Ausgabe der Marx-Engels-Werke (MEW).

74 Zum Übergang von Rousseau zu Hegel vgl. auch Bubner (1989).

Auge der spekulativen Philosophie als sinnvoll erweisen: „[D]as Wirkliche ist vernünftig, das Vernünftige ist wirklich", heißt denn auch ein entsprechender Satz aus den Vorlesungsmitschriften (dessen genaue Bedeutung allerdings hochgradig umstritten ist). Dieser Gipfelpunkt des Deutschen Idealismus konnte in Marx' Sicht nur ein Durchgangsstadium sein; ganz offensichtlich war die Situation der Proletarier zwar wirklich, aber alles andere als „vernünftig".

Im Gegensatz zu Hegel, der die Ideen für die eigentlichen Motoren der Geschichte hielt, wendet Marx den Blick nun auf die tatsächlichen, materiellen Verhältnisse. Hier, so Marx' Hoffnung, müsse sich beobachten lassen, wie die „Deutsche Ideologie" überhaupt entstand. Damit ist eine doppelte Aufgabe gestellt: Es geht Marx wohlgemerkt nicht mehr nur darum, zu verstehen, wie das tatsächliche Elend möglich wurde, sondern auch darum, eine schlüssige Erklärung dafür anzubieten, wie eine Ideologie entstand, die dieses Elend verschleiern konnte. Ist dieser Schein erst einmal vollständig intellektuell durchdrungen, so lässt sich auch die Wirklichkeit, aus dem er hervorgeht, umgestalten, so die Hoffnung.

Fragestellung

„Ideologie"

Damit rückt ein Begriff ins Zentrum, der erstmals im französischen Sprachraum systematisch benutzt wurde: Als „idéologues" bezeichneten sich gegen Ende des 18. Jahrhunderts in Frankreich jene Ideenhistoriker, die wie Destutt de Tracy (1754-1836) erstmals versuchten, alle jene „Ideen" zusammenzutragen und zu erforschen, die Menschen in verschiedenen Erdteilen und zu verschiedenen Zeiten entwickelt haben. Im deutschsprachigen Raum war der Begriff der „Idee" durch Kants Lehre von den regulativen Ideen, denen wir ewig nachstreben ohne sie je vollends zu verwirklichen, stark aufgeladen. Die „idéologues" benutzten den Begriff der „idée" hingegen wertfrei im Sinne von „Vorstellung". „Ideologie" in diesem ursprünglichen Sinne bezeichnet dann einfach die Wissenschaft von den Vorstellungen, also so etwas wie eine unkritische Ideengeschichte.

Wie entstehen Ideologien?

Marx wendet diesen Begriff nun und versteht „idea" im Sinne der „*idola*", der Trugbilder, die bereits Bacon in seinem *Novum Organon* beschrieben hatte. Die Ideologie wird dann zu einem System aus Trugbildern und Fehleinschätzungen, die aus der Perspektive des Ideologiekritikers nicht nur durchschaubar werden, sondern auch in ihrer Genese zu beschreiben sind. Eine solche Rekonstruktion vergangener Irrtümer hatte bereits Hegel in seiner Philosophie geleistet, allerdings aus idealistischer Sicht, nämlich als eine Verkettung philosophischer Positionen, die aufgrund ihrer Begriffe Selbstwidersprüche entfalten und diese begrifflich in neue Positionen auflösen. Die faktische Weltgeschichte konnte nach Hegel diese Selbstentfaltung der Begriffe nur mehr oder weniger treffend nachbilden, beispielsweise indem die Französische Revolution der Idee der Gleichheit zur Geltung zu verhelfen versuchte. Nach Marx jedoch ist der Ursprung der Ideologien gerade nicht in den Ideen, sondern in den materiellen Bedingungen zu suchen. Die Fragestellung lautet dann: Was sind die materiellen Gründe für die ideologische Verblendung der Menschen (a) und wie lassen sich diese Gründe beheben, so dass statt einer Gesellschaft des Elends und der Ausbeutung eine herrschaftsfreie Gemeinschaft möglich wird (b)?

Vorgehensweise

Materialismus

Die Umkehrung der Perspektive von den Ideen zu den „Produktionsbedingungen" bezeichnet Marx in einem Text, der 1845-46 entstand und den Titel „Die deutsche Ideologie" trägt, selbst als „Materialismus". Eine Methode stellt dieser zunächst durch seine heuristische Vorgabe dar: Er lenkt den Blick weg von der Ideengeschichte, auch von der Geschichte des politischen Denkens, hin zu den tatsächlichen Lebensbedingungen. Dieses materielle Leben hat seinen Wesenskern in der Auseinandersetzung mit der Natur: Hier entscheidet sich, wie Gesellschaften strukturiert sind. Der Ort, an dem diese Auseinandersetzung ausgetragen wird, ist die Arbeit. Im Gegensatz zum Tier, so Marx, stellt der Mensch seine Nahrung nämlich her; kein Tier betreibt Ackerbau oder Viehzucht.

Das Leben bestimmt das Bewusstsein

Diese methodische Umorientierung ist entscheidend und vielleicht der am stärksten wirkende Theoriebestand in der Gegenwart: Geschichte wird nach Marx nicht von einzelnen Menschen gemacht, auch wenn diese sich wie Alexander der Große oder Napoleon als „Macher der Geschichte" inszenieren. Sie wird auch nicht von Ideen vorangetrieben, weil diese nur Ausdruck verborgen wirksamer Kräfte sind. Der historische Materialismus weist die Handlungstheorie und den Idealismus gleichermaßen zurück. Die eigentlichen Konflikte der Geschichte spielen folglich weder zwischen Völkern oder Staaten noch zwischen Ideen ab, sondern zwischen Gruppen, die sich durch ihre Position in der Arbeitsteilung unterscheiden. Dies bedeutet jedoch, dass entgegen dem menschlichen Selbstverständnis, dieser eigentlich nicht bestimmt, was er denkt und tut: „Nicht das Bewusstsein bestimmt das Leben, sondern das Leben bestimmt das Bewusstsein." (MEW III: 27) Diese auf den ersten Blick abenteuerliche Konsequenz wird in mehreren Schritten entfaltet.

Arbeitsteilung

Die Teilung der Arbeit beinhaltet nach Marx zugleich eine *Ver*teilung von Arbeit und Produkten: Die Stufen der Arten der Arbeitsteilung sind damit zugleich Stufen der Ungleichverteilung. Historisch unterscheidet er a) Stammeseigentum in tribalen Kleingesellschaften, b) Stadteigentum in den griechischen Polisgesellschaften, c) die feudale Struktur des Mittelalters und d) die kapitalistische Gesellschaft. Deren jeweilige Struktur bringt nach Marx Ideologien hervor, die diese Struktur zugleich legitimieren: „Die Gedanken der herrschenden Klasse sind in jeder Epoche die herrschenden Gedanken, d.h. die Klasse, welche die herrschende materielle Macht der Gesellschaft ist, ist zugleich ihre herrschende geistige Macht (...). Die herrschenden Gedanken sind weiter Nichts als der ideelle Ausdruck der herrschenden materiellen Verhältnisse, die als Gedanken gefassten herrschenden materiellen Verhältnisse, also der Verhältnisse, die eben die eine Klasse zur herrschenden machen, also die Gedanken ihrer Herrschaft." (MEW III: 46)

Ideale als Ideologie

Aus dieser Theorie der Ideologie folgt vor allem ein Punkt, der für den Marxismus verheerend war: Alle Ideen von Freiheit, von Menschenrechten und Gewaltenteilung werden als Ausdruck „herrschender Verhältnisse" diskreditiert. Die gesamte Tradition aufklärerischen und demokratischen Denkens wird damit in das schiefe Licht einer die tatsächliche Ungerechtigkeit verschleiernden Ideologie gerückt. Auch eine substanzielle Theorie des Staates entfällt damit: Das Staatsdenken der abendländischen Tradition erweist sich als bloße Ideologie. Zudem folgt aus dem Materialismus, dass auf der Ebene der Ideen nichts zu gewinnen ist: Wenn der Schein, die Ungerechtigkeit und Ausbeutung in den materialen Verhältnissen wurzelt, dann kann *nur* eine Veränderung der materialen Verhältnisse den Schein beseitigen. Der Ausbruch aus der Höhle der Ideologie muss folglich durch die Tat erfolgen. Die elfte der Thesen über Feuerbach von 1845 bringt dies in einer Formulierung auf den Punkt, die weltberühmt geworden ist: „Die Philosophen haben die Welt nur verschieden *interpretiert*; es kömmt darauf an, sie zu *verändern*." (MEW III: 7)

Abschaffung der Theorie

Daraus ergibt sich eine Paradoxie: Dieselbe Theorie, die es ablehnt, den Menschen als bewussten Gestalter seiner Verhältnisse zu verstehen, fordert dazu auf, die Verhältnisse zu ändern. Ganz offensichtlich liegt alles an dem kleinen, aber feinen Unterschied zwischen der bewussten und der unbewussten Gestaltung. Dieser Übergang soll gerade jetzt, im historischen Moment der sozialen Frage möglich sein, weil der Kapitalismus die Verhältnisse bis zum Punkt ihrer Erkennbarkeit zuspitzt. Eine bewusste Gestaltung wird dann möglich, wenn die materiellen Verhältnisse wirklich verstanden wurden. Dies aber leistet nicht mehr die Philosophie, sondern die Ökonomie. Vor diesem Hintergrund wird verständlich, warum im Londoner Exil aus dem Philosophen Marx der Ökonom wurde, der mit *Das Kapital* ein gigantisches Werk vorlegt, das letztlich allerdings unvollendet bleibt: Die Ökonomie wird zur Zeitwissenschaft.

Entfremdung durch Arbeitsteilung

Schon in den frühen *Ökonomisch-philosophischen Manuskripten* von 1844 hatte Marx den Begriff der *Entfremdung* ins Zentrum gerückt. Anders als bei Rousseau, bei dem die Entfremdung kulturell erklärt wird (siehe oben), wird bei Marx die Arbeitsteilung zum zentralen Erklärungsmuster für die Entfremdung. In der arbeitsteiligen Gesellschaft kann jeder Arbeiter nur noch ein Stückwerk zum Gelingen des Produkts beitragen, einen kleinen, sich stets wiederholenden Schritt. Er kann sich aber nicht mehr im gelungenen Produkt als Schöpfer des Produkts wiedererkennen. „Der Gegenstand, den die Arbeit produziert, ihr Produkt, tritt ihr als ein *fremdes* Wesen, als eine von dem Produzenten *unabhängige Macht* gegenüber." (MEW I: 561) In der entfremdeten Arbeit erlebt der Arbeiter auch, dass er selbst zur Ware wird. Der Mensch wird „berechnend" behandelt, als ein Etwas, das Arbeit auf einem Arbeitsmarkt anbietet. Er übernimmt dieses Selbstverhältnis unbewusst und macht sich selbst zum Objekt seiner eigenen Berechnungen, wird selbst zu seiner Ware, zu seinem eigenen *Human Capital*. Dieser „philosophische Marx" blieb für den Neo-Marxismus des 20. Jahrhunderts entscheidend.

Akkumulation des Kapitals

In den eigentlich ökonomisch argumentierenden Arbeiten versucht Marx, die Mechanismen der kapitalistischen Gesellschaft zu verstehen. Im Zentrum dieser Analysen steht die These von der *Akkumulation* des Kapitals in den Händen weniger Kapitalisten. Da diese den Mehrwert, also die Differenz zwischen den in eine Produktion investierten Mitteln und den daraus hergestellten Werten, nicht an die Arbeitnehmer abgeben, sondern reinvestieren, werden Wenige immer reicher, die Vielen jedoch immer ärmer. Diese Akkumulation lässt sich durch Umverteilungsmaßnahmen vielleicht verzögern, aber nicht systematisch beheben, so Marx. Der eigentliche Kern des Problems liegt im Auseinanderfallen von Produktwert (dem Wert, der tatsächlich zu Herstellung eines Produktes investiert wurde) und dem Preis. Bei erfolgreichen Unternehmern liegt der Preis natürlich über dem Produktwert, aber die kapitalistische Warenwelt bringt auch aberwitzige Gegenbeispiele hervor, beispielsweise wenn in Discountern Lebensmittel angeboten werden, die erkennbar zu diesem Preis gar nicht ohne Dumping oder Ausbeutung herstellbar sind. Dieser Hiatus zwischen Produktwert und Preis lässt sich aus marxistischer Sicht nur als Systemfehler des Kapitalismus verstehen. Der Markt, so die These, entkoppelt die Preise von den Produktwerten und arbeitet folglich mit rein virtuellen Werten, die sich durch Spekulation oder Dumping immer weiter vom Produktwert entfernen können. Neben dem Warenmarkt entsteht dann ein Preismarkt, auf dem nur noch mit erwarteten Preisentwicklungen gehandelt wird: Spekulanten kaufen Weizen, nicht weil sie Weizen wollen, sondern weil sie auf eine Dürre und damit auf eine steigende Nachfrage hoffen. Für Marx konnte die Lösung dieses Widerspruches nur in der Abschaffung des Marktes bestehen: Der eigentliche Produktwert, so seine Vorstellung, sollte anders erkennbar werden.

Lösungen

Abschaffung des Privateigentums

Der entscheidende Schritt, der eine Abschaffung des Marktes als Verteilungssystem ermöglichen sollte, war aus Marx' Sicht die Abschaffung des Privateigentums. Im Privateigentum lag der ursprüngliche Grund von Ideologie, Entfremdung und Ausbeutung – nur die radikale Abschaffung dieser Institution würde die Probleme bei ihrer Wurzel packen. Die Gemeinschaft der freien Menschen soll alles gemeinsam besitzen. Die Utopie dieser „Assoziation, worin die freie Entwicklung eines jeden die Bedingung für die freie Entwicklung aller ist" (MEW IV: 481), bleibt bei Marx jedoch unbestimmt. Nach einer revolutionären Phase soll der Staat selbst verschwinden. Es bleibt bei einem vagen Ausblick auf eine klassenlose Gesellschaft, in der der Mensch zu sich selbst findet. In dieser Gesellschaft soll dann auch die Arbeitsteilung wieder aufgehoben werden. Der Mensch wird dann nicht mehr nur einen kleinen Beitrag an einer großen Maschine leisten. Es wird ein Ort versprochen, „wo Jeder nicht einen ausschließlichen Kreis der Tätigkeit hat, sondern sich in jedem beliebigen Zweige ausbilden kann, die Gesellschaft die allgemeine Produktion regelt und mir eben dadurch möglich macht, heute dies, morgen jenes zu tun, morgens zu jagen, nachmittags zu fischen, abends Viehzucht zu treiben, nach dem Essen zu kritisieren, wie ich gerade Lust habe, ohne je Jäger, Fischer, Hirt oder Kritiker zu werden." (MEW III: 33). In dieser Gesellschaft ohne privaten Besitz an Produktionsmitteln sind dann auch keine virtuellen Preise mehr möglich. Handel kann auf Basis der tatsächlichen Produktwerte erfolgen: Die Dinge kosten so viel, wie sie wirklich wert sind.

Wirtschaft entscheidend

Aus Sicht der Politischen Theorie ist daran vor allem eines bedeutsam: Marx verschiebt die Hoffnung auf gesellschaftliche Veränderung von der Sphäre der Politik in die Sphäre der Ökonomie. Er ist ein Theoretiker, der der Politik jedwede Eigenlogik und jedwedes Eigenrecht abspricht. Daher muss die klassenlose Gesellschaft bei ihm auch als eine gedacht werden, die keine Politik (hier im Sinne von *politics*) mehr kennt, weil mit den ökonomischen Widersprüchen auch die vermeintlich politischen verschwunden sind. Wo Marx als politischer Mensch agiert, zielt er letztlich darauf ab, Politik unnötig zu machen.

Was bleibt?

Relativierung des Privateigentums

Marx' ökonomische Theorien haben sich nicht nur in der Praxis als abwegig erwiesen. Auch theoretisch ist heute nicht nachzuvollziehen, wie Marx glauben konnte, es gebe hinter dem konstruierten Preis des Marktes noch so etwas wie einen feststellbaren „wirklichen" Wert. Dass eine Planwirtschaft an der Aufgabe scheitern würde, aus einer Zentrale heraus Nachfragen und Produktwerte einzuschätzen, war absehbar. Zu den vielen Entwicklungen, die Marx nicht voraussehen konnte, gehört auch die Relativierung des Eigentums in hochmodernen Gesellschaften. Ein Wohnungseigentümer darf eine Wohnung zwar besitzen, aber er darf damit eben nicht tun was er will; er ist an Mietspiegel, Bauauflagen, Lärmschutzvorgaben etc. gebunden. Dies gilt, in Zeiten einer international zusehends besser vernetzten Finanzaufsicht, selbst für das flüssige Kapital. Zudem entwickeln moderne Gesellschaften neue Formen des Besitzens, die zwischen privatem und öffentlichem Eigentum oszillieren, beispielsweise wenn ein staatseigener Betrieb wie die Deutsche Bahn massenweise Fahrräder vermietet. Marx hingegen glaubte, dass die Kategorie des Privateigentums absolut gegeben ist – oder eben absolut abgeschafft.

Pauperisierung?

Seine Pauperisierungsthese hat sich ebenfalls als haltlos erwiesen: In den entwickelten Sozialstaaten haben die Arbeitnehmer unvorstellbare Zuwächse an Lebensqualität erlebt und sind nicht weiter verelendet, wie Marx vermutet hatte. Dies gilt in den USA seit der New Deal Politik in den 1930er Jahren und für viele andere westliche Demokratien nach 1945. Ob die Verelendung in der Dritten Welt als systemnotwendiger Effekt des Kapitalismus an dessen Peripherie zu deuten ist oder auf korrupte politische Strukturen vor Ort zurückgeht, ist heftig umstritten.

Motivation allein intrinsisch?

Als zentraler Einwand gegen seine Utopie einer Gesellschaft hat sich das Motivationsproblem erwiesen: Je mehr Menschen ein gemeinsames Produktionsmittel und dessen Produkt besitzen, desto schwerer fällt offenbar die Motivation der Beteiligten. Die sowjetische *Samisdat*-Literatur hat unendlich viele Beschreibungen der Motivationslosigkeit in der vergemeinschafteten Gesellschaft geliefert. Marx hat sich zu diesem Problem nie systematisch geäußert. Seine berühmte Formulierung, wonach im Kommunismus jeder so arbeiten könne „wie (man) gerade Lust hat" (MEW II: 33) zeigt, dass er von einer geradezu endzeitlichen Hoffnung getragen war.

Kapitalismus krisenresistent

Insgesamt wird man sagen müssen, dass Marx den Kapitalismus zu wenig Anpassungsleistungen zugetraut hat. Dieser hat selbst durch Innovationszyklen dafür gesorgt, dass der Akkumulation durch den Aufstieg neuer Unternehmer und Unternehmen immer wieder gegengesteuert wurde. Auch hat sich der Kapitalismus in den Fragen des

Umweltschutzes zwar als langsam, doch insgesamt als klar einer Planwirtschaft überlegen erwiesen.

Grenzen des Wachstums

Bedeutsam bleibt sein Hinweis auf die Grenzen des Wachstums bei zunehmender Produktivitätssteigerung. Theorien über das Ende der Arbeitsgesellschaft oder vom Ende des Wachstums verweisen zu Recht auf Marx als Ideenquelle. Zu den fatalsten Fehlern seines Denkens gehört die Hoffnung auf eine Abschaffung der Politik. Die für den Liberalismus so entscheidende Sphäre der Öffentlichkeit ist bei ihm aus theoretischen Gründen nicht notwendig. Daher ist es auch kein Zufall, dass kein kommunistisches Regime über eine kritische Öffentlichkeit oder auch nur entsprechende offene Diskussionen in den Parteien verfügte.

Neo-Marxismus

Vor allem der philosophische Marx der Entfremdungsanalyse ist im 20. Jahrhundert auch theoretisch wirksam gewesen. Der Neo-Marxismus hat den Begriff der *Entfremdung* und *Verdinglichung* in immer neuen Varianten verfeinert. In einer systematischen Anknüpfung an Marx haben zum Beispiel Theodor W. Adorno und Max Horkheimer in einer berühmten Schrift mit dem Titel „Die Dialektik der Aufklärung“ zu zeigen versucht, dass auch und gerade der Kapitalismus durch seine Kulturindustrie die Sphäre der Öffentlichkeit in einen Jahrmarkt der Unterhaltungsideologie verwandelt.

Während es zumindest in der frühen Frankfurter Schule um Adorno und Horkheimer noch eine unbestimmte Hoffnung auf die Revolution gab, entfaltet Hannah Arendt die Ambivalenz von Revolutionen ausführlich, verteidigt jedoch gegen Marx die Vorstellung einer agonalen, konfliktreichen, kritischen Öffentlichkeit. Während Marx folglich den Kommunitarismus zu einer zumindest in Ansätzen totalitären Theorie einer zu Ende entwickelten Gesellschaft verschärft, argumentieren die republikanischen und kommunitaristischen Theorien des 20. Jahrhunderts immer auf der Basis gesicherter liberaler Grundrechte.

5.3. Politik als gemeinsames Handeln: Arendt

Eine Urbanisierung des Existenzialismus

„Denken ohne Geländer“

Hannah Arendt (1906-1975) stellt in der Politischen Theorie eine Ausnahmeerscheinung dar, weil sie auf einmalige Weise die existenzphilosophischen Prägungen aus Deutschland mit der Erfahrung einer funktionierenden Demokratie in den USA zu verknüpfen verstand und daraus eine höchst eigenständige Form politischen Denkens formte. Dieses, wie sie selbst einmal sagte, „Denken ohne Geländer“, sträubt sich auch gegen eine Verortung auf der links/rechts-Skala. Zudem war sie eine der ersten, vielleicht die erste, Intellektuelle, die auf beiden

Seiten des Atlantiks gleichermaßen wirkte. Hannah Arendt, aus einer assimilierten jüdischen Familie stammend, studierte Philosophie in Marburg, Heidelberg und Freiburg bei Martin Heidegger, Karl Jaspers und Edmund Husserl. Als die Nationalsozialisten 1933 die Macht ergriffen, verstand sie sofort den Ernst der Lage und floh zunächst nach Paris, schließlich in die USA. Hier arbeitete sie für verschiedene jüdische Organisationen und als Journalistin, unter anderem für die Zeitung *Der Aufbau*. 1951 nahm sie, nach achtzehnjähriger Staatenlosigkeit, die amerikanische Staatsbürgerschaft an. Sie war zu einer begeisterten Anhängerin der amerikanischen Verfassungswirklichkeit geworden, die sie vehement gegen die Vorurteile europäischer Kollegen verteidigte. 1963 erhielt sie schließlich einen Ruf an die University of Chicago, 1967 wechselte sie an die *New School for Social Research* nach New York.

öffentliche Intellektuelle

Nach den fünfziger Jahren entwickelte sie eine rege publizistische Tätigkeit und veröffentlichte zahlreiche Reportagen und Aufsätze über das aktuelle Zeitgeschehen. Im Zentrum standen dabei immer wieder die Frage des Antisemitismus und die Entstehung und Entwicklung des Staates Israels. Zu ihren bekanntesten Publikationen gehört die Reportage über den Prozess gegen den NS-Verbrecher Adolf Eichmann, der in Argentinien vom israelischen Geheimdienst aufgespürt, nach Israel verschleppt und 1961 in einem Prozess zum Tode verurteilt wurde. Die in dieser Reportage formulierte Diagnose der „Banalität des Bösen" ist zu einem ebenso bekannten wie umstrittenen Schlagwort geworden (Arendt 2005). In Israel wurde ihr eine Verharmlosung des Nationalsozialismus und eine zu kritische Haltung gegenüber den „Judenräten" vorgeworfen. In Israel ist sie noch heute wegen ihrer Schriften über den Zionismus sehr umstritten (Arendt 1991).

Problemlage

Heideggers Theorie der Freiheit

Die Begegnung mit Martin Heidegger wurde für sie, wie für viele ihrer Generation, zur prägenden Erfahrung, deren Spuren im ganzen Werk erkennbar sind. Ihr kurzzeitiges Liebesverhältnis mit Heidegger wandelte sich zu einer bleibenden Freundschaft, die auch nach Heideggers Parteinahme für den Nationalsozialismus nicht abbrach (vgl. Grunenberg 2008). Heideggers radikales Infragestellen der abendländischen Tradition und seine Frage nach dem authentischen Selbst, dem „eigentlichen Dasein", faszinierten Arendt, weil hier Philosophie nicht als akademisches Fach, sondern als existenzielle Erfahrung inszeniert wurde. Während Heidegger jedoch in seinem frühen Hauptwerk „Sein und Zeit" (1927) die Sphäre des Politischen nur in vagen Andeutungen behandelt und die Eigentlichkeit des Menschen als Vereinzelung denken konnte, sollte Arendt – ganz im Sinne der republikanischen Tradition – die Politik als Ort eigentlichen Mensch-Seins fassen. Heidegger hatte in „Sein und Zeit" ausführlich beschrieben, mit welchen Mitteln der Uneigentlichkeit der Mensch dazu neigt, die eigene Geworfenheit und Sterblichkeit, sein „Dasein zum Tode", durch ein Leben im oberflächlichen „Man" zu verdecken.

„Uneigentlichkeit"

In unserem alltäglichen Leben ist „Uneigentlichkeit" unvermeidlich, so Heidegger. Nur in der Stimmung der Angst werden wir aus dem Modus des alltäglichen Dahinlebens hinausgeworfen. Im Gegensatz zur Furcht, die ein bestimmtes Objekt der Furcht hat, beispielsweise ein wildes Tier, ist die Angst objektlos: Die Geworfenheit des Daseins wird in ihr erkennbar. Damit wischt die Angst nach Heidegger alle Bedeutungssetzungen, die der Mensch im Modus der Alltäglichkeit benutzt, weg und stellt ihn in den offenen Horizont einer unkategorisierten Welt. In der Stimmung der Angst verschwimmt die Sicherheit darüber, wie „man" sich zu verhalten hat. Gerade dadurch aber wird das Dasein nach Heidegger gezwungen, sein Dasein selbst zu entwerfen, die Geworfenheit in einen Entwurf umzukehren. In diesem Moment, so Heidegger, muss das Dasein die „Erschlossenheit" der Welt durch die Angst in „Entschlossenheit" wenden.

Freiheit als Vereinzelung?

In Heideggers „Sein und Zeit" kam eine „eigentliche" Gemeinschaft nur an einer einzigen, berüchtigten Stelle vor (§ 74), an der er das Dasein als ein „Miteinandersein" fasst, das immer schon in „ein Geschehen der Gemeinschaft, des Volkes" eingewoben sei. Später wurde diese Stelle als Beleg dafür gelesen, dass Heideggers Eintreten für den Nationalsozialismus bereits in seinem frühen Hauptwerk angelegt sei. Insgesamt wird man sagen können: Eigentliches Menschsein, „Freiheit" oszilliert im existenzialistischen Denken Heideggers, aber auch anderer existenzialistischer Autoren, zwischen Vereinzelung und pathetisch überhöhter Gemeinschaft. Arendts politisches Denken kann verstanden werden als ein Versuch, diese blanke Gegenüberstellung zu überwinden. Arendts frühe Texte, z.B. ihre Dissertation über den Liebesbegriff bei Augustinus, zeigen, dass im Zentrum ihres Denkens zunächst die Frage stand, wie der Mensch „authentisch" leben könne. Ihre späte Antwort auf die Frage wird lauten: Authentisch lebt der Mensch als freier Bürger unter Gleichen. Ihre doppelte Erfahrung mit der europäischen Tradition und kulturkritischen Konstellation der 1920er Jahre einerseits und dem fortschrittsoptimistischen, emphatisch demokratischen Pragmatismus in den USA andererseits, ermöglicht ihr diesen Brückenschlag.

Totalitarismustheorie

Ihre Problemlage wäre jedoch unzureichend skizziert, klammerte man die Erfahrung des Totalitarismus aus. Die Erfahrung der nationalsozialistischen Verfolgung und das Grauen des Völkermords an den Juden bleiben ein entscheidender Bezugspunkt, auch über die explizit auf dieses Thema gerichteten Studien hinaus. Die modernekritischen Erklärungen für die Katastrophe der Schoa, die – wie beispielsweise bei Heidegger – die Katastrophe als Ergebnis einer im ganzen fehlgeleiteten Moderne deutet, als Ausdruck einer geschickhaften „Seinsvergessenheit", verschleiern nach Arendt die eigentliche Problemlage nur. Diese besteht nämlich darin, die Errungenschaften der Moderne einerseits zu bewahren, ohne andererseits das technische und instrumentelle Denken bis zum totalitären Gesellschaftsverständnis zu verschärfen, in dem sich alles einer rassistischen oder kommunistischen Funktionslogik unterzuordnen hat. Arendt hat durchaus die Hoffnung – und dies macht sie zu einer Republikanerin –, dass eine solche Aussöhnung möglich ist, ja dass der Mensch sein eigentliches Sein gerade im gemeinsamen, aktiven Handeln mit anderen erfahren und gestalten kann.

Fragestellung und Vorgehensweise

Den Totalitarismus verstehen

In ihrem ersten Hauptwerk „Elemente und Ursprünge totaler Herrschaft" (eng. 1951, dt. 1955) unternimmt Arendt den Versuch, Faschismus und Stalinismus als zwei Varianten *eines* Phänomens zu betrachten. Diese Parallelisierung war und ist selbstverständlich nicht unumstritten, doch Arendt versammelt gute Argumente, warum beide gleichermaßen als vollkommen neue Formen politischer Herrschaft begriffen werden müssen. Im Gegensatz zu klassischen Formen der Herrschaft zielt totalitäre Herrschaft nach Arendt nämlich nicht auf die Beherrschung von Individuen, sondern auf deren Abschaffung als Individuen. Es gehe letztlich um die „Abschaffung der Freiheit (...), um die Eliminierung der menschlichen Spontaneität überhaupt (...)" (Arendt 2003: 629). Totalitäre Herrschaft wendet sich daher in ihrer Gewalt auch nicht nur gegen Menschen, die durch einen Regelverstoß dazu Anlass geben – wie willkürlich auch immer die Regelsetzungen und -auslegungen in einer totalitären Diktatur sein mögen. Vielmehr wendet sich die totalitäre Herrschaft gegen Menschen, nicht weil diese handeln, wie sie handeln, sondern weil sie sind, was sie sind: „Die totale Herrschaft hat die Begriffe von Verbrechen und Auszeichnung, von Schuld und Unschuld nicht, wie die uns bekannten Diktaturen oder Despotien, nach ihr genehmen Richtlinien ‚revolutioniert' – sie hat sie einfach abgeschafft und an ihre Stelle den in seiner ganzen Fruchtbarkeit noch kaum geahnten neuen Begriff der ‚Unerwünschten' und ‚Lebensuntauglichen' gesetzt." (Arendt 2003, 669) Totalitär ist Herrschaft also, insofern sie auf den ganzen (*totus*) Menschen zielt, und keine Grenze mehr anerkennt, die einen privaten Raum vor dem Zugriff schützen könnte.

Totalitarismus als modernes Immanenzdenken

Damit wendet sich Arendt vehement gegen Deutungen, die die totalitären Regime des 20. Jahrhunderts als quasi-religiöse Wahnsysteme beschreiben, in denen das Formenmaterial des jüdisch-christlichen Erbes in neuem Gewand wiederkehrt. Nationalsozialismus und Stalinismus sind nach Arendt gerade keine Säkularisate, auch wenn die „Führer" propagandistisch und ästhetisch als Heilsbringer inszeniert werden. Denn, so Arendt, beiden Ideologien sei ein Transzendenzbezug und damit ein substanzieller Erlösungsgedanke fern: Es gibt in ihnen keine freien Subjekte, die irgendwie erlöst werden müssten oder auch nur könnten.

Formlosigkeit totalitärer Regime

Auch einer weiteren Einschätzung widerspricht Arendt radikal: Totalitäre Herrschaft, so ihre These, zeichnet sich gerade nicht dadurch aus, dass der Staatsapparat streng hierarchisch kontrolliert von oben nach unten gesteuert wird, auch wenn die Selbstbeschreibungen totalitärer Regime dies nach außen so darstellen. Vielmehr zeichnen sich totalitäre Herrschaftsformen gerade durch eine tendenzielle Auflösung staatlicher Strukturen aus. Gerade die Unförmigkeit, Unorganisiertheit und Unberechenbarkeit der totalitären Herrschaft macht diese für die Opfer zu einem Terrorregime. Diese Unberechenbarkeit betrifft jedoch auch die Täter selbst, die sich nie sicher sein können, ob sie wegen „Abweichung" schon bald selbst zu Opfern werden.

Konkret meint Arendt mit dieser Struktur- und Formlosigkeit beispielsweise das Nebeneinanderstehen von (alten) staatlichen Strukturen und (neuen) Parteistrukturen, die im Nationalsozialismus nochmals durch Strukturen der Geheimpolizei oder der SS vervielfacht werden. So entsteht nach der Machtübernahme ein Geflecht von Doppelzuständigkeiten, bei dem sich Institutionen und Instanzen (Staatsebene, Parteiebene, militärische und geheimdienstliche Ebene) und Machtbereiche (Provinzen, Bundesstaaten, Gaue etc.) überlagern und ineinander verschachteln. Der Einzelne steht damit einer Macht gegenüber, von der er nie weiß, wie sie sich zeigen wird.

„Bewegung"

Dieses Phänomen führt Arendt auf den „Bewegungscharakter" der totalitären Ideologien zurück. Sie legitimieren ihr illegales Verhalten, ihre „Revolution" oder „Machtübernahme" mit der Not eines Ausnahmezustandes. Diesen Ausnahmezustand müssen sie in der Folge beständig künstlich aufrechterhalten, sei es durch „Säuberungen" oder Krieg. Damit gerät aber auch die Herrschaftsstruktur selbst in eine Dynamik, bei der sich das Machtzentrum ständig zu verlagern droht: „Rein technisch bewegt sich die Bewegung innerhalb des totalen Herrschaftsapparats dadurch, dass die Führung das eigentliche Machtzentrum dauernd verschiebt, in andere Organisationen verlegt, ohne doch darum die so entmachteten Gruppen aufzulösen oder auch nur öffentlich an den Pranger zu stellen." (Arendt 2003: 623)

„Welt"

Entscheidend für Arendts Theorie der Demokratie ist nun ihre Erklärung des Erfolges dieser Regime. Warum konnten die erkennbar brutalen „Bewegungen" so viele Anhänger gewinnen? Arendt lehnt eine oberflächliche Beantwortung dieser Frage ab. Ähnlich wie Heidegger glaubt sie die Gründe in einem Signum der Moderne insgesamt zu erkennen, nämlich in jener Entfremdung, die sie „Weltlosigkeit" nennt. Was aber ist Weltlosigkeit und wie ist sie zu überwinden? Unter „Welt" versteht Arendt in diesem Kontext nicht einfach nur die physikalische Welt. Wenn jemand „zur Welt" kommt, so ist damit gemeint, dass er in die „Welt" eintritt, die aus Menschen, Dingen, vor allem aber Wertungen und Bedeutungen besteht, die es ihm erlauben, sich zu entwickeln, in der er mit anderen lebt. Der Mensch lebt nicht nur in einer physischen Welt: Wenn wir einen Menschen sehen, sehen wir nicht eine Ansammlung von Kohlenwasserstoffatomen, sondern ein Lächeln, vielleicht eine Kleidung, die auf einen besonderen Beruf hinweist etc. Was die „Welt" in diesem Sinne ausmacht, ist also, dass sie uns verbindet, durch konkrete Dinge, aber vor allem auch durch gemeinsame Bedeutungen, die wir den Dingen und Zeichen zuschreiben. In der Welt sein bedeutet, sich mit anderen in diesem Raum aus Dingen und Bedeutungen, Zeichen und Konnotationen bewegen zu können. An einer Stelle vergleicht Arendt die „Welt" mit einem Tisch, der die Menschen gleichermaßen trennt und verbindet (Arendt 1999: 52). Ohne gemeinsame „Welt" könnten die Menschen nicht miteinander in Kontakt treten oder würden, wie in Hobbes' Naturzustand, wie Tiere übereinander herfallen.

„Weltlosigkeit"

Arendts entscheidende Diagnose lautet nun, dass diese „Welt" durch die moderne Technik und die Atomisierung der Gesellschaft in der Massendemokratie zerstört wird. Dies führt zu einer Entfremdung, die nun nicht mehr, wie bei Marx eine *Selbst*-Entfremdung ist, sondern eine Entfremdung von der Welt, d.h. letztlich von den Anderen. Der moderne Mensch ist nicht primär sich selbst entfremdet, sondern heimatlos in eine Wirklichkeit gestellt, die keine „Welt" für ihn ist. Und gerade deshalb, so Arendts Pointe, wird der Bürger moderner Massendemokratien anfällig für die totalitären Ideologien, die ihm die Errichtung einer neuen Welt versprechen (z.B. Arendt 2003: 560).

Lösungen

Wie entsteht „Welt"?

Arendts Analyse weist gewisse Parallelen zu neo-marxistischen Faschismus-Theorien auf. Im Gegensatz zur neo-marxistischen Theorie entwickelt Arendt jedoch eine Antwort, die nicht zu Unrecht auch als konservativ verstanden werden kann. Denn die Konsequenz, die Arendt aus ihrer Analyse zieht, lautet: Politik ist nur möglich, wo es „Welt" gibt. Ganz im Sinne des klassischen Republikanismus geht sie davon aus, dass ein Subjekt ohne „Welt", d.h. ohne gesellschaftliche Vermittlung, unvollständig, ja entfremdet ist. Der Mensch braucht „Welt", weil er nur leben kann, wenn er mit Anderen auf der Basis von Gemeinsamkeiten verkehrt. Damit verschiebt sich der Focus auf die Entstehungsbedingungen von „Welt". Im Gegensatz zu den reaktionären Kräften plädiert Arendt nicht einfach für ein „Zurück“ zu den Wurzeln, beispielsweise zur Religion. Zugleich will sie aber nicht die Konsequenz ziehen, die oft dem postmodernen Denken unterstellt wird, nämlich die Verabschiedung einer Hoffnung auf „Welt“ im Sinne Arendts, die auf ein bloß kompensatorisches Management von Diversität hinausliefe (vgl. Kapitel Postmoderne Theorien, besonders Lyotard). Vielmehr versucht sie zu verstehen, wie „Welt“ hervorgebracht werden kann. Genau an dieser Stelle kommt die Politik ins Spiel.

Politik als Raum des Möglichen

In ihrem zweiten Hauptwerk „Vita activa“ versucht nämlich Arendt zu zeigen, inwiefern Politik als genau jener Raum zu verstehen ist, in dem Menschen gemeinsam handeln – und damit jene „Welt“ herstellen und aufrecht erhalten, die durch Ökonomisierung und Rationalisierung zugleich immer gefährdet bleibt. Die Frage, wie die „Welt“ zu Stande kommt, wird hier mit einer anthropologisch anmutenden Argumentation beantwortet: Der Einzelne weiß darum, dass sein privates Streben nur Vergängliches produzieren kann. Die Sphäre der Öffentlichkeit aber verspricht – wenn nicht Unsterblichkeit – so doch ein die Generationen übergreifendes Gedenken. In ihr suchten die Bürger der griechischen *polis* sich durch ein besonders tugendhaftes Verhalten auszuzeichnen. Ihr Sprechen und Handeln in dieser Sphäre wurde durch die Konkurrenz- und Lernsituation des gemeinsamen Handelns zu einer Vortrefflichkeit gebracht, „die keiner Tätigkeit innerhalb des Privaten je zukommen kann“ (Arendt 1999: 61). Die Leistungen, die in dieser Sphäre erbracht werden, zielen auf Dauerhaftigkeit, sind „weltbildend“, insofern sie durch die Mitmenschen tradiert werden. Die Sphäre der Öffentlichkeit formuliert damit ein Versprechen, das den Menschen aufgrund seiner anthropologischen Furcht vor der Vergänglichkeit zu Höchstleistungen anspornt: „(D)ass Menschen sich in die Öffentlichkeit überhaupt wagten, ist durch lange Jahrhunderte, eigentlich bis zum Anbruch der Neuzeit, nur dem geschuldet gewesen, dass sie ein Eigenes oder ein gemeinsames dauerhafter machen wollten als ihr irdisches Leben.“ (Arendt 2003: 69) Diese Anlehnung an das Idealbild der griechischen *polis* zeigt zweierlei: Erstens grenzt sich Arendt klar von der liberalen Konzeption einer Sphäre der Öffentlichkeit nach dem Modell des Marktes ab. Zweitens aber bleibt die Hoffnung, die Vergänglichkeit des Irdischen zu überwinden, eine bloße Hoffnung. Arendt bejaht die Moderne, insofern sie den Weg zu einer Sakralisierung der Politik für gefährlich hält.

Öffentlichkeit

Damit ist aber noch nichts darüber ausgesagt, wie dieser öffentliche Raum mit Leben zu füllen ist. Ist er ein Kampfplatz von konkurrierenden Akteuren, die sich um das Gemeinwohl mühen, oder ist das gemeinsame Handeln als Kooperation zu denken? Ganz offenbar durchziehen den öffentlichen Raum nach Arendts Beschreibung sowohl agonistische als auch assoziative Strukturen, Strukturen des

Kampfes (griech.: *agon*) und des Zusammenschlusses (vgl. Benhabib 1991). Wie diese zusammenzudenken sind, lässt sich durch einen Rekurs auf die Konzeption von „Welt" verstehen. Wenn diese nämlich aus „Objekten" (hierzu gehören nicht nur bloß Dinge, sondern auch Traditionen, Sprache, Verfassungen, Institutionen, Literatur etc.) besteht, deren „Objektivität" nur durch den intersubjektiven Dialog über sie zu verbürgen ist, wenn also z.B. die Verfassung nur dadurch „existiert", dass wir uns gegenseitig versichern, dass wir wollen, dass sie in Kraft ist, dann bleiben agonistische und assoziative Züge miteinander verwoben. Der Streit um die Objekte dieser gemeinsamen „Welt" lässt diese entstehen, festigt sie. Auch und gerade wenn wir uns z.B. uneinig darüber sind, was unsere Verfassung genau besagt, so bestärken wir in diesem Dissens zugleich, dass wir eine Verfassung haben – und das wir ein „wir" formen.

„Welt" bilden, „Welt" bewahren

Dieser Prozess der Weltbildung endet nie oder gerinnt in der Ideologie des totalitären Denkens zum Weltbild, sondern bleibt in der funktionierenden Demokratie immer unabgeschlossen. Arendt konzediert dem Konstruktivismus gewissermaßen, dass Politik immer einen kontingenten Raum des Möglichen füllt, betont aber zugleich die Tatsache, dass die konstruierte „Welt" mit der Härte des Objektiven auf die Einzelnen zurückwirkt. Damit benennt Arendt zugleich ein grundlegendes Paradox demokratischer Politik: Diese muss zum einen auf einer unverrückbaren Basis stattfinden, sozusagen in einer bereits gegebenen „Welt", in einer gemeinsamen Kultur, in einer Sprache, auf Basis einer Verfassung etc. Zugleich aber muss sie diese „Welt" immer auch in Frage stellen, ja verwerfen können. Arendt stand diesbezüglich vor allem Parteien und Verbänden sehr kritisch gegenüber. Sie glaubte, deren Macht solle durch Räte konterkariert werden, um den politischen Raum vor Vermachtung zu bewahren. Doch diese Vorschläge blieben wenig konkret (vgl. u.a Arendt 1963: 360).

Gefahren des Konsumismus

Wirksamer sind Arendts Analysen des Verhältnisses von Konsum und „Welt". Die Steigerung der Produktivität führt nach Arendt dazu, dass die Gesellschaft mit dem Widerspruch leben muss, dass sie eine „individuell begrenzte Konsumkapazität mit einer prinzipiell unbegrenzten Arbeitskapazität in Einklang setzen kann" (Arendt 1999: 147). Dies geht nur durch immer kürzere Konsumzyklen. Während ein Anzug in den 1920er Jahren für das ganze Leben angeschafft wurde, kauft man heute Textilien für die Herbstsaison. Für Arendt stehen noch nicht die ökologischen Konsequenzen dieses Verhaltens im Zentrum, sondern die geistigen Verheerungen. Denn aus „gebrauchen" wird nun „verbrauchen": Alle Dinge dieser „Welt" sind bereits auf ihre Verschwinden hin angelegt (Arendt 1999: 149). Das bedeutet aber im Umkehrschluss auch, dass der Mensch sich nicht mehr als „Weltenbauer" erleben kann: Er stellt nur den künftigen Müll einer

Gesellschaft her, er kauft Produkte, um sie möglichst schnell wegzuschmeißen. Die Logik der Konsumgesellschaft zerstört jene „Welt“, die Politik braucht und zugleich herzustellen versucht.

Wirkmächtigkeit

Idee der Zivilgesellschaft

Hannah Arendt hat keine Schule gebildet, doch ihr Denken wirkte in verschiedene Richtungen. Verschiedene Lesarten stehen sich hier gegenüber. Arendt lässt sich zum einen verstehen als eine Vorläuferin der deliberativen Demokratietheorie, da sie die lebendige Öffentlichkeit zum eigentlichen Gravitationszentrum der Politik erklärt. In der Debatte um die Bedeutung der *Zivilgesellschaft* wird Hannah Arendt oft als ein zentraler theoretischer Bezugspunkt genannt. Andere haben ihre Greacophilie als tendenziell konservative Romantik gedeutet (vgl. hierzu Benhabib 1998). Zweifellos gibt es auch elitistisch anmutende Stellen in ihrem Werk. Es existieren auch Lesarten, die ihre Konzeption der kreativen Agonalität der öffentlichen Sphäre als einen Postmodernismus *avant la lettre* lesen. Im Gegensatz beispielsweise zu Lyotard hatte Arendt jedoch die Hoffnung, dass eine gemeinsame „Welt“ sozial konstruiert werden kann. Arendts Werk wurde in den letzten Jahren wiederentdeckt und neu fruchtbar gemacht (vgl. Heinrich Böll Stiftung 2007; Grunenberg et al. 2008).

Was bleibt?

Forum ist Markt

Am stärksten hat mit Sicherheit ihre Totalitarismustheorie gewirkt, die als Gründungstext einer ganzen Subdisziplin gelten kann. Zahllose konkurrierende Modelle und Theorien wurden in den folgenden Jahrzehnten vorgestellt, um das Phänomen totaler Herrschaft fassbar zu machen. Ihr vehementes Plädoyer für die Herstellung und Schonung einer Sphäre der Öffentlichkeit, die sich gegen verdinglichende Tendenzen aus der Ökonomie abschirmt, macht sie zugleich zu einer frühen Kritikerin an der „vermachteten“ Öffentlichkeit. Gerade die Kommerzialisierung des öffentlichen Raumes – von der Verseuchung öffentlicher Straßen und Plätze mit Werbung bis hin zur Kommerzialisierung der Massenmedien – ließe sich mit Arendt in den Blick nehmen. Nach Arendt braucht die Demokratie eine *agorà* – einen Ort der Begegnung, bei dem es um den Austausch von Argumenten geht, nicht um den Verkauf von Waren.

5.4. Starke Demokratie: Barber

Das uneingelöste Versprechen

Die *liberal-communitarian debate* war in ihrem Kern eine *moralphilosophische Debatte* über die Grundlagen eines demokratischen Gemeinwesens. Aus dieser Tatsache resultiert auch ein relativ hohes Abstraktionsniveau der Diskussion. Dies zeigt sich prototypisch bei den Vorschlägen, wie die Demokratie eines kommunitaristischen Gemeinwesens *institutionell* ausgestaltet werden soll. Kommunitaristische Theoretiker wie Charles Taylor haben zwar ihr *grundsätzliches* Votum zugunsten einer direkt- oder basisdemokratischen Ausgestaltung der Demokratie abgegeben, aus politikwissenschaftlicher Perspektive jedoch waren dies bestenfalls institutionelle Absichtserklärungen, weit entfernt von dem Konkretisierungsniveau, das man von einer *politikwissenschaftlichen* Demokratietheorie erwarten würde. Dies war nicht nur für die politischen Aktivisten der kommunitaristischen Plattform ein bedauerliches Faktum. Diese schmerzliche Lücke wurde erst 1984 durch ein Buch des amerikanischen Politikwissenschafters Benjamin Barber geschlossen. *Strong Democracy* – oder *Starke Demokratie,* wie das Buch in der 1994 erschienenen Übersetzung heißt – wurde zu einem *instant classic,* einer Bibel der amerikanischen *grass roots*-Bewegung.[75] *Strong democracy* trat damit für die linken amerikanischen Politikwissenschaftler das Erbe eines anderen Klassikers an: *Participation and Democratic Theory,* verfasst von Carole Pateman im Jahr 1970.

Problemlage

„Dünne Demokratie“

Benjamin Barber hat einen Institutionalisierungsvorschlag für eine kommunitaristische Demokratie vorgelegt, die weit über eine Forderung nach mehr Demokratie im Sinne einer Basisdemokratie hinausgeht.[76] Ausgangspunkt der Argumentation von Barber ist – wie fast immer – die kritische Diagnose des gegenwärtigen Zustandes liberaler Demokratie, und zwar sowohl im Sinne ihrer theoretischen Begründung als auch im Sinne ihrer faktischen Realisierung. Demokratie, wie sie in den westlichen Regimen institutionalisiert ist, sei nur eine *thin democracy*, eine dünne Demokratie, wenig mehr als ein fader Nachgeschmack einer eigentlichen Demokratie. Das Ideal der eigentlichen Demokratie, daran lässt Barber keinen Zweifel, entstammt der demo-

---

75 Trotz seiner Prominenz in den USA hat das Buch in Deutschland keine intensive theoretisch inspirierte Debatte ausgelöst. Vgl. Reese-Schäfer (1997: 362-378) sowie Buchstein/Schmalz-Bruns (1994).

76 Anika Becher gebührt ein großer Dank für ihre Unterstützung bei der Ausarbeitung dieses Kapitels.

kratischen Praxis der griechischen Stadt-Staaten der Antike – allen voran natürlich Athen. Doch was hat der Liberalismus bzw. diese Gesellschaft in den letzten dreihundert Jahren aus diesem Ideal gemacht? Der demokratische Prozess erschöpft sich in der schieren Aggregation von individuellen Präferenzen, die – unabhängig von ihrer moralischen oder ethischen Qualität – gleich gewichtet werden. Der Sinn für das Gemeinsame, das letztlich das Telos jeder Politik sein sollte, ist dem Liberalismus und damit auch den liberalen Demokratien des Westens aus dem Blick geraten.

Partizipations- und Entfremdungskrise

Der Topos, wonach die liberale Demokratie ein Zuwenig an Demokratie sei, ist in der Literatur hinreichend bekannt und wird in unterschiedlichen Varianten immer wieder gegen den Liberalismus ausgespielt. Die Kritik von Barber geht jedoch einen Schritt weiter; er sagt nicht nur, dass ein Zuwenig an Demokratie herrsche. Vielmehr seien auch die bestehenden demokratischen Verfahren und Prozeduren selbst nur suboptimale Institutionalisierungen der eigentlichen Idee der Demokratie. Die zeitgenössische liberale Demokratie befindet sich in einer Krise, die sich durch mangelnde Wahlbeteiligung (*crisis in participation*) und politische Apathie und Entfremdung (*alienation*) äußert. Es werden mehr und mehr öffentliche Aufgaben an private Akteure delegiert, die öffentlichen Institutionen sind zunehmend gelähmt und handlungsunfähig. Diese Entwicklungen sind Symptome einer Malaise, „that is inseperable from liberal ways of thinking about doing politics“. Liberale Demokratietheorie *privatisiert* das Politische und entleert es somit. Die *liberale* Demokratie *selbst* verursacht jene Probleme, an der sie leidet!

Kritik am geheimen Wahlrecht

So weitet er – überraschenderweise – seine Kritik sogar auf das Wählen selber aus. Das Kronjuwel liberaler Demokratie(-theorie), das geheime Wahlrecht, selbst steht bei Barber auf dem Prüfstand. Die Härte seiner Kritik spiegelt sich in der sehr ungewöhnlichen Metapher wider, die er für den Akt der geheimen Wahl benutzt: Der Gang in eine Wahlkabine sei mit dem Gang zu einer Toilette vergleichbar – man macht sein Kreuz, wirft seinen Zettel ein (spült also, um in der Metapher zu bleiben) und vergisst die Sache wieder. Das geheime Wahlrecht institutionalisiert laut Barber die demokratische Gewissenlosigkeit, da niemand über sein politisches Handeln Rechenschaft ablegen muss. Hierin liegt die eigentliche Crux: Politik, verstanden als die autoritative Regelung kollektiver Probleme einer politischen Gemeinschaft, ist etwas *Öffentliches*. Das geheime Wahlrecht transformiert eine öffentliche Angelegenheit jedoch im entscheidenden Moment – oder besser: im Moment der Entscheidung – in einen *privaten Akt*. Der Liberalismus transformiert durch das geheime Wahlrecht das Wesen des Politischen und negiert seinen eigentlichen Charakter. Die negativen Effekte und Kosten dieser

Privatisierung des Politischen sind allgemein bekannt. Ohne den reflexiven Zwang, sich für seine Entscheidung vor anderen rechtfertigen zu müssen, kann Politik auf individuelle Nutzenmaximierung reduziert werden. Dieser Gedankengang hat – verstanden als Erklärung für die gemeinwohlschädlichen Effekte zeitgenössischer demokratischer Politik – einiges für sich. Er hat sogar so viel für sich, dass einige Theoretiker sich der Frage zugewendet haben, wie man mit diesem Zielproblem produktiv umgehen kann (vgl. Buchstein 2000). Das Zielproblem resultiert aus der Tatsache, dass das geheime Wahlrecht selbst den demokratischen Prozess vor *anderen* Einflüssen schützt, die aus normativer Sicht ebenso unerfreulich sind wie die bereits skizzierten. Hierzu gehören unter anderem die Möglichkeit des Stimmenkaufs und die Unterdrückung von Minoritätspositionen durch Majoritäten. Die Aufgabe des geheimen Wahlrechtes ist also keine ernsthafte Option – dafür sind die durch das geheime Wahlrecht geschützten Güter normativ zu wichtig und praktisch zu fragil.

Recht auf Desinteresse

Die Bürger dürfen nicht dazu *genötigt* werden, sich politisch beteiligen *zu müssen.* Die Optionalität des individuellen politischen Engagements unterscheidet den Vorschlag der *Strong Democracy* von Barber dann auch von anderen partizipatorischen Demokratietheorien der 1970er Jahre. Dies sagt jedoch nichts darüber aus, dass Barber nicht immer ein Mehr an Partizipation der Bürger einem Weniger vorziehen würde. Ersteres ist ganz ohne Frage Barbers Ideal – nur müssen die Bürger dort freiwillig, aus eigener Einsicht, eigener Motivation und mit Freude ankommen; getreu dem Motto von Hannah Arendt: „Acting is fun!".

Vorgehensweise und Lösungen

Liberal-republikanische Verschränkung

Wie lautet vor diesem Problemhintergrund nun Barbers Vorschlag einer *strong democracy* im Detail? Barbers Ausführungen einer starken Demokratie werden von einer grundsätzlichen Idee getragen. *Strong democracy* verbindet das republikanische Ideal der *politischen Partizipation tugendhafter Bürger* mit dem kommunitaristischen Ideal der *starken* (demokratischen) *Gemeinschaft* und der liberalen Idee der Absicherung des demokratischen Prozesses durch *Institutionen.*

Neue institutionelle Settings

Vom Liberalismus übernimmt er die Einsicht, „*Institutions do matter*". Institutionen formen das politische Leben und beeinflussen den Output des demokratischen politischen Prozesses auf der substanziellen Ebene. Ist man – wie gerade *pars pro toto* anhand der negativen Externalitäten des geheimen Wahlrechts gezeigt – mit dem Output des demokratischen Prozesses unzufrieden (wie Barber es ist), so folgt daraus die Notwendigkeit, ein *institutional re-engineering,* d.h. einen Um- und Ausbau der Institutionen einer Demokratie, vorzunehmen. Im Gegensatz zum Liberalismus glaubt Barber jedoch nicht daran, dass eine Veränderung institutioneller Arrangements alleine dazu führen kann, den demokratischen Prozess dauerhaft substanziell zu verbessern. Daher übernimmt er – ergänzend und flankierend – die Vorstellung des Republikanismus, wonach die Qualität des Outputs des demokratischen Prozesses von der Tugend und den Einstellungen der Bürger abhängt. Doch wie kann man auf die Tugend der Bürger hoffen? Warum sollten sie spontan Tugenden ausbilden, die sie zuvor im liberalen demokratischen Prozess nicht gezeigt haben? Kann man Bürger dazu anleiten, tugendhafter zu sein, gemeinwohlorientierter zu wählen und sich für die Politik mehr zu interessieren als bisher? Die Antwort auf diese Fragen ist für Barber ein mehrfaches „Ja". Im Zentrum steht die Vorstellung der *Transformation*, angeleitet durch spezifische *institutionelle Kontexte.* Die Transformation des *Bourgeois* in einen *Citoyen* – um die Terminologie von Rousseau aufzugreifen – kann für Barber nur durch einen *entgegenkommenden institutionellen Kontext* ermöglicht werden. In der theoretisch-konzeptionellen Verklammerung von Mikro- und Makroebene besteht daher auch der innovative Beitrag der *strong democracy* für die zeitgenössische Demokratietheorie.

strong democracy

Was ist die *strong democracy?* „Strong democracy can be formally defined as politics in the participatory mode where conflict is resolved in the absence of an independent ground through a participatory process of ongoing, proximate self-legislation and the creation of a political community capable of transforming dependent, private individuals into free citizens and partial and private interests into public goods." (Barber 1984: 132) Diese Definition benennt bereits fast alle zentralen Elemente der *strong democracy.* Zunächst ist Politik das Handeln der Bürger, im Gegensatz zum Handeln von politischen Eliten. Zugleich ist dieses Handeln proaktiv, was impliziert, dass die Bürger ihr Leben (individuell wie kollektiv) *selbst* bestimmen können und prinzipiell handlungs- und gestaltungsmächtig sind. Diese Annahme widerspricht anderen Positionen, die historische Pfadabhängigkeiten oder die Macht des Schicksals betonen. Zentral ist die Öffentlichkeit des politischen Handelns. Obwohl Barber auf vernünftige, nach vorgängigen, diskursiven Beratungen getroffene Entscheidungen setzt, ist sein Ansatz trotzdem nicht idealistisch, da der Ausgangspunkt allen politischen Handelns der Konflikt ist.

Politik ohne Wahrheit

Die Konflikthaftigkeit von Politik ist aus erkenntnistheoretischen Gründen unhintergehbar, da wir ohne Wissen um Wahrheiten leben und handeln müssen und somit auch keine politischen Sicherheiten bestehen. Die Notwendigkeit von Politik resultiert daher direkt aus der

Unmöglichkeit, Wahrheit (und damit Sicherheit) zu erreichen. In der Politik gibt es keine allgemein gültigen Normen. Eine vernünftige politische Entscheidung muss auch nicht rational sein, aber abgewogen, fair und nicht zufällig. Der Begriff „vernünftig" impliziert, dass Personen im Fall eines Konflikts zugestimmt haben, ihre Differenzen beizulegen, ohne dabei auf vermittelnde allgemeine Normen zurückgreifen zu können. Sie finden gemeinsam einen Kompromiss, den anschließend alle Beteiligten mittragen können, und nehmen so eine Neuformulierung ihrer Interessen vor, indem sie öffentliche Ziele in ihre Entscheidungsfindung einbeziehen. Benötigt wird trotzdem ein dauerhafter Konsens darüber, wie mit Konflikten umgegangen werden soll. Geregelt wird dies durch die institutionelle Ordnung des Politischen: die Verfassung. Sie regelt den Umgang mit Konflikten und darf dabei selbst nicht Objekt von Konflikten sein, sonst könnte sie ihre Aufgabe als Konfliktregulativ nicht erfüllen.

Der aktive Bürger

Das Politische ist unmittelbar an *Handeln* geknüpft. Handlung im engen Sinne bedeutet, etwas zu tun oder zu unterlassen in der physikalischen Welt, das menschliches Verhalten beeinflusst oder die Welt in irgendeiner materiellen Weise verändert. Politisches Handeln bedeutet für Barber auszuwählen, zu beraten, zu bestimmen und zu entscheiden. Die Entscheidung muss autonom, absichtsvoll und frei getroffen werden. Ein freies Wollen und autonome Entscheidung sind damit Voraussetzung für Selbstlegislation durch Partizipation. Wo kein Handeln (oder Unterlassen mit Konsequenzen) stattfindet, existiert mithin auch keine Politik. Das Handeln der Bürger markiert daher auch die *differentia specifica* zwischen einer repräsentativen und einer starken Demokratie. Eine repräsentative Demokratie basiert auf passiven Bürgern, da nur die politischen Eliten im oben definierten Sinne handeln. In einer starken Demokratie hingegen wird Politik durch und nicht für Bürger gemacht. Doch ergibt sich für Barber eine Herausforderung, die bereits in den einleitenden Kapiteln dieses Buchs skizziert wurde: Das Politische und das Öffentliche stehen in einem konstitutiven Zusammenhang. Doch ist die Grenze zwischen Öffentlichem und Privatem nur schwer zu ziehen. Eine der wichtigsten Funktionen politischer Aktivität ist für Barber daher, immer wieder neu zu bestimmen, was öffentlich und somit politisch ist.

Zivilgesellschaft

Die starke Demokratie versucht eine *Gemeinschaft der Bürger* zu schaffen. Sie geht dabei jedoch nicht von dem verkürzten Antagonismus Individualismus vs. Holismus (atomisch getrennte Individuen oder kollektivistische Gemeinschaft) aus, sondern holt – gleichsam antizipierend – die differenziertere Betrachtung von Taylor konzeptionell mit ein. Sie fragt: Wie kann eine zivile Gemeinschaft erzeugt werden? Notwendig dazu sind Bürger, die sich als

Teil einer Gemeinschaft betrachten und die zu Mitgefühl fähig sind. Wie können Gesellschaften dieses Ziel erreichen? Wie bereits angedeutet wurde, verbindet sich in der Theorie der starken Demokratie das liberale Element des Wissens um den Nutzen von Institutionen mit dem republikanischen Element der Tugendhaftigkeit der Bürger und Bürgerinnen. Das institutionelle Ensemble unterstützt die Bürger bei der Ausbildung und Realisierung tugendhaften Handelns. Aus empirischer Perspektive besteht jedoch ein großes Problem darin, dass sich die Bürger in ihrem wirklichen Leben gerade nicht immer tugendhaft verhalten. Aus egoistischen müssen also tugendhafte Bürger werden. Der Republikanismus und die utopische Literatur der beginnenden Moderne setzen hierfür bekanntlich auf die positiven Effekte von Erziehung. Diese Lösung kann in der heutigen Zeit jedoch aus unterschiedlichen Gründen nicht nachhaltig überzeugen.[77]

Vier Transformationen

Im Herzen der Theorie der starken Demokratie steht daher *Transformation*. Transformiert werden sollen liberale Einstellungen und Werte, die für eine anspruchsvollere Demokratie schädlich sind, in solche, die für das starkdemokratische Projekt notwendig sind. Entsprechend seiner Kritik am liberalen Modell von Demokratie identifiziert Barber vier große Transformationsbereiche. Das Kernproblem der liberalen Demokratie besteht für Barber darin, dass die Bürger in der Politik nur ihre privaten, individuellen Interessen verfolgen und das gemeinschaftlich Gute dabei aus den Augen verloren haben. Die erste Transformation muss daher private Präferenzen und egoistische politische Ziele in öffentliche Güter transformieren, und zwar auf der Ebene jedes einzelnen Bürgers und nicht erst auf der Ebene aggregierter Präferenzen. Ein zentrales Anliegen der demokratischen Linken war es schon immer, Menschen aus Unmündigkeit zu befreien und somit das emanzipatorische Potenzial auf individueller wie kollektiver Ebene zu realisieren. Die zweite Transformation soll daher Abhängigkeit in Selbstbestimmung umwandeln. Es wurde bereits darauf hingewiesen, dass der Konflikt konstitutiv ist für das Politische. Das dritte Ziel des starkdemokratischen Programms besteht darin, Konflikt in Kooperation zu transformieren. Schließlich soll die soziale Situation der Bürgerinnen und Bürger transformiert werden. Während diese in der liberalen Demokratie noch durch Isolation und Getrenntheit (*seperateness*) gekennzeichnet ist, sollen die Bürger in der starken Demokratie in einer demokratisch aktiven Gemeinschaft leben.

---

77 So hat die Geschichte zum einen die Grenzen des Erfolges von Erziehungsmaßnahmen gezeigt, die auf die Tugendhaftigkeit der Bürger zielten. Darüber hinaus droht schnell die Gefahr einer Erziehungsdiktatur. Vor diesem Hintergrund verwundert es auch nicht, dass Barber andere Mechanismen identifiziert, die diesen Wechsel unterstützen sollen.

Mechanismen der Transformation

Im Herzen der starken Demokratie steht also die Transformation. Doch durch welche Mechanismen sollen diese Transformationen Realität werden? Starke Demokratie zeichnet sich zwar durch eine Betonung des politischen Handelns aus. Ihr eigentlicher Kern ist jedoch – in der Terminologie von Jürgen Habermas – *kommunikatives* Handeln. Reden soll den Zaubertrick vollführen, private Ziele in öffentliche Güter, Abhängigkeit in Selbstbestimmung, Konflikt in Kooperation und Vereinsamung in Gemeinschaft zu transformieren. Hierfür ist natürlich nicht jede Form der Kommunikation geeignet. Vielmehr muss sie spezifischen normativen Anforderungen genügen.

strong democratic talk

Als *strong democratic talk* bezeichnet Barber jenen Kommunikationsmodus, auf dem das starkdemokratische Theorieprojekt ruht: „The key to strong democracy is strong democratic talk." Unter *democratic talk* versteht Barber „every human interaction that involves language or linguistic symbols" (Barber 1984: 174). *Strong democratic talk* ist sowohl ein Medium als auch ein Mittel, die politischen Prozesse verständlich zu machen. Er bezieht sich sowohl auf das Sprechen als auch auf das Zuhören; beinhaltet eine kognitive und eine affektive Dimension; strebt Handlung (*realm of action*) an, erzeugt Absicht und will Konsequenzen („it is no talk about the world; it is talk that makes and remakes the world"). *Strong democratic talk* ermöglicht Transformation und unterstützt die Ausbildung einer gemeinsamen Anschauung *(public seeing)*. Dieses public seeing erlaubt es, den klassischen Dilemmata der liberalen Demokratie auszuweichen. Insgesamt identifiziert Barber neun Ziele des *strong democratic talk* (vgl. Barber 1984: 178-217).

Tabelle 6: Neun Ziele von *strong democratic talk*

1.	The articulation of interests; bargaining and exchange
2.	Persuasion
3.	Agenda-Setting
4.	Exploring mutality
5.	Affiliation and affection
6.	Maintaining autonomy
7.	Witness and self-expression
8.	Reformulation and reconceptualization
9.	Community-building as the creation of public interests, common goods, and active citizens

1) In liberalen Demokratien stellt *talk* nur ein Mittel der Kommunikation zwischen konkurrierenden Individuen dar, die ihre privaten Interessen durch marktorientierte Interaktion maximieren wollen (Verträge und Verhandeln). Hierdurch entsteht das Risiko, dass öffentliche Güter aufgrund des *free-rider* (Trittbrettfahrer-)Phäno-

mens nicht oder in zu geringen Quantitäten produziert werden. In der *strong democracy* gibt es keine *free-rider*, da die Bürger wissen, dass ihre Freiheit eine Konsequenz der Partizipation und des gemeinsamen Treffens von (politischen) Entscheidungen ist.

2) Hier gibt Barber zu, dass *persuasion* ein Instrument sein kann, um die Legitimierung des Eigeninteresses zu leisten. Aber zumindest impliziert der Wunsch, die Mitbürger von der Berechtigung des eigenen Interesses zu überzeugen, dass anerkannt wird, dass nicht einfach unabhängig von dem Willen der anderen und der (normativen) Qualität der eigenen Präferenz entschieden werden darf.
3) Das Agenda-Setting ist eine wichtige Komponente moderner Macht, da die Art und Weise, wie eine Frage formuliert wird, das Verhalten der Bürger stark beeinflussen kann. Es ist deshalb im Interesse des *strong democrat*, einen Transfer der *agenda-setting*-Kompetenz von der Elite zu den verantwortungsvollen Bürgern zu initiieren.
4) Hierunter kann man vereinfacht das Kennenlernen des Anderen verstehen, das dazu dient, Gemeinsamkeiten zu nutzen und/oder sie herzustellen. Ziel ist jedoch nicht die Herstellung einer Einheit, sondern der Austausch von Standpunkten.
5) Hier geht es nicht nur um das Kennenlernen, sondern um die Schaffung von Mitgefühl (*empathy*). Es handelt sich folglich um die nichtkognitive Dimension von Kommunikation. Bemerkenswert ist, dass der demokratische Diskurs eine künstliche Empathie (*artificial empathy*) zwischen Bürgern erzeugen kann, die sich ursprünglich als Fremde gegenüberstanden. Dadurch kann das Ich, das private Eigeninteressen verfolgt, reformuliert werden in ein Wir, das Zivilbewusstsein und gemeinsames politisches Handeln möglich macht.
6) Der *democratic talk* motiviert die Bürger, ihre Präferenzen und Wertüberzeugungen immer wieder zu überdenken und verhindert so die Rigidität von Werten. Dies erhöht die Autonomie der Bürger: „Only the presence of our own wills working on a value can endow that value with legitimacy and us with autonomy."
7) Um zu vermeiden, dass ein Individuum vom Kollektiv unterdrückt wird, bietet der demokratische Diskurs Raum für die Dissonanzen und Proteste.
8) Die Aufgabe des demokratischen Diskurses ist es, jene Begriffe, die mit dem demokratischen Zusammenleben verbunden sind, neu zu formulieren, damit die Bürger sich betroffen fühlen (bezogen auf die Vergangenheit, die Gegenwart und die Zukunft). Die Zuschreibung von Bedeutung soll nicht den Eliten überlassen werden. Demokratie bedeutet vor allem gleicher Zugang zu Sprache und damit verbunden zur Deutungsmacht.

9) Im Endeffekt soll der demokratische Diskurs die Entstehung einer Bürgerschaft ermöglichen, die fähig ist zu öffentlichem Denken und politischem Urteilen und hierdurch in die Lage versetzt wird, eine *gemeinsame* Zukunft zu entwerfen.

Das Besondere der Theorie der „starken Demokratie" von Barber besteht darin, dass sie Mikro- und Makroebene verbindet. Daher ist der *strong democratic talk* auch nicht frei schwebend, sondern wird institutionell gestützt. Das institutionelle Setting spezifiziert Barber in seinem *strong democratic program for the revitalization of citizenship*. Die institutionellen Ergänzungen und Erweiterungen sollen dabei *en bloc* implementiert werden:

Tabelle 7: Das *strong democratic program* von Barber

„1. A national system of NEIGHBORHOOD ASSEMBLIES of from one to five thousand citizens; these would initially have only deliberative functions but would eventually have local legislative competence as well.
2. A national CIVIC COMMUNICATIONS COOPERATIVE to regulate and oversee the civic use of new telecommunications technology and to supervise debate and discussion of referendum issues.
3. A CIVIC VIDEOTEXT SERVICE and a CIVIC EDUCATION POSTAL ACT to equalize access to information and promote the full civic education of all citizens.
4. Experiments in DECRIMINALIZATION and INFORMAL LAY JUSTICE by an engaged local citizenry.
5. A national INITIATIVE AND REFERENDUM PROCESS permitting popular initiatives and referenda on congressional legislation, with a multichoice format and a two-stage voting plan.
6. Experimental ELECTRONIC BALLOTING, initially for educational and polling purpose only, under the supervision of the civic Communications Cooperative.
7. Selective local elections to local office by LOTTERY, with pay incentives.
8. Experiments with an INTERNAL VOUCHER SYSTEM for selected schools, public housing projects, and transportation systems.
9. A program of UNIVERSAL CITIZEN SERVICE, including a military-service option for all citizens.
10. Public sponsorship of LOCAL VOLUNTEER PROGRAMS in „common work" and „common action".
11. Public support of experiments in WORKPLACE DEMOCRACY, with public institutions as models for economic alternatives.
12. A new ARCHITECTURE OF CIVIC AND PUBLIC SPACE."

Dezentralisierung

Das institutionelle Programm, das die starke Demokratie unterstützen soll, setzt sich aus einer Vielzahl von Bausteinen zusammen, die heute in unterschiedlicher Art und Weise attraktiv wirken. Der Grundgedanke bei Barber ist die *Dezentralisierung* politischer Herrschaft und die Stärkung der lokalen politischen Einheiten. Hierzu gehört nicht nur der Rekurs auf die *neighbourhood assemblies*, die ihre historische Inspiration in den *township meetings* haben, sondern auch die Öffnung jener Bereiche des öffentlichen Lebens, die zuvor professionalisiert waren – so in der Implementation von Schöffengerichten. Die Stärkung direkter politischer Partizipation steht auch als Ideal hinter der Vorstellung einer „Teledemokratie" – ein Konzept, das in Zeiten des Internet als veraltet angesehen werden muss. Andere Institutionen sind der amerikanischen Demokratie fremd, nicht aber der kontinentaleuropäischen. So gehört die Mitbestimmung am Arbeitsplatz zu den Errungenschaften vieler zentraleuropäischer und skandinavischer Demokratien. Auch die Vorstellung öffentlich finanzierter Bildungsprogramme existiert hier – z.B. in Deutschland in Form der Bundes- und Landeszentralen für politische Bildung. In anderen Punkten ließ sich Barber von der klassischen Demokratie inspirieren. Insbesondere für den Vorschlag, dass Ämter gelost werden, stand Athen Pate (vgl. aktuell Buchstein 2009). Auch heute noch aktuell ist die Einsicht, dass eine lebendige Demokratie einen öffentlichen Raum benötigt und dies in der Stadtplanung Berücksichtigung finden muss. Geradezu prophetisch hat Barber die zunehmende Privatisierung des öffentlichen Raumes – z.B. durch die Ubiquität von *shopping malls* – vorhergesehen.

Probleme der Starken Demokratie

Überforderung der Bürger

Barber hat mit seiner *strong democracy* zweifellos ein wegweisendes Buch der partizipatorischen Demokratietheorie vorgelegt. Nichtsdestotrotz kann und muss deutliche Kritik an seiner Theorie artikuliert werden. Vor dem Hintergrund einer empirischen Perspektive muss zunächst konstatiert werden, dass Barber die Bürger motivational überfordert. Politik – auch starkdemokratische Politik – findet immer noch im Bezugsrahmen einer Marktwirtschaft statt und muss sich daher mit den funktionalen Imperativen des Kapitalismus konstruktiv auseinander setzen. Die große Zahl an Partizipationsangeboten kann nur dann ernsthaft wahrgenommen werden, wenn die Implementation eines starkdemokratischen Institutionenensembles durch Veränderung in der Wirtschaftsordnung flankierend unterstützt wird, so dass die Politik nicht nur normativ, sondern auch faktisch Priorität vor der Ökonomie besitzt. Diese Kritik kann Barber mit dem Hinweis parieren, dass das Ideal der starken Demokratie nicht die permanente Partizipation der Bürger ist, sondern die *Möglichkeit* zur Partizipation und die

Transformation des Bürgers vom *Bourgeois* zum *Citoyen*. Asymmetrien in den ökonomischen Voraussetzungen für politische Partizipation könnten jedoch zu Asymmetrien in der politischen Partizipation selber führen. Die Gefahr der Entwicklung einer Partizipationselite ist zumindest nicht ganz von der Hand zu weisen.

Unrealistisches Menschenbild

Der zweite große Kritikkomplex betrifft das Menschenbild bei Barber. Ausgangspunkt seiner Theorie ist, wie bereits gezeigt wurde, eine fulminante Kritik an der Praxis liberaler Demokratie. Die Defizite der liberalen Demokratie resultieren aus einer Melange aus institutionellen Arrangements und politischen Regeln sowie einer Bürgerschaft, die sich in der Politik nur für die Durchsetzung ihrer egoistischen Präferenzen interessiert. Bei der Formulierung seiner Lösung – der Theorie der starken Demokratie – bedient sich Barber jedoch eines Taschenspielertricks, indem er kurzerhand das Menschenbild austauscht: „Man is a social animal, indeed a political animal, because he is not self-sufficient alone, and in an important sense is not self-sufficient outside a polis." (Barber 1984) Das Problem in der Anwendung dieses Taschenspielertricks tritt sehr deutlich zutage, wenn man sich vergegenwärtigt, dass die Kritik an der liberalen Demokratie eine empirische Diagnose darstellt, während seine Lösung eine normative Setzung ist. Leider lösen normative Setzungen keine empirischen Probleme.

Mangelnde theoretische Fundierung

Allerdings ist die Einführung des *zoon politikon* für Barber nur ein erster Schritt hin zur Entfaltung seines starkdemokratischen Theorieprogramms. Die größte Begründungslast im Rahmen seiner Theorie trägt konsequenterweise auch nicht sein Menschenbild, sondern seine Theorie der Transformation. Interessanterweise greift sie in dem Wunsch, Liberalismus und Republikanismus zu verbinden, der Theorie der deliberativen Demokratie von Jürgen Habermas *voraus*. Diese Assoziation ist auch in einem weiteren Sinne nahe liegend, da für beide Theorien und Theoretiker die *Sprache* das Mittel und das Medium ist, auf dem die Hoffnungen einer intensivierten Demokratisierung der Demokratie bestehen. Diese Analogie verdeutlicht jedoch zugleich, wo – in theoretischer Perspektive – die wichtigsten Kritikpunkte liegen. Kurz gefasst, besteht die zentrale Kritik darin, dass die Aussagen Barbers über die Transformation von *X* (eigennützigen Interessen etc.) in *Y* (gemeinwohlorientierte Interessen etc.) theoretisch nicht fundiert sind. Es handelt sich um Mutmaßungen, die normativ zwar sehr sympathisch, jedoch weder empirisch gedeckt sind, noch theoretisch untermauert werden. Was fehlt, ist der Versuch einer Plausibilisierung, z.B. im Rekurs auf Sprechakttheorien oder psychologische Ansätze. Barber ist eben nicht im Besitz einer „Theorie kommunikativen Handelns", die Jürgen Habermas als Grundlage seiner deliberativen Demokratietheorie entwickeln konnte.

Verbindung Bürger – Institutionen

Auch fehlt eine theoretisch angeleitete Vermittlung zwischen Bürgertugenden einerseits und dem Institutionenensemble andererseits. Letzteres zielt hauptsächlich auf die Erhöhung der Beteiligungschancen und die Ausweitung des politischen Einflussbereiches der Bürger und steht somit in der Tradition der klassischen partizipatorischen Demokratietheorie der siebziger Jahre. Die theoretische Relevanz des *strong democratic talk* würde jedoch eher ein institutionelles Setting erwarten lassen, das Kommunikation (oder: kommunikatives Handeln) stärker unterstützt und eben gerade nicht klassische Formen politischer Partizipation.

Was bleibt?

Brückenfunktion

Starke Demokratie ist ein Meilenstein in der Entwicklung partizipatorischer Demokratie-Theorie. Auch heute noch wird das Werk weithin rezipiert. Seine Stärke besteht darin, eher pragmatisch orientiert zu sein und an die Seite der rein theoretischen Diskussion über *strong democratic talk* auch noch Institutionalisierungsvorschläge zu unterbreiten (Buchstein/Schmalz-Bruns 1994). Gerade hierdurch hebt es sich deutlich aus vielen anderen Beiträgen zur – im weitesten Sinne – deliberativen Demokratie hervor. Die starke Demokratie kann auch als ein Bindeglied zwischen der partizipatorischen Demokratietheorie der siebziger Jahre und der deliberativen Demokratietheorie der neunziger Jahre gesehen werden. Barber inspirierte jedoch weniger die deutschen Arbeiten zur deliberativen Demokratietheorie, sondern eher die pragmatisch orientierten amerikanischen von Fishkin oder Ackerman.

5.4. Partikularistische Gerechtigkeit: Walzer

Die wichtigste kommunitaristische Theorie der Gerechtigkeit wurde von Michael Walzer formuliert und 1983 unter dem Titel *Spheres of Justice* (dt. *Sphären der Gerechtigkeit,* 1992) publiziert.[78] Er lehrt am Institute for Advanced Study in Princeton.

---

78 Die beste und umfassendste Darstellung des Werkes von Michael Walzer bis zum Jahr 1999 findet sich bei Michael Haus (2000), ein kürzere, die sich v.a auf die Gerechtigkeitstheorie bezieht, bei Reese-Schäfer (1997). Der demokratische Aspekt in seinem Werk findet sich bei Buchstein/Schmalz-Bruns (1992). Eine Einführung liefert Krause/Malowitz (1998). Walzer wird von uns im Folgenden in einer eher abstrakten Form als Gerechtigkeitstheoretiker rekonstruiert. Seine eigenen Bücher verfolgen ihre Erkenntnisziele eher in einem erzählenden, am Beispiel orientierten Stil.

Problemlage und Fragestellung

Eine Gerechtigkeit?

Auf der theoretischen Ebene artikuliert Walzer zwei zentrale Kritikpunkte an den dominanten liberalen Vorstellungen von Gerechtigkeit. Zunächst kritisiert Walzer, dass Liberale versuchen,

a) *universelle Prinzipien von Gerechtigkeit zu finden.* Mehr noch, sie glaubten sogar, dass es *genau ein* Prinzip von Gerechtigkeit gäbe, das im besten Fall nicht nur zu allen Zeiten, sondern auch in allen Gesellschaften gleichermaßen anwendbar sein solle. An dieser universellen und monolithischen Vorstellung von liberaler Gerechtigkeit artikuliert Walzer massive Zweifel.
b) Die zweite Kritik bezieht sich auf die liberale Vorstellung, dass die Forderung nach Gerechtigkeit aus individuellen Rechten abgeleitet werden kann. Gegen dieses Argument wendet Walzer ein, dass es objektive individuelle Rechte nicht gibt. Auch die Grund- und Menschenrechte, die heute als legitimatorische Basis westlicher Demokratien dienen, sind nur Verabredungen und Konventionen. Dieses Argument besitzt für eine liberale Theorie der Gerechtigkeit weitreichende Konsequenzen, da auf kontingenten Rechten keine starke, zwingende Theorie der Gerechtigkeit aufgebaut werden kann. Daraus folgt, dass Recht und Gerechtigkeit begründungslogisch entkoppelt werden müssen. Liberale vertreten die kritisierten Gerechtigkeitsstandards, weil sie – aus der Perspektive Walzers (1990) – den falschen Weg in der Moralphilosophie (den Weg der Erfindung) beschritten haben. Walzer hingegen hält nur den Weg der Interpretation für angemessenen – und die damit verbundene Methode des Erkenntnisgewinns (*kritische Hermeneutik*).

Vorgehensweise

Drei Formen der Gesellschaftskritik

Walzer möchte mit seinen *Sphären der Gerechtigkeit* Gesellschaftskritik betreiben (Walzer 1997). In seinem programmatischen Aufsatz „Drei Wege in der Moralphilosophie“ (Walzer 1990) wirft er die Frage nach der *kritischen* Kraft der Kritik auf: Welche Form der Moralphilosophie muss man betreiben, damit die Gesellschaftskritik wirklich *kritisch* ist und zudem aus der Sicht der Adressaten, also der Gemeinschaft der Bürger, überzeugend? Walzer sieht drei Wege in der Moralphilosophie: den Pfad der *Entdeckung,* den Pfad der *Erfindung* und den Pfad der *Interpretation* (vgl. Walzer 1990: 11). Die Entdeckung „kennen wir zunächst und am besten aus der Religionsgeschichte. Sicher hat hier die Entdeckung auf die Offenbarung zu warten; aber irgendjemand muss auf den Berg steigen, sich in die Wüste zurückziehen, dort dem offenbarenden Gott begegnen und uns bei der Rückkehr Sein Wort bringen." (Walzer 1990: 11-12). Der Pfad der Erfindung sieht den Philosophen (oder den Gesellschaftskritiker) in der Position eines Konstrukteurs, der davon ausgeht, dass es für die Welt keinen fertigen Konstruktionsplan gibt (wie es bei dem Pfad der Entdeckung der Fall ist). Der bekannteste Theoretiker, der den Pfad der Erfindung gegangen ist, ist John Rawls. An ihm kann daher auch die grundlegende Kritik an dieser Form der Moralphilosophie artikuliert werden: Welchen Einfluss in der Wirklichkeit können Gerechtigkeitsstandards besitzen, die allein in der Theorie gefunden wurden und an der Lebenswirklichkeit der Bürger vorbei zielen?

Kritische Hermeneutik

Die überraschende These von Walzer lautet, dass weder der Pfad der Entdeckung noch jener der Erfindung wirklich eigenständige Pfade der Moralphilosophie sind: „[D]ie Moralvorstellungen, die wir entdecken und erfinden, [sind, d.A.] letzten Endes stets der Moral, die wir bereits besitzen, erstaunlich ähnlich (…). Die philosophische Entdeckung und Erfindung (…) sind verkleidete Interpretationen; es gibt in Wirklichkeit nur einen Pfad in der Moralphilosophie." (Walzer 1990: 30). Aus dieser Einsicht folgt, dass Gesellschaftskritik – aber auch eine Theorie der Gerechtigkeit – nur in Form der Interpretation bereits existierender gesellschaftlicher Vorstellungen von Gerechtigkeit möglich ist. Die korrespondierende Methodik dieser Form der Moralphilosophie ist eine kritische Hermeneutik.

Wert von Gütern als soziales Konstrukt

Walzers Überlegungen zum richtigen Weg in der Moralphilosophie korrespondieren mit der argumentativen Grundstruktur in den *Sphären der Gerechtigkeit*. Aus den skizzierten Grundentscheidungen folgt, dass im konzeptionellen Zentrum der *Sphären der Gerechtigkeit* eine *Theorie der Güter* stehen muss. Um die Notwendigkeit einer Gütertheorie zu verdeutlichen, soll noch einmal kurz an Rawls erinnert werden. Er ging davon aus, dass es gesellschaftliche *Grundgüter* gibt, die jede vernünftige Konzeption des Guten Lebens benötigt. Gegen diese Vorstellung wendet Walzer ein, dass sie davon ausgeht, dass Güter immer und überall dasselbe bedeuten und ähnlich wertgeschätzt werden; das heißt, dass sie einen *objektiven* Wert besitzen. Erfahrungspraktisch argumentiert Walzer, dass auf der Welt ein und dasselbe Gut durchaus unterschiedlich wertgeschätzt wird.[79] Hieraus folgt:

1. Der Wert von Gütern ist *sozial konstruiert*.
2. In unterschiedlichen Gemeinschaften sind daher *gleiche* Güter *unterschiedlich* wertvoll.

---

79 Genauso wie ein und dieselbe Handlung aufgrund unterschiedlicher Handlungsmotivationen unterschiedlich bewertet werden kann So kann ein Menschenopfer sowohl als kultisch-religiöse Handlung akzeptiert oder als Mord angeklagt werden.

Partikulare Gerechtigkeit

Gerechtigkeit kann daher nur *partikular* und in Relation zu einer spezifischen Gemeinschaft und deren Kultur bestimmt werden. Es gibt keine objektiven Standards von Gerechtigkeit, und damit auch nicht *genau eine* Verteilungsregel oder ein Verteilungsschema, welche Gerechtigkeit in unterschiedlichen Gemeinschaften gleichermaßen herstellen kann. Hier spiegelt sich prototypisch der bereits im Einführungskapitel angesprochene Antagonismus zwischen Liberalismus und Kommunitarismus wider. Während der Liberalismus an universelle Standards der Gerechtigkeit glaubt – oder in einer abgeschwächten Variante wie bei Rawls (1993) zumindest davon ausgeht, dass in allen *westlichen Demokratien* grundsätzlich ähnliche (intuitive) Prinzipien der Gerechtigkeit gelten – sucht der Kommunitarismus nach den partikularen Vorstellungen von Gerechtigkeit *in den jeweiligen politischen Gemeinschaften.* Mit dieser argumentativen Wendung sieht sich Walzer jedoch dem Vorwurf des Relativismus ausgesetzt, da alles und jedes gerecht sein kann, da keine unabhängigen Standards mehr zur Bewertung der partikularen Ideen von Gerechtigkeit existieren.

Metakriterien von Gerechtigkeit

In der Diskussion über die *Sphären der Gerechtigkeit* hat sich recht schnell gezeigt, dass die eben skizzierte Kritik an Walzer zu kurz greift, da er sehr wohl unabhängige Kriterien – also gleichsam *Metakriterien* – für das Maß an Gerechtigkeit, das in einer politischen Gemeinschaft herrscht, besitzt. Hiermit scheint er wieder in die Nähe von Rawls zu rücken, doch besteht ein gravierender Unterschied zwischen beiden Ansätzen: Rawls hat eine Theorie einfacher Gleichheit, Walzer hingegen eine der „komplexen Gleichheit". Seine Theorie der komplexen Gleichheit[80] resultiert relativ direkt aus seiner Theorie der sozialen Konstruktion des Wertes eines Guts.

Lösungen

Der Sphärenbegriff

Die Kernidee Walzers lautet, dass in einer Gemeinschaft unterschiedliche *Sphären* existieren. Sphäre ist ein Begriff, der konzeptionell unscharf ist und von Walzer auch eher in einem metaphorischen Sinne benutzt wird. Er lässt sich jedoch schärfen, indem man ihn auf die Grundproblematik von Gerechtigkeit zurückbezieht: Distributive Gerechtigkeit thematisiert die Fragen, welche Person von welchem Gut

80 Gleichheit und Gerechtigkeit stehen für Walzer in einem wechselseitigen Bedingungsverhältnis. „Ziel des politischen Egalitarismus ist eine Gesellschaft, die frei ist von Herrschaft. Es ist diese intensive Hoffnung, die in dem Wort *Gleichheit* Ausdruck findet. Diese Hoffnung gilt nicht der Auslöschung jeglicher Unterschiede zwischen den Menschen; wir müssen nicht alle gleich sein oder die gleiche Menge gleicher Dinge besitzen. Die Menschen sind einander (…) dann gleich, wenn es niemanden gibt, der Mittel in seinem Besitz hält oder kontrolliert, die es ihm erlauben, über andere zu herrschen. (…) Herrschaft ist immer vermittelt durch ein bestimmtes Set von sozialen Gütern." (Walzer 1992: 18-19)

welche Menge aus welchen Gründen erhält. Walzer benutzt den Begriff Sphäre im Plural, d.h. der geht davon aus, dass unterschiedliche Güter existieren, die auf eine gerechte Art verteilt werden sollen und so unterschiedlich sind, dass sie nicht in einer Sphäre zusammengefasst werden können. „Der zentrale Begriff der ‚Sphäre' (...) bezieht sich auf die sozialen Bedeutungen der zu verteilenden Güter. (...) Eine Distributions- bzw. Gerechtigkeitssphäre umfasst also Güter mit gleicher sozialer Bedeutung." (Haus 2000: 233) Aus den Unterschieden in den Gütern *selbst* und ihrer *sozial konstruierten* Wertschätzung ergibt sich für Walzer, dass die Güter auch nach unterschiedlichen Prinzipien *verteilt* werden müssen, damit die Verteilung gerecht ist. Um welche Güter geht es in den „Sphären der Gerechtigkeit" konkret? Da der Wert eines Gutes sozial konstruiert ist, kann niemand *a priori* und unabhängig von der zu betrachtenden Gemeinschaft wissen, welche konkreten Güter für diese Gemeinschaft wichtig sind und für eine Theorie komplexer Gleichheit in welcher Form relevant werden. Benötigt wird daher eine kritische Hermeneutik, die Hinweise darauf liefert, welche Güter in einer Gemeinschaft relevant sind.[81]

Sphären-spezifische Distributions-kriterien

An die Seite der kontextgebundenen Beschreibungen der *Sphären der Gerechtigkeit* treten bei Walzer mehrere metatheoretische Kriterien: Zunächst geht er davon aus, dass in den Sphären jeweils eigene *Standards* von *(Verteilungs-)Gerechtigkeit* existieren. Walzer identifiziert insgesamt drei Distributionsprinzipien. Diese drei Prinzipien sind aus der Geschichte des Denkens über Gerechtigkeit bereits bekannt, so dass Walzer dem substanziell nichts Neues hinzufügt. Die Pointe seines Arguments liegt jedoch in der Tatsache, dass in der Ideengeschichte zumeist genau *ein* Kriterium als *das* Kriterium distributiver Gerechtigkeit *absolutiert* wurde – und genau hierin liegt der universalistische Fehlschluss! Um diese Kritik argumentativ zu plausibilisieren, zeigt Walzer, dass bestimmte Güter existieren, für die die Anwendung eines Distributionsprinzips sinnvoll ist, während er für andere jedoch ebenso überzeugend zeigen kann, dass dies nicht der Fall ist.

Tausch

1. Der freie Tausch. Der freie Tausch „kennt offensichtlich keine Grenzen, d.h. er garantiert kein spezielles Verteilungsergebnis. (...) In der Theorie zumindest erzeugt der freie Austausch einen Markt, auf dem alle Güter über das neutrale Medium des Geldes

81 Walzer selbst identifiziert die folgenden 11 Sphären von Gerechtigkeit: 1. Mitgliedschaft und Zugehörigkeit; 2. Sicherheit und Wohlfahrt; 3. Geld und Waren; 4. Das Amt; 5. Harte Arbeit; 6. Freizeit; 7. Erziehung und Bildung; 8. Verwandtschaft und Liebe; 9. Göttliche Gnade; 10. Anerkennung; 11. Politische Macht. Mit Ausnahme der Sphäre *politische Macht* soll auf die einzelnen Sphären, ihre Bedeutung und ihre Identifikation durch Walzer hier nicht näher eingegangen werden, da hier die abstrakte Idee komplexer Gleichheit und nicht die konkreten Anwendungsfälle im Vordergrund stehen sollen.

konvertierbar sind." (Walzer 1992: 51) Für bestimmte Güter gilt also, dass deren Verteilung innerhalb einer Sphäre dann gerecht ist, wenn das Kriterium des freien Marktes anwendbar ist und darüber hinaus auch unverzerrt zur Anwendung kam. Es gibt jedoch Einschränkungen dieses Kriteriums – es gilt nicht innerhalb aller Sphären bzw. nicht über alle Sphären hinweg. So kann zwar – vermittelt über das vermeintlich neutrale Tauschmedium Geld – Geld z.B. gegen politische Macht getauscht werden (Stimmenkauf, Bestechung etc.). Auch ist der Kauf von Universitätsabschlüssen oder Titeln Ergebnis eines freien Tausches, jedoch nicht vereinbar mit anderen Gerechtigkeitskriterien. Ebenso ist das Freikaufen vom Wehrdienst im Kriegsfall mit unseren intuitiven Gerechtigkeitsstandards inkompatibel. Der freie Tausch kann also kein universelles Kriterium distributiver Gerechtigkeit sein.

2. *Das Verdienst:* Das Distributionskriterium Verdienst ist *das* klassische Verteilungskriterium. Seine ideengeschichtlichen Wurzeln reichen zurück bis zu Aristoteles und seiner Idee einer *justitia distributiva*, nach der jeder „das Seine" erhalten soll: also je nach Verdienst oder erbrachter Leistung ein Mehr oder Weniger eines spezifischen Gutes (so z.B. Lohn oder gesellschaftliche Anerkennung und Reputation). Es existieren jedoch Güter (und Walzers Theorie nimmt auch *immaterielle Güter* in den Blick, wie z.B. Verwandtschaft und Liebe), bei deren Verteilung es unsinnig wäre, das Verdienstkriterium anzuwenden: „So kann es einen Sinn machen, von diesem oder jenem charmanten Mann zu sagen, er verdiene es, geliebt zu werden. Was aber ganz gewiss keinen Sinn macht, ist die Feststellung, er verdiene es, von einer bestimmten Frau geliebt zu werden. (…) Was den Einfluss angeht, gilt dasselbe. Vielleicht verdient sie [eine intelligente Frau, d.A.] es, ein einflussreiches Mitglied unserer Gemeinschaft zu sein. Sie hat jedoch keinen Anspruch darauf, dass ich mich von ihr beeinflussen lasse (…)." (Walzer 1992: 54) Die Anwendung des Verteilungskriteriums Verdienst erscheint Walzer immer dann verfehlt, wenn in seinem Namen ein Gut eingefordert wird (z.B. die Liebe eines anderen Menschen), aber die Einforderung keine entsprechende Dringlichkeit oder moralische Qualität besitzt. Auch führt die Anwendung dieses Kriteriums in eine Sackgasse, wenn z.B. die Vergabe eines Jobs zwischen fünf formal gleich gut qualifizierten Bewerbern erfolgen soll. Nach welchen Kriterien kann entschieden werden, wenn das Verdienst identisch ist? Ein mögliches Kriterium hierfür wäre das dritte Kriterium von Walzer, die Bedürftigkeit.

Verdienst

3. *Das Bedürfnis.* Das Distributionskriterium Bedürfnis verteilt knappe Güter in Abhängigkeit davon, wie dringend der Empfänger dieses Gut benötigt. Dieses Kriterium erscheint z.B. im medi-

Bedürfnis

zinischen Bereich das Sinnvolle zu sein: Ein knappes Gesundheitsgut (z.B. eine Spenderleber) soll diejenige erhalten, die diese Leber am dringendsten benötigt. Ebenso verhält es sich mit Aufmerksamkeit oder Zuwendung. Doch ist auch dieses Kriterium nicht universell anwendbar, nicht grundsätzlich, da Bedürfnisse auf unterschiedlichen Ebenen existieren können. So können – um das vorherige Beispiel wieder aufzugreifen – die Bewerber aus ganz unterschiedlichen Gründen den Job benötigen: aus finanziellen Gründen, aus idealistischen Gründen, weil sie in derselben Stadt leben wollen wie ihr Partner etc. Auch hierfür gilt: Man benötigt ein Metakriterium, um die unterschiedlichen Bedürfnisse gegeneinander abwägen zu können. Hinzu kommt, dass das Bedürfnis in besonderer Art und Weise kontextgebunden ist.[82]

Distributive Gerechtigkeit

„Eine Gesellschaft, in der die Güter gemäß den Kriterien ihrer je eigenen Sphäre verteilt werden, praktiziert das, was Walzer die ‚autonome Distribution' von Gütern nennt. Sie praktiziert damit distributive Gerechtigkeit." (Haus 2000: 234) Hieraus folgt einerseits die Herausforderung, angeben zu können, für welche Güterart welches Distributionskriterium normativ gelten soll. Wenn eine Pluralität von Sphären existiert, stellt sich zweitens die Frage ein, in welchem Verhältnis die Sphären und die Güter, die in ihnen verteilt werden, zueinander stehen. Sind sie unabhängig voneinander oder beeinflussen sie sich?

Zwei Metakonzepte

Hierzu führt Walzer zwei weitere Metakonzepte ein: das *Monopol* und das *Dominanzkriterium.*

Monopol

Das *Monopol* bezieht sich auf die Verteilung eines Gutes *innerhalb* einer Sphäre und knüpft in gewisser Weise an Überlegungen „einfacher Gleichheit" an: „Als Monopol gilt (…) der ausschließliche oder nahezu ausschließliche Besitz eines bestimmten Gutes (…)" (Haus 2000: 246). Typische Beispiele für Monopole in realen politischen Gemeinschaften liegen in den Sphären *Geld und Waren,* aber auch *Anerkennung.* Häufig ist die Verteilung von finanziellen Ressourcen in politischen Gemeinschaften mit Marktwirtschaft sehr ungleich – und für viele Gerechtigkeitstheoretiker ist bereits diese Tatsache ungerecht. Dies ist für Walzer nicht notwendigerweise der Fall. Erfolgte die Allokation eines knappen Gutes *innerhalb* einer Sphäre aufgrund des angemessenen Distributi-

82 „Das Bedürfnis erzeugt eine spezielle Distributionssphäre, innerhalb derer es selbst das angemessene Distributionsprinzip ist. In einer armen Gesellschaft wird ein großer Teil des sozialen Vermögens in diese Sphäre hineinfließen. (…) Der Effekt dieser Regel lässt sich wie folgt beschreiben: unterschiedliche Güter für unterschiedliche Personengruppen aus unterschiedlichen Gründen auf der Basis unterschiedlicher Verfahren. Dies alles (…) korrekt zu erfassen und wiederzugeben heißt, die gesamte soziale Welt gleichsam kartographisch aufzunehmen und abzubilden." (Walzer 1992: 58)

onskriteriums und resultiert daraus eine Ungleichverteilung, so ist diese nicht notwendigerweise ungerecht.[83] Ist die Ungleichverteilung jedoch aufgrund anderer Faktoren zustande gekommen, so z.B. aufgrund der Verteilung des Gutes entlang des falschen Distributionsprinzips, so ist die resultierende Verteilung fraglos ungerecht.

Dominanz

Wichtiger und theoretisch innovativer ist jedoch das Zusammenspiel der Verteilungen in den Sphären über das Bewertungskriterium *Dominanz*. Ausgangspunkt des Dominanzkriteriums ist die empirische Beobachtung, dass über die Verteilung innerhalb *einer* Sphäre häufig jene Ressourcen entscheiden, die eine Person innerhalb einer *anderen* Sphäre besitzt. So entscheidet in westlichen Gesellschaften zunehmend die Verteilung des eigentlich als Tauschmedium gedachten Geldes über die Zuteilung von Ressourcen, die *nicht* dem Distributionskriterium Markt entsprechen. Gerade im Gesundheits- oder Bildungssektor wird dies deutlich. Über Art und Umfang einer medizinischen Behandlung sollte – folgt man Walzer – allein die Bedürftigkeit entscheiden. In zunehmendem Maße wird das Kriterium der Bedürftigkeit jedoch ergänzt um jenes des freien Tausches – so erhalten Privatpatienten häufig eine medizinisch bessere Behandlung als Kassenpatienten. Ähnlich verhält es sich in der Sphäre Erziehung und Bildung. Die Finanzkraft der Eltern entscheidet in zunehmendem Maße über die Qualität der Ausbildung (Privatschulen, Auslandsaufenthalte) – und damit auch über die Berufschancen der Kinder. Das angemessene Verteilungskriterium dieser Sphäre ist jedoch das Verdienst (also die schulische Leistung), nicht die Finanzkraft der Eltern. In beiden Fällen liegen also Ungleichheiten vor, die zugleich ungerecht sind, da die Autonomie einzelner Sphären nicht gewahrt bleibt. Diese „Übergriffe" fasst Walzer unter der Idee der Dominanz: „Dominanz meint die Verwendbarkeit eines Gutes zur Steuerung von Verteilungen der Güter anderer Sphären (…)." (Haus 2000: 246) Daraus folgt: „Kein soziales Gut X sollte ungeachtet seiner Bedeutung an Männer und Frauen, die im Besitz eines anderen Gutes Y sind, einzig und allein deshalb verteilt werden, weil sie dieses Y besitzen." (Walzer 1992: 50)

Dominante Güter

Dominante Güter sind solche, die allgemein konvertierbar sind und die Verteilung von Gütern in anderen Sphären als ihrer eigenen steuern. Einige Güter sind prädestiniert dafür, in modernen Gesellschaften dominante Güter zu sein. Hierzu gehören vor allem drei Güter: Geld, Bildung und politische Macht. Besonders ambivalent ist für Walzer dabei die politische Macht, da sie zwar einerseits dazu genutzt werden kann, ungerechte Verteilungen innerhalb einer Sphäre zu korrigieren, diese

83 Walzer selbst hält sich in Bezug auf die Bewertung von Ungleichverteilungen innerhalb einer Sphäre eher zurück, so dass hier keine klaren Aussagen zu treffen sind (siehe auch den Abschnitt Kritik an Walzer).

Macht aber andererseits auch wieder missbraucht werden kann. Walzer setzt – in seiner politischen Stoßrichtung darin Barber durchaus ähnlich – ein Primat auf die Autonomie der Sphären, die durch die Bürger, die in diesen Sphären handeln, selbst geschützt wird. Die Bürgerinnen und Bürger sind ihre eigenen Garanten dafür, dass die richtigen Distributionsschemata Anwendung finden, *ausschließlich* diese und kein dominantes Gut von außen die Verteilung verzerrt. Hier schimmern bereits die gesellschaftspolitischen Implikationen der *Sphären der Gerechtigkeit* auf. Walzer benötigt für sein Theorieprogramm eine politisch aktive Zivilgesellschaft.[84] Die Bürger müssen der Einflussnahme durch dominante Güter – hier vor allem „dem Geld" und der Beeinflussung durch „die Regierung" – standhalten. Sie müssen „ihre" Sphäre verteidigen: „In jeder differenzierten Gesellschaft wird Gerechtigkeit nur dann zu Harmonie und Eintracht führen, wenn sie zunächst für Separierung und Unterscheidung sorgt. Gute Zäune garantieren gerechte Gesellschaften." (Walzer 1992: 449) Damit bürdet Walzer – wiederum ganz in der Tradition des republikanisch-kommunitaristischen Denkens – dem Bürger eine hohe Last auf und muss seine Tugendhaftigkeit, seine Gemeinwohlorientierung und seinen politischen Aktivismus voraussetzen: „Sehr viel hängt dabei von den soeben zitierten Bürgern ab, von ihrer Fähigkeit, sich in dem großen Reich der Güter mit ihren eigenen Ziel- und Wertvorstellungen zu behaupten." (Walzer 1992: 447)

Komplexe Gleichheit

Das gerechtigkeitstheoretische Programm von Walzer entfaltet sich somit in einem Dreischritt. Zunächst entwickelt er eine Theorie der Güter. Der zentrale Gedanke hier lautet, dass der Wert von Gütern, die unter die Anwendung distributiver Gerechtigkeit fallen, sozial konstruiert ist. In einem zweiten Schritt konstruiert er unterschiedliche Sphären von Gütern, die – dritter Schritt – intern jeweils spezifischen Distributionsregeln folgen sollen. Innerhalb *einer* Sphäre kann distributive Gerechtigkeit herrschen, wenn jeweils das richtige Distributionskriterium angemessen Anwendung findet. Doch erst im Zusammenspiel der Sphären entwickelt sich *komplexe Gleichheit*: „Das System der komplexen Gleichheit ist das Gegenteil von Tyrannei. Es erzeugt ein Netz von Beziehungen, das Dominanz und Vorherrschaft verhindert. Formal gesprochen bedeutet komplexe Gleichheit, dass die Position eines Bürgers in

---

84 „[D]ie als angemessen erscheinenden Strukturen sind die eines dezentralen demokratischen Sozialismus in Gestalt eines starken Wohlfahrtsstaates, dessen Vertreter zumindest zum Teil aus lokalen, ehrenamtlich tätigen Gemeindebeamten bestehen, eines regulierten Marktes, eines offenen und entmystifizierten Staatsdienstes, unabhängiger staatlicher Schulen, einer Partizipation aller an harter Arbeit ebenso wie an freier Zeit, des Schutzes religiöser und familialer Aktivitäten, eines von Rücksichten auf Rang und Klassenzugehörigkeit freien Systems der öffentlichen Ehrung und Missbilligung, einer von Arbeitern ausgeübten Kontrolle über Großbetriebe und Fabriken und einer auf Parteien, Bewegungen, Versammlungen und öffentliche Diskussionen gestützten Politik." (Walzer 1992: 447-448)

einer bestimmten Sphäre oder hinsichtlich eines bestimmten Gutes nicht unterhöhlt werden kann durch seine Stellung in einer anderen Sphäre oder hinsichtlich eines anderen Gutes." (Walzer 1992: 49) Erst dann sind die Bürger in einem umfassenden Sinne gleich.

Probleme einer Sphärengerechtigkeit

communitarian dilemma

Eine Reihe von Problemen anderer kommunitaristischer Ansätze lassen sich auch bei Walzer finden.[85] Cohen (1992) konstatiert ein *communitarian dilemma*, da Walzer die Kriterien einer gerechten politischen Gemeinschaft in Form der Sphären und den jeweiligen Distributionskriterien aus der politischen Realität der politischen Gemeinschaft selbst bezieht. Hierdurch kann er keine kritische Distanz zu den vorgefundenen Gerechtigkeitsidealen einnehmen und steht ungerechten Gesellschaften, die sich selbst jedoch als solche nicht wahrnehmen, kritikunfähig gegenüber. Diese Kritik besitzt abstrakt eine gewisse Berechtigung, greift jedoch an den Problemen des Theoriedesigns von Walzer vorbei, zumal er davon ausgeht, dass „Gesellschaftskritik am sinnvollsten als kritische Interpretation zu verstehen" ist (Walzer 1990: 7). Cohen unterstellt, dass Walzer die *vorgefundene gesellschaftliche Realität* als einzigen Anhaltspunkt seiner Sphärentheorie nimmt. Dies ist jedoch nicht der Fall. Walzer ist sich der Tatsache sehr bewusst, dass eine gegebene empirische Verteilung von Gütern ebenso wie eine vorgefundene Sphärenkonfiguration sehr wohl ungerecht – im Sinne sowohl des Kriteriums distributiver Gerechtigkeit als auch im Sinne des Dominanzkriteriums – sein kann. Er sieht jedoch auch, dass die Bürgerinnen und Bürger diesen Zuständen nicht kritiklos ausgeliefert sind. In anderen kollektiven Wissens- und Erinnerungsspeichern lassen sich unverzerrtere und mithin gerechtere Vorstellungen von Verteilungen finden, die die politische Gemeinschaft *selbst* – gleichsam kontrafaktisch – bereitstellt. Dieses latente kritische Potenzial findet auch seine faktische Manifestation in „gelegentlicher Umgestaltung und Auflehnung" (Walzer 1992: 37) gegen die herrschenden Verteilungsmodalitäten.

Kritik jenseits gemeinschaftlicher Praxis

Der Vorwurf des *communitarian dilemma* richtet sich nicht nur gegen die gefundenen Gerechtigkeitsstandards, sondern auch gegen den von Walzer eingeschlagenen Pfad der Interpretation in der Moralphilosophie. Auf dieser Ebene entgegnet Walzer seinen Kritikern: „Die Interpretation verpflichtet uns nicht zu einer positivistischen Lesart der real existierenden Moral, einer Beschreibung moralischer Tatsachen, als ob sie unserem Verstehen unmittelbar zugänglich wären. In der Praxis müssen sie gelesen, verdeutlicht, ausgelegt, kommen-

85 Für eine ausführlichere Kritik an Walzer vgl. Reese-Schäfer (1997: 526-541).

tiert, erläutert und nicht bloß beschrieben werden." (Walzer 1990: 40) Damit vertraut Walzer auf die kritische Kraft der Interpreten – letztlich also der Gemeinschaft der Bürgerinnen und Bürger.

Metaphorisches Sphärenkonzept?

Ein weiterer Strang von Kritik (vgl. Holmes 1985) entlud sich an der von Walzer selbst angesprochenen Segmentierung der Gesellschaft (Walzer 1992: 449) durch das Sphärenkonzept. Diese Kritik scheint die narrativ-metaphorischen Züge im Konzept der Sphären jedoch übersehen zu haben. Vielmehr könnte sogar die genau gegenteilige Kritik mit hoher Plausibilität verteidigt werden: Anhand welcher Kriterien werden die Sphären gebildet? Die Theorie der Sphären ist zu metaphorisch, um handlungsanleitend in realen Verteilungskonflikten zu sein. Zudem besitzt sie einen blinden Fleck in Bezug auf Ungleichverteilungen innerhalb einer Sphäre: „Ausgleichende Gerechtigkeit innerhalb jeder einzelnen Sphäre kommt bei diesem Modell zu kurz. Walzers Kritik beschränkt sich allein auf unzulässige Umwandlungen von Gütern einer Sphäre in andere. Wie sehr aber jemand alle Güter innerhalb eines einzigen Bereiches auf sich konzentrieren darf, ohne als Tyrann gelten zu müssen, wird bei ihm nicht besprochen." (Reese-Schäfer 1997: 521) Hinzu kommt, dass die von Walzer selbst diskutierten Schwierigkeiten bei der Anwendung der drei Distributionsregeln *innerhalb* einer Sphäre auch weiterhin zutreffen.

Hierarchie der Sphären?

Darüber hinaus bleibt die Frage nach der *relativen* Relevanz der Sphären *untereinander* bei Walzer ungeklärt. Diese Kritik liegt auf einer Ebene mit der Einsicht, dass es sich um ein sehr heterogenes Ensemble von Sphären handelt, in dem *Geld und Waren*, *Harte Arbeit* und *Göttliche Gnade* auf einer Ebene angesiedelt sind. Walzer könnte dieser Kritik entgegnen, dass die soziale Konstruktion des Wertes der zu verteilenden Güter es unmöglich macht, *a priori* die relative Relevanz der Sphären zueinander zu bestimmen, da diese in jeder politischen Gemeinschaft variiert.[86] Denkbar und empirisch wahrscheinlich ist jedoch, dass es trotz der Mahnung Walzers, wonach „gute Zäune" eine gerechte Gemeinschaft konstituieren, zu Prioritätskonflikten zwischen den Sphären kommt. Für diesen Fall wird eine Meta-Metaregel benötigt, die bereits latent in den politischen Gemeinschaften vorhanden ist. Diese ist jedoch von Walzer nicht hinreichend expliziert worden.

Kritik ohne Methode?

Inkonsequent scheint Walzer bei der Anwendung seiner kritischen Hermeneutik zu sein. In dem von ihm skizzierten Bild einer gerechten Gesellschaft erscheint die Idee eines „dezentralen demokratischen So-

86 Zwei Sphären sind jedoch von herausragender Bedeutung. Erstens die *Mitgliedschaft und Zugehörigkeit*, da hier bestimmt wird, wer Teil der politischen Gemeinschaft ist und somit in den Genuss anderer Vorteile (politische Rechte, soziale Rechte etc.) kommt. Zweitens die *Politische Macht*, da sie autoritativ und sanktionsbewehrt Güter umverteilen kann.

zialismus in Gestalt eines starken Wohlfahrtsstaates" (Walzer 1992: 447). Es ist relativ schwer vorstellbar, dass diese Idee Teil der vorherrschenden oder auch nur latenten Gerechtigkeitsvorstellungen der *Mehrheit* der Amerikaner ist. Sie kann an die amerikanische Gesellschaft *herangetragen* werden und es spricht auch nichts dagegen, dies als kritischer (linker) Intellektueller zu tun. Denn durch ein Beharren auf einer *strikten* Anwendung der kritischen Hermeneutik bliebe der Rahmen dessen, was mit gesellschaftskritischem Impetus artikuliert werden kann, zu eingeschränkt.

Bürger überfordert

Problematisch für eine Implementation der *Sphären der Gerechtigkeit* sind schließlich die außerordentlich hohen Anforderungen an die Bürgerinnen und Bürger sowie das Maß an gerechtigkeitspragmatischer Wachsamkeit, die der gesamten Zivilgesellschaft zugemutet wird. Dieser Einwand wiegt besonders schwer angesichts der Tatsache, dass der Zivilgesellschaft kaum eine institutionelle Struktur zur Seite gestellt wird, um diese Aufgabe erfolgreich zu bewältigen. Zugleich liegt der Einwand nahe, dass eine derartig tugendhafte und gemeinwohlorientierte Bürgerschaft ihre Gerechtigkeitsprobleme bereits gelöst hat – die Voraussetzungen dieses Ansatzes mithin die Lösung implizierten.

Was bleibt?

Walzers *Sphären der Gerechtigkeit* sind eingebettet in einen größeren Theoriekontext, den Walzer in etlichen Büchern und Aufsätzen über die Jahre hinweg entfaltet hat, dessen Beschreibung an dieser Stelle aber unmöglich ist (vgl. Haus 2000).

Stärke immanenter Gesellschaftskritik

Die Stärke seiner kritischen Hermeneutik besteht darin, in der Mitte der Gesellschaft verortet zu sein. Seine Kritik wird nicht an die politische Gemeinschaft *herangetragen*, sondern von ihr aus formuliert. Trotzdem besitzt Walzer konzeptionell eine kritische Distanz zu den politischen Gemeinschaften, die er analysiert. Damit liefert er uns ein methodisches Instrumentarium, mit dem wir sehr sensibel auf die Eigenheiten der zu analysierenden Gemeinschaften eingehen können.

Synthese klassischer Gerechtigkeitsintuitionen

Als Gerechtigkeitstheoretiker bietet uns Walzer daher auch nichts absolut Neues an – er könnte es auch nicht, da die Kriterien der Gerechtigkeit ja aus der politischen Gemeinschaft und deren Gerechtigkeitsselbstverständnissen selbst gespeist werden. Er überwindet damit jedoch zwei konzeptionelle Probleme, die viele andere Gerechtigkeitstheorien besitzen. Zum einen verabsolutiert er kein einzelnes Gerechtigkeitskriterium. Vielmehr zeigt er auf, dass unterschiedliche *Sphären der Gerechtigkeit* existieren, in denen jeweils unterschiedliche Verteilungsstandards gelten. Zum anderen kann er darauf setzen, dass die von ihm identifizierten Gerechtigkeitsstandards von den Bürgern akzeptiert werden und starke motivationale Kraft entfalten. Schließlich sind es ja jene Gerechtigkeitskriterien, die sie – ob bewusst oder unbewusst ist hierbei zunächst irrelevant – selbst besitzen. Das Dominanzkriterium schließlich fasst einen spezifischen Aspekt unserer Gerechtigkeitsintuitionen brillant zusammen: Ungerechtigkeit besteht nicht primär in der Ungleichheit der Verteilung *eines* Gutes, sondern darin, dass der Besitz eines Gutes über die Verteilung eines anderen Gutes bestimmt. Dieser Gedanke lässt viele aktuelle Diskussionen (Gesundheitsreform, Bildungsreform) in einem anderen Licht erscheinen.

Walzer zwischen Kommunitarismus und Liberalismus

Michael Walzer ist ein liberaler Kommunitarist, er fühlt sich auch dem Liberalismus verbunden. Es ist jene Form des Liberalismus, die sich der „Kunst der Trennungen" verschrieben hat. „Der Liberalismus ist eine Welt von Mauern, und jede erzeugt neue Freiheit." (beide Zitate Walzer 1992a: 38) Die Idee der Sphären greift die bei Walzer positiv besetzte Vorstellung der Trennungen mit einem gerechtigkeitstheoretischen Telos wieder auf. Der zentrale Unterschied zum Liberalismus besteht darin, dass jener die Trennungen bis zur Ebene des Individuums fortsetzt und in einer Demokratie die Menschen sich als vereinzelte Rechtspersonen gegenüberstehen. Hiergegen setzt Walzer die politische Gemeinschaft.

6. Deliberative Theorien

6.1. Partizipation und Legitimität in der Neuen Unübersichtlichkeit

Krise der repräsentativen Demokratien in den späten 1960er Jahren

Im Gefolge der politischen Aufbruchstimmung der '68er-Bewegung erlebte auch die Politische Theorie eine Veränderung ihrer zentralen Themen und normativen Ideale, gerade im Bereich der Demokratietheorie. Seit dem Zweiten Weltkrieg dominierten in der Debatte Demokratietheorien, die die politische Beteiligung der Bürger auf den Akt des Wählens reduziert sehen wollten (Berelson et al. 1955; Schumpeter 1942). Hierfür wurden einerseits historische Erfahrungen angeführt, so die Transformation von Demokratien in Autokratien und totalitäre Staaten. Es wurde die Angst artikuliert, dass eine nicht hinreichend demokratisch eingestellte Bevölkerung eine Gefahr für die Stabilität eines demokratischen politischen Systems darstellt (Almond/Verba 1963). Dieses Argument führte beispielsweise dazu, dass der Parlamentarische Rat direktdemokratische Elemente im Grundgesetz der Bundesrepublik Deutschland weitestgehend ausschloss. Andererseits existierten systematische Argumente – so, dass in liberalen Demokratien viel zu komplexe Entscheidungen zu treffen seien, als dass der „normale" Bürger hier noch kompetent mitentscheiden könne.

Forderung nach mehr Partizipation

Gegen diese Abwertung des normativen Verständnisses des Bürgers richtete sich der Aufbruch der partizipatorischen Demokratietheorie. Das Standardwerk dieser Richtung ist das 1970 publizierte *Participation and Democratic Theory* von Carole Pateman. Ihr normatives Anliegen war es, die repräsentative Demokratie demokratischer zu machen, indem sie einerseits das Portfolio politischer Partizipationsmöglichkeiten erhöhte (direkte Beteiligung, Petitionen, Abstimmungen, Streiks), andererseits aber auch den Bereich des Politischen erweiterte, wozu u.a. die Forderung nach Demokratie am Arbeitsplatz gehörte. Andere Vorschläge der partizipatorischen Demokratietheorie – insbesondere die pointierte Kritik an den rivalisierenden elitistischen Ansätzen (u.a. Schumpeter) – werden in den Arbeiten von Peter Bachrach (1967) und Macpherson (1977) entfaltet.

Partizipative Überforderung?

Einige linke Theoretiker – unter ihnen Michael Walzer (1970: 230-235) – sahen jedoch bereits früh die Gefahren, die in diesen Forderungen nach einem qualitativen wie quantitativen Mehr an politischer Partizipation steckten. Die Bürger könnten sich überfordert fühlen und das Beteiligungsideal könnte geradezu totalitäre Züge annehmen. Daher betonten sie das liberale Recht darauf, politisch desinteressiert zu sein und sich nicht beteiligen zu müssen.[87] Die offene Frage lautete, wie man an dem Ideal einer partizipatorischen Demokratie festhalten kann, ohne dabei einerseits zu viel Partizipationsbereitschaft von den Bürgern zu erwarten und andererseits nicht hinter den faktischen Komplexitätsgrad moderner liberaler Demokratien zurückzufallen.

Vom Handeln zum kommunikativen Handeln

Während in den siebziger Jahren noch die Ausweitung der demokratischen Beteiligungsrechte in der politischen, sozialen und ökonomischen Sphäre angemahnt wurde, wobei man aber noch auf die klassischen Medien der politischen Beteiligung setzte, gewann das Moment der *Deliberation* in den achtziger (vgl. Habermas 1981a,b) und noch weitaus stärker in den neunziger Jahren an Gewicht. Hingegen spielt die Vorstellung der Demokratie am Arbeitsplatz – Kernforderung der siebziger Jahre – von wenigen Ausnahmen abgesehen heute keine Rolle mehr.[88] Kein Ansatz hat in der Politischen Theorie in den letzten 20 Jahren mehr Aufmerksamkeit erfahren als die Theorie deliberativer Demokratie (Gutmann/Thompson 2004: vii).[89]

Habermas als spiritus rector

Obwohl sie inzwischen von vielen Theoretikern vertreten wird,[90] hat sich die deliberative Demokratietheorie, wie Jon Elster (1996: 1) betont, „largely under the influence of Jürgen Habermas" entwickelt.

Diskursive Präferenzgenese

Nicht mehr die politische Beteiligung an sich, sondern die *diskursive Präferenzgenese* rückt in den Fokus des Interesses, da die deliberative Theorie starke Zweifel an der liberalen Wertschätzung individueller, vorpolitisch generierter Präferenzen hegt. Einerseits, weil sie davon ausgeht, dass die Bürger unabhängig vom politischen Prozess keine klaren politischen Präferenzen besitzen: „There is also no reason to suppose that individuals have from first a complete set of preferences." (Manin 1987: 349) Andererseits, weil sie den legitimatorischen Stellenwert individueller Präferenzen im demokratischen Prozess bezweifelt. So wendet sich Sunstein (1991) gegen die Vorstellung, dass politische Präferenzen *an und für sich* jenen Wert besitzen, der in der liberalen Idee aggregativer Responsivität seine Entsprechung fin-

87 Vgl. hierzu das Kapitel zu Barber.

88 Deshalb charakterisiert Bohman (1998: 415) deliberative Demokratietheorien auch als „feasible version of participatory democracy".

89 In den letzten Jahren sind einige gut zusammengestellte Sammelbände erschienen, in denen die wichtigsten Originalbeiträge zur deliberativen Demokratietheorie an einem Ort versammelt sind, u.a. Fishkin/Laslett (2003), Estlund (2002) und Bohman/Rehg (1997). Wo möglich, werden zentrale Diskursbeiträge aufgrund der leichteren Zugänglichkeit nach den oben genannten Anthologien zitiert und nicht gemäß ihrem ursprünglichen Publikationsort.

90 Typische Vertreter sind beispielsweise Joshua Cohen (1989), John Dryzek (1990; 2002), James Fishkin (1991; 1995), Rainer Schmalz-Bruns (1995) und Amy Gutmann & Dennis Thompson (1996; 2004).

det.[91] Dies begründet er, indem er der politischen Sphäre eine genuin andere Qualität zuspricht als dem Markt.[92] Das Politische kann nicht marktanalog gestaltet werden,[93] und jeder Versuch, es doch zu tun, greift durch die Idee von Demokratie hindurch.[94] Daher können *legitime Entscheidungen* nicht auf den artikulierten Präferenzen der Bürger beruhen: „[A] legitimate decision does not represent the *will* of all, but is one that results from the *deliberation of all.*" (Manin 1987: 352)

Nicht-vermachtete Öffentlichkeit

Durch die Betonung der deliberativen Präferenzgenese gewinnt die Idee einer nicht-vermachteten *Öffentlichkeit* eine zentrale Bedeutung innerhalb der deliberativen Demokratietheorie, da sie der Ort ist, an dem der deliberative Prozess stattfinden soll.[95] Die Demokratisierung der Öffentlichkeit wird damit zu einer Hauptforderung deliberativer Demokratietheorie.

Definition deliberativer Demokratie

Die Demokratie kann zusammenfassend nicht auf Aggregation bestehender Präferenzen qua Wahl beschränkt bleiben. Vielmehr muss der Prozess der Präferenzformation in seiner Vielstufigkeit das Schaffen eines politischen Raumes, die Ausbildung von liberalen und republikanischen Tugenden, die faktische Deliberation etc. integrieren. Bündelt man diese Überlegungen, so kommt man zu einem minimalen Verständnis deliberativer Demokratie. Als vorläufige Definition soll auf Cohen zurückgegriffen werden: „The notion of a deliberative democracy is rooted in the intuitive ideal of a democratic association in which the justification of the terms and conditions of association proceeds through public argument and reasoning among equal citizens." (Cohen 1997: 91) Die Attraktivität des deliberativen Ansatzes resultiert aus der theorieinternen Hoffnung, die folgenden fünf Herausforderungen besser als andere Theorien lösen zu können.

a. *Überwindung der Spannung zwischen verfassungsrechtlichen Vorentscheidungen und dem Ideal demokratischer Souveränität*

Paradoxie der Volkssouveränität

In der Moderne kann ein normativer Fluchtpunkt politischer Herrschaft identifiziert werden: die liberale konstitutionelle Demokratie. In

91 Sunstein (1991: 13): „(...) the mere fact that preferences are what they are at least sometimes and perhaps generally an insufficient justification for political action".

92 Sunstein (1991: 16): „(...) political choices will reflect a kind of deliberation and reasoning, transforming values and perceptions of interests, that is often inadequately captured in the marketplace."

93 Hierzu Manin (1987: 356): „These two reasons (the remoteness in time of the effects and their dispersion) make it impossible to attribute the self-regulating virtues of the economic market to the political one."

94 Sunstein (1991: 12): „One goal of a democracy, in short, is to ensure autonomy not merely in the satisfaction of preferences, but also, and more fundamentally, in the process of preference formation".

95 Das Konzept der Öffentlichkeit wird im Kapitel zu Habermas näher ausgeführt. Vgl. darüber hinaus auch: McKee (2005), Wingert (2001) und Calhoun (1997).

dieser Staatsform verbindet sich das liberale Moment starker Grund- und Menschenrechte mit dem eher republikanischen Ideal der Selbstregierung des Demos. Diese Verbindung ist jedoch nicht unproblematisch, da eine Spannung zwischen verfassungsrechtlichen Vorentscheidungen und dem Demokratieprinzip besteht: Jede Verfassung begrenzt *per definitionem* die demokratische Souveränität eines Volkes (vgl. die Beiträge in Preuß 1994). Andererseits benötigt eine Demokratie ein Set von grundlegenden „Spielregeln des Politischen“, da in einer Demokratie nicht immer wieder über Verfahrensfragen diskutiert werden kann. In der Ideengeschichte ist häufig die These vertreten worden, dass beide Seiten nicht gleichberechtigt sind, sondern eine Seite Priorität genießen muss. Doch vielleicht ist die These einer Opposition dieser beiden Prinzipien falsch? Vielleicht kann man beides – liberale Grundrechte und politische Partizipationsrechte, negative Freiheit und positive Freiheit (Charles Taylor), private Autonomie und öffentliche Autonomie (Habermas) – miteinander gleichberechtigt versöhnen? Der eher philosophisch orientierte deutsche Ansatz deliberativer Demokratietheorie kann als der Versuch gelesen werden, diese Opposition zu überwinden und beide Prinzipien auszusöhnen. In diesem Sinne befindet sich die Theorie der Deliberation auch *jenseits* von Liberalismus und Republikanismus.

b. Überwindung des Dualismus liberale Institutionenfixiertheit vs. republikanische Tugendorientierung

Institutionen versus Tugend

Jenseits von Liberalismus und Republikanismus steht die Theorie der Deliberation auch aus einem weiteren Grund. Reduziert man die Paradigmen auf jeweils *einen zentralen Mechanismus* zur Sicherung der Dauerhaftigkeit eines politischen Gemeinwesens sowie der Qualität des politischen Prozesses, so setzt der Republikanismus auf *Tugenden*, der Liberalismus auf *Institutionen* und die Theorie der Deliberation auf *Prozeduren* und *Verfahren*. Es ist der Prozess der Deliberation selbst, der die Qualität seines Outputs in sich trägt. Es sind mithin die Rahmenbedingungen der Kommunikation, die die Qualität des kommunikativen Konsenses beeinflussen. Zweifellos können diese Prozesse durch Tugenden einerseits und institutionelle Settings andererseits unterstützt werden, doch steht im Zentrum deliberativer Theorie der Prozess.

c. Erhöhung der demokratischen Legitimation politischer Systeme

Demokratische Legitimation

Die diskursive Einbeziehung der Bürger in den demokratischen politischen Prozess erhöht die *Legitimation* eines politischen Systems. Das Ideal der deliberativen Demokratietheorie besteht darin, dass die Bürger in einer Person Rechtsautoren und Rechtsadressaten sind, d.h. sie sind die Autoren jener Gesetze, denen sie zugleich als Staatsbürger unterworfen sind. Durch diese Identität von Rechtsautoren- und Rechtsadressatenschaft erhöht sich die Legitimität eines demokratischen Gemeinwesens entscheidend.

d. Verbesserung der politischen Präferenzen

Präferenzoptimierung

Deliberation soll die politischen Präferenzen auf der Inputseite des politischen Systems qualitativ verbessern.[96] Der Mechanismus, der zur „Verbesserung" der politischen Präferenzen führt, ist in seinen Grundzügen bei allen deliberativen Theorien mehr oder weniger identisch.[97] Deliberative Demokratie beruht konstitutiv auf dem Austausch von Argumenten und Meinungen zwischen freien und gleichen Bürgern. Von zentraler Bedeutung ist, dass alle von einer politischen Entscheidung betroffenen Bürger das Recht haben, im deliberativen Prozess ihre Argumente vorzutragen. Die eigenen Wünsche und politischen Präferenzen in argumentativer Form vorzutragen und mit *Gründen* zu versehen, die darüber hinaus potenziell *intersubjektiv anerkennungswürdig* sein sollen, stellt eine große Anforderung dar. Dieser Druck besitzt jedoch den normativ gewünschten Nebeneffekt, dass die Bürger sich *selbst aufklären*, das heißt, ihre eigenen Wünsche und Präferenzen in einem innersubjektiven Diskurs mit sich selbst auf ihre positiven und negativen Konsequenzen in der Welt hinterfragen. Die Selbstaufklärung zielt auf die Verbesserung der individuellen politischen Präferenzen im moralischen Sinne. Die so bereits gefilterten Präferenzen (Goodin 1986) müssen im intersubjektiven Diskurs zwischen den Bürgern wiederum ihre argumentative Überzeugungskraft beweisen. In einem hinreichend großen Diskurskontext besteht daher die Vermutung, dass das Ergebnis des freien Austausches von Argumenten und Meinungen besser ist als die Summe der aggregierten Einzelpräferenzen vor der Deliberation. Die erhofften positiven Effekte der Deliberation werden jedoch nur dann Realität, wenn spezifische ideale Rahmenbedingungen gelten. Obwohl diese von den Vertretern dieses Paradigmas in seinen Nuancen unterschiedlich konzipiert werden, existiert ein großer Bereich der Gemeinsamkeiten. Joshua Cohen hat diese prägnant zusammengefasst:

---

96 Vgl. hierzu auch die Ausführungen zum Gemeinwohl im Kapitel zu Rousseau.

97 In Chambers (2004) findet sich eine sehr gelungene Übersicht über die aktuellen Positionen in der Debatte zum Thema, warum Deliberation in der Öffentlichkeit die Qualität von Präferenzen verbessert. Es kann hier auch nur kurz darauf verwiesen werden, dass einige Autoren argumentieren, dass Deliberation in der Öffentlichkeit in bestimmten Fragen und unter besonderen Rahmenbedingungen zu schlechteren Ergebnissen führt als Deliberation im Geheimen (vgl. Elster 1998).

Tabelle 8: Kriterien einer idealen Deliberation bei Joshua Cohen (1989)

1. Die Deliberation vollzieht sich in einem geregelten Austausch von Argumenten zwischen den Parteien. (Vernünftigkeit)
2. Die Deliberation ist inklusiv und öffentlich. Alle Bürger haben die gleichen Rechte auf Teilnahme an den Beratungen und Beteiligung in den Beratungen. (Formale Gleichheit)
3. Die Deliberation wird durch unterschiedliche Verteilung von Ressourcen (Macht, Geld, Bildung etc.) nicht systematisch beeinträchtigt. Alle Bürger haben die gleichen Chancen auf Teilnahme an den Beratungen und Beteiligung in den Beratungen. (Materiale Gleichheit)
4. Die Deliberation ist frei von externen Zwängen. Die Parteien sind lediglich an die Ergebnisse ihrer Beratungen gebunden. (Freiheit)
5. Die Deliberation zielt auf einen rational motivierten Konsens über gemeinsame Probleme ab. Auf diese Weise wird ein gemeinsames Gut erzeugt, das die Ausgangspräferenzen der Parteien transformiert. (Gemeinwohl)

e. Reduzierung der Implementationskosten

Implementationskosten

Unter der Bedingung, dass der Diskurs den oben genannten Bedingungen entspricht, besteht die Hoffnung, dass die *Implementationskosten* von Gesetzen, Verordnungen oder sogar Politiken im Vergleich zum liberalen Demokratiemodell sinken, da die Bürger durch die Tatsache, dass sie am Prozess der Genese der Gesetze beteiligt waren, von ihrer Richtigkeit überzeugt sind.

Dies sind die gemeinsam geteilten Grundannahmen der verschiedenen Ansätze zeitgenössischer deliberativer Demokratietheorie. Auf die Differenzen zwischen den Ansätzen gehen wir im Kapitel 6.3 näher ein. Zunächst stellen wir jedoch den wohl wichtigsten Vertreter dieses Paradigmas – Jürgen Habermas – vor.

6.2. Herrschaftsfreier Diskurs: Habermas

„Unser Kritiker“

Prägender Intellektueller

Kein anderer Theoretiker ist für die Entwicklung der Bundesrepublik so wichtig gewesen wie Jürgen Habermas: Er hat die intellektuelle Geschichte Deutschlands wie kein Zweiter durch seine wissenschaftlichen und publizistischen Stellungnahmen beeinflusst und geprägt. Axel Honneth betitelte den Aufsatz anlässlich Habermas' siebzigsten Geburtstags mit den Worten „Unser Kritiker“. Anlässlich seines 80ten

Geburtstags sprach die Wochenzeitung „Die Zeit" von der „Weltmacht Habermas". In diesen Worten kommt zweierlei treffend zum Ausdruck: Habermas ist „unser" Kritiker, insofern er sich in seinen Arbeiten stets als Beitrag zum Wohlergehen der *res publica* verstanden hat und entsprechend als Stellvertreter des linksliberalen Bürgertums fungierte; er ist zugleich „Kritiker", insofern er sich nie zum Staatsphilosophen hat machen lassen, sondern stets die Distanz kritischer Loyalität bewahrte.

Intellektuelle Biografie

Habermas' intellektuelle Biografie beginnt noch im Umfeld der tendenziell konservativen deutschen Nachkriegsphilosophie. 1954 wird er nach einem Studium in Göttingen und Zürich schließlich in Bonn von Erich Rothacker promoviert. In diese Zeit fällt auch seine harsche Kritik an Martin Heidegger, dem heimlichen Übervater deutscher Nachkriegsphilosophie, der in der Neuauflage einer Vorlesung von 1935, die 1953 erschien, seine lobenden Worte über den Nationalsozialismus unkommentiert hatte abdrucken lassen. Habermas bricht endgültig mit einer Philosophie, die ganz offenbar nicht in der Lage ist, mit sich selbst ins Gericht zu gehen. Nach einigen Zwischenstationen wird er 1956 schließlich Forschungsassistent am *Institut für Sozialforschung* in Frankfurt am Main, dem Institut der meist aus dem Exil heimgekehrten jüdischen Intellektuellen der *Frankfurter Schule* um Max Horkheimer und Theodor W. Adorno (Wiggershaus 1993; Demirovic 1999).

„Frankfurter Schule"

Diese hatten bereits vor der Machtübernahme der Nationalsozialisten versucht, die Paradoxien und Gefährdungen moderner Demokratien mit einem auf Marx und Hegel zurückgehenden und die Impulse der Psychoanalyse aufgreifenden Ansatz zu erforschen. An ihrem Institut wurde interdisziplinär geforscht, so dass sich Habermas 1961 schließlich mit einer Arbeit über den *Strukturwandel der Öffentlichkeit* habilitieren konnte. Die darin verfochtene These besagt, dass der in der Frühphase bürgerlicher Emanzipation erkämpfte Freiraum kritischer Öffentlichkeit unter den technisch veränderten Bedingungen einer kapitalistischen Gesellschaft wieder verloren gehe. Nur eine weitere Emanzipierungsbewegung könne durch die Demokratisierung aller staatsbezogenen Institutionen erneut Transparenz herstellen und damit dem Gebot bürgerlicher Öffentlichkeit Rechnung tragen, die dem Selbstverständnis der Demokratie zugrunde liege.

Studentenrevolte

Als Habermas 1964 schließlich nach einer kurzen Zeit in Heidelberg eine ordentliche Professur antritt, deuten sich bereits die ersten Vorzeichen der späteren Studentenrevolte an. Als diese 1967 schließlich nach dem Tod des Studenten Benno Ohnesorg, der am 2. Juni während einer Demonstration in Berlin von einem Polizisten erschossen wird, mit aller Gewalt aufbricht, steht Habermas mitten im Geschehen: Als Vertreter der Frankfurter Schule steht er stellvertretend für jenes Denken, auf das sich die Studenten berufen. Denn in den frühen Schriften Max Horkheimers, die mittlerweile als Raubkopien zirkulierten, wird eine Verbindung von Kapitalismus und Faschismus hergestellt. Der Faschismus sei logisches Resultat des Kapitalismus, damit der Kapitalismus selbst tendenziell faschistoid und daher mit allen Mitteln zu bekämpfen, so die Folgerung aus den Sentenzen des frühen Horkheimer. „Wer vom Kapitalismus nicht reden will, der muß von Faschismus schweigen." (Horkheimer 1988: 308) Habermas jedoch ruft zur Mäßigung auf und wird schließlich scharf angefeindet, als er die totalitären Tendenzen in manchen sozialistischen Kader-Organisationen als „Linksfaschismus" bezeichnet. Habermas bleibt den philosophischen Stars der 68er Bewegung, seinem Lehrer Theodor W. Adorno, aber auch Herbert Marcuse, stets freundschaftlich verbunden. Doch die Gewaltaffinität der Radikalen bleibt ihm fremd. 1971 wechselt er schließlich als Direktor an das Max-Planck-Institut nach Starnberg, wobei er immer wieder in Frankfurt als Professor tätig ist und zahlreiche Gastprofessuren im Ausland wahrnimmt. Sein akademisches Leben ist seitdem durch viele Preise und Auszeichnungen international anerkannt worden. Die Liste seiner Veröffentlichungen ist enorm und viele dieser Werke sind in zahlreiche Sprachen übersetzt worden.

Problemlage

Emanzipationswunsch und Rationalitätsskepsis in der *Frankfurter Schule*

Worin die von ihm vorgefundene Problemlage besteht, wird deutlich, wenn man sich die Lage der Kritischen Theorie, also der in der Frankfurter Schule vertretenen Philosophie, genauer ansieht. Diese hatte sich mit Marx und Freud die Emanzipation des Menschen zum Ziel gesetzt: Er sollte aus der Unmündigkeit gegenüber den gesellschaftlichen Herrschaftsverhältnissen befreit und zu einem selbstbestimmten und gelingenden Leben befähigt werden. Insofern stand die Kritische Theorie klar in der Tradition der Aufklärung. Zugleich hatte sie jedoch einen entscheidenden Bruch mit der Tradition der Aufklärung vollzogen. In ihrem im Exil entstandenen Text über die *Dialektik der Aufklärung* waren Max Horkheimer und Theodor W. Adorno von der bitteren Erkenntnis ausgegangen, dass all die Bemühungen der Aufklärung nicht etwa das ersehnte Reich der Freiheit, sondern die totalitären Diktaturen des Kommunismus und Faschismus zur Folge hatten. Obwohl die Menschheit seit dem Beginn der Neuzeit auf Fortschritt hoffte und diesen allenthalben zu beobachten glaubte, bot sich nach dem Ende des Zweiten Weltkriegs ein schreckliches Bild: „(...) die vollends aufgeklärte Erde strahlt im Zeichen triumphalen Unheils" (Horkheimer/Adorno 1987: 25). Ganz offenbar konnte „Vernunft", wenn sie als rein instrumentelle Vernunft missverstanden wurde, katastrophale Folgen haben. Dann nämlich entfesselt die moderne und durchrationalisierte Bürokratisierung und Militarisierung eine für unmöglich gehaltene Zerstörungskraft, die selbst die Todesfabriken der Vernichtungslager möglich machte. Die Täter, die in den Prozessen der Nachkriegszeit aussagten, beriefen sich darauf, doch nur der Rationalität des Systems entsprechend gehandelt zu haben.

Verdinglichung

Diese dunkle Seite von Vernunft und Rationalität reichte nach Adorno bis tief in die deutsche Klassik und in den Deutschen Idealismus hinein: Schiller, Kant und Hegel gerieten bei ihm unter Totalitarismusverdacht. Bereits hier beginne nämlich eine Tendenz, die der rationalen Vergegenständlichung der Welt in der Wissenschaft innewohnt: die Unterordnung des Besonderen unter das Allgemeine und damit die Verdinglichung. Dieser auf Marx zurückgehende Begriff wurde für Adorno zu einer Schlüsselkategorie. Verdinglichung und – schlimmer noch – das verdinglichte Bewusstsein sah er überall dort am Werke, wo der moderne Rationalismus, die Wissenschaften, vor allem aber die Warenwelt des Kapitalismus ausnahmslos alles zum berechenbaren Objekt machen. Der Prozess dieser Verstellung des Blickes auf die Welt ging nach ihm so weit, dass er sogar, in einer berühmten Formulierung von einem „universalen Verblendungszusammenhang" sprach, eine Formel, die die Studentenbewegung der 68er dankbar aufnahm.

Richtiges Leben im falschen?

Wenn aber das Selbstverständnis des Menschen so grundlegend erschüttert war, wenn, was als Befreiung begann, so schnell in Vernichtung umschlagen konnte, wo war der Mensch denn dann noch authentisch bei sich selbst? Adorno gab darauf eine Antwort, die Habermas nicht befriedigen konnte: Die Kunst sollte dem Menschen als letzte Instanz die Möglichkeit eines Ausbruches aus dem „falschen Leben" bieten, weil hier der Mensch den Verblendungszusammenhang für einen kurzen Moment zu durchreißen vermag. Damit war aber der Kritischen Theorie der Maßstab für eine kritische Bewertung gesellschaftlicher Zustände oder Entwicklungen letztlich abhanden gekommen. Mit der Philosophie des späten Adorno konnte man sich nur in das Refugium der Hochkultur flüchten, nicht aber eine Orientierung in den stürmischen Zeiten des Studentenprotestes formulieren, die im Chaos zwischen überreagierendem Staat und in den Terrorismus abgleitender Revolutionsromantik eine vernünftige Richtung vorgab.

Aufgabe der Vernunftkonzeption

Um aber eine „vernünftige" Richtung vorgeben zu können, bedurfte es einer plausiblen Konzeption von Vernunft überhaupt, und zwar einer Konzeption, die mit dem alten, metaphysischen Urbild-Abbild-Schema brach und zugleich genug normativen Gehalt erbrachte, um weiterhin Kritische Theorie zu ermöglichen. Dies ist in etwa die Problemlage, in die sich Habermas Ende der sechziger Jahre gestellt sah: Der Kritischen Theorie ein Fundament zu geben, um so einen scharfen Blick auf die Gesellschaft werfen zu können, der die eigenen Urteile plausibel begründen kann. Die Kritische Theorie sollte damit aus der Sackgasse einer Ästhetisierung der Theorie befreit und zugleich ihre gesellschaftliche Relevanz gestärkt werden.

Fragestellung und Vorgehensweise

Die Werke seit den siebziger Jahren suchen entsprechend eine Antwort auf die Frage, wie sich Vernunft so verstehen lässt, dass einerseits kein Rückfall in einen Vernunftoptimismus ohne Selbstkritik erfolgt, andererseits aber die Selbstkritik der Vernunft nicht bis zu jenem Punkt getrieben wird, an dem die Verbindlichkeit von Normen aufgelöst und der Unvernunft das Wort geredet wird.

Antworten I: „Theorie des kommunikativen Handelns"

linguistic turn

Seine Lösung dieser Aufgabe legt Habermas schließlich 1981 in seiner zweibändigen *Theorie des kommunikativen Handelns* vor, seinem *opus magnum*. Die hier entfaltete Theorie greift Impulse verschiedener Disziplinen und Klassiker auf. Im Wesentlichen führt er dabei zwei Theoriestränge zusammen: Anhand von Marx, Weber, Lukács und Adorno rekonstruiert er Rationalisierungs- und Verdinglichungstheorien. Aus der angelsächsischen Sprachphilosophie nimmt er die Beobachtung auf, dass Sprache immer ein Handeln bleibt, also neben den konstativen (das heißt rein feststellenden) Sätzen auch performative (also handlungsäquivalente) Sätze gesprochen werden, die Worte gewissermaßen zu Taten machen („Ich begrüße Sie!").

Das theoretische Programm

In weiten Teilen besteht sie aus der Rekonstruktion theoretischer Bausteine, die nun auf einen bestimmten Kern hin neu ausgelegt werden. Dieser Kern ist eine sprachphilosophische Wende, die die Bedingungen der Möglichkeit der Verständigung so ausleuchtet, dass eine universelle Struktur erkennbar wird, aus der ein normativer Gehalt erwächst: Die Art und Weise, in der wir uns verständigen, soll selbst bereits jene Strukturen enthalten, die Vernunft und Normativität ausmachen. Denn, so Habermas' Beobachtung, bereits die lebensweltlich-alltägliche Kommunikation hat immer wieder reflexive Momente, in denen die Kommunikationsbedingungen selbst thematisiert werden und damit die Äußerungen in ein Geltungssystem eingerückt werden, das immer implizit mitgemeint ist.

Kantischer Zugriff

Diese Form der Moralbegründung ist insofern „postmetaphysisch", als sie keine transzendenten, also die sichtbare Welt überschreitenden Annahmen machen muss. Zugleich bleibt sie jedoch eine transzendentale Begründung, insofern sie auf „Bedingungen der Möglichkeit" (im Sinne Kants, vgl. 4.3) rekurriert. Diese sind nun jedoch transzendental-pragmatischer Art; sie haben ihren Ursprung nicht in der angeborenen Struktur unseres Vernunftapparates, sondern in der universell gegebenen Form unserer praktischen, sprachlichen Verständigung: Sprache – und damit sprachliches Handeln – funktioniert nämlich, so die These, nur, wenn sich Sprecher gegenseitig dazu verpflichten, für ihre Äußerungen Gründe anzuführen und sich Rede und Antwort zu stehen.

Konsens-orientierung

Sprecher beschreiben also nie einfach nur Sachverhalte der Welt, sondern setzen sich durch ihre Sprechakte einem Rechtfertigungsdruck aus, der sie zwingt, auf Nachfragen gute Argumente angeben zu können. „Kommunikatives Handeln" ist dann gewissermaßen mehr als bloße Kommunikation, weil es nur zwischen Personen möglich ist, die sich gegenseitig Rechenschaft schulden. Diese Personen sind in ihrem kommunikativen Handeln auf Konsens ausgerichtet.

Instrumentelle versus kommunikative Vernunft

Eine mehr als nur instrumentelle Rationalität, das heißt technisch zielorientierte Kalkulationsfähigkeit, gewinnt dieses auf Konsens gerichtete kommunikative Handeln durch das ihm innewohnende reflexive Moment: Im Diskurs können auch die Bedingungen des Diskurses diskutiert und gegebenenfalls im Konsens neu bestimmt werden. Daher erweist sich als rational zunächst jenes Argument, das der eingehenden Prüfung durch den Diskurs standhält und für das sich „gute Gründe" finden lassen.

Herrschaftsfreier Diskurs

Der herrschaftsfreie Diskurs erbringt dann normativ gültige Ergebnisse, weil die in ihm gefundenen Konsensergebnisse die Interessen aller Betroffenen adäquat berücksichtigen. „Gültig sind genau die Handlungsnormen, denen alle möglicherweise Betroffenen als Teilnehmer an rationalen Diskursen zustimmen können." (Habermas 1992: 138) Diese Gültigkeit kann sich dann sogar auf den Schein eines moralischen Realismus berufen: Durch die dem Diskurs innewohnende Teleologie, also Zielgerichtetheit, erscheinen die Ergebnisse des Diskurses nun nicht mehr als willkürlich, sondern als „real", in jenem Sinne, dass sie – so scheint es zumindest – nicht *er*funden, sondern *ge*funden werden. Dieser Übergang von einer lebensweltlich eingebetteten Sprachpraxis zu einer moralischen Vernunft mit gültigen Ergebnissen ist das eigentliche (und daher auch umstrittene) Zentrum der Diskurstheorie.

Kolonialisierung der Lebenswelt

Diese lebensweltlich eingebettete Vernunft ist jedoch in Gefahr: Die Freiräume, die notwendig sind, um sich mit Zeit und in einer gemeinsamen Sprache über die Gegenstände des Diskurses zu verständigen, werden durch einen Prozess bedroht, den Habermas als „Kolonialisierung" der Lebenswelt durch die technisch-bürokratischen Apparate der Moderne bezeichnet. Die Anonymität dieser Apparate hat einerseits die enormen Fortschritte der Moderne möglich gemacht; formale Organisation und die Eigenrationalität sozialer Systeme sind die Voraussetzungen moderner Gesellschaften. Zugleich drohen sie jedoch den moralischen Kern dieser Gesellschaften auszuhöhlen, indem sie der Lebenswelt die ihr fremde Rationalität systemischer Zwänge aufzwingen. Die Sphäre des öffentlichen Diskurses ist daher nach Habermas immer gefährdet. Es gilt, sie gegen Kolonialisierungstendenzen zu verteidigen.

Antworten II: „Faktizität und Geltung"

Akzentverschiebungen

Während das erste Hauptwerk, die *Theorie des kommunikativen Handelns*, noch stark vom Gegensatz zwischen System und Lebenswelt geprägt ist, akzentuiert Habermas in seinem zweiten Hauptwerk mit dem Titel *Faktizität und Geltung* (1991) die Verbindungslinien und Genesestrukturen. Lebenswelt und formalisiertes Recht werden hier als zwei Elemente rekonstruiert, die im Falle einer gelingenden Demokratie zur Aussöhnung kommen. Dies führt unter anderem dazu, dass das parlamentarische System der Bundesrepublik nun uneingeschränkt bejaht und verteidigt wird. Dieses zweite Hauptwerk antwortet auch auf eine neu gewendete Fragestellung, nämlich auf die Frage nach den Bedingungen für eine gelingende Integration moderner und damit pluralistischer Gesellschaften.

Identität von Rechtsautoren und Rechtsadressaten

Wie der Titel bereits andeutet, geht es Habermas in diesem Werk um die Legitimität von Geltungsansprüchen, und zwar genauer um die Legitimität des Rechtstaates. Unter postmetaphysischen Bedingungen muss der Prozess der Rechtsgenese selbst seine Resultate legitimieren, so die entscheidende These. Durch Verfahren also legitimieren sich im Rechtstaat der Staat, die Staatstätigkeit und die einzelnen Institutionen. Denn nach Habermas dürfen nur diejenigen dem Recht unterworfen sein, die selbst prinzipiell an der Genese dieses Rechts beteiligt waren. Der Bürger ist demnach sowohl Adressat als auch Autor des Rechts.

Prozeduralistisches Rechtsparadigma

Damit weist Habermas' Rechtsphilosophie der Öffentlichkeit eine entscheidende Rolle zu, denn im Lichte der Öffentlichkeit soll sich vor den kritischen Augen der Bürger und mit ihrer Beteiligung jener Prozess abspielen, an dessen Ende die kollektiv bindenden Entscheidungen stehen. Damit weitet der deliberative Ansatz die Rolle der Öffentlichkeit enorm aus. Sie ist jetzt nicht nur Kontrollorgan, sondern gewissermaßen selbst Entscheidungsinstanz: „Im prozeduralistischen Rechtsparadigma wird eine politische Öffentlichkeit nicht nur als Vorhof des parlamentarischen Komplexes vorgestellt, sondern als die impulsgebende Peripherie, die das politische Zentrum *einschließt*: Sie wirkt über den Haushalt normativer Gründe ohne Eroberungsabsicht auf alle Teile des politischen Systems ein." (Habermas 1992: 533) Die abschließende Einschränkung ist wichtig, denn Habermas will selbstverständlich die parlamentarischen Institutionen nicht zu Gunsten einer Diktatur der Öffentlichkeit abschaffen.

Dennoch lassen sich aus dieser Konzeption konkrete Folgerungen ableiten. So plädiert Habermas beispielsweise konsequent für eine restriktive Rolle der Verfassungsgerichtsbarkeit, die sich auf die Normenkontrolle beschränken solle. Sie sollte sich jedoch nicht als Instanz zur Abwägung von Werten missverstehen: „Das Verfassungsgericht verwandelt sich dadurch, dass es sich von der Idee der Verwirklichung verfassungsrechtlich vorgegebener materieller Werte leiten lässt, in eine autoritäre Distanz." (Habermas 1992: 315) Das Verfassungsgericht bleibt also *juristischer* Hüter der Verfassung. Da es aber seine Entscheidungen tendenziell in den intransparenten Verfahren einer Expertenkultur erarbeitet, kann es kein Impulsgeber für *politische* Entscheidungen sein. Habermas plädiert folglich vehement gegen eine Aufhebung politischer Willensbildung durch juristische Fachdiskurse: Wo für alle entschieden wird, müssen prinzipiell alle mitreden können.

Beispiel Bundesverfassungsgericht

Diese Konzeption der notwendigen Beteiligung des Bürgers hat Habermas zu einer Formulierung geführt, die in der Diskussion um die Begründung und Begründbarkeit von Menschenrechten breit gewirkt hat: Demokratie und Menschenrechte sind demnach untrennbar verbunden oder, in Habermas' Worten „gleichursprünglich". Demokratie kann es demnach ohne Menschenrechte nicht geben: Nur wo die Bürger volle Schutz- und Beteiligungsrechte haben, kann man von Demokratie sprechen. Denn wenn sie zugleich Autoren jenes Rechts sind, dem sie unterworfen sind, so müssen sie dieses mitgestalten dürfen. Rechtstaatlichkeit kann daher nicht auf die bloß defensiv verstandenen Schutzrechte reduziert werden, die private Autonomie ermöglichen. Vielmehr verhalten sich private und öffentliche Autonomie komplementär zueinander.

Gleichursprünglichkeit

Demokratiekonzeption

Insgesamt läuft Habermas' Demokratiekonzeption damit nicht nur auf eine Ausweitung des *Inputs* für das politische System hinaus. Vielmehr soll die Erweiterung der *Input*-Möglichkeiten zugleich eine Anhebung des fachlichen Niveaus ergeben: Die Öffentlichkeit des Diskurses ist in einem ständigen Lernprozess begriffen, in dessen Verlauf jeder Einzelne nicht nur einfach sein Votum abgibt, sondern die eigene Position zugleich einer öffentlichen Prüfung aussetzt und damit grundsätzlich revidierbar macht. Unter der Bedingung der Freiheit von Vermachtung wird die Öffentlichkeit damit zu einer Arena, in der ein jeder zugleich lehrt und lernt.

Öffentlichkeit als Lernforum

Die Beteiligungsrechte und -möglichkeiten der Bürger müssten nach Habermas daher in möglichst vielfältiger Form gestärkt werden. Habermas setzt explizit große Hoffnungen auf die „peripheren Struktu-

Rolle der Zivilgesellschaft

ren" (Habermas 1992: 434) der politischen Öffentlichkeit, also auf Bürgerinitiativen, NGOs, Umweltverbände etc. Ihre Einflussmöglichkeiten will er gestärkt sehen, weil nur so der oft beklagte Graben zwischen „dem" Bürger und „der" Politik zu überbrücken sei. Die entscheidende Voraussetzung hierfür ist selbstverständlich eine vitale Zivilgesellschaft und eine nicht vermachtete Öffentlichkeit, also etwa eine Presselandschaft, die sich nicht ausschließlich der Gewinnmaximierung verschrieben hat. Der Intellektuelle, verstanden als politisch-engagierter und zugleich unabhängiger Beobachter des Prozesses, kann dann die Funktion haben, diesen unterdrückten Stimmen Gehör zu verschaffen und der Vermachtung der Öffentlichkeit in Appellen entgegenzutreten.

Habermas' Selbstverortung

Anhand der Demokratiekonzeption lässt sich jedoch auch nachvollziehen, inwiefern sich deliberative Theorien als Überwindung des klassischen Gegensatzes von liberalem und republikanischem Paradigma verstehen. Diese Selbstverortung nimmt Habermas in einem Aufsatz mit dem Titel „Drei normative Modelle der Demokratie" vor (Habermas 1996: 277-292). Während das liberale Paradigma die privaten Interessen des Einzelnen akzentuiert und den Staatsbürger entsprechend primär als Träger subjektiver Rechte versteht, betont das republikanische Paradigma die positiven Beteiligungsrechte des Staatsbürgers, die ihm die Teilnahme an einem gemeinschaftlichen Guten Leben ermöglichen. Dies hat auch Konsequenzen für das Verständnis dessen, was überhaupt den politischen Prozess ausmacht: Das liberale Paradigma modelliert Politik stets in den Kategorien des Marktes, auf dem strategisch Handelnde ihre Interessen durchsetzen wollen. Das republikanische Paradigma geht hingegen davon aus, dass die politische Gemeinschaft die bloße Gegenkalkulation von Interessen auf ein Gemeinwohl hin übersteigt und eine Eigenlogik entfesselt, die nicht marktorientiert ist, sondern auf die Tugendhaftigkeit der Bürger setzt. Habermas will nun die Konzeption deliberativer Demokratie verstanden wissen als eine Konzeption, die „mit dem demokratischen Prozess stärkere normative Konnotationen verbindet als das liberale, aber schwächere als das republikanische Modell" (Habermas 1996: 287). In Übereinstimmung mit dem liberalen Paradigma werden dabei die Grundrechte als Voraussetzungen des demokratischen Prozesses interpretiert. Zugleich verschiebt sie jedoch den Ort der Verwirklichung gelingender Demokratie von der im republikanischen Paradigma akzentuierten Gemeinschaft hin zum Prozess der Willensbildung selbst.

Habermas als dritter Weg

Damit bezieht Habermas also eine dritte Position, die gewissermaßen zwischen Liberalismus und Republikanismus zu verorten ist: „Verfahren und Kommunikationsvoraussetzungen der demokratischen Meinungs- und Willensbildung funktionieren als wichtigste Schleusen für die diskursive Rationalisierung der Entscheidungen einer an Recht und

Gesetz gebundenen Regierung und Verwaltung. *Rationalisierung* bedeutet mehr als bloße Legitimation, aber weniger als Konstitution." (Habermas 1996: 289) Während also der Liberalismus die Politik als Auftragnehmer bloß privat motivierter Bürger und der Republikanismus die Gesellschaft durch die politische Gemeinschaft konstituiert sieht, wird Politik bei Habermas streng auf die Dimension der Rechtsgemeinschaft beschränkt. Diese ist mehr als das Aggregat von Einzelinteressen, aber zugleich weniger als die Gesellschaft insgesamt. Das Paradigma deliberativer Demokratie sieht sich entsprechend konform mit der empirischen Diagnose einer kulturell pluralen Gesellschaft, die zugleich die rechtliche Integration wünscht. Da im diskursiv generierten Recht Solidarität konserviert ist, können sich Gesellschaften auch über Recht integrieren. Politik ist nur die Instanz für die *rechtliche* Steuerung der Gesellschaft, nicht aber einziges strukturgebendes Element. So lange in der Arena des öffentlichen Diskurses die Argumente herrschaftsfrei ausgetauscht werden können, ist eine solche Dezentrierung der Gesellschaft auch keine Gefährdung für die Integration.

Aktuelle Fragestellungen

Postnationale Konstellation

Diese Voraussetzungen sind jedoch nicht nur durch die technische Kolonialisierung der Lebenswelt gefährdet, sondern stets auch durch aktuelle Fragestellungen herausgefordert (vgl. Schaal 2009). Auch die Globalisierung oder allgemeiner die „postnationale Konstellation" untergräbt natürlich die Voraussetzungen eines herrschaftsfreien Diskurses, in dem Autoren und Adressaten des Rechts identisch sind. Daher hat sich Habermas auch als Intellektueller immer wieder für die europäische Integration und eine Demokratisierung der EU stark gemacht. Nur wenn ein europäischer Diskurs stattfindet, kann europäische Politik Legitimität beanspruchen.

Integration durch Recht

Dass Habermas dennoch auch eine europäische Demokratie für möglich hält, zeigt jedoch, inwiefern er sich vom Kommunitarismus abgrenzt. Denn im Gegensatz zu den Kommunitaristen glaubt Habermas, dass ein Minimum an gemeinsamem Konsens ausreichend ist, um ein Gemeinwesen gerecht zu gestalten. Zusammen mit dem Liberalismus akzentuiert er die Rechtsförmigkeit moderner Gesellschaften: Das Recht als Ergebnis demokratischer Prozesse und herrschaftsfreier Diskurse bringt den Konsens auf transparente Weise vor aller Augen. Nicht also eine gemeinsame Kultur, ein gemeinsamer Lebensstil oder eine Gemeinschaft im emphatischen Sinne ist notwendig, sondern lediglich die Rechtsverbindlichkeit eines Rechtsstaates. Im Gegensatz zu den Republikanern traut Habermas den europäischen Rechtsstrukturen jedoch zu, soziale Integration in einem starken Sinne zu leisten: Die Rechtspraxis als Ausdruck einer gelebten Verfassung hat selbst einen irgendwie kulturellen *spill-over*. Private Autonomie und politische Beteiligung sind sozusagen zwei Seiten einer Medaille, weil der demokratische Staat durch seine Rechtsform (und nicht durch eine Kultur!) den Bürger dazu anleitet, sich in gewisser Weise zu verhalten.

Verfassungspatriotismus

Am deutlichsten wird diese Konzeption an dem von Habermas geprägten Begriff des Verfassungspatriotismus, den er anlässlich der Diskussion um das Selbstverständnis der Deutschen als Nation entwickelt. Dieser Begriff fügt zwei Elemente zusammen, die traditionell eher getrennt gedacht waren. Der Patriot liebt, wie das Wort bereits sagt, sein Vaterland – unabhängig von der gerade gültigen Verfassung. Wer jedoch die Verfassung hochhält, der beruft sich auf universelle und damit übernationale Normen, hat also eine gesunde Distanz zu aller volkstümelnden Vaterlandsliebe. Der Begriff Verfassungspatriotismus soll nun ausdrücken, dass man die jeweilige Verfassung gerade als Ausdruck eines Lernprozesses verstehen kann, der auf nationale Besonderheiten rekurriert. Dass das Grundgesetz mit dem Schutz der Menschenwürde beginnt, ist eben kein Zufall, sondern Ausdruck der national spezifischen Erfahrung, die die Deutschen mit dem Nationalsozialismus machten. Daher ist die Verfassung mehr als abstraktes Recht, nämlich historisch gewachsenes Resultat und damit eine patriotisch zu verteidigende Errungenschaft. Ein solcher Verfassungspatriotismus müsste nun auch für Europa möglich sein.

Religion im Diskurs

Zur Rolle der Religion in diesem europäischen Diskurs nahm Habermas 2004 in einer viele überraschenden Weise Stellung: Im Rahmen einer Begegnung mit dem damaligen Kardinal Josef Ratzinger, dem jetzigen Papst Benedikt XVI., betonte Habermas nämlich ausdrücklich die Bedeutung religiöser Eingaben in den Diskurs: „Säkularisierte Bürger dürfen, soweit sie in ihrer Rolle als Staatsbürger auftreten, weder religiösen Weltbildern grundsätzlich ein Wahrheitspotenzial absprechen, noch den gläubigen Mitbürgern das Recht bestreiten, in religiöser Sprache Beiträge zu öffentlichen Diskussionen zu machen. Eine liberale politische Kultur kann sogar von den säkularisierten Bürgern erwarten, dass sie sich an Anstrengungen beteiligen, relevante Beiträge aus der religiösen in eine öffentlich zugängliche Sprache zu übersetzen." (Habermas 2005: 118)

Was bleibt?

Zwei Stränge der Kritik

Die Kritik an Habermas' Theorie der Deliberation ist teilweise polemisch, teilweise sehr ausdifferenziert. Die vielen Stimmen zu diesem umfangreichen Werk lassen sich am übersichtlichsten entlang einer Unterscheidung zwischen jenen Kritikern strukturieren, die Habermas vorwerfen, zu viel zu wollen, und jenen, die ihm vorwerfen, zu wenig zu wollen. Was heißt hier zu viel und zu wenig?

Begründung durch Pragmatik?

Die Kritik der ersten Art bestreitet, dass sich aus der Form des Sprachhandelns transzendentale Strukturen ableiten lassen, die zur Begründung normativer Ansprüche reichen. Aus der Verpflichtung, für die eigenen Sprachhandlungen einstehen zu müssen und sich jederzeit mit guten Gründen zu rechtfertigen, folgt demnach bestenfalls das Gebot der Kohärenz, also der Widerspruchsfreiheit. Das Projekt der Begründung wird damit insgesamt verabschiedet und stattdessen die Vielzahl verschiedener, sich widersprechender Diskurse betont (Lyotard, Rorty). Diese Argumentation finden wir in den so genannten postmodernen Theorien. Eine mit Habermas verwandte Argumentation zur Ableitung normativer Gehalte aus der Struktur des Sprachhandelns unternahm in jüngster Zeit Robert Brandom mit „Expressive Vernunft“ (1992). Auch er versucht der an Habermas vorgebrachten Kritik zu begegnen, die besagt, dass in einer Pluralität von Diskursen das Kriterium der Kohärenz letztlich eine rein ästhetische Kategorie ist.

Zielt Kommunikation auf Konsens?

Mit der Prämisse des Diskurspluralismus arbeitet auch Niklas Luhmann, dessen Auseinandersetzung mit Habermas bis in die späten sechziger Jahre zurückreicht (Habermas/Luhmann 1971).[98] Luhmann widerspricht Habermas fundamental in seiner grundsätzlichen Beschreibung von Kommunikation. Denn nach Luhmann ist Kommunikation nicht etwa auf Konsens angelegt, sondern lediglich darauf, irgendwie weiterzugehen. Kommunikationen können nach Luhmann nur aneinander anschließen, aber sie können nie einen Abschluss finden. Die Konzeption eines teleologisch auf Rationalität und Konsens abzielenden Diskurses, der nach Möglichkeit alle berücksichtigt, ist aus Luhmanns Sicht krypto-metaphysisch und damit, so Luhmanns herablassende Diagnose, „alteuropäisch“.

Partizipation als Irritation

Entsprechend geht Luhmann davon aus, dass Gesellschaften gar nicht durch Konsens, sondern vielmehr durch Dissens und das hierfür verwendete Vokabular zusammengehalten werden. Was ein Land (oder eine Familie etc.) zusammenhält, ist nicht etwa dasjenige, worüber man sich einig ist, sondern dasjenige, worüber man sich (gemeinsam!) streitet. Auch der Appell an eine Öffnung des politischen Systems für mehr Input aus der Zivilgesellschaft läuft nach Luhmann nur darauf hinaus, dass die Politik mit unqualifizierten und widersprüchlichen Anforderungen überschüttet wird (vgl. das Kapitel zu Luhmann).

Prozeduralismus versus Substanz

Eine andere Zielrichtung verfolgen jene Kritiker, die Habermas eine falsche normative Bescheidenheit vorwerfen. Demnach muss sich der Normenbestand moderner Gesellschaften aus jenen metaphysischen Quellen speisen, die auch mit dem Beginn der Moderne nicht versiegt

98 Oft werden Luhmann und Habermas als zwei Großtheorien des Sozialen gegenübergestellt, weil sich so die einzelnen Theorie-Elemente gut kontrastieren lassen.

sind. Wer die Normenbegründung dem herrschaftsfreien Diskurs überlässt, der mache alles verhandelbar, also auch die unantastbaren Werte der Menschenwürde. Im Gegensatz zur prozeduralistischen Wertebegründung nach Habermas bedürfe es substanzieller Wertekriterien.

Konsens kein Qualitätsgarant

So argumentiert beispielsweise Vittorio Hösle, der hier nur paradigmatisch für eine theoretische Ausrichtung angeführt wird, ein Konsens könne auch dann Unrecht sein, wenn alle Betroffenen mit einbezogen seien (Hösle 1997). Die Konzeption der deliberativen Demokratie kann sich mit anderen Worten nicht gegen den kollektiven Wahn schützen, in dem sich alle – nach einem herrschaftsfreien Diskurs – auf etwas einigen, was unseren objektiven Werten nicht entspricht. Das bloß intersubjektiv Richtige kann eben doch das objektiv Unrechte sein. Die Moral der Politik müsse daher gewissermaßen auf das Absolute bezogen sein und könne sich nicht aus dem kontingenten Hergang eines Diskurses schöpfen. Nur eine echte Wertehierarchie, die dem Diskurs sozusagen als ewige Ordnung vorausgeht, ist ein Garant für eine moralische Politik, so Hösle.

6.3. Varianten deliberativer Theorie

Differenzierungen innerhalb der deliberativen Theorie

Deliberative Theorien sind jenes Feld innerhalb der Politischen Theorie, in der zeitgenössisch am meisten gearbeitet wird. Es gibt daher viele „Baustellen“ und nur vereinzelt komplette „Theoriegebäude“. Daher weicht die Darstellung dieses Kapitels von jener in den anderen ab. Im Mittelpunkt der folgenden zwei Abschnitte stehen Themen und keine Autoren. Im ersten Abschnitt werden die großen Weichenstellungen innerhalb der Diskussion dargestellt – jene Fragen also, die für das jeweilige grundlegende Theoriedesign wichtig sind und über die intensiv diskutiert wird. Im zweiten Abschnitt stehen eher empirische Fragen im Mittelpunkt. Diese Fragen sind außerordentlich wichtig, denn selbst wenn deliberative Demokratietheorie *normativ* überzeugender sein sollte als z.B. die liberale Demokratietheorie, so hat für viele der Liberalismus bewiesen, dass er in der politischen Wirklichkeit funktioniert. Einige Autoren argumentieren, dass die größte noch ungelöste Aufgabe für die deliberative Demokratietheorie in der Spezifikation faktischer institutioneller Arrangements besteht, die Deliberation unterstützen (vgl. Buchstein 1996; Shapiro 2003). Bohman (1998: 401) hingegen behauptet, dass die neueren deliberativen Demokratietheorien „have changed in light of practical concerns for feasibility“. Ob sich die normativen Hoffnungen, die mit Deliberation verbunden sind, erfüllen, ist eine empirische Frage. Im zweiten Abschnitt werden daher Institutionalisierungen deliberativer Verfahren analysiert sowie Ergebnisse empirischer Diskursforschung präsentiert.

6.3.1. Konzeptionelle Differenzen deliberativer Theorien

Was gilt als Argument?

Hohe Rationalitätsanforderungen

Zwischen den Autoren, die sich dem deliberativen Paradigma verbunden sehen, existieren große Unterschiede hinsichtlich der Frage, welche Argumente in einem Diskurs überhaupt artikuliert werden dürfen. Einige argumentieren, dass in einer Deliberation nicht alle Aussagen als Argumente vorgebracht werden sollten, sondern nur solche, die bereits ein gewisses Maß an Reflektiertheit, Gemeinwohlorientierung (Goodin 2003) oder ethischer Neutralität (Ackerman 1989) erreicht haben. Habermas vertritt die Position, dass Argumente der ethischen oder moralischen Qualität der zur Diskussion stehenden Frage in ihrem Diskursmodus angepasst sein sollten. So sind partikulare, nutzenmaximierende Argumente in einem Diskurs über Menschenrechte nicht angebracht. Diskutieren wir über Fragen unserer Identität als politisches Gemeinwesen – so z.B. an Gedenktagen – so sind es nicht universalistische Argumente, die vorgebracht werden sollten, sondern eher ethische, die *für unser Gemeinwesen* Geltung beanspruchen. Einige eher pragmatisch orientierte Theoretiker wie James Bohman (1996) oder Jane Mansbridge (1999) empfinden diese diskursiven Beschränkungen als zu stark.

Offenere Diskursformen

Daher definiert Bohman (1996: 27) folgerichtig *public deliberation* als „a dialogical process of exchanging reasons for the purpose of resolving problematic situations that cannot be settled without interpersonal coordination and cooperation“. Diese findet in der Öffentlichkeit statt, die – wie bei Habermas – den Prozess der Deliberation substanziell verbessern soll, indem nur solche Gründe allgemein akzeptiert werden, die den drei Kriterien „non-tyranny, equality and publicity“ (Bohman 1996: 35) gerecht werden. Damit entlastet Bohman das Konzept von überzogenen moralischen Anforderungen. Die Deliberation basiert auf einfachem Dialog, verstanden als „mere give and take of reasons“ (Bohman 1996: 57). Die normativen Ziele der Deliberation sind einerseits „securing uptake“, andererseits „restoring ongoing joint activity“ (beides Bohman 1996: 59). Im Dialog mit anderen erfolgt eine argumentative Perspektivenverschränkung, die das Verständnis für die Argumente des Diskussionspartners fördert, ohne jedoch dem Telos der Einstimmigkeit zu folgen. Dieses „uptaking“ ermöglicht nach Bohman den kontinuierlichen Dialog unter den Bürgern und fördert somit auch die Akzeptanz von politischen Entscheidungen, die entgegen den eigenen Präferenzen getroffen wurden, da Aussicht auf eine Fortführung des Dialoges besteht. Mansbridge (1999: 211) argumentiert, dass „the full deliberative system encompasses all these strands“ und meint damit sowohl rationale und kognitiv gereinigte Argumente als auch „everyday talk". Für sie, aber auch für Dryzek und Bohman, sind Diskurse daher dadurch gekennzeichnet, dass in ihnen Positionen und Ansichten *ungefiltert* artikuliert werden können.

Einstimmigkeit oder Pluralität?

Zwei zentrale Ziele der deliberativen Demokratietheorie sind die Erhöhung der Legitimität demokratischer Entscheidungen sowie die Verbesserung der Qualität politischer Präferenzen auf der Inputseite des demokratischen Prozesses. Das Maß, in dem die beiden Hoffnungen Realität werden können, wird nachhaltig von einem kleinen, aber sehr folgenreichen Detail in der Ausgestaltung der Deliberation bestimmt: der Frage, mit welchem Ziel wie lange deliberiert wird.

Konsens-orientierung

Für einige Theoretiker – hierzu ist zumindest in theoretischer Perspektive wieder Habermas zu nennen – zielt der Diskurs normativ auf *Einstimmigkeit* und *Konsens.* Erst wenn alle Diskursteilnehmer dieselbe inhaltliche Position aus *demselben Grund* vertreten, hat der Diskurs sein Ziel erreicht. Die Einstimmigkeit ist aus unterschiedlichen Gründen für diese Theoretiker ein besonderes Ziel. Gilt, dass das Ergebnis eines Diskurses in formales Recht umgesetzt wird, so lebt bei Einstimmigkeit niemand unter fremdem Recht, sondern nur unter seinem eigenen. In dieser Perspektive sichert die Einstimmigkeit die politische Autonomie jedes Einzelnen am besten.

Pluralität

Mitunter kann Einstimmigkeit jedoch nicht erzielt werden. Entweder, weil die Zeit für einen Diskurs begrenzt ist und somit aus rein technischen Gründen ein Prozess abgebrochen werden muss, der vielleicht zur Einstimmigkeit geführt hätte; oder, weil *vernünftige Meinungsverschiedenheiten* (*reasonable moral disagreement*) bestehen, die selbst in einem rationalen Diskurs nicht in Einstimmigkeit und Konsens aufgelöst werden können. Daher plädiert die zweite Gruppe von Theoretikern (u.a. Bohman 1996) für ein „alltagskompatibles" Verständnis von Diskurs, das normativ nicht auf Konsens zielt, sondern auch *Pluralität* und *Dissens* als Diskursergebnisse anerkennt.

Instrumentell oder expressiv?

Die Vertreter des deliberativen Paradigmas unterscheiden sich zweitens darin, welches *Ziel* die Deliberation befördern soll. Grundsätzlich können zwei Positionen identifiziert werden (vgl. Shapiro 2003: 120).

Instrumentelle Diskurs-verständnisse

Die erste Gruppe vertritt das Argument, dass Deliberation ein *Ziel* besitzt und daher aus *instrumentellen* Gründen wertgeschätzt wird. Inhaltlich gehen die Vertreter dieser Gruppe (u.a. Estlund 1997; Habermas 1992) davon aus, dass Deliberation keinen (oder zumindest keinen maßgeblichen) Wert an und für sich darstellt (also nicht *intrinsisch* wertvoll ist), sondern nur in dem Maße, „that it enables citizens to make the most justifiable political decisions." (Gutmann/Thompson 2004: 21). Das Ideal, das durch Deliberation befördert wird, ist, dass politisches Handeln (also Gesetze, Normen etc.) gegenüber den Politikadressaten, d.h. den Bürgern, *begründbar* sein muss. Je besser eine Politik zu begründen ist, desto legitimer sei sie. Die implizite Hintergrundannahme dieses Arguments lautet, dass Deliberation bessere Begründungen für politische Entscheidungen erzeugen kann als alternative Entscheidungsverfahren, -prozeduren und -mechanismen.

prozedural/ substanziell

Dieses Argument wirft jedoch das Problem auf, anhand welcher Kriterien die Qualität der Begründungen bewertet werden kann. Diese Frage ist bereits im Kapitel zu Rousseau unter der Perspektive des Gemeinwohls diskutiert worden. Sie kann einerseits *prozedural,* andererseits *substanziell* bewertet werden.

Die *prozeduralen Theoretiker* argumentieren, dass der Prozess der Deliberation selbst der beste Garant für die Qualität der Begründungen seines Outputs ist, solange spezifische formal-prozedurale Standards gewahrt bleiben. Hierzu gehört zumindest, dass jeder Bürger sich an der Deliberation beteiligen kann. Etwas anspruchsvoller sind die bereits ausgeführten Kriterien von Cohen (1989). Er geht über die formale Inklusivität des deliberativen Prozesses hinaus und verlangt, dass die Diskursbeteiligten in einer spezifischen Art und Weise diskutieren. Estlund (1997: 181) bezeichnet dieses Modell deliberativer Demokratie als *rational deliberative proceduralism*. Charakteristisch ist, dass der Diskurs die *Vermutung* höherwertiger Begründbarkeit seines Outputs in sich trägt. Es existiert in diesem Modell jedoch kein Standard, anhand dessen der Output objektiv bewertet werden kann. Allein die Unverzerrtheit und Intaktheit des deliberativen Prozesses kann bewertet werden – so z.B. die Frage, ob alle Entscheidungsbetroffenen auch am Diskurs teilnehmen könnten, ob auf die Diskursteilnehmer Druck ausgeübt wurde etc. Den Vertretern der *substanziellen* Gruppe deliberativer Demokratietheorie ist diese prozeduralistische Vermutung zu wenig. Sie fordern – wie David Estlund – „outcomes that are correct by *independent* standards [Hervorhebung d.A.]" (Estlund 1997: 175). Er verbindet die Vorstellung, dass der Prozess der Deliberation ein Mehr an guten Begründungen produziert mit der Forderung, dass der Output des Diskurses anhand von unabhängigen Standards bewertet werden sollte. Unabhängig bezeichnet hierbei nur die Tatsache, dass die Standards unabhängig vom Diskurs sind.

Expressive Diskursverständnisse

Die *expressiven Theoretiker* vertreten hingegen das Argument, dass Deliberation nicht nur aus instrumentellen, sondern aus *expressiven* Gründen wertgeschätzt werden soll. Dieses Argument besitzt unterschiedliche Facetten. Erstens wird der aus der partizipatorischen Demokratietheorie stammende Gedanke aufgegriffen, dass politische Partizipation ein *intrinsischer* Wert ist. Es kommt mithin nicht darauf an, dass sich die Qualität des Inputs des politischen Prozesses hierdurch verbessert. Zweitens weisen die Vertreter dieser Richtung darauf hin, dass der expressive Wert der Deliberation auch in Repräsentativinstitutionen zum Tragen kommt: „[S]ignificant value resides in the act of justifying laws and public policies to the people who are bound by them. By deliberating with one another, decision-makers manifest mutual respect toward their fellow citizens.“ (Gutmann/Thompson 2004: 22)

Dominanz instrumenteller Verständnisse

Keine der beiden Positionen wird in Reinform vertreten – viele Theoretiker verbinden instrumentelle mit expressiven Argumenten. Buchstein/Jörke (2002) haben jedoch überzeugend gezeigt, dass die deliberative Demokratietheorie als Ganzes zunehmend stärker an der qualitativen Verbesserung der politischen Präferenzen auf der Inputseite des demokratischen Prozesses interessiert ist und das Ideal intrinsischer politischer Partizipation in den Hintergrund tritt.

Theorieinterne Probleme deliberativer Demokratie

Fast alle deliberativen Ansätze zeichnen sich durch sieben Probleme aus, die sich am systematischsten entfalten lassen, indem man bei den abstrakten erkenntnistheoretischen Annahmen beginnt und sukzessive konkreter und empirischer wird.

Tabelle 9: Theorieinterne Probleme deliberativer Demokratietheorien

1.	*Epistemologische Annahmen*
2.	*Probleme während eines Diskurses*
2a.	Diskursbeschränkungen
2b.	Kognitive Überforderungen
2c.	Motivationale Überforderungen
2d.	Pluralismus
3.	*Ausgestaltung deliberativer Institutionen*
3a	Nationalstaatlich
3b	Supranational

Epistemologische Probleme

Die erkenntnistheoretische Hoffnung besteht darin, durch Diskurs die Präferenzen der Beteiligten reflexiv werden zu lassen und sie so zu verbessern. Die hierfür notwendigen Rahmenbedingungen sind jedoch ausgesprochen anspruchsvoll. Habermas spricht daher von den *kontrafaktischen Präsuppositionen des rationalen Diskurses* und meint damit, dass ein rationaler Diskurs bestimmte Annahmen voraussetzen muss, die jedoch in der Wirklichkeit (zumeist) nicht zutreffen. Die Hoffnung, dass sich die politischen Präferenzen der Diskursbeteiligten verbessern, hängt also davon ab, ob sie sich faktisch den rigorosen Bedingungen eines rationalen Diskurses unterwerfen und zudem *aufrichtig* sind. Stanley Fish – ein vehementer Kritiker deliberativer Demokratietheorie – argumentiert, dass man Argumenten nicht ansieht, ob sie am Gemeinwohl orientiert sind oder den individuellen Nutzen maximieren sollen. Man kann in deliberativen Situationen durchaus eigennutzorientierte Argumente vertreten, sie aber als gemeinwohlorientiert verkleiden. Ein derart verzerrter Diskurs wird keine „gereinigten" Präferenzen produzieren – und verschärfend als verzerrter auch kaum zu identifizieren sein.

Diskursinterne Probleme

Die kognitiven Zumutungen an die Bürger sind in allen Theorien außerordentlich hoch. Sie müssen nicht nur in der Lage sein, ihre eigenen Präferenzen zu reinigen, sie argumentativ vorzutragen und gegen Einwände zu verteidigen, sondern auch bessere Argumente zu erkennen und entsprechend ihre Präferenzen anpassen können. Die Bürger müssen – in Abhängigkeit vom zu Grunde liegenden Diskurskonzept – fähig sein, die richtige „Klasse" von Argumenten zu artikulieren und andere außen vor zu lassen. Dies kann – gerade durch die Betonung der kognitiven Dimension – zu emotionalen Frustrationen führen. Da es sich um eine kommunikative Situation handelt, spielt die sprachliche Vermittlung eine große Rolle. Die deliberativen Theorien müssen jedoch davon ausgehen, dass empirisch bestehende Asymmetrien in den rhetorischen Kompetenzen *keinen Einfluss* auf die Rezeption eines Argumentes haben. Schlecht vorgetragene gute Argumente sollen genauso wahrgenommen werden wie gut vorgetragene gute Argumente. Zu guter Letzt muss von den Bürgern erwartet werden können, dass sie sich beteiligen – nicht immer und nicht überall, aber doch häufig und weit gestreut. Darüber hinaus stellt sich die Frage, wie deliberative Theorien mit dem Faktum des Pluralismus umgehen und der daraus resultierenden Tatsache, dass *vernünftige* Meinungsverschiedenheiten existieren, die auch in einem rationalen Diskurs nicht aufgelöst werden können. Hier wird die Idee starker liberaler Grundrechte und ihr Verhältnis zur deliberativen Demokratietheorie relevant.[99]

Implementationsprobleme

Schließlich ist die institutionelle Ausgestaltung deliberativer Demokratie weiterhin unterspezifiziert. Dies gilt sowohl für die nationalstaatliche Ebene wie auch für die supranationale Ebene. Auseinander gehen die Meinungen darüber, ob die Deliberation auf supranatio-

99 Dieses Verhältnis wird vor allem von den so genannten „substanziellen" deliberativen Demokratietheoretikern diskutiert (vgl. Gutmann/Thompson 1996; 2003 und Cohen 1997).

naler Ebene einfacher zu institutionalisieren sei als auf der nationalstaatlichen, da dort ein Institutionendesign *from scratch* erfolgt und keine institutionellen Beharrungsmomente überwunden werden müssen, wie es auf nationaler Ebene der Fall ist.

6.3.2. Praktische Aspekte deliberativer Demokratietheorie

Praktische Probleme deliberativer Verfahren

Das größte Problem, welches die deliberative Demokratietheorie lösen muss, ist die Institutionalisierung deliberativer Prozeduren. Die Probleme resultieren auf der einfachsten Ebene daraus, dass – um das Beispiel Deutschland zu nehmen – 80 Millionen Bundesbürger aus rein technischen und logistischen Gründen nicht miteinander diskutieren können. Doch selbst wenn dies möglich sein sollte, stellt sich die Frage, wie die Ergebnisse dieser notwendigerweise dezentral geführten Diskurse zusammengeführt werden können. Sollte sogar dieses Problem institutionell gelöst werden können, ergibt sich die weitere Frage, in welcher Form die Rückbindung der Politik der Repräsentativorgane (Parlament, Regierung) an die Ergebnisse deliberativer Meinungsbildung erfolgen kann. Institutionalisierungsvorschläge müssen also zwei Zielvorgaben optimieren, die sich jedoch antagonistisch gegenüberstehen: eine möglichst umfassende Inklusion aller potenziell Betroffenen einerseits und das höchste Maß an empirischer Praktikabilität andererseits. Vor diesem Hintergrund existieren zwei große Strategien innerhalb der deliberativen Demokratietheorie, wie mit diesen Problemen umzugehen sei. Die erste Strategie besteht darin, das vorhandene institutionelle Setting repräsentativer Demokratien deliberativ zu lesen oder zu erweitern. Gesucht wird hier also nach deliberativen Merkmalen oder Anknüpfungspunkten in bereits bestehenden demokratischen Prozessen und Institutionen (vgl. Nino 1996). Die zweite Strategie ist normativ anspruchsvoller, da sie das Ideal der Deliberation potenziell aller Bürger weiterhin realisieren will. Im Folgenden werden vier Institutionalisierungsvorschläge deliberativer Verfahren präsentiert, die eher der zweiten Strategie zuzuordnen sind.[100]

Dezentralisierung

Dezentralisierte Deliberation. Die erste Strategie besteht darin, die Diskurse zu dezentralisieren. Es deliberiert nicht mehr jeder einzelne Bürger mit allen anderen, sondern bloß noch mit kleinen Teilen und Gruppen in der Bürgerschaft (vgl. Fung 2003 und seine Idee der Minipublics). Auf diese Weise sind potenziell alle Bürger inklu-

100 Auf einen Institutionalisierungsvorschlag soll hier nur kurz hingewiesen werden. Ackerman/Fishkin (2004) haben vorgeschlagen, einen nationalen Feiertag vor Wahlen auszurufen, den *Deliberation Day*. An diesem Tag liefert der Staat die Infrastruktur dafür, dass die Bürger über die Wahlprogramme der Parteien beraten können.

diert, ohne jedoch den argumentativen Austausch mit allen anderen nutzen zu können. Diese Strategie bezeichnet Goodin (2003: 56) als disjointed deliberation. Die wohl größten Schwierigkeiten dieser Strategie bestehen darin, erstens die unterschiedlichen Teilöffentlichkeiten und deliberativen Gruppen untereinander kommunikativ zu verschränken und zweitens die Ergebnisse dieser dezentralisierten Diskurse an die Entscheidungsfindung im politischen System rückzukoppeln. Habermas argumentiert – wie bereits gezeigt wurde –, dass das politische System zur Rechtfertigung seiner Politik nur parasitär auf Gründe zugreifen kann, die außerhalb des politischen Systems in diskursiven Verfahren gefunden wurden. In diesem Sinne erfolgt eine Rückbindung des politischen Systems an die Lebenswelt. Diese Argumentation besitzt den Vorteil, dass sie die Probleme, die sich aus der Vernetzung der kleinen Diskursgruppen ergeben, nicht in den Blick nehmen muss, solange das politische System nur auf Gründe zurückgreift, die in irgendeiner deliberierenden Teilgruppe gefunden wurden.

Probleme der Dezentralisierung

So elegant diese Lösung zunächst erscheint – sie hat gravierende Probleme. Wie können die in deliberierenden Kleingruppen gefundenen Argumente einer größeren Öffentlichkeit – letztlich dem politischen System selbst – zugänglich gemacht werden? Habermas setzt – wie viele andere auch – auf die nichtvermachteten Strukturen einer massenmedialen Öffentlichkeit als Forum und Spiegel diskursiver Prozesse. Dies wirft die Fragen auf, ob die Massenmedien tatsächlich unvermachtet sind und wie hoch ihr diskursives Potenzial ist. Beide Fragen sind in zwei empirisch sehr anspruchsvollen Studien beantwortet worden (Gerhards 1997; Gerhards et al. 1998; Kuhlmann 1999).[101] Beide Studien kommen aus deliberativer Perspektive zu sehr ernüchternden Ergebnissen: „Die Auswertungen haben gezeigt (...), dass die öffentlichen Debatten über Abtreibungen in der Bundesrepublik im Zeitraum von 1970 bis 1994 bezüglich der meisten Kriterien nicht den Modellvorstellungen einer diskursiven Öffentlichkeit entsprechen, wie sie von Habermas und Theorien deliberativer Demokratie entworfen wurden. (...) Bezugnahmen auf die Deutungen der anderen Akteure, das Nennen von Gründen für die eigenen Deutungen und das Diskutieren auf einem hohen Rationalitätsniveau bilden eher die Ausnahme als die Regel der öffentlichen Kommunikation. (...) Die politische Öffentlichkeit der Bundesrepub-

101 Der Soziologe Jürgen Gerhards (1997) testet ein liberales und ein deliberatives Modell von Öffentlichkeit auf seine empirische Tragfähigkeit. Gerhards et al. (1998) haben die argumentative Struktur der Abtreibungsdebatte in den USA und der Bundesrepublik in den Massenmedien analysiert, Kuhlmann (1999) die Tiefe der argumentativen Struktur in den Printmedien anhand von ausgewählten Debatten.

lik hat sich aus der Perspektive einer diskursiven Öffentlichkeitsvorstellung als vermachtete Öffentlichkeit erwiesen; sie ist von einer autochthonen Öffentlichkeit weit entfernt." (Gerhards 1997: 27) Zu ähnlichen empirischen Ergebnissen kommt auch Kuhlmann (1999). Die normativen Hoffnungen, die die deliberative Demokratietheorie auf die Strukturen einer massenmedialen Öffentlichkeit setzt, scheinen vor dem Hintergrund dieser empirischen Daten überzogen. Auch deshalb spricht Goodin (2003: 56) bei der Strategie der Dezentralisierung der Deliberation auch von einer unsuccessful adaptation.

Diskursdelegation und *deliberative poll*

Stellvertretende Deliberation. Das Institutionalisierungsdesign von Fishkin ist von drei Einsichten geprägt. Erstens hält Fishkin (1991) an der Überzeugung fest, dass deliberative Verfahren die moralische Qualität der politischen Präferenzen der Diskursbeteiligten verbessern. Zweitens sieht er jedoch, dass das Ideal einer insgesamt deliberierenden Bürgerschaft unter den Bedingungen moderner Flächendemokratien nicht realisierbar ist. Drittens diagnostiziert er, dass die liberale Demokratie durch ihre demoskopisch feinjustierte Orientierung an den vor-diskursiven Präferenzen der Bürger sukzessive qualitativ schlechtere Politik produziert.[102] Daher plädiert Fishkin (1995) für den deliberative poll, eine Mischung aus Meinungsumfrage und Deliberation. Dessen Grundidee ist, dass die Bürger, indem sie einem repräsentativen Sample der Bevölkerung im Fernsehen dabei zusehen, wie sie zusammen mit Experten über ein politisches Thema debattieren, ihre eigenen Positionen zu dieser politischen Frage reflexiv werden lassen und moralisch verbessern: „A deliberative poll attempts to model what the public would think, had it a better opportunity to conside the questions at issue." (Fishkin 1995: 162)

102 Der empirische Ausgangspunkt der zweiten Institutionalisierungsstrategie besteht in der Einsicht Fishkins, dass die Massenmedien gerade nicht dem Ideal einer diskursiven Öffentlichkeit entsprechen und dementsprechend keine normativen Hoffnungen auf den positiven und rationalitätssteigernden Effekten dieser Öffentlichkeit ruhen sollten. Verschärft wird diese Diagnose durch eine weitere: Die immer besseren Methoden der empirischen Meinungsforschung versetzen Politiker in die Lage, ihre Politiken immer feiner an die Meinungen der Wähler anpassen zu können, um so Wahlen zu gewinnen. Die paradigmatische Zuspitzung dieser Entwicklung ist der Spin-Doctor. Politiken werden in der Folge nicht mehr am Gemeinwohl orientiert, sondern an – zumeist egoistischen – Präferenzen der Mehrheit der Bürger. Zudem scheinen in den westlichen Demokratien die Bürger zunehmend zu rationalen Ignoranten zu werden. Da in einem Elektorat von vielen Millionen Wählern eine einzelne Stimme keinen Einfluss auf das Ergebnis einer Wahl hat, ist es nur rational, politisch uninformiert zu wählen (oder abzustimmen).

Praktische Erfahrungen mit dem *deliberative poll*

Der *deliberative poll* ist bereits durchgeführt worden.[103] Die Ergebnisse dieser Testläufe bestätigen zentrale theoretische Prämissen der deliberativen Demokratietheorie.[104] Erstens verändern sich politische Präferenzen durch Deliberation. In den Testläufen haben die Beteiligten ihre Präferenzen im Sinne Goodins von Partikularismen „gereinigt" und sachlich besser fundiert. Zweitens resultieren aus diskursiven Prozessen positive Effekte auf der sozialen Ebene. Die Beteiligten fühlen sich emotional verbundener und folgen – stärker als zuvor – dem Ideal der Reziprozität. Schließlich resultieren aus der Teilnahme an einem *deliberative poll* Langzeiteffekte – die Beteiligten interessieren sich danach stärker für politische Fragen und sind politisch informierter als sie es zuvor waren.

Bestätigung theoretischer Hoffnungen

Der *deliberative poll* verdeutlicht, dass die grundlegenden Hoffnungen der deliberativen Demokratietheorie berechtigt sind. Seine Realisierung widerspricht jedoch spezifischen normativen Idealen der Deliberation und wirft Fragen nach den Effekten von Deliberation in „real-world"-Situationen auf. Problematisch an diesem – empirisch praktikablen – Ansatz ist zunächst die positive Bewertung stellvertretender Diskurse, da es zum normativen Kernbestand des Theoriestranges gehört, dass Betroffene ihre Bedürfnisse in demokratischen Diskursen *selbst* artikulieren (bzw. überhaupt erst diskursiv finden). Weiterhin stellt sich die Frage, inwieweit die positiven *inhaltlichen* Erfahrungen des *deliberative poll* generalisierbar sind. In der Regel arbeiten sich Bürger, bevor sie miteinander deliberieren, nicht durch umfangreiches Informationsmaterial. Sie werden in der Regel auch nicht von Kameras dabei beobachtet, wie sie deliberieren. Schließlich – und auf

---

103 Einige Anmerkungen zur Durchführung des *deliberative poll*. In einem ersten Schritt wird ein repräsentatives Sample der Bevölkerung ausgewählt und um Teilnahme an diesem Projekt gebeten. Im nächsten Schritt erfolgt die Abfrage der Einstellungen zu jenem Thema, über das die Ausgewählten später zusammen diskutieren sollen. Ziel dieser Maßnahme ist es, Veränderungen in den politischen Einstellungen registrieren zu können, die durch den *deliberative poll* hervorgerufen wurden. Im nächsten Schritt erhalten die Eingeladenen Informationsmaterial zu der politischen Streitfrage, so dass sie nicht unvorbereitet diskutieren müssen. Schließlich werden alle für ein Wochenende an einem Ort zusammengeführt. Dort diskutieren sie mit den anderen über die bereits bekannte politische Streitfrage. Sie finden dabei sachliche Unterstützung durch anwesende Experten. Am Ende der Veranstaltung wird der Fragebogen, den die Teilnehmer vor dem *deliberative poll* schon einmal ausgefüllt haben, noch einmal verteilt. Die gesamte Veranstaltung wird aufgezeichnet und Ausschnitte daraus im Fernsehen ausgestrahlt, so dass die Bürger vor ihren TV-Geräten zwar nicht aktiv mitdiskutieren können, sehr wohl jedoch die Deliberation der Anderen nachvollziehen und sich dazu inhaltlich positionieren können.

104 Es existieren nur wenige empirische Studien über demokratische Deliberation. Ausnahmen hiervon sind die klassischen Studien von Bessette (1994), Page (1995), Elster (1998) und Steiner et al. (2004).

diesen Punkt werden wir später noch etwas näher eingehen – handelt es sich um ein *repräsentatives* Sample der Bevölkerung, so dass argumentative Einseitigkeiten von vornherein eher unwahrscheinlich sind. Diese drei Faktoren verstärken sich zudem positiv, so dass die Effekte des *deliberative poll* vermutlich weitaus positiver ausfallen, als dies bei lebensweltlicher Deliberation der Fall ist.

Zweifel an theoretischen Prämissen

Obwohl der *deliberative poll* viele Grundannahmen der deliberativen Theorie empirisch stützt und sie somit stärkt, schwächt er sie doch in einem wichtigen, wenn auch nicht unmittelbar erkennbaren Punkt. Aus der Perspektive der prozeduralen Deliberationstheoretiker sind es die formal-prozeduralen Standards der Deliberation, die die Qualität ihres Ergebnisses garantieren. Indem Fishkin ein *repräsentatives* Sample der Bevölkerung einlädt, legt sich ein Schatten des Zweifels über diese Annahme. Die Repräsentativität impliziert schließlich, dass es relevant ist, dass alle Meinungen, die von den Bürgern vertreten werden, sich im *poll* wiederfinden müssen. Das nicht offen artikulierte Argument von Fishkin lautet, dass die Ergebnisse einer Deliberation eines repräsentativen Samples qualitativ hochwertiger sind als solche eines nicht-repräsentativen Samples. Doch gerade Letzteres liegt in lebensweltlichen Situationen vor!

Empirische Diskursforschung

Die empirische Diskursforschung liefert erste Anhaltspunkte auf die Frage, welche Effekte *real-world*-Deliberation besitzt (vgl. Sunstein 2003 sowie Ritzi/Schaal 2009 mit weiteren Nachweisen).[105] Das aus normativer Perspektive problematischste empirische Datum ist *the law of group polarization* (Sunstein 2003: 80). Empirische Studien haben wiederholt zeigen können, dass Gruppen, die aus eigener Motivation heraus deliberieren, dazu tendieren, homogen zu sein, da sie sich entlang von *gemeinsam geteilten* Werten, Normen, Problemen, politischen Orientierungen konstituieren. Das für deliberative Theorien Prekäre an homogenen deliberativen Gruppen ist, dass sie dazu tendieren, die inhaltlichen Positionen, die die Beteiligten vor der Deliberation hatten, zu radikalisieren, da sich *like minded people* treffen.[106] Sunstein (2003: 82) spricht in diesem Zusammenhang von *enclave deliberation* und prophezeit, dass *enclave deliberation a potential danger to social stability* darstellt. Erfolgt irgendwann ein Diskurs *zwischen* den Mitgliedern der „Enklaven", so gestaltet sich dieser vermutlich schwierig, da die Positionen durch Deliberation extremer sind als sie dies vor der Deliberation waren. Die politisch positiven Effekte von Deliberation werden sich daher vermutlich eher dann einstellen, wenn die Gruppen heterogen sind. Doch auch für diese Situation hält

---

105 Deren Ergebnisse finden zunehmend auch in der Modellierung der normativen Theorien Berücksichtigung (Stokes 1998; Przeworski 1998).

106 „Radikalisieren" bezieht sich nicht auf einen externen politischen Standard, sondern nur auf die Positionen, die *innerhalb* der Gruppe vertreten werden.

die empirische Diskursforschung entmutigende Ergebnisse bereit: In heterogenen Gruppen genießen nicht alle Diskursteilnehmer die gleiche Aufmerksamkeit. In der Regel korreliert die Aufmerksamkeit der anderen mit dem sozio-ökonomischen Status des Sprechers – mit der Folge, dass z.B. in Diskursen über die Verteilung von Ressourcen die Argumente der Bedürftigsten die geringste Resonanz finden werden. Positive normative Effekte resultieren aus *enclave deliberation* nur unter der Bedingung, dass die homogene Gruppe eine unterdrückte Gruppe ist, die um ihre Rechte kämpfen und sich als Gruppe im Bewusstsein ihrer Mitglieder überhaupt erst konstituieren muss. Für dieses Ziel ist Radikalisierung sinnvoll.

Deliberation im Zeitalter der Globalisierung

Supranationale Deliberation. Ausgangspunkt der Überlegungen von Schmalz-Bruns sind die sozialwissenschaftlichen Problemdiagnosen der Erosion des Nationalstaats durch Globalisierungsprozesse und der damit verbundenen Legitimitätsprobleme nationaler und transnationaler Politik. Das Konzept des „Deliberativen Supranationalismus" von Schmalz-Bruns (1999) versteht sich als Vorschlag einer Institutionalisierung der reflexiven Funktionen deliberativer Politik auf supranationaler Ebene.

Kernideen supranationaler Deliberation

Die Neugestaltung des rechtlich-institutionellen Rahmens und der Strukturierung der dadurch entstehenden politischen Handlungsräume gründet auf drei Kernideen. Zum Ersten werden politische Partizipationsrechte neu konzipiert in Form von freiwilliger und ungehinderter Assoziierung nach dem Kongruenz- und Betroffenheitsprinzip durch ein „kosmopolitisches Staatsbürgerschaftsrecht". Zum Zweiten wird Demokratie als zweiseitiger Prozess verstanden, d.h. sowohl als Vertiefung der demokratischen Beteiligung im Nationalstaat wie auch als grenzüberschreitende Organisation demokratischer Selbstbestimmung. Die Verfahren der Meinungs- und Willensbildung sind derart zu gestalten, dass sie die epistemische Qualität der Ergebnisse sichern und zugleich ein „gemeinschaftsstiftendes" Potenzial besitzen. Zum Dritten wird politische Herrschaft aus der nationalen Verankerung herausgelöst und auf transnationale Politiknetzwerke zur kollektiven Problemlösung übertragen (vgl. Schmalz-Bruns 1999: 219).

Institutionen supranationaler Deliberation

Die institutionelle Umsetzung dieser Ideen beschreibt Schmalz-Bruns in einer Neukonzeptualisierung der Gewaltenteilung. Das Parlament erfährt einen reflexiven Funktionswandel. Die Volkssouveränität wird auf verschiedene Arenen der politischen Repräsentation übertragen, so dass Entscheidungsrechte nicht mehr allein beim Parlament liegen. Die Hauptfunktion des Parlamentes soll in der Bearbeitung von Legitimations- und Integrationsproblemen durch die Allokation von Entscheidungsrechten sowie die Gewährleistung und Förderung der Rahmenbedingungen reflexiver und deliberativer Entscheidungsfindung in Politiknetzwerken liegen. Der Verwaltung kommt die unterstützende Aufgabe der Schaffung einer Infrastruktur für den Informationsaustausch zwischen Betroffenen und Politiknetzwerken zu. Die richterlichen Aufgaben der Individualrechtssicherung und Zivilisierung von Herrschaft werden um eine prozessperfektionierende Funktion ergänzt. Im Sinne einer Verfahrenskontrolle geht es um die Sicherstellung des deliberativen Willensbildungsprozesses. Zudem wird durch ein Interventionsrecht die Möglichkeit geschaffen, in Entscheidungsprozesse einzugreifen, sofern begründete Vermutungen bestehen, dass nicht alle relevanten Akteure involviert waren.

Vom inneren Dialog zur inneren Deliberation

Innersubjektive Deliberation. Die einzige Erfolg versprechende Strategie der Institutionalisierung deliberativer Demokratie besteht für Goodin (2003), aber auch für Warren (1992) darin, von *intersubjektiver* Deliberation auf *innersubjektive* Deliberation umzuschalten, da kein Institutionalisierungsvorschlag auch nur in die Nähe des Ideals einer faktischen Deliberation aller Bürger miteinander kommen wird. Innersubjektive Deliberation meint, dass die Bürger *im Geiste* mit anderen Bürgern diskutieren sollen. Sie sollen fiktiv das einholen, was faktisch unmöglich ist. Es sei – so Goodin (2003: 63) – nur wenig vonnöten, um die anderen *imaginatively present* werden zu lassen. Anregung hierfür liefert alles, was den engen Horizont unserer eigenen Erfahrungswelt überschreitet: die Kunst, die Literatur, das Theater etc. Wir müssen nur bereit sein, die anderen Perspektiven auf die Welt in uns zuzulassen. Goodin sieht die innersubjektive Deliberation nicht als etwas Defizitäres im Vergleich zur intersubjektiven Deliberation an. Im Gegenteil: Alle Deliberationstheorien schätzen den Diskurs zwischen den Bürgern, weil er ihre Einstellungen verändert, nicht weil das Sprechen an sich intrinsisch wertvoll wäre. Und genau dieser Effekt tritt auch bei innersubjektiver Deliberation ein. Durch diese Umstellung ist Deliberative Demokratie – verstanden von ihren Effekten – immer möglich. Goodins Vorschlag ist sehr wohlwollend aufgenommen worden. Und doch erscheint er trivial, da deliberative Demokratie durch ihn auf die Idee reduziert wird, die Positionen der anderen zu imaginieren. Normativ bleibt er damit unbefriedigender als z.B. der *deliberative poll*, der das Ideal intersubjektiver Kommunikation wenigstens für eine kleine Gruppe realisiert und nicht von vornherein komplett *ad acta* legt.

7. Postmoderne Theorien

7.1. Theoriebildung unter Bedingungen der Postmoderne

Zum Begriff der Postmoderne

Der Begriff der „Postmoderne" kam erstmals Ende der 1950er Jahre in der amerikanischen Literaturkritik auf und gelangte von dort schließlich in die Architekturtheorie. Heute wird der Begriff sowohl zur Bezeichnung einer Epoche, einer Ideologie, eines Stils oder aber als Kennzeichnung bestimmter Problemstellungen benutzt (vgl. Zima 1997). Das macht den Begriff äußerst schillernd, so dass es wenig sinnvoll ist, „die" Postmoderne als gegebenes Phänomen zu betrachten. Vielmehr handelt es sich um einen Problemtitel. Umgangssprachlich verbindet man mit dem Begriff die Vorstellung von einer größtenteils französischsprachigen Theorieschule (die deshalb bisweilen auch als *French Theory* bezeichnet wird). Entsprechend unübersichtlich und konfliktreich verlief und verläuft in diesem Paradigma die Debatte. Postmoderne ist daher auch hier als Problemtitel gemeint, nicht als eine schlüssige Schulenbezeichnung. Der Begriff „Poststrukturalismus", der oft fälschlicherweise synonym verwendet wird, hat einen anderen Akzent, weil er die Tatsache betont, dass die postmodernen Denker sich als Überwinder des Strukturalismus, einer aus der französischen Soziologie stammenden Denkschule, verstanden.

Ideenpolitischer Hintergrund

Abgrenzungen

Gemeinhin versteht man unter postmodernem Denken die Ansätze jener Autoren, die sich seit den frühen sechziger Jahren in Abgrenzung zum Marxismus und zur soziologischen Schule des Strukturalismus darum bemühten, nicht nur neue Theorien, sondern einen ganz neuen Stil der Theoriebildung zu entwickeln. Der Strukturalismus im Gefolge des Soziologen Claude Lévi-Strauss bemühte sich, abstrakte Strukturen aus der Vielzahl der Einzelphänomene herauszulesen, beispielsweise Verwandtschaftsstrukturen. Dieser Ansatz war in andere Disziplinen abgewandert und wurde zur Kontrastierungsfolie der postmodernen Theoretiker.

Die Postmoderne und die 68er

Viele von ihnen hatten das strenge System der französischen Eliteschulen durchlaufen und gehörten zu den brillantesten Köpfen ihrer Generation. Statt sich jedoch dem konservativen und sehr hierarchischen akademischen Apparat anzupassen, suchten sie nach einem intellektuellen Aufbruch, der alle bis dahin für gegeben gehaltenen

Grundlagen in Frage stellte. Das postmoderne Denken hat seine Ursprünge also in zeitlicher Nähe zu den Studentenunruhen von 1968, doch man sollte von der zeitlichen Nähe nicht unbedingt auf Kausalzusammenhänge schließen; die Studenten waren stark vom Marxismus geprägt, die Theoretiker der Postmoderne hingegen waren alle Postmarxisten.[107]

Moderne/ Postmoderne

Häufig wird der Unterschied zwischen Moderne und Postmoderne an einer Reihe von Gegenüberstellungen festgemacht; auch wenn man sie nicht alle für zutreffend hält, sollte man sie kennen. Der Postmoderne geht es nicht um feststehende Strukturen (wie dem Strukturalismus), sondern um dynamische Prozesse, nicht um abgeschlossene philosophische Systeme (wie den Hegelianern), sondern um ereignishafte Entwürfe, nicht um geschichtsphilosophische Gewissheit oder eine politische Utopie (wie den Marxisten), sondern um eine radikale Offenheit, nicht um die Evidenz der einzelnen Anschauung (wie den Phänomenologen), sondern um die Mehrdeutigkeit der Erscheinungen. Diese Gegenüberstellung ließe sich beliebig fortsetzen (vgl. auch Beyme 1991: 160).

Postmoderne – eine Epoche?

Die intellektuellen Opponenten der postmodernen Denker waren nicht nur der Ethnologe Claude Lévi-Strauss oder der im Nachkriegsfrankreich dominierende Marxist Jean-Paul Sartre (mit dem es manche politische Allianz gab), sondern genau genommen das abendländische Denken insgesamt. Die Postmoderne versteht sich (in den meisten Fällen) als epochal, insofern sie glaubt, den Beginn eines neuen Zeitalters beobachten und zugleich intellektuell gestalten zu können. Ihren Vertretern geht es darum, die Art und Weise, wie in der westlichen Welt überhaupt gedacht wird, völlig zu verändern. Damit wurden sie nicht nur in der akademischen Welt berühmt und berüchtigt, sondern auch weit darüber hinaus. Sie wurden vor allem in den USA zu Ikonen der intellektuellen Popkultur, die in der Literatur (z.B. Jonathan Franzens *The Corrections*) persifliert, in Filmen (z.B. Woody Allens *Deconstructing Harry*) ironisiert und in Dokumentarfilmen glorifiziert wurden.

Ende der Großerzählungen

Für die Verbreitung des Labels „Postmoderne" war ein Buch von François Lyotard von großer Bedeutung: 1978 erschien *La condition postmoderne*. Lyotard sollte in diesem *rapport sur le savoir* im Auftrag der kanadischen Regierung den Stand der Wissenschaften darstellen und gelangte zu einer klaren Diagnose: Die Zeit der *méta-récits*, der „Großerzählungen", sei zu Ende. Großerzählungen wie beispielsweise die Geschichte des Fortschritts oder die Geschichtsphilosophie des Marxismus seien unplausibel. Stattdessen werde die Welt heute

107 Eine sehr erhellende Analyse der Genese der Postmoderne liefert Peter Bürger (2000). Er verfolgt die Entwicklungslinien bis zu Hegel und Nietzsche zurück.

durch eine Vielzahl konkurrierender kleiner Erzählungen verständlich. Das Zeitalter der Ideologien und Utopien sei einem Bewusstsein der Differenz und des Pluralismus gewichen. Während die klassische Moderne noch Großprojekte verfolgt habe, den besseren Menschen oder die endgültig gerechte Gesellschaft zu schaffen hoffte, sei die Postmoderne mit der bunten Vielfalt verschiedener kleiner Entwürfe zufrieden. Beständige Veränderung und Offenheit seien die Zeichen der Zeit – auch in der Theorielandschaft. Statt einer überwölbenden Leitkultur herrsche daher eine Vielzahl von Subkulturen. Damit aber findet auch die Theoriebildung unter neuen Bedingungen statt, die zu verbindenden Elementen führt.

Gemeinsamkeiten postmoderner Theorien

Ordnungsschwund ohne Hoffnung auf Neuordnung

Es gibt für die französische Nachkriegsphilosophie gewisse Bedingungen, die die Theoriebildung bestimmt und geprägt haben. Denn in ihrer Gesamtheit setzt sie sich gegen Tendenzen ab und eröffnet Fragen, die für alle hier vorgestellten Autoren prägend sind. Ob dies einem Epochenumbruch gleichkommt, der demjenigen zur Moderne vergleichbar ist, ist heftig umstritten. Stark vereinfachend könnte man im postmodernen Denken auch eine ferne Reaktion auf die Verschärfung des Ordnungsschwundes durch die beiden Weltkriege sehen. Während sich die Philosophie und Theoriebildung zunächst in die Wissenschaft flüchteten und die Erkenntnisideale der Mathematik auf die weltanschauliche Orientierung übertrugen (vgl. unten zu Wittgenstein), brechen in der Postmoderne die klassischen Fragen wieder auf. Für ihre Behandlung werden die alten, ordnungsbildenden Muster jedoch zu Gunsten einer abgeklärten normativen Abstinenz verabschiedet. Als gemeinsame Charakteristika postmoderner Theorien lassen sich anführen:

Ende der Subjektphilosophie

(a) Anti-Cartesianismus: Gerade weil René Descartes als Übervater der französischen Philosophie eine so große Rolle in den Bildungssystemen Frankreichs spielte, stellt die französische Nachkriegstheorie die kartesische Theorie des Subjekts fundamental in Frage. In den berühmten *Meditationen* von Descartes zieht sich das denkende Subjekt am eigenen Schopfe aus dem Sumpf des Zweifels: Ich denke, also bin ich. Die Selbstgewissheit des Subjekts wird damit zum festen Grund, auf dem sich bauen lässt. Die Postmoderne zieht gegen die These von der Selbstbegründung der Wissenschaft im Subjekt und vor allem gegen die These von der Transparenz, der „Klarheit und Distinktheit" der Selbstreflexion zu Felde. Die Vorstellung des freien, sich selbst durchschauenden „Ichs" sei ein Mythos der Moderne. Zusammen mit der Moderne müsse aber auch dieser Mythos enden. Das Schlagwort, das hierfür gefunden wurde, ist die These vom „Tod des Subjekts“ oder vom „Verschwinden des Autors“. Dass es sich selbst durchschauende, frei handelnde Subjekte womöglich gar nicht gibt, ist natürlich eine kontraintuitive Behauptung, die der Postmoderne als Antihumanismus vorgeworfen wurde.

Annäherung an die Literatur

(b) Mit dem Anti-Cartesianismus einher geht die Annäherung der Theoriebildung an die Literatur: Wo man klassisch die strengen Wissenschaften von allem literarischen Schreiben trennen zu können glaubt, das „Wissen“ vom „Meinen“, die Philosophie von der Rhetorik, denkt die Postmoderne nicht nur bisweilen von der Literatur (z.B. von Blanchot, Bataille etc.) aus, sondern auch auf die Literatur hin. Im Gegensatz zur angelsächsischen oder deutschen Tradition erbt die französische Philosophie aus der Zeit der *philosophes* (Diderot, Voltaire, d'Alembert etc.) ein hohes Sprach- und Stilempfinden, das letztlich bis zur Grundlegung moderner Selbstvergewisserung bei Montaigne zurückgeht. Damit geht eine Skepsis gegenüber allen teleologischen (also ein geschichtliches Endziel voraussetzenden) Selbstbeschreibungen der positiven Wissenschaften einher. Vorbereitet durch Wissenschaftshistoriker wie Canguilhelm und Dumézil gerät die Wissenschaft aus einer Außenperspektive in einen relativierenden Blick durch die Historie. Das Programm einer akkumulierenden Fortschrittsweise wird gemeinsam verabschiedet.

Theorie als Praxis

(c) Damit einher geht zudem eine gemeinsame Stoßrichtung gegen die Theorie-Praxis-Unterscheidung. Für die Postmoderne gilt: Die Theorie kommt aus der Praxis, ist Praxis, behandelt Praxis und zielt letztlich auf Praxis zurück. Sie führt damit den Ursatz des französischen Existenzialismus von Gabriel Marcel weiter: *Je ne suis pas au spectacle* (in etwa: Ich sitze nicht im Theater). Diese Einheit führt nicht unbedingt dazu, dass die Postmoderne in jedem Fall auf die Politik abzielt oder politische Weisungen aus der Theorie einfach abzuleiten versucht, aber jüngere Veröffentlichungen betonen zu Recht, dass man viele Theorieelemente auch als Versuche einer Lebenskunst lesen kann, also als Versuch, das Gute Leben unter widrigen Bedingungen zu verwirklichen. Ein verbindendes Element ist dabei die Absicht, die Begriffe sozusagen wieder einzuschmelzen, die eingefahrenen Begriffsgewohnheiten zu lösen und zu hinterfragen. Diese (Auflösungs-)Arbeit am Begriff soll uns das Instrument unseres Denkens, die Sprache, in neuer Formbarkeit zur Verfügung stellen.

Transdisziplinarität

(d) Eine letzte Konsequenz könnte langfristig die wichtigste Umstellung für die Politische Theorie darstellen: Postmoderne Theorie schert sich nicht um Disziplingrenzen. Sie verfährt, positiv formuliert, „kulturwissenschaftlich“ und integriert ohne Bedenken Philosophie, Soziologie, Kunstgeschichte, Literatur- und Geschichtswissenschaften, Kunsttheorie etc. Eine Politikwissenschaft, die sich als Integrationswissenschaft versteht, kann sich daher erfolgreich von diesem Ansatz inspirieren lassen.

Lob der Pluralität

Die Postmoderne versteht sich selbst folglich als Verschärfung der Moderne: Schon diese war eine Antwort auf einen Ordnungsschwund, beantwortete ihn jedoch durch die Proklamation und Konstruktion neuer Ordnungen. Die postmoderne Theoriebildung diagnostiziert nun nicht nur eine Vertiefung dieses Ordnungsschwundes, sondern bricht mit der Hoffnung auf eine Neuordnung: Pluralität, Komplexität, Mehrdeutigkeit und „neue Unübersichtlichkeit" werden nicht nur konstatiert, sondern zugleich als Ziel einer Auflösung vorgefasster Meinungen und eingefahrener Begriffe befürwortet.

Theorieslang der Postmoderne

Handelt es sich bei diesen spezifischen Bedingungen der Theoriebildung um Hindernisse oder Katalysatoren? Resultiert aus der besonderen Blickweise eine besonders interessante oder eine in ihrer Spezifik historisch überholte Sicht? Nur die Betrachtung im Einzelnen wird diese Frage beantworten können. Fest steht jedenfalls, dass die Postmoderne – egal ob zustimmend oder ablehnend – stark rezipiert wurde, vor allem im angelsächsischen Raum. Der Übersichtlichkeit wegen, und aus Respekt vor den Einzelleistungen der Autoren, werden wir im Folgenden die Autoren kurz einzeln darstellen. Da diese Autoren dem für die Moderne typischen Methodenbegriff sehr skeptisch gegenüberstehen, lässt sich hier die Einteilung nach Fragestellung und Antworten nicht anwenden. Eine letzte Vorbemerkung sei noch erlaubt: Postmoderne Theoriebildung spielte sich größtenteils auf Französisch ab. Hier gibt es jedoch andere Sprachgewohnheiten, deren Übersetzung im Deutschen oft hölzern und falsch klingt. Dies sollte man bei der Beschäftigung mit diesem Paradigma mit bedenken und zur Entlastung der Autoren in Rechnung stellen.

7.2. Macht des Diskurses: Foucault

Einflussreichster Denker der Postmoderne

Michel Foucault (1926-1984) ist heute wahrscheinlich der einflussreichste Denker der Postmoderne. Sein Werk ist enorm umfangreich und sehr vielfältig. Neben seinen zahlreichen Monografien sind mittlerweile auch die Vorlesungen auf Deutsch zugänglich, die er am *Collège de France*, dem Olymp des französischen Universitätssystems, gehalten hat. Dort wurde er 1970 auf den Lehrstuhl für die *Geschichte der Denksysteme* berufen. Diese Schriften (*Dits et écrits*) zeigen nicht nur einen besessenen Forscher und Materialsammler, sondern auch einen brillanten Stilisten, dessen Wissenschaftsprosa seinesgleichen sucht (Foucault 2005). Über seine persönlichen Motive hat er kaum gesprochen; er hat sich selbst als Historiker gesehen, sein Werk hat jedoch in alle geisteswissenschaftlichen Disziplinen gewirkt, vor allem in die Literaturwissenschaften und die Philosophie.

Wissen und Macht

Ausgangspunkt seiner Theoriebildung

Foucault hatte neben Philosophie zunächst Psychologie studiert. Seine eigenen theoretischen Ansätze nehmen ihren Anfang in einer Abkehr von der klassischen Psychologie. Sein erstes umfangreicheres Buch, *Wahnsinn und Gesellschaft*, war gewissermaßen eine Abrechnung mit der klassischen Psychologie und dem Psychiatriesystem. Diese bilden nach Foucault nämlich ein System, das der Ausschließung aus der Gesellschaft, der Disziplinierung und Normierung dient. Die Unterscheidung von gesund/krank oder normal/anormal wird in diesem System als bekannt vorausgesetzt und nie eigens thematisiert. Foucault sah jedoch aufgrund seiner historischen Kenntnisse, dass diese Unterscheidung historisch kontingent war; sie war nicht einfach gegeben, sondern historisch gewachsen. Die Disziplinierungssysteme der Gesellschaft wendeten offenbar nicht einfach nur eine naturgegebene Unterscheidung an, sondern institutionalisierten und festigten diese. Dass die für eine einfache Wahrheit gehaltene Unterscheidung von normal/anormal sich damit als ein Konstrukt, als ein Instrument der Machtausübung darstellte, dessen historische Entstehung sich im Einzelnen nachverfolgen ließ, führt Foucault auf die Verbindung von Macht und Wissen zurück.

Anknüpfung an Nietzsche

Wissen ist Macht – dieses geflügelte Wort wird in der Regel so verstanden, dass, wer viel weiß, auch viel Macht hat. Bacon hatte diese These vertreten und Hobbes hatte betont, dass politische Macht des Wissens bedarf. Foucault dreht dieses Verhältnis jedoch um: Wissen eröffnet nicht Macht, sondern ist Ausdruck von Macht, Resultat von Macht. Was wir für gegebenes Wissen halten, ist das Ergebnis eines Konstruktionsprozesses, in dem sich Machtverhältnisse Ausdruck in Wissensformen suchen und damit „Wahrheiten" produzieren, die die Machtverhältnisse stützen. Damit gelangte Foucault zu einem Punkt, an dem er an Nietzsche anknüpfen konnte. Nietzsche hatte bereits die Frage gestellt: Warum überhaupt Wahrheit? Warum nicht viel lieber Lüge? Nietzsche glaubte, in seiner Kritik am klassischen Wahrheitsbegriff zeigen zu können, dass „Wahrheit" nur eine Erfindung ist, die der Mensch benutzt, um Machtverhältnisse zu verschleiern und Interessen durchzusetzen. So seien beispielsweise die moralischen „Wahrheiten" des Christentums nur ein

Machtinstrument zur Unterdrückung und Ausbeutung der Starken zugunsten der Schwachen. Aber auch die vermeintlich positiven Wissenschaften, die angeblich so objektiv die Welt beschreiben, transportieren nach Nietzsche eine Ideologie.

Deutungsmacht

In Frankreich konnte Nietzsche viel unbefangener gelesen werden als in Deutschland, wo er als geistiger Vater des Faschismus galt und, beispielsweise von Georg Lukács, als „Zerstörer der Vernunft" gehandelt wurde. Für Foucault ist an dieser Ausgangslage vor allem eines entscheidend: Macht ist nicht immer erkennbar, sie wirkt nicht nur dort, wo Befehle gegeben und befolgt werden, sondern ist oft verborgen wirksam. Macht ist bereits dort am Werke, wo wir zu denken beginnen, wo uns die Gesellschaft Sprache und Begriffe vorgibt, Unterscheidungen nahe legt oder ganze Argumentationsketten bereitstellt. Als *Deutungsmacht* gibt sie uns Deutungen vor und zwingt uns nicht etwa nur, uns so oder anders zu entscheiden, sondern überhaupt dieses und nicht jenes für entscheidbar zu halten. „Wissen" (*savoir*) bezeichnet daher bei Foucault nicht eine Menge aus Sätzen, deren Bedeutung mit der Realität korrespondiert. Dies war die Wahrheitsvorstellung der klassischen Korrespondenztheorie (vgl. das Kapitel zu Rorty), bei der Satzbedeutung und Welt im Falle der Wahrheit aufeinander passen. Foucault hingegen hat einen viel breiteren Begriff von „Wissen", der alles beinhaltet, was wir denken: Wissen, Glaube, Vorstellungen, Alltagsweisheiten etc.

Beobachtung zweiter Ordnung

Was Foucault an all diesem „Wissen" interessiert, sind nun aber nicht die einzelnen Inhalte. Wie in anderen postmodernen Theorien geht es auch ihm weniger darum, *was* gesagt wird, sondern *wie* es gesagt wird. Niklas Luhmann würde dies einen Übergang von einer Beobachtung erster Ordnung zu einer Beobachtung zweiter Ordnung nennen. Eine Beobachtung erster Ordnung bezieht sich auf die Welt; eine Beobachtung zweiter Ordnung beobachtet nicht die Welt, sondern die Art und Weise, wie die Welt beobachtet wird. Entsprechend untersucht auch Foucault, mit welchem vorgeprägten Vokabular, mit welchen Unterscheidungen, narrativen Strategien oder mit welcher begleitenden Machtinszenierung (durch behauptetes Expertentum bei Ärzten, durch die Würde des Richteramtes etc.) die Menschen die Welt beschreiben. Er beobachtet, wie andere die Welt beobachten – und er sieht dabei etwas, was diese nicht sehen, eben beispielsweise, dass die Unterscheidung normal/anormal gar nicht so normal, so selbstverständlich und naturgegeben ist, wie wir glauben. Da dieses dem Beobachter erster Ordnung verborgen (latent) bleibt, spricht man auch von einer Latenzbeobachtung.

Die Macht des Diskurses

Diskurs

Diese Gesamtheit von vorgegebenen Mustern nennt Foucault Diskurs. Er beschreibt entsprechend den „Diskurs“ als eine im Ensemble der Sprachcluster mittransportierte Weltsicht. Der Diskurs ist also nicht eine Diskussion zwischen konkreten Menschen, sondern die vom Subjekt unabhängig gedachte Verkettung von Elementen und Argumenten.

Die Ordnung des Diskurses

Dieser Diskurs gibt nach Foucault stets eine Ordnung vor. Seine Antrittsvorlesung im *Collège de France* hatte den Titel „L'ordre du discours“; diese schöne Zweideutigkeit des Französischen lässt sich im Deutschen kaum wiedergeben, denn *ordre* bedeutet im Französischen sowohl Ordnung als auch Befehl. Der Diskurs ordnet unser Denken und befiehlt uns unsere Entscheidungen. Jede Rede muss auf bereits von Anderen Gesagtem aufbauen, muss sich bestimmten Gepflogenheiten unterwerfen, z.B. den Gestus des professoralen Abendvortrags reproduzieren etc. Alles, was gesagt wird, ist also von einem Raum des Nicht-Gesagten umgeben, der das sprechende Subjekt zu einem gewissen Grade entmündigt. Dies klingt contra-intuitiv, aber man muss Foucault in seiner Radikalität ernst nehmen, um ihm gerecht zu werden: Nicht das einzelne Subjekt entscheidet darüber, was es denken will; was uns als frei entscheidendes Subjekt erscheint, ist nur das Integral von Einflüssen, die den Diskurs weitertragen. Das autonome Subjekt, das seine Welt entwirft, ist eine Illusion, ja die Vorstellung vom freien, sich entwerfenden Subjekt ist selbst eine ideologische Vorstellung, die uns Freiheit suggerieren soll, wo wir nur Elemente eines Machtgefüges sind. Das romantische Pathos des entwerfenden Subjekts, das seit Descartes als Angelpunkt von Freiheit und Gewissheit fungiert und beispielsweise bei Max Stirner formuliert wird, ist folglich selbst nur das Element eines großen Diskurses, ein Baustein in einem großen Wissensgefüge. Foucault war sich auch nicht zu schade, den Bruch mit diesem Paradigma selbst zu vollziehen. Im Gegenteil, in vielen Äußerungen wird der Wunsch deutlich, als Person hinter den eigenen Texten zu verschwinden und gar nicht als „Autor“ in Erscheinung zu treten. Inwiefern spätere Arbeiten Foucaults diese Position widerrufen, ist umstritten.

Theorieprogramm

Worin besteht dann aber die Aufgabe der Theorie für Foucault? Die Programmtitel seiner Werke deuten es bereits an: eine *Archäologie* und *Genealogie* nennt er seine Vorgehensweise. Die Archäologie gräbt nach den verborgenen Schichten, die Genealogie beschreibt das Entstehen der Gegenwart und zeichnet die intellektuellen Erblinien nach. Gemeint ist damit jenes radikale Hinterfragen von Begriffen und Unterscheidungen, die uns selbstverständlich vorkommen. Welche erstaunlichen Resultate dieser Ansatz hervorbringen kann, haben wir am Beispiel der Unterscheidung normal/anormal und dem Begriff der Person gesehen. Doch Foucault geht in seiner Kritik noch weiter: Im ersten Kapitel seiner „Archäologie des Wissens" demontiert er systematisch eine ganze Reihe von klassischen Voraussetzungen der Geschichtswissenschaft. „Kausalität" ist nur eine zweifelhafte Hypothese, „Geist" und „Mentalität" äußerst zweifelhafte Erklärungsmuster, Bücher und Werke bloß projizierte Einheiten, die es als solche gar nicht gibt, weil jeder Text immer über sich hinaus verweist und „die Grenzen eines Buches nie sauber und streng geschnitten" (Foucault 1995: 36) sind. Alle diese Begriffe werden nun nicht mehr als gegeben genommen, sondern in ihrer Entstehung und ihrer Funktion analysiert.

Macht

Doch kehren wir zu jenem Kernthema zurück, das für die Politische Theorie entscheidend ist, nämlich zu Foucaults Machtbegriff. Auch hier gilt es, mit Foucault einen ganzen Schutthaufen an falschen Vorstellungen beiseite zu räumen. Macht ist nach Foucault nicht etwas, das man sich aneignen, besitzen oder vererben kann; sie ist nicht lokalisierbar, also beispielsweise nicht einfach in der Spitze einer politischen Struktur konzentriert; sie funktioniert auch nicht durch einfache Unterordnung. „Die Macht ist niemals voll und ganz auf einer Seite." (Foucault 2004, 40) Macht müssen wir uns also mit Foucault als geschmeidiges, verborgenes und untergründig wirksames Medium vorstellen, das nicht erst durch die Institutionen in die Welt kommt, sondern dort lediglich zentralisiert und strukturiert wird. Die Normierung ist deshalb wirksam, weil sie unbemerkt bestimmt, was und wie wir sein wollen. Die sichtbare Seite findet statt im „Diskurs des Lehrers, des Richters, des Arztes, des Psychiaters, schließlich und vor allem (im) Diskurs des Psychoanalytikers" (Foucault 2004: 54). Die Kulturwissenschaften befreien nicht einfach aus den Normierungen, sondern setzen selbst neue; sie sind selbst Medien der Macht.

Ende der Aufklärung?

Diese Diagnose ist natürlich ein harter Angriff gegen das Selbstverständnis der Geisteswissenschaften. Denn diese hatten sich ja seit der Aufklärung als Instanzen der Befreiung des Menschen verstanden. Seine Theorie der Macht enthält folglich einen gewissen Pessimismus insofern, als auch die klassischen Befreiungsschritte der Aufklärung von Foucault lediglich als Sublimierungen von Machtverhältnissen interpretiert werden. Die Aufklärung sollte ja der „Ausgang des Menschen aus seiner selbst verschuldeten Unmündigkeit" (Kant) sein und ihm Gewissheit über die eigene Fähigkeit zur vernünftigen Kritik verschaffen. Gerade Kant zeige jedoch, so Foucault, dass hier nur ein Machtmechanismus durch einen anderen ersetzt werden kann. Das Subjekt der Aufklärung ist nun in seiner Moral nicht mehr der Obrigkeit, sondern nur noch seinem Gewissen und der reinen praktischen Vernunft verantwortlich. Aber diese Vernunft kommt in Kants praktischer Philosophie im Gewande eines reinen Sittengesetzes daher, dem man unbedingt unterworfen ist. Nun ist es also die erbarmungslose Macht des Gewissens, der wir uns beugen müssen: Die einstmals externe Macht ist nun internalisiert und damit verfeinert. Kants Kritik hat also nicht Macht abgebaut, sondern lediglich in neue Formen überführt. Für Foucault bedeutet „Kritik" daher nur die Kunst, „nicht *dermaßen* regiert zu werden" (Foucault 1992: 12) – sondern eben anders.

Vermachtung aller Lebensbereiche

Diese Vermachtung geht nach Foucault bis auf die Ebene des Körperempfindens. Auch unser Leibgefühl und unsere Sexualität werden durch Normierungen vorgegeben. Die großen Disziplinierungsinstitutionen wie z.B. das Militär dienen dazu, den Körper zum steuerbaren Instrument zu machen bis er sich zu dick, zu unschön, zu wenig der Norm entsprechend empfindet. Die Macht geht dem Menschen durch Leib und Seele. Die modernen Herrschaftstechniken zielen genau darauf: auf die „Einschreibung" der Macht in den Leib. Ihre grausamste und verbrecherischste Form nimmt sie in den Konzentrationslagern des nationalsozialistischen Terrorregimes an. Doch auch die Modeindustrie oder die Sportpflicht führen zu einem gestörten, d.h. vermachteten Leibgefühl. Die gesamte arbeitsteilige Gesellschaft macht schließlich den eigenen Körper zur Maschine, zum Eigenkapital, das zu funktionieren hat.

Gouvernementalität

Macht als Medium sozialer Regelung

Diese Regierungstechnik, Macht und Kontrolle, nennt Foucault seit dem Ende der 1970er Jahre auch „Gouvernementalität". Dieser Begriff soll vorhergehende Konzepte Foucaults schärfen. Gouvernementalität versteht sich selbst in der Hintergrundmetaphorik des Pastorats: Wie der Hirte seine Gemeinde, so soll die Macht die Gesellschaft in ihren ökonomischen und demografischen Ressourcen stärken und steuern. Mit Gouvernementalität ist konkreter eine Form der Machtausübung gemeint, die nicht mehr in Relationen von Machtausübenden und Machtunterworfenen gedacht wird, sondern als ein Medium sozialer Regelung, bei der die Subjekte auf eine Selbstkontrolle hin kontrolliert werden. Macht wird hier durch Vorentscheidungen darüber ausgeübt, was für möglich, erstrebenswert und denkbar gehalten wird. Eine besondere Pointe gewinnt diese Konzeption dadurch, dass sie das Entstehen des modernen Subjekts nun nicht mehr als eine reine Emanzipationsgeschichte rekonstruiert, sondern im Gegenteil zu zeigen versucht, dass das Subjekt gerade selbst Teil einer solchen Gouvernementalität ist. Die Moderne nimmt ihren Anfang demnach dann, als in der Neuzeit die Regierungen beginnen, die Bevölkerung als steuerbare Biomasse zu betrachten, Bevölkerungspolitik zu betreiben, Wachstumsraten vorzugeben, Hygienevorschriften einzuführen etc. Hier wird zum ersten Mal der

Leib zum Objekt staatlicher Politik; der Staat begreift die Bevölkerung als zu kontrollierende Masse, deren Fortpflanzung, Ausbildung, Hygiene und Körperbewusstsein gesteuert werden können und müssen. Der Liberalismus wird aus dieser Perspektive zu einer Strömung, die die Machtverhältnisse nicht einfach zugunsten der Freiheit abbaut, sondern zu einem Instrument der Gouvernementalität, das zu einer Anleitung zur Selbstanleitung, einer „Führung zur Selbstführung" wird. Die bürgerliche Haltung ist sozusagen die Fortsetzung der Herrschaft mit gouvernemental sublimierten Mitteln.

„Liberalismus"

Dies führt auch zu einem ganz neuen Verständnis des Liberalismus. Der Liberalismus als große Geistesströmung der Aufklärung hat sich immer als Wegbereiter der Freiheit gesehen. Freiheit bedeutete hier: Einschränkung staatlicher Macht durch bürgerliche Freiheitsrechte und ökonomische Handlungsfreiheit. Nach Foucault ist der Liberalismus jedoch lediglich eine gouvernementale Steuerungstechnik für komplexe Gesellschaften.

Allianzen und Distanzen

Theoretische Verortung

Treten wir noch einmal einen Schritt zurück: Wie steht Foucault zu den großen Traditionslinien von Liberalismus und Republikanismus, wie zu Habermas? Wir haben gesehen, dass Foucault den Liberalismus nicht als Gesprächspartner ansieht, sondern als Gegenstand einer diskursanalytischen Untersuchung. Zu den klassischen Ideologien und Theorien verhält sich Foucault also wie ein Beobachter. Habermas' Theorie des kommunikativen Handelns und die Vorstellung eines herrschaftsfreien Diskurses kann aus Foucaults Sicht nur eine Utopie sein: Gesellschaft oder Kommunikation ohne Macht ist für Foucault gar nicht möglich. Ja, man könnte mit Foucault noch weitergehen und die Konzeption der Machtlosigkeit als besonders sublime Form der Machtausübung verstehen.

Rezeptionslinien

Längst hat sich die Diskursanalyse als politikwissenschaftliche Methode etabliert. Als solche besteht sie im Wesentlichen darin, die Diskurse mit teilweise statistischen Methoden auf ihre Leitunterscheidungen, Anknüpfungen etc. hin zu untersuchen. Einen Überblick über diese Anwendung der Diskurstheorie liefert Reiner Keller (2004). Eine weitere Rezeptionslinie betont, dass Foucaults Denken selbst Kritik und Aufklärung bleibt, insofern es uns erlaubt, die benutzten Leitunterscheidungen zu hinterfragen und uns die Vermachtung gewissermaßen vom Leib zu halten. Auch Foucault bleibt Aufklärer, insofern auch er „nicht dermaßen beherrscht" werden will. Seine Diskurstheorie führt in dieser Interpretation zu einer Praxis, die sich zunächst in der Haltung des Einzelnen ausdrückt. Während in der Debatte zwischen Liberalismus und Republikanismus über die rechte Ordnung der Gesellschaft gestritten wird, kann Foucault hierauf gar keine Antwort geben. Vielmehr leitet er dazu an, Distanz zu halten und die Macht des Diskurses zu reflektieren und sie zu unterlaufen.

7.3. Vom Geschlecht zum gender: Butler

Feminismus und feministische Theorie

Der Feminismus hatte sich als politische Strömung seit seinen Anfängen zahlreicher Argumente aus den verschiedenen Paradigmen bedient: Für die Gleichheit der Frauen ließ sich mit liberalen Theorien argumentieren, die Anerkennung von Familienarbeit mit eher kommunitaristischen Argumenten stützen. Feminismus in diesem Sinne kann folglich zunächst als vielgestaltige politische Strömung verstanden werden, nicht primär als Strömung der Politischen Theorie. Es gibt jedoch einen entscheidenden Punkt, an dem durch den Feminismus nicht nur andere Akteure oder *policy*-Vorschläge in die Politik eingeführt werden (z.B. gleiche Rechte nach der Befreiung der Afro-Amerikaner nun auch für Frauen oder andere Abtreibungsgesetzgebung), sondern der Blick auf Politik sich insgesamt wandelt, indem er den Blick auf Ausgrenzungsphänomene im Allgemeinen richtet (Kerner 2008). Der feministische Diskurs hat entsprechend ganz eigene Positionen hervorgebracht, deren wirksamste und zugleich umstrittenste die *gender*-Theorie von Judith Butler ist.

Eine Postmoderne Denkerin?

Judith Butler wurde 1956 in Cleveland geboren, studierte Philosophie in Yale und Heidelberg und lehrt seit 1993 an der University of California in Berkeley, wo sie seit 1998 den Maxine-Elliot-Lehrstuhl für Rhetorik innehat. Sie bezeichnet sich selbst als Feministin, eine Einordnung in die Theoriefamilie der postmodernen Theorien lässt sich in ihrem Fall jedoch systematisch gut rechtfertigen, da sie, in der Tradition Foucaults, gegen jede Form naturalisierenden Denkens ankämpft, also die Zuordnung von Eigenschaften aufgrund biologischer Tatsachen ablehnt.[108]

Jenseits von Differenz- und Gleichheits-Feminismus

Mann & Frau

Der feministische Diskurs hatte lange um die Frage gestritten, ob Männer und Frauen als nicht nur rechtlich gleich, sondern auch charakterlich gleich anzusehen seien. Man kann nämlich einerseits argu-

108 Sie schreibt hierzu selbst: „Ich weiß zwar nicht, was der Terminus ‚postmodern' bedeutet, doch wenn es eine zentrale These gibt, und zwar eine präzise, die ich vielleicht eher dem Poststrukturalismus zuordnen würde, dann besagt diese These, dass die Macht sogar den Begriffsapparat, der versucht, über diese Macht zu verhandeln, durchdringt, ebenso wie die Subjekt-Position des Kritikers." (Butler 1993, 36)

mentieren, Frauen seien keineswegs aufgrund physiologischer Unterschiede anders veranlagt als Männer und sollten daher versuchen, mit den Männern gleichzuziehen, also ebenso durchsetzungsstark, egoistisch, unternehmerisch und rücksichtslos sein. Oder man kann argumentieren, dass Frauen aufgrund ihrer Veranlagung eher zu einem kooperativen Sozialverhalten neigen und daher dieses in der Gesellschaft stärker belohnt und öffentlich anerkannt werden sollte. Während die erste Position mit dem Vorwurf zu kämpfen hat, sie fordere lediglich das Recht für Frauen, sich zu verhalten wie die Männer, ermögliche damit vielleicht Karrieren von Frauen, ja treibe junge Frauen sogar in verheerende männliche Rollenmuster, ändere aber nichts an Ausbeutungsverhältnissen insgesamt, steht der zweite Ansatz unter dem Verdacht, die Frauen durch Kompetenzzuschreibungen zu diskriminieren, nämlich indem man argumentiert, diese könnten ja „von Natur aus“ bestimmte Arbeiten viel besser leisten als Männer – mit dem Ergebnis, dass Kindererziehung und Altenpflege auf dem Weg der Lobpreisung weiblicher Qualitäten an diese abgeschoben werden.

Sex versus „gender“?

Dieses Dilemma des Feminismus versucht Judith Butler in ihrem Hauptwerk „Gender Troubles“ (1990, deutsch: „Das Unbehagen der Geschlechter“, 1991) mit einer radikalen, postmodernen Argumentation aufzulösen. Der entscheidende argumentative Hebel, den sie dabei ansetzt, ist die Unterscheidung von „sex“ und „gender“. Während „sex“ das biologische Geschlecht bezeichnet, fasst Butler unter „gender“ all jene sozialen Zuschreibungen zusammen, die unseren Umgang, unsere Auslegung, unsere Vorstellungen über die Konsequenzen des biologischen „sex“ ausmachen. Die entscheidende Pointe lautet, dass die biologische Basis unter den Schichten von sozialer Konstruktion gar nicht mehr zu finden ist. Nach Butler bleibt die Bestimmung des „sex“ selbst noch konstruiert. Menschen haben kein biologisches Geschlecht, so lautet ihre kontraintuitive These. Denn selbst wenn wir ein solches bestimmen wollten, hätten wir verschiedene Möglichkeiten. Sollten wir uns nach Geschlechtsmerkmalen richten, nach dem Hormonspiegel oder den Chromosomen? Was würde dies jeweils für Transsexuelle vor oder nach einer Umwandlung bedeuten? Butler weist jede naturalistische Bestimmung zurück: Die Biologie gibt uns nur widersprüchliche Vorschläge zur Bestimmung des „sex“, abschließend beantworten kann sie die Frage nicht, so Butler.

„Konstruktion“

Ähnlich wie im Falle Foucaults oder Luhmanns muss man sich jedoch vor einem zu oberflächlichen Verständnis dieses Konstruktivismus hüten: Dass unser Geschlecht sozial „konstruiert“ ist, bedeutet gerade nicht, dass das einzelne Individuum sein Geschlecht beliebig bestimmen kann. Die sozialen Konstruktionen, Vorstellungen, Ideale, Stereotypen, Imperative müssen vielmehr als ein „Bereich der Zwänge“ (Butler 1995: 132) verstanden werden. Sie umgeben den Einzelnen als hartes Gebilde und sind keineswegs spielerische Konstruktionen. Neue Konstruktionen zu entwerfen oder alte Konstruktionen zu unterlaufen, bedarf enormer Anstrengung, ungewöhnlichen Mutes und großer Kreativität. Butlers Konstruktivismus verkennt die Macht der Konstruktionen keineswegs.

Das konstruierte gender als Zwang

gender-studies

Umso interessanter ist es daher, die Seite des „gender" zu untersuchen – dies leisten die *gender studies*. Schon Foucault hatte argumentiert, dass die Fäden der Macht nicht nur bis in die intimsten Winkel der Seele reichen, sondern durch den Zwang zur Selbstauslegung – beispielsweise in der Beichte – das reflektierende, sich prüfende Subjekt zu allererst hervorbringen. Politisch in diesem weiten Sinne ist dann eben nicht nur eine kollektiv bindende Entscheidung, sondern auch jene unbewusst übernommen Vorentscheidungen darüber, wofür wir uns schämen, welchen Idealen wir nachstreben, welche Ängste und Träume wir haben. Der Staat war dabei als Akteur bei Foucault tendenziell in den Hintergrund gerückt; er war nur noch einer von vielen „Dispositiven", die mit ihren institutionellen Vorgaben unser Selbstbild prägen und unsere Absichten lenken.

Rollenbilder

Butler übernimmt dieses sehr weite Verständnis von Politik, treibt die Theorie der sozialen Konstitution von Subjektivität jedoch bis an ihren äußersten Punkt. Von diesem aus wird erkennbar, dass unser ganzes Leben und Erleben, unser körperliches und seelisches Begehren vorstrukturiert wird durch die Rollenmuster von „Mann" und „Frau", die im Ideal der heterosexuellen, monogamen Beziehung zusammengebunden werden. Diese Vorstellungen werden uns performativ vorgelebt, ja wir „leben" sie, reproduzieren sie, indem wir uns im Geflecht ihrer Wiederholung selbst bewegen. Wie eine Sprache, die durch beständige Wiederbenutzung ihre eigenen Regeln bestätigt und festigt, graben sich die Unterscheidungen unserer „gender"-Vorstellungen immer wieder – und tiefer – in uns ein.

Heteronomie & Autonomie

Butler lenkt nun zunächst den Blick auf die Unterdrückungsstruktur der sozial konstruierten gender-Rollen. Diese grenzen nicht nur Homosexuelle, Transsexuelle etc. aus. Selbst das Desinteresse an sexueller Aktivität kann in diesem Geflecht als Frigidität pathologisiert werden. Sie terrorisieren zugleich die Menschen bis in ihre Körperideale hinein. Magersucht und Schönheitswahn, Bulimie und Kaufsucht sind nur die erkennbaren Symptome eines Machtgeflechts, das auch in seiner vermeintlich gesunden Spielart letztlich ein Geflecht der Heteronomie ist. Anorexie und Orthorexie, das zwanghafte Bestreben, sich möglichst gesund zu ernähren, sind nur zwei Spielarten einer Fremdbestimmung – und eines gleichzeitigen Bestrebens, diese zu durchbrechen, das Essen zu verweigern. Denn unsere gender-Vorstellungen zwingen uns beständig, sich zu ihnen verhalten, auch wenn wir diese umkehren, also als Frau versuchen, besonders karrierebewusst zu sein oder uns als Mann bemühen, den verständnisvollen Gentleman zu geben. Wir handeln dabei aber nicht selbstbestimmt, nicht autonom, sondern stets auf der Basis übernommener gender-Vorstellungen.

Wie aber lässt sich dann dieser gender-trouble, diese Politik der Geschlechter irgendwie durchbrechen? Bleiben wir gefangen in den abendländischen Dualismen von Mann/Frau, Vernunft/Gefühl etc.? Gibt es keinen Punkt, von dem aus zu unterscheiden wäre, was authentisch gelebtes Leben und was unerkannte Entfremdung ist?

Politik der Subversion

unterlaufen statt protestieren

Was Butler als Alternative anzubieten hat, nennt sie „Subversion". Diese Konzeption einer subversiven Unterwanderung der sozial konstruierten *gender*-Vorstellungen ist nur vor dem Hintergrund sprachphilosophischer Überlegungen zu verstehen, denn Subversion bezeichnet keine frontale Auflösung, nichts, was einen autonomen Entwurf der Heteronomie einfach nur entgegenstellen würde. Vielmehr stellt sich Butler vor, dass sich überkommene *gender*-Vorstellungen durch neue Praktiken aufweichen und relativieren lassen. Auch in einer Sprache lassen sich neue Begriffe oder Formulierungen etablieren, indem man sie gebraucht und diesen Gebrauch wiederholt. Begriffe können dann zunächst schief und ungewohnt klingen, werden jedoch langsam immer vertrauter und gehören bald zum allgemein anerkannten Sprachschatz. Ebenso müssten sich beispielsweise transsexuelle Lebensentwürfe allmählich etablieren lassen, so Butlers Hoffnung. Die Stereotypen von männlich und weiblich gilt es daher satirisch zu unterwandern, auf den Kopf zu stellen, zu verdrehen (lat.: *subversio*).

Neuinterpretation von Rollen

Dieses Spiel mit den Kategorien kann natürlich selbst heteronome Züge annehmen, beispielsweise wenn ein Gruppendruck erzeugt wird. Butler geht jedoch davon aus, dass sich nur im Vollzug des freien Umgangs mit den sozialen Konstruktionen aus der je persönlichen Perspektive zeigt, ob etwas als autonom oder heteronom erlebt wird. Entscheidend ist, dass sich aus dieser Perspektive das Verhältnis des Menschen zu seinem Körper ändert. Dieser wird nicht mehr als gegebene Einheit, als biologisches Substrat verstanden. Wir sind, wenn wir der Unterscheidung von *sex* und *gender* folgen, eben nicht, was wir biologisch sind, sondern, was wir sozial sind. Der Körper wird damit zu einem Gebilde, das Möglichkeiten des Umgangs und der Neuinterpretation eröffnet.

Ist das noch Politische Theorie? Ganz offensichtlich steht die Herstellung kollektiv bindender Entscheidungen nicht im Focus, weil es Butler um jene tradierten Vorstellungen geht, die in den politischen Prozess einfließen, ohne als solche benannt und daher bewusst werden. Daraus erklärt sich auch das komplizierte Verhältnis der *gender*-Theorie zum Feminismus. Denn wenn Identitätskonstrukte wie „die Frauen“ in Frage gestellt werden, wird damit zugleich tendenziell eine *policy* in Frage gestellt, die „die Frauen“ immer als gegeben voraussetzen muss (beispielsweise bei der Frauenquote).

Strategischer Essenzialismus

Butlers Antwort auf diesen Einwand ist ein „strategischer Essenzialismus“. Damit ist gemeint, dass wir – auch als Konstruktivisten – aus strategischem Kalkül so tun können und tun müssen, als entspräche unseren Benennungen ein tatsächliches Wesen (*essens*) in der Welt. In diesem Sinne ging auch Rorty davon aus, dass wir in unserem Sprachhandeln sozusagen beständig mit Falschgeld bezahlen. Wir sprechen von Menschenrechten, ohne genau angeben zu können, worin genau sich nun Menschen von Tieren unterscheiden. Wir klagen Gerechtigkeit ein, ohne angeben zu können, was wir darunter im Allgemeinen verstehen. Und ebenso können wir nach Butler für die Rechte „der Frauen“ kämpfen und dabei zugleich wissen, dass dieser Begriff unbestimmt, umstritten und in beständiger performativer Neudefinition befindlich ist: „Der Feminismus braucht ‚die Frauen‘, aber er muss nicht wissen, ‚wer‘ sie sind.“[109] Ähnlich wie Rorty muss jedoch auch Butler die Sonderrolle der Theorie aufgeben: Die Kräfte der Subversion müssen aus der Gesellschaft selbst kommen.

vom gender zur diversity

Kritiker haben der *gender*-Theorie vorgeworfen, statt der faktischen ökonomischen Ungleichheit die Luxus-Probleme wohlhabender Mittelklasse-Frauen ins Zentrum zu rücken. Zudem wurde Butler – beispielsweise von Seyla Benhabib – vorgeworfen, ihre Subjekttheorie lasse eine emanzipatorische politische Theorie nicht zu, weil Butler Subjekte nicht als autonome Akteure konzipiere.[110] Den zunächst sehr heftigen Reaktionen auf die Veröffentlichung von *Gender Troubles* ist eine mittlerweile sehr differenzierte und interdisziplinär ausgerichtete Forschung gewichen (vgl. z.B. Deuber-Mankowsky et al. 2001). Aus der *gender*-Diskussion ist zunehmend eine allgemeinere Debatte über Differenz und Ausgrenzung geworden, die sich diversity studies nennt und sich nicht mit den Kategorien *Race/Class/Gender* beschäftigt, sondern auch religiöse, ethnische, altersbedingte und andere Ausgrenzungsdiskurse untersucht.[111]

Diese breite Rezeption zeigt, dass Butlers Ansatz keine rein feministische Theorie der Politik ist, sondern diesen Rahmen erkennbar

---

109 So Judith Butler in einem Artikel in der Frankfurter Rundschau vom 27.7.1993.

110 Die inner-amerikanischen Debatten lassen sich in dem Sammelband Benhabib et al. 1993 gut nachverfolgen.

111 So zum Beispiel am Center *for Diverstity Studies* (cedis) der Universität Köln (www.cedis.uni-koeln.de).

überschreitet. Die kritische Männerforschung und die Männerrechtsbewegung können daher an Butlers Beschreibungen gleichermaßen anschließen, wenn sie ‚Männer' als Opfer von Diskriminierungen beschreiben.

7.4. Konzept der Diskursvielfalt: Lyotard

Zwei Hauptwerke

Jean-François Lyotard (1924-1998) gilt vor allem wegen seines titelgebenden Buches *La condition postmoderne* als einer der wichtigsten Vertreter des postmodernen Paradigmas (siehe oben). Seine frühen, marxistischen Werke werden heute nicht mehr gelesen. Er hat die Debatte in vielerlei Hinsicht geprägt und wurde oft stellvertretend angefeindet. Sein für die Politische Theorie entscheidender Beitrag befasst sich unter dem Titel *Der Widerstreit* mit den sprachlichen Voraussetzungen von Diskursen.

Der Widerstreit

Verabschiedung universaler Urteilsregeln

In seinem programmatischen Buch über die Postmoderne hatte Lyotard bereits Ende der siebziger Jahre die Diagnose gestellt, dass die „Großerzählungen" an ihr Ende gekommen seien. Unter Großerzählungen verstand er dabei all jene für die Moderne typischen Ideologien, Mythen oder Geschichtsphilosophien, die der Moderne insgesamt eine Tendenz zuschreiben oder eine Richtung für die gesellschaftliche Entwicklung vorgeben. Hierzu kann man sowohl den Aufklärungsoptimismus, die marxistische Geschichtsphilosophie oder die Vorstellung von der linearen wissenschaftlichen Wissensansammlung zählen. In seinem Buch über den *Widerstreit* von 1983 wird diese Diagnose gewissermaßen verschärft. Lyotards entscheidende These wird bereits auf der ersten Seite seines Werkes formuliert: Es geht ihm darum, zu zeigen (oder zumindest nahezulegen), dass „eine universale Urteilsregel in Bezug auf ungleichartige Diskursarten im Allgemeinen fehlt" (Lyotard 1989: 9). Nun geht es nicht mehr nur um Großerzählungen, die ihre Plausibilität eingebüßt haben, sondern um das Verhältnis von Diskursarten. Die plurale, postmoderne Gesellschaft spricht immer schon verschiedene Sprachen und bewegt sich damit in verschiedenen Diskursen: Ein ästhetischer Diskurs verläuft nach anderen Regeln als ein juristischer oder ein wissenschaftlicher; auch verschiedene gesellschaftliche Gruppen können ihre eigenen Diskurse ausbilden. Wenn nun, wie im Eingangszitat formuliert, eine universale Urteilsregel fehlt, dann verbleiben diese Diskurse in einem inkommensurablen Nebeneinander. Es gibt sozusagen keinen gemeinsamen archimedischen Punkt mehr, von dem aus verschiedene Diskurse ohne perspektivische Verzerrungen zu beobachten und zu beurteilen wären: Das Recht des Einen ist das Unrecht des Anderen. Die Diskursarten bewegen sich dann ohne Verbindung nebeneinander und bleiben doch unübersetzbar.

Pluralität der Sprachspiele

Für diese Diagnose zieht Lyotard sprachphilosophische Argumente heran, die auf Ludwig Wittgenstein zurückgehen. Sätze werden demnach immer nach Regeln gebildet, die gewissen Regelsystemen entstammen. Verschiedene Satzarten richten sich nach verschiedenen Regelsystemen, entsprechend ihrer pragmatischen Funktion: Erzählen, Beschreiben, Bitten, Befehlen, Zeigen etc. stellen verschiedene praktische Kontexte dar, die andere Regelsysteme zur Anwendung bringen.

Gerechtigkeit der Vielheiten

Lyotards These besagt nun, dass es neben diesen Einzeldiskursarten keine „Sprache an sich“ gibt, keine Sprache im Allgemeinen (Lyotard 1989: 10), mit der man zwischen den Diskursen vermitteln könnte. Folglich bleiben die einzelnen Diskurse unübersetzbar. Dieses Fehlen einer universalen Urteilsregel wird dann problematisch, wenn konfligierende Interessen aufeinander treffen: Es kommt zum Widerstreit, der dann viel mehr ist als ein bloßer Konflikt. Diese lassen sich in einen Rechtsstreit (*litige*) übertragen und irgendwie lösen; der Widerstreit hingegen bleibt unlösbar. Jede „Lösung“ bleibt illegitim, insofern sie den einen Diskurs dem anderen unterwirft. In diesem Fall ist ein Diskurs hegemonial geworden und begräbt den Konkurrenten, indem der Diskurs selbst „verurteilt“ wird. Lyotards Alternative bestünde in einer „Gerechtigkeit der Vielheiten“, in der die Diskurse als unvergleichlich nebeneinander bestehen, ohne sich gegenseitig zu hierarchisieren. Dann müsste sich beispielsweise der feministische Diskurs der *gender studies* nicht dem patriarchal dominierten Gestus des akademischen Diskurses unterwerfen, sondern könnte neue, eigene Ausdrucksformen suchen.

Wirkungen und Kritik

Konsens illegitim?

Lyotards Plädoyer für ein *Patchwork der Minderheiten* richtet sich unter anderem gegen Habermas' These einer generellen Orientierung des Diskurses auf Konsens. Nach Lyotard bleiben die Diskurse aus sprachphilosophischer Notwendigkeit in einem Widerstreit, der mehr ist als die bloße Abwesenheit eines Konsenses. Der Konsens hingegen wäre nach Lyotard nur als Unrecht denkbar. Diese Vorstellung eines herrschaftslosen Nebeneinanders einer aus Minderheiten bestehenden Gesellschaft hat als Utopie breit gewirkt, nicht zuletzt in den Multi-Kulti-Konzepten der achtziger Jahre.

Wie viel Pluralität erträgt die Gesellschaft?

Mit dieser scharfen Kritik an jedweder Konsensorientierung sensibilisiert Lyotard für die Schwierigkeiten auch des interkulturellen Dialoges: Lässt sich überhaupt eine gemeinsame Sprache finden, wenn beide Seiten aus völlig verschiedenen Vorverständnissen heraus in eine vermeintlich gemeinsame Sprache übersetzen? Für diese Problematik bleiben seine Analysen ein Referenzpunkt, weil sie dafür plädieren, das gegenseitige Unverständnis selbst zum Thema zu machen – in welcher Sprache auch immer. Sie fördern auch das Verständnis extremer politischer Konflikte, indem verschiedene Meta-Erzählungen unversöhnlich und unübersetzbar aufeinander prallen.

Aufstand der Partikularismen

Das radikale Plädoyer für das Nebeneinander der Diskurse ist jedoch mit guten Argumenten kritisiert worden. Peter Zima sieht hierin einen Aufruf zum „Aufstand der Partikularismen gegen alles Universelle“ (Zima 1997: 139). Wo keine universellen Werte gelten, muss sich jede Minderheit von der anderen bedroht und zur Gewalt legitimiert fühlen. Natürlich hat sich Lyotard vehement von allen Versuchen distanziert, das *diversity management* in die eigenen, partikularen Hände zu nehmen, um der Gewalt des Universellen (d.h. in der Regel des Staates) zuvorzukommen. Will man den Diskurs von Neonazis als Element einer pluralen Gesellschaft tolerieren? Wohl kaum – dann aber braucht man doch universelle Kriterien, Verfahren und Institutionen, die die Vielfalt organisieren. Aber eine Antwort auf die Frage nach dem gelingenden Umgang mit Vielfältigkeit bleibt Lyotard letztlich schuldig.

7.5. Dekonstruktion der Sprachvermachtung: Derrida

Dekonstruktion als Philosophie

Auch bei Jacques Derrida (1930-2004) beginnt das theoretische Vorhaben nicht etwa als Politische Theorie. Derrida, der Philosophie an der *Ecole Normale Supérieure* und der EHESS unterrichtete, sah sich selbst immer als Philosoph und sein Vorhaben, die „Dekonstruktion“, als eine Philosophie. Sein Programmtitel, die Dekonstruktion (oder der „Dekonstruktivismus“), ist mittlerweile in die Populärkultur eingegangen, besonders in den USA, wo um Derrida ein bisweilen schwer verständlicher Kult betrieben wird. Auch hier müssen wir also einen ganzen Schutthaufen von populären Vorverständnissen wegräumen, um Derrida gerecht zu werden.

Sprache und Präsenz

Husserls Projekt

Die Philosophie der Dekonstruktion lässt sich nur adäquat verstehen, wenn man ihren sprachphilosophischen Ausgangspunkt kennt. Derrida machte an den Schriften von Edmund Husserl die Beobachtung, dass dieser die Evidenz der Erscheinung an die Eindeutigkeit und Klarheit des Begriffs knüpfte. Husserl hatte in seiner „Phänomenologie“ versucht, die Art und Weise des Erscheinens der Dinge systematisch zu beschreiben. Denn wie uns die vermeintlichen Gegebenheiten erscheinen, hatten die Mathematik und die Naturwissenschaft nie reflektiert. Die modernen Wissenschaften seien daher, so Husserl, auf einem wackeligen Fundament gebaut. Daher sei ein „Abbau" unserer Vorverständnisse notwendig. Erst wenn wir wirklich verstanden haben, was eigentlich geschieht, wenn wir beispielsweise sehen, dass sich der Zeiger eines Messgeräts bewegt, können wir wirklich gesicherte Wissenschaft betreiben, so Husserl.

Sprachpräsenz

Husserl kam dabei zu überraschenden Ergebnissen. Je genauer man die eigenen Erscheinungen nämlich betrachtet, als desto mehrschichtiger und flimmernder erweisen sie sich. Jedes Phänomen ist mit einem ganzen Horizont von „Mehrmeinung" umgeben: Wir sehen schon immer mehr, als wir wirklich sehen. Dies kann man sich an einem einfachen Beispiel verdeutlichen: Wenn ich Peters Gesicht sehe, sehe ich nicht einfach Farben, Strukturen, Schattierungen, sondern eben Peter. In seiner Schrift *Logische Untersuchungen* äußert sich Husserl auch über die Rolle der Sprache. Völlig klar und evident sind uns die Erscheinungen, sofern wir sie mit der inneren Stimme eindeutig benennen können. Die innere Stimme erlaubt uns, die Dinge bei ihrem wirklichen Namen zu nennen, ohne dass sich Zweideutigkeiten oder Interpretierbarkeiten einschleichen können. Zumindest im Falle unserer inneren Stimme wissen wir genau, was wir meinen.

Kritik des Vor-Stellens

Derrida zeigt in einer frühen Arbeit, dass diese Vorstellung eine Täuschung ist, die auf die griechisch-europäische Bevorzugung des gesprochenen Wortes zurückgeht. Schon Platon hatte die These vertreten, dass die Texte den gemeinten Sinn nicht eindeutig übermitteln können, dass sie aber in der gemeinsamen mündlichen Auslegung klar und eindeutig erklärt werden können. Daher könne die eigentliche Philosophie auch nicht durch Bücher gelernt werden; ihnen muss stets ein Gespräch zur Seite stehen, das dem Verstehen auf die Sprünge hilft. Diese Vorstellung des eindeutigen, klaren, präsenten Sinns ist für Derrida das Ergebnis einer europäischen Sprachverhexung. Die Sprache gaukelt uns vor, wir könnten, indem wir ein Ding mit dem Namen ansprechen, mit dem Begriff das Objekt dingfest machen, es „präsent" halten und „vor-stellen".

Gegen den Logo-Zentrismus

Wenn man Sprache aber nicht wie die griechische Tradition vom gesprochenen Wort aus versteht, also in Derridas Terminologie „logozentrisch", sondern (wie die jüdische Tradition) die Schrift an den Anfang setzt, erkennt man sofort, dass die Texte unendlich viele Interpretationen und Anschlussmöglichkeiten eröffnen. Sie zeigen sozusagen nicht auf Objekte in der Welt, sondern legen lediglich Anschlussmöglichkeiten nahe. Daher ist es kein Zufall, dass sich in der jüdischen Tradition die Kommentare des Talmud wie Jahresringe um die Thora legen. Kein Text ist jemals vollkommen ein-eindeutig; jeder kann und muss kommentiert werden.

Derrida geht nun davon aus, dass dies auch – entgegen der griechisch-platonischen Tradition – für das gesprochene Wort gilt. Der „ursprüngliche Sinn“, dasjenige, was „wirklich gemeint“ war, die Absicht des Autors oder Sprechers, ist folglich nur eine Annahme, die sich hinter unendlichen Schichten der Interpretation verbirgt. Noch nicht einmal wir selbst wissen wirklich ganz genau und sozusagen „zu Ende“, was wir sagen. Wenn man uns fragt: „Wie genau meinst du das?“, so müssen auch wir selbst unsere Äußerungen interpretieren. Denn den fertigen Sinn vor der sprachlichen Äußerung gibt es nicht; auch uns selbst wird erst durch unsere Formulierung klar, was wir meinen. Aber selbst dann kann, ja muss die Selbstauslegung unendlich weiter gehen, so Derrida. Dies bedeutet nun natürlich nicht, dass wir nicht wissen, was wir sagen. Aber Derrida denkt durchaus, dass wir nicht vollkommen, nicht bis zum Kern, wissen, was wir meinen. Und dies liegt nach Derrida schlicht daran, dass wir mit unseren Begriffen eben nicht wie mit Pfeilen auf die Objekte der Welt zeigen. Die Bedeutung entsteht nicht im Verweis auf die Welt, sondern im Zusammenspiel der Begriffe, aus der Differenz der Bedeutungen zueinander.

Bedeutungstheorie

Diese Differenzen zwischen den Bedeutungen stehen jedoch nicht ein für alle Mal fest. Wir haben nicht ein fertiges Vokabular zur Beschreibung der Welt; vielmehr verschieben sich die Bedeutungen ständig, weil neue Worte hinzukommen, alte aussterben, sich Bedeutungen ändern. Jede Neubildung eines Begriffs konturiert auch die bereits verwendeten Begriffe neu, erlaubt andere Gegenüberstellungen und Gebrauchsweisen. Mit jedem Wortgebrauch bestätigen wir nicht nur Anwendungsregeln, sondern geben vielleicht auch neue vor, prägen Begriffe und Wendungen. Die Differenzen zwischen unseren Begriffen sind mit anderen Worten in beständiger Bewegung, es sind differierende Differenzen. Diese ständige Bedeutungsverschiebung nennt Derrida – in Anlehnung an die französischen Bildung von Präsenzpartizipien – die *differance*, auf Deutsch meist übersetzt mit: die Differänz. Die Differänz ist die ständige Wandlung der Bedeutungsdifferenzen. Eine besondere Pointe bekommt dieses Kunstwort dadurch, dass die Differenz zwischen Differenz und Differänz nur in der schriftlichen Form erkennbar ist, nicht im gesprochenen Wort. Auch hier gaukelt uns die innere Stimme also eine Identität vor, wo wir im Schriftlichen die Mehrdeutigkeit sehen.

Sinnverschiebungen

Dekonstruktion des Logozentrismus

Bedeutungen und Sinngehalte müssen wir uns also mit Derrida nicht als statische Relationen oder Gebilde vorstellen, sondern als ein flimmerndes Ganzes. Diese Uneindeutigkeit der Sprache ist natürlich irgendwie beunruhigend. Woran soll man sich da halten? Laut Derrida

Bruch mit der Präsenzmetaphorik

hat die abendländische Geistesgeschichte daher immer versucht, künstlich eine Eindeutigkeit, eine Hierarchie, eine Sinnpräsenz zu schaffen. Seit Platons Dialogen sucht das Abendland den festen Grund – und erfindet immer neue Formeln wie die Ideen, das Wesen, das Eine, die Evidenz, Klarheit und Distinktheit, die Präsenz der Erfahrung, das Sein etc. Diese Einheit und Eindeutigkeit lassen sich aber nur mit intellektueller Gewalt herstellen: Der Logozentrismus und das Präsenzdenken des Abendlandes sind machtförmige Geistespolitiken, die das Andere der Evidenz ausschließen und die natürliche Bewegung der Sinnverschiebung einbetonieren wollen. Begriffe wie „Grund" oder „Quelle" dienen sozusagen als Diskursbremsen, die das Weiterfragen abblocken sollen. „Metaphysik", verstanden als Sehnsucht nach Präsenz, ist daher immer mit der Gewalt verschwistert.

Dekonstruktion und Selbstdekonstruktion

Dass diese Versuche letztlich alle scheitern mussten und die Konstruktion von Präsenz stets in sich zusammenfiel (nur deshalb gab es ja immer neue Versuche!), hat seinen Grund in jener Bewegung, die Derrida „Dekonstruktion" nennt. Kein Gedankengebäude und kein einzelner Text können völlig transparent und eindeutig sein. Gerade aufgrund der Sinnverschiebung entstehen immer kleine Unklarheiten, Widersprüche, kurzum: Interpretationsbedarf. Schon in der Konstruktion von Präsenz steckt daher der Keim zur Dekonstruktion. In seinem Text „Die Türme von Babel" beschreibt Derrida dies an der Metapher des Turmbaus zu Babel: Die Gedankengebäude fallen gerade dann in sich zusammen, wenn sie mit besonders schweren Steinen stabilisiert werden sollen; die Auflösung der Klarheit ist immer schon in ihrer Verteidigung angelegt; die Last der Evidenzbehauptung erdrückt die Statik des Gedankengebäudes. In seinen Werken (die meistens aus Interpretationen bestehen) verfolgt Derrida nun genau diesen Auflösungsprozess.

Unabschließbarkeit des Verstehens

„Dekonstruktion" ist daher nicht etwas, das ein Subjekt, etwa Jacques Derrida, „macht". Wenn also Derrida den Widersprüchen und Vieldeutigkeiten eines Textes nachspürt, so dekonstruiert er nicht selbst den Text (wie Nietzsche, der sich ja als „Philosoph mit dem Hammer" inszenierte), sondern beobachtet und beschreibt lediglich deren Selbstauflösung. Es reicht gewissermaßen ein sanftes Klopfen an die Fundamente logozentrischer Texte, das hellhörige Abhören der Bruchstellen, und die Widersprüche treten hervor. Während seine philosophischen Vorgänger noch glaubten, die Vorverständnisse durch „Abbau" (Husserl) oder die Metaphysik durch „Destruktion" (Heidegger) loswerden zu können, weben sich beständige Dekonstruktion und Konstruktion bei Derrida sozusagen ineinander. Die Welt der Texte wird daher bei Derrida ähnlich wie bei Foucault zu einer riesigen zusammenhängenden Sinngeschichte, in der die Texte nicht klar voneinander abzugrenzen sind, sich Original und Interpretation ineinander schieben und gegenseitig bedingen. Ähnlich wie in der jüdischen Talmud-Tradition reiht sich hier die Kette der Interpretationen und Kommentare zu einem unendlichen Ganzen. Daher hat Derrida auch das eigene Werk immer schon als Inter-Text angelegt, als bloße Kapitel eines großen Buches, das nach vorne und hinten über sich selbst hinaus verweist, auf andere Bücher, andere Texte und Kontexte. Und diese Unabgeschlossenheit gilt sogar für Sprachen. Nie „haben" wir die eine Muttersprache, die wir vollkommen verstehen; immer schon ist diese mit anderen Sprachen verflochten, enthält Fremdworte, ist verwoben und bastardisiert.

Aporetisches Denken

Derrida und Hegel

Diese Philosophie hat gewisse Verwandtschaften mit Hegel einerseits und mit der Hermeneutik andererseits. Auch bei Hegel produzieren die Gebilde des Geistes (also die Philosophien, Ideologien, Staatsformen etc.) ja stets ein Anderes, das sich allmählich zu einem echten Gegenüber, zu einer Antithese auswächst. Auch hier ist nicht das „machende" Subjekt gefragt, sondern ein „spekulatives", d.h. zusehendes Denken, das eine subjektunabhängige Evolution am Werk sieht, die hinter dem Rücken der Einzelnen aus jeder These eine Antithese entstehen lässt. Auch Hegels Philosophie kann als eine Philosophie ständiger Bewegung gelesen werden. Derrida schlägt uns gewissermaßen einen Hegelianismus ohne Synthese, ohne Abschluss, ohne Aufhebung, Vollendung und Teleologie vor, einen Hegelianismus, der die Vollendung nur immer weiter vertagen kann.

Negative Hermeneutik?

Auch zur wesentlich von Hans-Georg Gadamer entwickelten philosophischen Hermeneutik gibt es Berührungspunkte, die in den letzten Jahren stärker betont wurden. Wenn nach Gadamer „verstehen" immer „anders verstehen" heißt, so scheint man auch hier von der Unabschließbarkeit des Verstehensprozesses auszugehen. Allerdings wird hier eine eher optimistische Konsequenz gezogen: Verstehen hört nie auf, aber dies bedeutet kein Scheitern. Die unendliche Sinnverschiebung ist in der philosophischen Hermeneutik eher die Bedingung des Verstehens denn der Grund einer Unmöglichkeit. Für die Philosophie der Dekonstruktion bleibt „Verstehen" hingegen aporetisch.

Hinterfragung der Begriffe

Die „Aporie" bezeichnet im Griechischen zunächst eine unpassierbare Stelle auf einer Strecke (unser Wort „Pore" geht auf das griechische Wort für eine Furt zurück; durch das negierende *alpha* wird aus der Furt eine Nicht-Furt, eine A-porie), später dann ein unlösbares Rätsel, sozusagen einen unpassierbaren Gedankengang, einen unauflösbaren Widerspruch. Derrida versteht nun unter den Aporien so etwas wie Bedingungen der Möglichkeit des Verstehens. Aporetisch sind diese, weil sie zugleich „Unmöglichkeiten" sind, also einerseits notwendig, andererseits nicht einfach gegeben sind. So müssen wir beispielsweise das Wort „Ich" benutzen, ohne in jedem Einzelfall bis zum Ende angeben zu können, was dieses „Ich" ist. Das „Ich" ist eigentlich „unmöglich" – aber dennoch notwendig. So benutzen wir beständig Begriffe, die eigentlich eine Unmöglichkeit bezeichnen, aber die wir dennoch benutzen müssen. Nur das Unmögliche ermöglicht uns also das Verstehen und Verständigen. Zu den wichtigen Begriffen dieser Art (deren Gebrauch von Derrida geprägt ist) gehört auch die „Gabe" (*le don*). Die „Gabe" ist die bedingungslose Gabe jenseits aller ökonomischen Kalkulation. Wer eine Gabe gibt, will gerade nichts im Gegenzug haben. Die reine, die wirkliche Gabe ist also kein bloßes Geschenk, das den Beschenkten zu Dank verpflichtet. Die „Gabe" ist daher nach Derrida undenkbar – und dennoch denknotwendig. Derrida zeigt an diesen Beispielen, wie die Sprache uns zur Verdinglichung verleitet – und zugleich in der Sinnverschiebung den Impuls enthält, die Verdinglichung der „Gabe" oder des „Anderen" zu lösen, ihn rein und also als unmögliches Denkobjekt zu denken. Durch diesen Entdinglichungsimpuls ist Derridas Philosophie zutiefst ethisch (auch wenn sie keine praktische Philosophie zum Ergebnis hat) (Letzkus 2001).

Dekonstruktion der Politik

Theorie der Vorbedingungen

Derridas Politische Theorie ist, das dürfte nach den einleitenden Bemerkungen klar sein, kein zusammenhängendes System, sondern eine eher lose Sammlung von Lektüren und Gedankensammlungen. Das Vorhaben, die Verhexung unseres Verstandes durch den sprachlichen Schein der Präsenz aufzulösen, ist an sich bereits ein subversives, machtauflösendes und somit in gewissem Sinne politisches Projekt. Aber Derrida hat sich auch ganz explizit zu Fragen der Politischen Theorie geäußert. Dabei geht es ihm nicht darum, sich beispielsweise an der Liberalismus-Kommunitarismus-Debatte zu beteiligen. Aus Sicht der Dekonstruktion geht es vielmehr darum, deren unausgesprochene Vorbedingungen freizulegen und in Frage zu stellen.

„Gemeinschaft"

Was dies konkret bedeutet, lässt sich gut an seiner Analyse des Begriffs „Gemeinschaft" zeigen. Die Gemeinschaft, das „Wir" ist überall vorausgesetzt, wo von Politik die Rede ist. Entfaltet man die Implikationen dieser Voraussetzung, so zeigt sich, dass eine solche Gemeinschaft jedoch „unmöglich" ist. Denn um sich selbst zur politischen Gemeinschaft zu erklären, muss diese Gemeinschaft ja bereits vorher bestanden haben. So muss beispielsweise die amerikanische Unabhängigkeitserklärung das „Volk der Amerikaner", also die politische Gemeinschaft, gleichzeitig voraussetzen und zu allererst ins Leben rufen. Das amerikanische Volk kann es ja erst nach der Unabhängigkeit geben. Wie aber kann es dann zugleich die Unabhängigkeitserklärung unterzeichnen? In der „Gründung“ von politischen Gemeinschaften vollzieht sich folglich eine Paradoxie.

Rechtssetzung und Rechtsanwendung

Diese aporetische Struktur der „Gründung“ ist auch Thema in Derridas Text über „Gerechtigkeit“. Im Kapitel über den Liberalismus hatten wir gesehen, wie das Recht und der Rechtsstaat als Setzungen aus einem rechtlosen Zustand heraus verstanden wurden. Die Konstituante, das verfassungsgebende Organ erschafft in einem freien Akt die Basis des Rechts. Gemeinhin unterscheiden wir daher die Rechtssetzung (die Einsetzung einer Rechtsordnung) von der bloßen Rechtsanwendung. Derrida zeigt, dass diese Unterscheidung so nicht haltbar ist. Denn auch die Rechtssetzung im Moment der Revolution muss auf eine Regel verweisen, um sich zu legitimieren; sie muss von sich behaupten, das Recht zu haben, Recht setzen zu dürfen und eine Rechtsordnung aufzubauen. Sie darf nicht willkürlich sein, sonst könnte jede andere verfassungsgebende Versammlung eine beliebige andere Verfassung einsetzen. Zugleich ist auch jede Rechtssetzung insofern regelgebunden, als sie ein „Versprechen“ auf Regelgebundenheit sozusagen ausspricht: „Jede Gründung (eine Grundlegung) ist ein Versprechen.“ (Derrida 1991: 83) Die Setzung ist immer schon Ruf nach Iterabilität, verweist über das Folgende hinaus. Wenn die Unterscheidung zwischen Rechtssetzung und Rechtsanwendung jedoch nicht haltbar ist, dann bricht die Begründungsmaschine des Rechts zusammen: Es bricht ein Paradox hervor, das darin besteht, dass jede neue Rechtssetzung ein Moment der Willkür enthält und zugleich Regelförmigkeit verspricht.

Gerechte Urteile

Aber auch die vermeintliche Regelanwendung erweist sich bei genauerer Betrachtung als ein fragwürdiges Konzept. Denn die Rechtsanwendung oder Rechtserhaltung muss, wenn sie gerecht sein will, mehr sein als blinde (sozusagen entscheidungslose) Applikation. Wäre dieses Moment der Urteilskraft nicht notwendig, dann wäre Gerechtigkeit quasi maschinell herzustellen, dann gäbe es nicht wirklich etwas zu entscheiden. Gerechte Urteile sind immer Urteile, die auch anders hätten ausfallen können. Die Tatsache, dass dieser Widerspruch innerhalb des Rechts am Werk sein muss, zeigt sich im Wiedererscheinen des Anderen des Rechts im Recht: Das Recht versucht mit Begriffen auch noch diejenigen Ereignisse zu ver-rechtlichen, die gerade die Aufhebung der alten Rechtsordnung zum Ziel haben: Kriegs- und Streikrecht sind geordnete Unordnungen, die eine Veränderung der Rechtsordnung innerhalb der Rechtsordnung erlauben. Dies aber bedeutet, dass es kein Außen des Rechts gibt: Die Rechtsordnung ist dann sozusagen holistisch geschlossen: „Allein in ihrem Inneren kann man sie verletzen oder übertreten“ (Derrida 1991: 89).

Demokratie als Versprechen

Wenn unsere Demokratietheorien mit solchen Paradoxien behaftet sind, so bleibt nach Derrida die Demokratie selbst ein Versprechen. Sie kann nie als erreicht oder vollendet gelten, sondern muss sich im

Durcharbeiten der Paradoxien stets erweisen; sie ist nicht Ordnungsbestand, sondern ein offenes, unerreichtes, ausstehendes Versprechen. Gewalttätig und verbrecherisch werden Demokratien, wenn sie sich selbst für abgeschlossen und vollendet halten.

7.6. Illusionen der Politik: Luhmann

Die Gesellschaft – ohne Akteure gedacht

Theorie als Modellation

Niklas Luhmann (1927-1998) gehörte neben Jürgen Habermas zu den prägenden Theoretikern der Bundesrepublik. Oft wird er als dessen Antipode präsentiert, da beide Theorien sich in vielfacher Hinsicht diametral gegenüberstehen. Während Jürgen Habermas stark interdisziplinär arbeitet und sich dabei primär als Philosoph versteht, bezog Luhmann mit Emphase die Position der Soziologie. Allerdings betrieb er Soziologie nicht als ein empirisches Fach, auch nicht als eine in Forschungsverbünde eingeflochtene Integrationswissenschaft, sondern als eine im Alleingang zu vollendende Begriffsarbeit an einer Theorie mit universellem Anspruch.[112] Nicht zuletzt durch seinen humorvollen Stil und seine pointierte Art des Schreibens hat er einen großen Anhängerkreis gewonnen. Seine Art der Theoriebildung kann als eine experimentelle Modellierung verstanden werden, bei der Begriffe und Theoreme entwickelt, ausprobiert, gegebenenfalls verworfen oder weiterentwickelt werden. Typisch für Luhmanns Vorgehensweise ist es, eine Struktur begrifflich festzuhalten, um dann *Analogien* zu bilden, also zu sehen, ob sich ähnliche Strukturen auch andernorts beobachten lassen.

„Systemtheorie"

Als Niklas Luhmann nach dem Ende seines Jurastudiums und einer kurzen Tätigkeit in der Verwaltung 1960 die Chance bekam, nach Harvard zu dem bedeutenden Soziologen Talcott Parsons zu gehen, entschloss er sich, eine akademische Karriere zu verfolgen. Bei Talcott Parsons lernte er aus erster Hand eine soziologische Theorie kennen, die nicht das Verhalten einzelner Akteure untersuchen und erklären will, sondern „Systeme" ins Zentrum rückt. Nach der Rückkehr aus den USA suchte Luhmann nach Theoriebauteilen, die es erlauben sollten, die Gesellschaft als Ganzes zu beschreiben.[113]

Schon als junger Soziologe stand Luhmann im Zentrum der Theoriedebatten: 1969 hielt er zusammen mit Jürgen Habermas ein ge-

---

112 Berühmt ist seine Selbstaussage, wonach er bei Antritt seiner Professur in Bielefeld als Projekt bei der Universitätsverwaltung folgende Angaben machte: „Theorie der Gesellschaft; Laufzeit 30 Jahre; Kosten: keine." (Luhmann 1997: 11)

113 Einen theorie-biografischen Rückblick liefert Luhmann in: Luhmann 1987.

meinsames Seminar, das schließlich im Band „Theorie oder Sozialtechnologie“ veröffentlich wurde (Habermas/Luhmann 1971). Zwar trat Luhmann im Gegensatz zu Habermas nie als öffentlicher Intellektueller auf, doch blieben seine Veröffentlichungen ein steter Quell für all jene, die sich mit Argumenten und Polemiken gegen die Frankfurter Schule bewaffnen wollten. Schnell wurde er als konservativer Opponent zu einer angeblichen links-liberalen Diskurshoheit interpretiert. Doch diese Fremdbeschreibung trifft nur bedingt zu. Im Gegensatz zu den klassischen Konservativen hat Luhmann die Moderne immer als evolutionäre Errungenschaft begrüßt. Auch kann seine sarkastische Kritik am Wertediskurs durchaus als Verhöhnung konservativer Kulturkritik verstanden werden.[114]

Problemlage

Gesellschaft ohne Akteure

Luhmanns Ausgangsfrage ist bereits Ende der sechziger Jahre klar erkennbar: Seiner Ansicht nach sind die modernen Gesellschaften so komplex geworden, die Kommunikationen, die in ihnen stattfinden so unüberschaubar zahlreich und ineinander verwoben, dass die alten Theorieinstrumente der Soziologie nicht mehr ausreichen, um die Komplexität adäquat zu beschreiben. Der entscheidende Schritt, den Luhmann selbst mit großer Verve und rhetorischem Geschick vollführt, ist der Bruch mit einer akteurszentrierten Perspektive. Hier sieht sich Luhmann – ganz wie die anderen Theoretiker der Postmoderne – als epochales Ereignis. Denn dass wir Akteure, also handelnde, entscheidende Personen voraussetzen, steckt geradezu in der Biologie des Menschen: Wir müssen, wenn wir Verbrechen beobachten, Anklagen führen, Entscheidungen treffen etc., nicht nur uns selbst, sondern auch andere als Akteure verstehen. Nach Luhmann verstellt uns jedoch gerade diese notwendige Gewohnheit den Blick auf die wahre Komplexität der Gesellschaft. Besser, so Luhmann, verstehen wir die Gesellschaft in der wir leben, wenn wir sie als „System“ verstehen, ein Gefüge, das als Basiselemente nicht mehr Menschen voraussetzt, sondern Kommunikationen. Die Gesellschaft besteht nach Luhmann nicht aus Menschen, sondern aus Kommunikation.

Autopoiesis

Ein zentraler Begriffsimport aus der Biologie, den Luhmann Anfang der achtziger Jahre in seinem ersten Hauptwerk „Soziale Systeme“ einführt, lautet „Autopoiesis“. Mit diesem Begriff beschreiben Biologen die Selbst- (griech. *autos*) Herstellung (*poiesis*) von Zellen.

114 So heißt es beispielsweise in „Die Gesellschaft der Gesellschaft“: „Werte sind [...] nichts anderes als eine hochmobile Gesichtspunktmenge. Sie gleichen nicht, wie einst die Ideen, den Fixsternen, sondern eher Ballons, deren Hüllen man aufbewahrt, um sie bei Gelegenheit aufzublasen, besonders bei Festlichkeiten.“ (Luhmann 1997: 342)

Diese produzieren nämlich ständig selbst die Elemente, aus denen sie bestehen. Was aber könnte im Falle der Gesellschaft dieses Ausgangselement sein? Luhmann entscheidet sich, klassische Vorschläge, die Gesellschaft als Ensemble von Menschen oder deren Handlungen rekonstruieren, zu verwerfen, und schlägt stattdessen vor, „Kommunikation“ als „kleinstmögliche Einheit eines sozialen Systems“ (Luhmann 1997: 82) zu definieren.

Gesellschaft als System

Die Gesellschaft insgesamt als autopoietisches System zu verstehen, bedeutet dann, sie als ein Gefüge aus sich selbst reproduzierender Kommunikationen zu begreifen. Ununterbrochen wird in diesen Gesellschaften kommuniziert, unüberschaubar viel. Nie kommt diese Kommunikation zu einem Abschluss, immer kann erneut angeschlossen werden. Damit stellt das System zugleich seine eigene Grenze zur Umwelt her: Die Gesellschaft kommuniziert über sich selbst (andere Kommunikationen) und über ihre Umwelt. Wie eine Zelle, die ihre Membran beständig durch die Reproduktion neuer Eiweißbestandteile reproduzieren muss, grenzt sich die Gesellschaft durch jede einzelne Operation von ihrer Umwelt ab und bringt sich selbst hervor.

Nicht mehr „alteuropäisch“

Luhmanns Problemstellung besteht nun darin, zu erklären, wie es überhaupt möglich ist, dass Gesellschaft funktioniert, obwohl sie so komplex ist. Wie schafft dieses autopoietische System es, die Komplexität handhabbar zu machen, oder, wie es bei Luhmann oft heißt, die Komplexität zu „reduzieren“? Luhmanns Ausgangsfrage verschärft sich dadurch, dass er mit etablierten Antworten bricht: Die Antwort auf seine Frage soll gerade nicht in altbekannte Bahnen führen, also beispielsweise durch einen Rekurs auf „Rationalität“ oder „vernünftige Ordnung“ oder durch den Verweis auf ordnungsstiftende Gründerfiguren (Akteure) verlaufen. Luhmann formuliert an sich selbst den Anspruch, es ganz neu, ganz anders machen zu wollen. Damit geht einher, dass sich Luhmann auch mit Emphase von den Grundregeln der zweiwertigen Logik verabschiedet. Hierzu gehört nicht nur, dass er Paradoxien für unvermeidliche Bestandteile der Kommunikation erklärt, ja seine eigene Theorie als Entfaltung einer Tautologie darstellt, sondern auch, dass er grundlegend mit allen „Begründungsdiskursen“ bricht. Ähnlich wie Rorty oder Derrida sieht er in den Versuchen, die politische Ordnung zu „begründen“, nur den zum Scheitern verurteilten Nachklapp einer „alteuropäischen“ Tradition, die sich noch nicht ausreichend mit den Erkenntnissen der Moderne auseinandergesetzt hat. An die Stelle von Begründungen rücken bei Luhmann Beschreibungen.

„Realität“

Dies bedeutet für ihn, dass seine Theorie die „Realität“ nicht einfach abbilden kann, sondern lediglich aus Elementen „nachbilden“, konstruieren wird. Wie Rorty stellt sich auch Luhmann den Prozess der Erkenntnis (und damit der Wissenschaft) nicht als Abbildungsprozess vor, sondern als kreatives Generieren von Modellen, die zwar irgendwie an der „Realität“ scheitern können, aber eben nie eine vollständige Karte der tatsächlichen Lage liefern. Dieses Konstruieren von Modellen der Welt sieht er nicht nur in der Wissenschaft am Werke, sondern in der Gesellschaft beständig im Gange. Auch die Gesellschaft macht sich – wie die Soziologie – ein Bild der Gesellschaft, also von sich selbst, kann sich dabei aber nie selbst vollkommen transparent werden und operiert statt dessen mit mehr oder weniger zutreffenden Selbstbeschreibungen.

Fragestellung und Vorgehensweise

Funktionalismus

Luhmanns Ausgangsfrage enthält in ihrer Formulierung – „Wie ist gesellschaftliche Ordnung möglich? – (Luhmann 1993a) bereits einen Hinweis auf den angemessenen Typus von Antworten. Denn Luhmanns Frage lässt sich nur funktionalistisch beantworten: Was in der Gesellschaft vorgefunden wird, muss zu irgendetwas dienen, muss irgendeine Funktion erfüllen. Durch diesen Funktionalismus macht sich Luhmann zu einer Art biologischem Beobachter. Wie ein Zoologe, der das Exemplar einer bisher unbekannten Art vor sich hat, muss er erklären, wozu all die Einrichtungen nutze sind, die er bei seiner Sondierung zu Gesicht bekommt. Da er Gesellschaft als Abfolge von Kommunikationen definiert hat, können diese „Einrichtungen“ nur aus sprachlichen Elementen bestehen: aus Unterscheidungen, Diskursen, Formeln, Narrativen etc. Luhmanns Soziologie kommt daher ganz ohne Empirie im herkömmlichen Sinne aus; die „Wirklichkeit“, die er untersuchen will, ist die Wirklichkeit der Texte, der Bücher, Gesetze, Reden etc. All diese Elemente, so Luhmanns Hypothese, sind nicht einfach strukturlos nebeneinander in der Gesellschaft zu finden, sondern stellen als Semantik eine Gesellschaftsstruktur dar. Ähnlich wie in Organismen finden wir auch in der Gesellschaft Strukturen vor, Aufteilungen, Abgrenzungen, „Differenzierungen“.

Binnen-differenzierung der Gesellschaft

Worin bestehen nun diese Differenzierungen? Nach Luhmann lassen sie sich beschreiben durch die Wiederverwendung der ursprünglichen Unterscheidung von System und Umwelt. Auch innerhalb der Gesellschaft taucht die Unterscheidung wieder auf, gibt es „Subsysteme“, die ihre eigenen Umwelten ausbilden, die sie wiederum vom System aus beschreiben können. So ist die ganze Gesellschaft durchzogen von System / Umwelt-Unterscheidungen, in denen das Außen ständig von einem Innen beschrieben wird.

Funktionssysteme

Gerade die Art und Weise, wie diese innere Differenzierung der Gesellschaft erfolgt, unterscheidet verschiedene Gesellschaften voneinander, vor allem jedoch die moderne Gesellschaft von der vormodernen, feudalen Gesellschaft. Luhmanns entscheidende These lautet: *Die Gesellschaft der Gegenwart ist eine funktional ausdifferenzierte Ge-*

sellschaft. Damit ist gemeint, dass die moderne Gesellschaft Subsysteme ausgebildet hat, die jeweils spezifische Funktionen erfüllen („Funktionssysteme“). Das Recht produziert juristische Entscheidungen, die Wirtschaft produziert Güter und Dienstleistungen, die Kunst produziert Schönheit oder Irritation, das Erziehungssystem Abschlüsse etc. Diese Funktionssysteme operieren, so Luhmann, nach ihrer eigen Funktionslogik nebeneinander her, und zwar mit Kommunikationen, die nach je spezifischen Codes ausgerichtet sind, nach dem Code Recht/Unrecht (im Rechtssystem), nach dem Code Zahlen/Nicht Zahlen (im Wirtschaftsystem), nach dem Code wahr/falsch (im Wissenschaftssystem) etc. Jedes Funktionssystem ist operativ geschlossen, operiert nur mit den je eigenen Elementen und kann die anderen Funktionssysteme nur als fremde Nachbargebilde von außen wahrnehmen.

Strukturelle Kopplungen

Zwischen den Funktionssystemen gibt es strukturelle Kopplungen, also Gebilde, die dort entstehen, wo gegenseitige Irritation nicht nur sporadisch auftritt, sondern zur Regel wird: Kunstmessen verbinden Wirtschaft und Kunst, die Forschungsabteilungen der Unternehmen Wirtschaft mit Wissenschaft, die Verfassung Recht und Politik. Trotz dieser Scharnierstellen zwischen den Funktionssystemen gilt jedoch nach Luhmann, dass es keinen privilegierten Ort in der Gesellschaft gibt, von dem aus das Ganze ohne perspektivische Verzerrung in den Blick zu nehmen oder gar zu steuern wäre. Selbst noch die Soziologie, also Luhmann selbst, beobachtet alles aus einer bestimmten Perspektive – eben derjenigen der Gesellschaftstheorie. Aber wie ist in einer solchen Gesellschaft ohne Zentrum noch Politik möglich? Diese beansprucht ja gerade „Übersicht“ und Steuerung.

Lösungen

Leistungsfähigkeit durch Differenzierung

Ist mit dieser Diagnose einer funktionalen Ausdifferenzierung der modernen Gesellschaft bereits eine Antwort auf die Frage gegeben, wie es überhaupt möglich ist, dass diese doch so komplexe Gesellschaft funktioniert? Luhmanns Antwort muss hier gerade in ihrer paradox anmutenden Form verstanden werden. Denn sie läuft darauf hinaus, gerade das Desinteresse und „Unverständnis“ der Funktionssysteme untereinander zu einer Funktionsbedingung moderner Gesellschaften zu erklären. Nur und gerade weil die Funktionssysteme sich nicht systematisch dafür „interessieren“ können, was in den jeweils anderen Funktionssystemen geschieht, können sie selbst so effizient arbeiten.[115] Gerade weil die Wirtschaft nicht wirklich verstehen kann und will, was die Wissenschaft zu vermelden hat, kann sie effizient operieren.

115 Die Formulierungen machen deutlich, wie schwierig es ist, die Systeme nicht zu Akteuren zu hypostasieren.

Individuum und Gesellschaft

Auch wenn sich Luhmann nicht für „Akteure" interessiert und die moderne Betonung des Individuums als bloßen Effekt soziologischer Verschiebungen beschreibt, kann er doch verständlich machen, warum das Leben in modernen Gesellschaften den Menschen einiges abverlangt. Denn ihnen wird gewissermaßen eine „Mehrsprachigkeit" zugemutet, die ein hohes Differenzierungsvermögen voraussetzt. Je nachdem, in welchem Funktionssystem Kommunikation stattfindet, muss sie sich den jeweiligen Codes anpassen. Ein Politiker, der sich wie ein Performance-Künstler verhält, wird auf Verwunderung stoßen; ein Prüfling, der im Wissenschaftssystem mit Geld Abschlüsse erkaufen will, wird Bekanntschaft mit dem Rechtssystem machen etc. Gerade die Trennung der Funktionssysteme macht Gesellschaft möglich. Es muss gelten: In der Wirtschaft zählt nur Geld, in der Wissenschaft nur Wahrheit, in der Kunst nur Inspiration, im Rechtswesen nur die Gesetze. Wo diese Grenzen nicht eingehalten werden, spricht man umgangssprachlich von Korruption.

Was ist dann Politik?

Genau an jenem Punkt wird Luhmanns Soziologie zu einer Theorie der Politik. Diese ist ausführlich in dem 2000 erschienen Nachlassband „Politik der Gesellschaft" zusammengefasst. Luhmanns These von der funktionalen Ausdifferenzierung stellt das Selbstverständnis der Politik radikal in Frage. Denn nach ihrer Selbstbeschreibung zeichnet sich das System der Politik gerade dadurch aus, dass es die Gesellschaft steuert, dass seine Entscheidungen in den anderen Funktionssystemen tatsächliche Änderungen bewirken. Luhmann erklärt diese Selbstbeschreibung für eine funktionsnotwendige Illusion: Politik mag andere Funktionssysteme *irritieren*, aber nie wirklich *steuern*. Die Reaktionen irritierter Systeme lassen sich nämlich nie voraussehen: Konjunkturpakete zur Stimulation des Konsums können z.B. ebenso eine Erhöhung der Sparquote bewirken. Die politischen Absichten, die hinter politischen Zahlungen stehen, werden im Wirtschaftssystem selbst unsichtbar – und daher bleiben die Reaktionen „der Wirtschaft" (was immer das genau bedeutet) unberechenbar.

Illusion der Politik

Dieser Steuerungspessimismus – genauer: dieses grundlegende Infragestellen der Steuerungsfähigkeit der Politik überhaupt – hat zu heftigen Diskussionen vor allem mit stärker empirisch ausgerichteten Politikwissenschaftlern geführt. Vor allem Fritz W. Scharpf hat schlüssige Argumente vorgetragen, die die These stützen, dass die Unterschiede im *policy-outcome*, die man in verschiedenen westlichen Gesellschaften beobachten kann, auf verschiedene *policies* zurückgehen – und damit politische Steuerung, wie schwierig und komplex sie auch immer sein mag – tatsächlich stattfindet.[116] Luhmann scheint hier einen zu engen Steuerungsbegriff zu vertreten und argumentiert gegen

116 Vgl. Scharpf (1989), siehe auch: Lange (2003: 149-226).

eine Staatszentrierung, die aus dem politischen Diskurs längst verschwunden ist.

Was kann Politik?

Aus Luhmann-immanenter Sicht stellt sich die Frage, wie das politische System die Selbstbeschreibung einer steuernden Super-Instanz aufrechterhalten kann, wenn diese an der Realität so völlig vorbeigeht. Luhmann erklärt die Illusion der Steuerungsfähigkeit der Politik mit der Rekonstruktion einer systematisch notwendigen Täuschung: Politik lebt eben gerade davon, zu behaupten, sie könne die Gesellschaft ändern. *Yes we can* – diese Zauberformel muss im politischen System immer ausgesprochen werden, auch dort, wo Politik *de facto* machtlos ist. Die Illusionen der Politik sind dabei nicht nur Illusionen, die sie den Wählern macht, sondern durchaus auch Illusionen, die sich die Politik selbst macht.

„Staat"

Dieser fiktionale Charakter der Sonderrolle der Politik wird auch an Luhmanns Staatsbegriff deutlich. „Staat" stellt für ihn zunächst eine historische Begrifflichkeit dar, mit der sich das politische System seit der frühen Neuzeit selbst beschrieben hat. Die religiöse Aufladung des Staatsbegriffs, die Überhöhung des Souveränitätsgedankens hatten dabei jedoch eher autosuggestive Funktion; der Staat muss sich „als *spezifische* Organisation *universalistisch* (...) gerieren" (Luhmann 1999: 134), also so tun, als sei er für das Wohl der ganzen Gesellschaft zuständig. Auch die Tatsache, dass der Staat als juristische Konstruktion ja durchaus mehr als fiktional ist, ändert an Luhmanns Sicht der Dinge nichts. Vielmehr interpretiert er den Staat als eine besondere Form struktureller Kopplung, deren Kern die Verfassung darstellt. „Funktional gesehen ist der Staat eine fiktionale Einheit, ein Zurechnungstrick, der von Politik und vom Recht in verschiedener Weise benutzt werden kann." (Luhmann 2000: 391)

„Gerechtigkeit"

Diese – man könnte fast sagen – Dekonstruktion der politischen Selbstbeschreibungen führt Luhmann auch an anderen Schlüsselbegriffen der Politischen Theorie durch. Besonders einschlägig ist hierfür das Beispiel der *Gerechtigkeit*. Bei Walzer oder Rawls steht dieser Begriff, wie wir gesehen haben, im Zentrum der Theorie; um ihn gruppieren sich gewissermaßen alle anderen Theorieteile. Luhmann hingegen fasst „Gerechtigkeit" als eine *Kontingenzformel*, als eine Art rhetorischen Topos, der immer aufgerufen werden kann, aber inhaltlich nicht wirklich etwas bedeutet (siehe vor allem Luhmann 1993: 214-238). Der Inhalt ist weder wirklich bestimmt, noch beliebig, sondern bleibt kontingent, also im Rahmen eines bestimmten Spektrums von Bedeutungen, und gerade dadurch leistet die Kontingenzformel Gerechtigkeit ihre Funktion. „Gerechtigkeit" wird immer dann aufgerufen, wenn der Spielraum rechtlicher oder politischer Entscheidungen neu abgesteckt werden muss. Die Kontingenzformel kann jedoch paradoxerweise sowohl zur Ausweitung des Spektrums als auch zur Einengung genutzt werden: Mit dem Verweis auf „Gerechtigkeit" kann man sowohl für die Ausnahme plädieren (angesichts der „besonderen Umstände"), als auch die unerbittliche Anwendung der Regel fordern („gleiches Recht für Alle").

„Demokratie"

Auch der Begriff der Demokratie bekommt in Luhmanns eigenwilliger Perspektive eine völlig neue Wendung. „Demokratie" wird nun zu einem paradoxen Gebilde, denn in ihr gilt: „Alle Macht kommt dadurch zustande, dass sie sich der Macht unterwirft, und die oberste Macht durch Unterwerfung unter die unterste Macht." (Luhmann 1997: 373) Das Prinzip der Volkssouveränität führt folglich nach Luhmann geradewegs in das Paradox einer Unterwerfung unter sich selbst. Der emphatische und normativ aufgeladene Begriff der Demokratie wird daher von Luhmann rundweg abgelehnt. Stattdessen schlägt er vor, „Demokratie" als ein erreichtes Niveau an Komplexität zu verstehen, sozusagen einen Grad an Binnendifferenzierung. Hierzu gehört beispielsweise die operative Ausdifferenzierung von Politik und Recht, die nur noch durch Programme (Gesetze) oder andere strukturelle Kopplungen (z.B. Verfassungen) miteinander gekoppelt sein dürfen. Zum Differenzierungsniveau der Demokratie gehört auch der Wiedereintritt der Opposition ins System: Während in prädemokratischen Gesellschaften die Opposition nur außerhalb des Systems möglich ist und daher immer gleich in die Rolle der Systemopposition gezwungen wird, kommt in der Demokratie mit der Opposition auch das Gegenstück zur Regierung vor.[117]

Wirkmächtigkeit

bewundert und belächelt

Luhmanns Theorie wird nach wie vor sehr kontrovers diskutiert: Das Spektrum der Einschätzungen reicht von einer grundlegenden Ablehnung bis hin zur Begeisterung. In der Soziologie ist Luhmanns Werk längst zu einer festen Größe geworden.[118] Die Weiterführung der Systemtheorie wird mittlerweile auch international betrieben, wenn auch die Rezeption im angelsächsischen Sprachraum nach wie vor verhältnismäßig gering ist. Zu den wichtigen deutschsprachigen Theoretikern der Systemtheorie gehören heute Dirk Baecker und Rudolf Stichweh. Die Systemtheorie hat hingegen in der politikwissenschaftlichen Debatte erst spät Wirkung entfaltet.[119] In den letzten Jahren haben sich die Fronten zwischen normativen und systemtheoretischen Ansätzen etwas aufgeweicht. Immer noch ist Luhmann für die Diskussionen in-

117 Zu Luhmanns Demokratiebegriff vgl. auch Czerwick (2008).

118 Das wichtigste Organ für einen konstruktiven und nicht nur rekonstruktiven Umgang mit Luhmanns Theorie ist die Zeitschrift „Soziale Systeme".

119 Einen Überblick liefert Göbel (2000). Wichtige Sammelbände sind Hellmann et al. (2002) und Hellmann et al. (2003).

nerhalb der Politischen Theorie nur schwer anschlussfähig, da er eine sehr eigene Theoriesprache ausgebildet hat. Vor allem an der Schnittstelle zur Medientheorie wird Luhmanns Theorie stark rezipiert.

Was bleibt?

Demokratie als Offenheit

Ob die Systemtheorie als Großprojekt von Bedeutung bleiben wird, ist schwer abzusehen. Ihre radikale Infragestellung verschiedener Voraussetzungen normativer Politischer Theorie gehört jedoch bereits heute zu den bleibenden Herausforderungen beispielsweise an die Theorie deliberativer Demokratie. Hierzu gehört die These, Kommunikation ziele nicht primär auf Konsens ab und Politik tue gut daran, einen mangelnden Konsens zu managen statt eines möglichen künftigen Konsenses wegen zu viel Deliberation zuzulassen. Luhmann hat den Blick dafür geschärft, dass auch eine Einbeziehung des Anderen nur vollzogen werden kann durch die Ausgrenzung eines Anderen: Dem Einen das Wort zu erteilen, heißt immer, den Anderen zum Schweigen zu verdammen. Seine Politische Theorie plädiert daher dafür, mit dem Provisorium zurecht zu kommen, die Kette der Kompensationen als unabschließbar zu verstehen und mit den Paradoxien – beispielsweise der „Demokratie" zu leben. Entscheidend für die Systemtheorie wird sein, ob es gelingen wird, gewisse zeitgeschichtlich bedingte Perspektiven zu überwinden und mit dem luhmannschen Theorievokabular auch andere, vielleicht treffendere Diagnosen zu formulieren.

Gefährdete Systeme

Ein unausgeschöpftes Potenzial der Systemtheorie liegt in ihrer Sensibilität für die Anfälligkeit von sozialen Systemen. Unplausibel war stets Luhmanns Behauptung, die Funktionssysteme blieben für einander letztlich intransparent. Dagegen spricht nicht nur die Tatsache, dass der einzelne Mensch, da er ja abwechselnd in verschiedenen Codes kommuniziert, selbst ein Mindestmaß an Einsicht in die Funktionssysteme haben muss. Auch das Projekt einer Systemtheorie, die systematisch alle Funktionssysteme in Monografien abhandelt, wäre unmöglich. Auch Luhmanns pessimistische Einsicht bezüglich der Frage, ob sich ein derartig komplexes Gesellschaftssystem überhaupt mit den Wechselwirkungen auf ihre Umwelt einstellen kann, kann als widerlegt gelten (Luhmann 1990). Längst entstehen neue Systeme der Transparenzgenerierung: Labels, Zertifizierungen, Standards. Die Herstellung von Transparenz ist in der komplexen Gesellschaft zu einem eigenen Geschäftszweig geworden.

7.7. Ironisches Engagement: Rorty

Rortys philosophische Wurzeln

Obwohl Richard Rorty (1931-2007) seine Position aus ganz anderen Zusammenhängen als die *French Theory* entwickelt hat, kommt auch er zu Ergebnissen, die dazu führen, dass man ihn berechtigterweise als Vertreter der Postmoderne bezeichnen kann (auch wenn er dieser Kategorisierung vielleicht widersprochen hätte). Im Gegensatz zu seinen französischen Kollegen nimmt seine intellektuelle Biografie ihren Ausgangspunkt in der so genannten „analytischen" Philosophie. Unter analytischer Philosophie versteht man einen auf die Logiker Frege und Russell sowie den Sprachphilosophen Ludwig Wittgenstein zurückgehenden Ansatz, der die These vertritt, dass unsere vermeintlich philosophischen Fragen lediglich auf unseren unbedachten Sprachgebrauch zurückgehen. Die Frage: „Ist der Mensch frei?" ist nur deshalb vermeintlich kompliziert, weil wir nicht genau wissen, was wir mit „frei" eigentlich meinen. „Analytisch", also wörtlich übersetzt „zergliedernd", ist diese Philosophie, insofern sie durch Sprachanalyse die philosophischen Probleme zum Verschwinden bringen will. Wenn wir Klarheit in unseren Sprachgebrauch bringen, wird auch unser Denken klar und die vermeintlich ewigen Fragen der Menschheit verschwinden, so die These.

Korrespondenztheorie der Wahrheit

Die analytische Philosophie hatte daraus zunächst die Aufgabe abgeleitet, eine perfekte, d.h. eindeutige und formalisierte Sprache zu entwickeln. Für diesen Ansatz steht paradigmatisch Ludwig Wittgensteins (1889-1951) erstes Hauptwerk, der *Tractatus-logico-philosophicus* (erschienen 1921). Hier schlägt Wittgenstein vor, die Sachverhalte der Welt in protokollarischen Sätzen abzubilden und sich aller Spekulation zu enthalten. „Die Welt ist alles, was der Fall ist", lautet sein erster Satz; „Worüber man nicht sprechen kann, darüber soll man schweigen", sein letzter. Damit, so Wittgensteins Hoffnung, ist die Grenze zwischen dem Sagbaren und dem Unsagbaren klar gezogen. Sprache und Welt verhalten sich zueinander wie Abbild zu Urbild: Die Sprache wiederholt in ihren logischen Strukturen die logischen Strukturen der Welt. Diese Wahrheitstheorie wird meist als „Korrespondenztheorie" oder als Theorie der Repräsentation bezeichnet, weil hier Wahrheit als Korrespondenz von Welt und Sprache verstanden wird, die Sprache die Welt also einfach repräsentiert.

linguistic turn

Richard Rorty war in dieser philosophischen Tradition groß geworden und hatte am Wellesley College bei bedeutenden Vertretern der als trocken bekannten analytischen Schule Philosophie studiert. 1967 erschien ein von ihm herausgegebener Sammelband mit dem Titel *The Linguistic Turn*, in dem er programmatisch die These vertritt, dass keine Theoriebildung mehr hinter die sprachkritischen Einwände zurückgehen kann und sich Philosophie damit in Sprachphilosophie aufhebt. Die Formulierung von der sprachphilosophischen Wende ist seitdem ein fester Bestandteil der Theoriediskussion geworden. Schon Ende der sechziger Jahre deuteten sich jedoch Zweifel daran an, ob die Theorie der Repräsentation wirklich haltbar war. Die Zweifel erwuchsen aus der analytischen Philosophie selbst, vor allem aus Wittgensteins zweiter Schaffensphase. Nach einer berühmten Anekdote war es der einfache Einwand eines Freundes, der Wittgenstein nach der logischen Form einer Handbewegung fragte, der das Korrespondenzmodell zum Einsturz brachte. Offenbar gibt es Sprachäußerungen, die nicht einfach Sachverhalte der Welt abbilden. Hierzu gehören auch die so genannten „Sprachhandlungen". Wenn man beispielsweise sagt: „Ich begrüße Sie!", so beschreibt man damit nicht etwa einen Sachverhalt in der Welt – sonst könnte der Angesprochene ja antworten: „Stimmt!" oder „Ach ja? Wann denn?". Offenbar scheinen wir also mit Sprache nicht nur die Welt abzubilden (vgl. Kapitel 6.2).

Sprache als Lebensform

Seit den frühen dreißiger Jahren zweifelte Wittgenstein selbst erheblich an seinem frühen Ansatz. Nach langen Jahren einsamer Arbeit erstellte er ein Manuskript mit dem Titel *Philosophische Untersuchungen*, das erst 1953 als Nachlassfragment erschien. In diesem Text verwirft Wittgenstein sein Frühwerk vollständig. Während dort nämlich die Bedeutung von Begriffen aus ihrer Abbildungsfunktion verstanden wurde, behauptete er nun, dass „das Sprechen der Sprachen ein Teil einer Tätigkeit, oder eine Lebensform" (Wittgenstein 1960: 300) ist. Die Bedeutung entsteht folglich im Gebrauch der Sprache und kann sich mit diesem ändern (so genannte „Gebrauchstheorie der Bedeutung"). Diese Vorstellung der Sprache als eines sozialen, auf Praxis bezogenen Spiels stellt den Begriff des „Sprachspiels" ins Zentrum des neuen Ansatzes. Was wir meinen, wenn wir Worte gebrauchen, wird demnach durch die begleitenden Handlungen und durch die Funktion im Kontext der Sprache bestimmt. Sprache hat demnach nicht den Charakter einer Spiegelung der Welt, sondern funktioniert wie ein Spiel, in dem man bestimmte Elemente (Worte) nach bestimmten Regeln benutzt, diese Regeln aber durch neue Gebrauchsweisen ändern kann.

Konsequenzen des Pragmatismus

„Pragmatismus"

Die Fragen der Bedeutungstheorie scheinen mit Politischer Theorie zunächst wenig zu tun zu haben. Doch die Konsequenzen, die Rorty aus der Anknüpfung an Wittgenstein für die Politische Theorie zieht, sind enorm. Wittgensteins Ansatz hat nämlich große Gemeinsamkeiten mit jener Wahrheitstheorie, die amerikanische Autoren wie James, Peirce und Dewey schon vor Wittgenstein vertreten hatten. Der „Pragmatismus", den diese Autoren vertreten, behauptet, dass allein dasjenige wahr ist, was sich in der Praxis als nützlich erweist. Unsere Theorien, Vorstellungen und Ideen werden wir nur dann revidieren, wenn wir irgendwo mit ihnen gegen die Realität prallen. Dieser Zusammenstoß mit der Realität ist jedoch kein Abgleich, sondern eine eher unbestimmte Irritation: Man merkt, dass zumindest dieser Schlüssel nicht ins Schloss passt; aber deshalb weiß man noch nicht, wie das Schloss aussieht. Solange diese Blockade nicht geschieht, können wir vieles (berechtigterweise!) für wahr halten, was sich später, in der Praxis, als „falsch", das heißt „unpraktikabel" erweist. Mit unseren Dietrichen öffnen wir so manches Schloss, ohne zu merken, dass sie gar keine echten Schlüssel sind. Sprache ist demnach nicht eine Abbildung der Wirklichkeit, sondern ein Instrument, das uns hilft, praktische Herausforderungen zu bewältigen. Nach einer zehn Jahre andauernden Auseinandersetzung mit der Philosophie des Pragmatismus zieht Rorty schließlich in seinem Buch *Philosophie und der Spiegel der Natur* (1979) diese Bilanz. Das Buch kommt einem Bruch mit seinem bisherigen philosophischen Werdegang gleich, denn Rortys Konsequenzen sind so radikal, dass er als Philosoph isoliert wird und schließlich zur Literaturwissenschaft überwechselt. Bis zu seinem Tode lehrte er am *Literature Department* in Stanford.

Theorie als Literatur – Literatur als Ethik

Enthierarchisierung der Wahrheitsansprüche

Der Pragmatismus führt in Rortys Ausführungen zu einer radikalen Enthierarchisierung von Wahrheitsansprüchen und dies hat enorme Konsequenzen für die Politische Theorie. Wenn wir uns von der Spiegelmetapher lösen und Wahrheit nicht mehr als bloße Abbildung der Welt verstehen, sondern wie ein Arzt, der „wahr" findet, was dem Patienten hilft, ohne im Einzelnen verstehen zu müssen, was das Medikament genau bewirkt, dann kann es mehrere „Sprachspiele" und mehrere „Wahrheiten" geben, ebenso wie es für eine Erkrankung mehrere gleichermaßen heilende Medikamente geben kann. Folglich können auch die Wissenschaft und die Philosophie nicht den Anspruch erheben, einen privilegierten Zugang zur Wahrheit zu besitzen; die einzelnen Wissenschaften sind lediglich Sprachspiele, die jeweils eigene soziale (!) Mechanismen der Wahrheitskontrolle ausgebildet haben. Damit durchbricht Rorty die strenge Abgrenzung der analytischen Philosophie gegenüber den kontinentalen Strömungen der Hermeneutik und der Postmoderne und schlägt eine Brücke zu Autoren wie Foucault und Derrida.

Theorie und Ästhetik

Wie die Postmoderne nähert auch Rorty den theoretischen Diskurs der Ästhetik an: Im Austausch unserer Argumente und Konzeptionen können wir dem Gegenüber „ansinnen" (so Kants schöner Begriff für „vorschlagen"), diesen oder jenen Standpunkt zu teilen oder diese und jene Intuition nachzuvollziehen. Ähnlich wie Foucault nimmt auch Rorty damit die Art und Weise in den Blick, in der sich der Diskurs in der Politischen Theorie abspielt: Ähnlich wie in der Literaturkritik machen wir uns gegenseitig Vorschläge, doch diese oder jene Theorie oder Gerechtigkeitskonzeption in einem ästhetischen Sinne einleuchtender zu finden. Eine „Letztbegründung" ist dann aber gar nicht möglich. Vielmehr müssen wir mit der Pluralität konkurrierender Ansätze leben und dürfen uns nicht einreden lassen, irgendeine Politische Theorie sei unabweislich richtig und daher zu befolgen. Rorty stellt damit das Unterfangen der Politischen Theorie, die Ordnung der Gesellschaft zu begründen, insgesamt in Frage. Denn die Suche nach Letztbegründungen und Fundamenten ist aus Rortys Sicht lediglich Ausdruck einer abendländischen Besonderheit, die aus der Dominanz der optischen Erkenntnismetaphorik resultiert: Wenn wir uns den Geist als Auge, das Erkennen als ein Sehen vorstellen, geraten wir immer wieder in die Illusion eines möglichen Abgleichs.

Wissenschaft und Rhetorik

Der Pragmatismus hingegen hält, wie die philosophische Hermeneutik, die Sprache als welterschließende Lebensform für die uns bestimmende Art und Weise, praktisch mit der Welt verwoben zu sein. In dieser sprachlichen Verwobenheit „machen" wir Wahrheit in unserer Praxis und finden sie nicht nur vor. Der klassische Unterschied zwischen „wissen" und „meinen" ist demnach nicht aufrechtzuerhalten: Der menschliche Sprachumgang bleibt immer rhetorisch. Auch jede Theorie hat daher primär eine praktische Stoßrichtung und eine Absicht. Sie hat (in Quentin Skinners Worten) *a point*. Die Abgrenzung der Politischen Theorie gegenüber der Rhetorik ist demnach selbst rein rhetorisch. Damit hebt sich die Politische Theorie bei Rorty gewissermaßen selbst auf; ihre Aufgabe besteht nun nur noch darin, die Begriffe für den politischen Kampf zu schmieden.

Politik der Kontingenztoleranz

Drei Kontingenzerfahrungen

Mit diesem Sprachverständnis im Hintergrund schlägt uns Rorty vor, den Blick der theoretischen Reflexion auf die Variation der Weltverständnisse zu richten. Theorie führt demnach gerade nicht zu Universalien und Allgemeinheiten, sondern zum Bewusstsein um Besonderheiten. Ein Schlüsselbegriff für Rorty ist in diesem Zusammenhang der Begriff der Kontingenz. Kontingenz ist zwischen Bestimmtheit und bloßem Zufall angesiedelt: Was kontingent ist, könnte (in einem bestimmten Rahmen!) auch anders sein. Es kann sich nicht irgendwie verhalten, ist nicht einfach beliebig, aber es könnte auch anders sein. Diese Kontingenz erklärt Rorty in seinem wichtigen Werk mit dem Titel *Kontingenz, Ironie und Solidarität* (1989) anhand der Beispiele von Sprache, Selbst und Gemeinwesen. Hier zeigt er *erstens* (indem er die entsprechenden Autoren wie Nietzsche, Freud, Wittgenstein und Davidson heranzieht), dass wir kein vorsprachliches Bewusstsein besitzen, welches wir dann nur noch sprachlich auszudrücken hätten. Ebenso wie unser Vokabular zufallsbedingt und damit kontingent ist, ist *zweitens* auch unser Selbst nicht ein kristallklarer Kern, transparent und zeitlos. Freud wird von Rorty als derjenige Denker gelobt, der diese über Platon und Kant weitergetragene Vorstellung eines apriorischen „Ich" widerlegte: Das Unbewusste lehrt uns, dass wir nicht Herr im eigenen Hause sind und auch unsere Selbstinterpretationen stets unabgeschlossen bleiben. In einem *dritten* Schritt zeichnet Rorty schließlich das Bild eines liberalen Gemeinwesens, dessen Mitglieder gelernt haben, mit diesen Kontingenzen umzugehen. Dazu bedarf es nach Rorty der Verabschiedung gewisser alteuropäischer Vokabeln: „Ich werde zu zeigen versuchen, dass das Vokabular des Aufklärungsrationalismus zwar für die Anfänge der liberalen Demokratie entscheidend war, aber jetzt zum Hindernis für die Erhaltung und Verbesserung demokratischer Gesellschaften geworden ist." (Rorty 1992: 84-85)

„Neubeschreibung"

Die Unterscheidung zwischen altem und neuem Vokabular lässt sich paradigmatisch an Rortys Gebrauch der Begriffe „Begründung" und „Neubeschreibung" festmachen: Im Vokabular der Repräsentation und des starken Wahrheitsbegriffs sucht die Gesellschaft stets nach Begründungen und setzt Entscheidungen mit Wahrheitsanspruch durch. Lässt man die Vorstellungen eines archimedischen Punktes hinter sich, von dem aus eine „wahre" Beschreibung möglich ist, so gibt es nur noch „Neubeschreibungen", die so oder so ausfallen können. Der Wettbewerb der Bürger besteht dann darin, neue Problembeschreibungen zu formulieren, neues Vokabular zu erfinden und in ihm neue Lösungen zu finden. Für die Politische Theorie ergibt sich daraus die Konsequenz des „Vorranges der Demokratie gegenüber der Philosophie", so der Titel eines wichtigen Aufsatzes.

Demokratie und ironische Solidarität

Rorty – Foucault – Habermas

Der Bürger in Rortys liberalem Gemeinwesen ist sozusagen ein Meister des Kontingenz-Managements: Er weiß um die Kontingenz der eigenen Sprache, des eigenen Selbst und seines Gemeinwesens, seiner Normen und Gesetze – und hält sich dennoch daran. Es sind in Rortys Worten Menschen, „die Engagement mit dem Sinn für die Kontingenz ihres Engagements verbinden" (Rorty 1992: 111). Diese Figur nennt Rorty das Modell des „liberalen Ironikers", das er radikal von Jürgen Habermas und Michel Foucault abgrenzt: „Michel Foucault ist ein Ironiker, der kein Liberaler sein will; und Jürgen Habermas ist ein Liberaler, der kein Ironiker sein will." (Rorty 1992: 111). Durch diese doppelte Abgrenzung wird Rortys Position sehr gut konturiert: Mit

Foucault und der Postmoderne teilt er den Bruch mit dem Begründungsvokabular des normativen Diskurses, die Skepsis gegenüber den Wahrheitsansprüchen und das Kontingenzbewusstsein. Von Habermas will er jedoch die Vorstellung des engagierten Bürgers bewahren, der sich am Gemeinwesen beteiligt. Der „liberale Ironiker" soll beides verbinden: Engagement und das Wissen um die Kontingenz des Engagements.

Relativistisches Engagement

Wenn aber normative Debatten keine Wahrheiten im emphatischen Sinne hervorbringen können, woher speist sich dann überhaupt unser Normenbestand? Aus Sicht der normativen Begründungstheoretiker ist Rorty ein Relativist, gar ein Nihilist. Darauf kann man nach Rorty als liberaler Ironiker nur antworten, indem man dem Vorwurf ausweicht, ihn unterläuft. Aus Sicht der Postmetaphysiker ist die Gleichsetzung von Relativisten und Nihilisten nämlich sehr unpassend. Auch der Relativist glaubt ja, dass seine „Neubeschreibung" die plausiblere ist. Er speist sein Engagement jedoch nicht aus der Einsicht in ewige Wahrheiten, sondern aus denjenigen Überzeugungen, die er kontingenterweise richtig findet.

Rolle der Literatur

Wo und wie verständigen wir uns dann aber über diese Überzeugungen, wenn nicht mehr im Vokabular der Aufklärungsphilosophie? Rorty formuliert hierauf eine provokative Antwort: Die Literatur ist seiner Ansicht nach für die Entstehung moderner Rechtsstaatlichkeit viel wichtiger gewesen als die politische Philosophie. Traurige und sentimentale Geschichten haben den Menschen moralisch sensibilisiert und sein Mitempfinden verfeinert, nicht die theoretischen Arbeiten der Philosophen. Rorty betrachtet beispielsweise Dickens' berühmten Roman *Oliver Twist* als einen entscheidenden Beitrag zum politischen Denken der Moderne, weil hier die Notlage der Armen anschaulich und einfühlsam geschildert wird.

Solidarität

Solidarität stützt sich folglich nach Rorty nicht auf Objektivität, sondern auf narrativ vermittelte Traditionen. Diese sind relativ, insofern sie aus bestimmten Kulturen erwachsen. Rorty ist in diesem schwachen Sinne durchaus ein Ethnozentrist: Die *Western Civilization* kann sich in ihren Bemühungen, Demokratie und Menschenrechte zu exportieren, nicht auf universelle Kategorien berufen, nicht auf den „zwanglosen Zwang des besseren Arguments" (Habermas), sondern nur auf die Kraft der besseren Geschichte. Dem Vorwurf, eine solche rhetorisch-literarische Plausibilisierung könne eine normative Begründung nicht ersetzen, kann Rorty nur mit einem Achselzucken begegnen: Die Geschichte der „Letztbegründung" scheint ihm viel unplausibler als jeder literarische Appell an die Solidarität.

Ein unterschätzter Theoretiker

In Deutschland wird Rorty tendenziell unterschätzt. Seine Verabschiedung des alten Projekts einer Begründung der Gesellschaftsordnung ist in Deutschland oft als flacher Relativismus missverstanden worden. Dass es sich hierbei vielmehr um eine äußerst kreative, konstruktivistisch-postmoderne Position handelt, die zugleich den noch etwas pathetischen Gestus der französischen Postmoderne zugunsten eines entspannten, liberal-ironischen und zugleich engagierten Denkens hinter sich lässt, scheint im deutschsprachigen Raum erst langsam klar zu werden.

8.8. Rezeption und Kritik der Postmoderne

Postmoderne in den USA

Die großen Stars des postmodernen Denkens, vor allem Michel Foucault und Jacques Derrida, wurden schnell zu weltweiten Berühmtheiten und vor allem in den USA zu den entscheidenden Impulsgebern in den siebziger und achtziger Jahren. *French Theory* war hip und in, und zwar nicht nur, weil sie neu, interessant und intelligent war, sondern auch, weil sie ganz bestimmte Bedürfnisse der amerikanischen Akademikerwelt befriedigte. Der genieästhetische Gestus dieses Paradigmas hat hierzu beigetragen.

Anfeindung der Aufklärung?

Die theoretischen Zumutungen der Postmoderne waren und sind enorm: Der Wahrheitsbegriff wird relativiert, das Subjekt in Frage gestellt, der Erfolg von Begründungsversuchen bestritten, der Fortschritt und Machtanspruch der Wissenschaften hinterfragt. Vor allem aber sind die Texte (besonders bei Derrida) unglaublich schwer zu lesen. Mit dem Aufstieg des postmodernen Denkens setzte daher zeitgleich ein Chor von Kritikern ein. Manche verspotteten die neuen Theoretiker wie Jacques Derrida als „Derridadaismus" (in Anspielung auf die Bewegung der Dadaisten). Der Ästhetizismus, also die Betonung des Ästhetischen, und die stilistische Nähe zur Literatur, vor allem aber der subversiv-clowneske Charakter vieler Vertreter der Postmoderne, lösten besonders in Deutschland heftige Gegenattacken aus. Jürgen Habermas interpretierte die Einflüsse aus Frankreich als neokonservative Flucht in die Vernunftkritik (Habermas 1990). Derrida und Foucault könnten selbst kein Kriterium von Rationalität mehr anbieten und seien daher „affirmativ", also unfähig zur Kritik.

Eleganter Unsinn?

Mit einem Aufsehen erregenden Coup gelang es zwei Wissenschaftlern 1998 sogar, einen parodistischen Unsinnstext in einer postmodernen Hauspostille zu veröffentlichen und den postmodernen Wortbrei als *Fashionable Nonsense*, als eleganten Unsinn (Sokal/Bricmont 1999) zu entlarven. Die im Gefolge entbrennende Debatte über Sinn und Unsinn postmoderner Methodenferne wurde aufgrund der Heftigkeit auch als *science war* bezeichnet. Heute haben sich die ideenpolitischen Wogen etwas geglättet: Die Auswüchse postmoderner Wissenschaftskritik sind ins ideengeschichtliche Archiv gewandert, während man die interessanten Impulse (vor allem Foucaults) fruchtbar zu machen sucht.

Rezeptionsblockaden

Vor diesem Hintergrund ist es erstaunlich, dass die französischen Theorien des Politischen vergleichsweise wenig von der deutschsprachigen Politikwissenschaft rezipiert wurden. In den letzten Jahren jedoch nimmt das Interesse an einem unvoreingenommenen Blick auf die Postmoderne zu, besonders im Falle Foucaults und Derridas. Während *French Theory* lange ein Schimpfwort für unseriöse Theoriebildung war, scheint sich dieser Theoriestrang zunehmend aus den Fesseln einer verstellenden Rezeption durch Gegner und – nicht weniger schädlich – durch unkritische Anhänger zu lösen.

8. Perspektiven Politischer Theorie

Wir haben in dieser Einführung einen Bogen geschlagen, der vier Jahrhunderte Politische Theorie berücksichtigt, und sind mit unseren Überlegungen in der Gegenwart angekommen – nicht jedoch am Endpunkt der Entwicklung Politischer Theorie. Sie befindet sich in steter Veränderung, und es ist schwer abzuschätzen, welchen Konjunkturzyklen die dargestellten Theorien, Themen und Methoden in Zukunft unterliegen werden. Trotzdem wagen wir einen Rundblick über das Feld der Politischen Theorien.

Aktuelle Herausforderungen an die Politische Theorie

Steigender Legitimationsdruck

Die zunehmende Umstrukturierung aller Lebensbereiche nach ökonomischen und zweckrationalen Standards ist eine zentrale Entwicklungstendenz der letzten Jahre, die auch die Politische Theorie nicht unberührt lässt. Vielmehr resultieren viele neue Herausforderungen direkt oder indirekt aus diesem Prozess. Dies bedeutet nicht, dass Theorie sich ausschließlich in Reaktion auf empirische Problemlagen verändert – dies stände im Widerspruch zu unserer grundlegenden Annahme eines dialogischen Verhältnisses von Theorie und Praxis. Sehr grundsätzlich erhöht sich durch die Ökonomisierung der Legitimationsdruck, der auf der Politischen Theorie lastet, da ihr unmittelbarer gesellschaftlicher Nutzen – gerade im Vergleich zu den Naturwissenschaften – schwer zu vermitteln ist und daher häufig in Frage gestellt wird. Die Forderung, dass die Politische Theorie und die Politische Philosophie sich stärker empirischen Fragen und Daten öffnen müssen, wird auch innerhalb der institutionalisierten Politischen Philosophie erhoben. So bilanziert Partha Dasgupta in einem Round-table Gespräch, das im *Journal of Political Philosophy* publiziert wurde: „We need empiricism to be brought in more." (Skinner 2002: 15) Die Methodik hierfür bedarf jedoch noch der Explikation – zu stark war bisher die Arbeitsteilung zwischen einer tendenziell eher selbstreferenziellen Politischen Theorie und einer häufig ähnlich selbstreferenziellen empirischen Sozialforschung. Verschärfend tritt hinzu, dass die Sprachspiele und Terminologien inzwischen so ausdifferenziert sind, dass ein Dialog zwischen diesen beiden Richtungen mitunter nur schwer möglich ist (dies trifft teilweise jedoch auch auf die Kommunikation *innerhalb* der Politischen Theorie zu).

Postnationale Demokratie

Das Ende des nationalstaatlichen Monopols auf Souveränität führt zu Diskussionen über Souveränität[120] und die Möglichkeiten von Demokratie in der postnationalen Konstellation (Zürn 1998; Habermas 1998). Otfried Höffe (2002) hat gar eine ausführliche Konzeption für eine künftige Weltrepublik vorgelegt. Damit kehrt das Initialthema Politischer Theorie in der Moderne, die Frage nach der Legitimation politischer Herrschaft – zwar in veränderter Form, aber an zentraler Stelle – wieder zurück auf die Diskursagenda.

Nationalstaatliche Gerechtigkeit und ihre ökonomischen Grundlagen

Unter den Bedingungen forcierter Ökonomisierung sowie politischer wie ökonomischer Globalisierung erweist sich der redistributive Sozialstaat sozialdemokratischer Provenienz zunehmend als reformbedürftig. Eine doppelte Schere tut sich auf: Einerseits steigt der Grad der Ungleichheit *innerhalb* von Nationalstaaten, andererseits erhöht sich auch der Unterschied im Wohlstandsniveau *zwischen* Staaten. Wie ist globale Gerechtigkeit möglich? (Merle 2005) Die internationale Politik wird hinter diesen Vorzeichen zu einem neuen Gegenstand der Politischen Theorie.[121]

Das Thema Gerechtigkeit ist dementsprechend zentral in die Politische Theorie zurückgekehrt und hat sehr divergierende Thematisierungen erfahren. Einen wichtigen Strang stellt der wieder erstarkte *Egalitarismus* dar. Erst jüngst hat Stefan Gosepath (2004) ein Plädoyer für einen liberalen Egalitarismus vorgelegt, der eine prinzipielle Rechtfertigungspflicht von Ungleichheit vorsieht. Ein anderer Strang innerhalb der aktuellen Diskussion argumentiert hingegen, dass Ungleichheit nicht voreilig mit Ungerechtigkeit gleichgesetzt werden darf – diese Position wird vor allem von den politisch an Einfluss verlierenden Libertarians vertreten.

Neue „Gerechtigkeiten"

Zugleich erweitert sich in der zeitgenössischen Diskussion der Objektbereich der Gerechtigkeit. Es geht nicht länger um die Distribution von finanziellen oder materiellen Ressourcen. Walzer hat in *Sphären der Gerechtigkeit* gezeigt, dass unterschiedliche Bereiche innerhalb der Gesellschaft existieren, die entsprechend ihren je eigenen Verteilungskriterien operieren. Forst (1994) plädiert für unterschiedliche „Kontexte der Gerechtigkeit". In diesem erweiterten Diskursfeld geht es– ohne Anspruch auf Vollständigkeit – um Fragen der Geschlechter-, Umwelt-, Bildungs- und Generationengerechtigkeit.

Anerkennung

Ökonomisierung hat auch kulturelle Folgen. Axel Honneth (2005) hat sich erneut dem Begriff der „Verdinglichung" gewidmet. Er plädiert für eine philosophische Erweiterung unserer normativen Ideale um das Prinzip der *Anerkennung*. Honneth sieht die primäre Aufgabe politischer Strukturen nicht in der Distribution von Gütern, sondern in

120 Vgl. hierzu die Beiträge in der Zeitschrift *Constellations* (2005, Vol. 12, Nr. 2).

121 Vgl. auch www.international-political-theory.net/.

der Unterstützung von Anerkennungsverhältnissen. In einer ausführlichen Auseinandersetzung mit Hegels Rechtsphilosophie entwickelt er einen Anerkennungsbegriff, der für politische Strukturen einen neuen Evaluationsmaßstab an die Hand geben soll (Honneth 2003). Dieser Begriff der Anerkennung ist nicht unumstritten, die Diskussion um Anerkennung noch nicht abgeschlossen. Kann man Umverteilung durch Anerkennung ersetzen (Fraser/Honneth 2003)? Wie genau verhalten sich diese zueinander? Offen bleibt die Frage, ob sich bei Hegel Elemente für eine die Pathologien der modernen Gesellschaft thematisierende kritische Theorie finden lassen.

Identitätsfragen und Wiederkehr des Republikanismus

Im Zuge der Globalisierung gewinnen Fragen der kulturellen und politischen Identität wieder an Relevanz. Dies zeigt sich geradezu prototypisch in den Debatten über die Europäische Verfassung. Benötigen wir eine europäische Identität? Aus welchen Quellen soll sich diese speisen? Reicht ein liberaler Prozeduralismus, der – wie Habermas betont – vermittelt über das Recht soziale Integration ermöglicht, oder benötigen wir Identitätsmuster, die anders gewebt sind? In diese Richtung tendiert zumindest eine neue Generation von republikanisch orientierten Theoretikern, deren Theorieprojekt darin besteht, eine Verbindung aus republikanischen (die ideengeschichtlich zumeist auf kleine politische Einheiten zielten) und kosmopolitischen Idealen vorzulegen (vgl. Bohman 2004). Wie aber kann der kosmopolitische Anspruch auf rechtliche Gleichheit mit der Verknüpfung von Demokratie und Nationalstaat ausgesöhnt werden? Vergessen wir in den nationalen Demokratien nicht systematisch die „Rechte der Anderen“ (Benhabib 2009)?

Kollektive Identität

Die Auseinandersetzung zwischen Partikularisten und Universalisten bekommt durch Prozesse der Globalisierung neues Anschauungsmaterial und neue Tiefenschärfe. Die Schärfung interkulturellen Bewusstseins führt auch zu einer genaueren Reflexion über die Produktion kollektiver Identität überhaupt. Thomas Meyer hat hierfür den Begriff der Identitätspolitik geprägt (Meyer 2002).

Neue totalitäre Herausforderungen

Wo der interkulturelle Dialog scheitert, brechen jene Konflikte auf, die Huntington an prominenter Stelle als „Kampf der Kulturen“ bezeichnet hat. Unabhängig davon, ob man Huntingtons Einschätzungen teilt oder nicht: Fundamentalistischer Terror und die Reaktionen liberaler Demokratien drängen nach einer theoretischen Reflexion. Fragen nach dem „gerechten Krieg“, der Legitimität von Folter und damit dem Recht auf Rechtsbruch, sind mit einem Schlag zurückgekehrt.[122]

Staat und Religion

Nicht zuletzt in Reaktion auf die Anschläge vom 11. September 2001 ist das Verhältnis von Politik und Religion zum Gegenstand kulturkreisübergreifender Studien geworden. Nicht nur die islamische

122 Vgl. die Debatte in der Zeitschrift *Constellations* (2005 – Vol. 12, Nr. 1), Walzer (2004)

Welt scheint dieses Verhältnis bisher nicht befriedigend geklärt zu haben. Auch in den USA (*New Religious Right*) und Europa ist in den letzten Jahren die Grenze zwischen Politik und Religion strittig geworden. Braucht der Mensch tatsächlich Religion (Joas 2004) oder gar die Gesellschaft insgesamt? Hat die Idee der Menschenrechte religiöse oder gerade anti-religiöse Quellen (Stein 2007)? In einem nur vermeintlich säkularen Zeitalter (Taylor 2009b) wird das Verhältnis von Staat und Religion neu diskutiert (Habermas 2005; Minkenberg 2003; Heidenreich et al. 2008).

Neue Imperialismen?

Auch das Schlagwort „Imperialismus" ist über hundert Jahre alt, kehrt aber durch aktuelle Entwicklungen auf die ideenpolitische Bühne zurück. Negri und Hardt haben mit *Empire* (Hardt/Negri 2003) einen Bestseller vorgelegt, der als Politische Theorie firmiert, aber zugleich den Ton trifft, der für politische Agitation notwendig ist. Das Empire des amerikanisch dominierten Kapitalismus wird bei ihnen als ein omnipräsentes System porträtiert, aus dem man nicht auszusteigen vermag. Auch Herfried Münkler (2005) widmet sich, allerdings unter einer anderen, stärker historisch-vergleichenden Perspektive, dem amerikanischen Hegemoniedenken und verdeutlicht erneut die Notwendigkeit der Kenntnis historischer Prozesse und Fakten für die Politische Theorie.

Perspektiven Politischer Theorie

Viele Zeitdiagnosen deuten darauf hin, dass die Demokratie als Lebensform bedroht ist (Brodocz et al. 2008). Die Politische Theorie sieht sich in diesem Umfeld einer paradoxen Anforderung ausgesetzt. Aufgrund der skizzierten Ökonomisierung befindet sie sich auf den ersten Blick in der Defensive, da sie ihre gesellschaftliche Nützlichkeit nur schwer beweisen kann. Doch gerade aus dem Problemhaushalt, der sich im Prozess der zunehmenden Ökonomisierung ergibt, resultiert ein enorm gesteigerter gesellschaftlicher Bedarf an normativer Orientierung: Welche Formen von Souveränität kann es in entgrenzten Räumen geben? Wie viel ökonomische Ungleichheit darf in einer Demokratie herrschen? Dürfen Rechtsstaaten in Extremsituationen das eigene Recht suspendieren? Die Politische Theorie kann einen wichtigen Beitrag dazu leisten, diese Fragen zu reflektieren und relevante normative Orientierungsangebote zu unterbreiten. Hierzu muss sie jedoch Lagerbildungen überwinden, die Auseinandersetzung mit einer im Gefolge der Postmoderne erfolgten kulturwissenschaftlichen Wende wagen und empirische Erkenntnisse systematisch berücksichtigen. Gelingt dieser Brückenschlag, bleibt Politische Theorie jener Ort, an dem sich Gesellschaften über ihre Grundlagen verständigen.

9. Quellen zur Politischen Theorie

9.1. Zeitschriften

Die wissenschaftliche Auseinandersetzung auf der Höhe ihrer Zeit wird vor allem in Zeitschriften und weniger in Monografien geführt. Dies gilt auch für die Politische Theorie. Daher empfehlen wir allen, die wissen wollen, an welchen Themen und Fragen in der Politischen Theorie gegenwärtig gearbeitet wird, Zeitschriften zu lesen. Es gibt in der Politikwissenschaft viele Zeitschriften, die jedoch in unterschiedlichem Maße Austragungsort theoretischer Debatten sind. Wir haben eine Liste von Zeitschriften zusammengestellt, die für die Politische Theorie sehr wichtig sind. Da die Zeitschriften (oder engl. Journals) in der Regel 3-4 Mal pro Jahr erscheinen, empfiehlt es sich, alle drei bis vier Monate die Inhaltsverzeichnisse dieser Zeitschriften zu registrieren. Das Internet erleichtert diese Arbeit, da einige Verlage den kostenlosen Service bieten, die Inhaltsverzeichnisse der aktuellen Journals per E-Mail an Interessierte zu verschicken.

Englischsprachige Fachzeitschriften
Political Theory
(http: //ptx.sagepub.com/)
European Journal of Political Theory
(http: //ept.sagepub.com/)
Journal of Political Philosophy
(www.blackwellpublishing.com/jopp/)
Philosophy and Public Affairs
(www.blackwellpublishing.com/journals/papa)
Constellations
(http: //www.constellationsjournal.org/home.htm)

Deutschsprachige Fachzeitschriften
Politische Vierteljahresschrift (PVS)
(www.vs-verlag.de/pvs/)
Deutsche Zeitschrift für Philosophie (DZPhil)
(http: //dzphil.akademie-verlag.de/
Leviathan
(http: //www.unigreifswald.de/~politik/Leviathan/Leviathan.html)
Philosophische Rundschau
(http: //www.mohr.de/phr.html)

Deutschsprachige Zeitschriften für politisches Denken
Der Merkur. Zeitschrift für europäisches Denken
(http: //www.online-merkur.de/)

9.2. Lexika

Barck, Karlheinz, Martin Fontius, Dieter Schlenstedt, Burkhart Steinwachs und Friedrich Wolfzettel (Hrsg.): Ästhetische Grundbegriffe, Stuttgart 2000f.
Die „Ästhetischen Grundbegriffe" eignen sich für die Arbeit in der Politischen Theorie vor allem, wenn man grundlegende Begriffe wie „Symbol" oder „Kultur" klären will. Dieses historische Wörterbuch ist relativ neu und daher auf dem neuesten Stand der Debatte.

Brunner, Otto, W. Conze und R. Kosseleck (Hrsg.): Geschichtliche Grundbegriffe. Historisches Wörterbuch zur politisch-sozialen Sprache in Deutschland, Stuttgart 1972f.
Die „Grundbegriffe" enthalten ausführliche Darstellungen der Begriffsgeschichte umkämpfter Konzepte. Wer sich beim Verfassen theoretischer Texte über die historische Entwicklung der verwendeten Begriffe Klarheit verschaffen will, kommt um dieses Standardwerk historischer Semantik nicht herum.

Nohlen, Dieter und Rainer-Olaf Schulze (Hrsg.): Lexikon der Politik: Band 1 – Politische Theorien, München 1995.
Ein nützliches Arbeitsmittel, in dem zentrale Begriffe der Politischen Theorien von ausgewiesenen Experten erläutert werden.

Ritter, Joachim (Hrsg.): Historisches Wörterbuch der Philosophie, Basel 1971f.
„Der Ritter" bietet zu allen wichtigen Begriffen der Theorie einen begriffsgeschichtlichen Überblick. Dieses Standardwerk ist international in seiner Vollständigkeit und historischen Tiefenschärfe einmalig. Wer sich schnell und umfassend zu bestimmten Schlagworten informieren will, ist hier immer richtig.

9.3. Internetressourcen & die Website des Buches

Auf unserer Homepage www.schaal-heidenreich.budrich.de finden Sie regelmäßig Ergänzungen des Literaturverzeichnisses und eine Linksammlung. Hier haben Sie auch die Möglichkeit, Kritik zu äußern und uns Anregungen für die nächste Auflage zu geben.

10. Literatur

Abkürzungen

APSR	American Political Science Review
DZPhil	Deutsche Zeitschrift für Philosophie
ÖZP	Österreichische Zeitschrift für Politikwissenschaft
PT	Political Theory
PVS	Politische Vierteljahresschrift

Allg. Nachschlagewerke und Überblicksdarstellungen

Krause, Gerhard und Gerhard Müller (Hrsg.) (1976ff.): Theologische Realenzyklopädie, Bde. 1 ff, Berlin. (TRE)

Lexikon des Mittelalters (1980-1998): 9 Bde., München/Zürich. (LexMa)

Lexikon für Theologie und Kirche (1993-2001): 10 Bde., 3. Aufl., Freiburg/Basel/Rom/Wien. (LThK)

Einleitung

Brodocz, André und Gary S. Schaal (Hrsg.) (2009): Politische Theorien der Gegenwart, Band I., Opladen.

Brodocz, André und Gary S. Schaal (Hrsg.) (2009a): Politische Theorien der Gegenwart, Band II., Opladen.

Göhler, Gerhard, Matthias Iser und Ina Kerner (Hrsg.) 2004: Politische Theorie. 22 umkämpfte Begriffe zur Einführung. Wiesbaden.

Gunnell, John (1978): The myth of tradition, in: APSR 72, S.122-134.

Heywood, Andrew (2004): Political Ideologies. An Introduction, 3. ed., Basingstoke [u.a.].

Kymlicka, Will (1996): Politische Philosophie heute. Eine Einführung, Frankfurt/M. [u.a.].

Lieber, Hans-Joachim (2000): Politische Theorien von der Antike bis zur Gegenwart, Wiesbaden.

Erstes Kapitel

Ball, Terrence (1997): Political Theory and Conceptual Change, in: Andrew Vincent (Ed.): Political Theory. Tradition & Diversity, Cambridge, S. 28-44.

Balsinger, P.W. (1999): Dialogische Theorie? Methodische Konzeption!, in: Ethik und Sozialwissenschaften 4, S. 602-603.

Beck, Ulrich (1986): Risikogesellschaft. Auf dem Weg in eine andere Moderne, Frankfurt/M.

Becker, Gary S. (1990): The Economic Approach to Human Behaviour, Chicago [u.a.].

Beyme, Klaus von (1992): Theorie der Politik im 20. Jahrhundert. Von der Moderne zur Postmoderne, Frankfurt/M.

Bieling, Jürgen (2002): Die Politische Theorie des Neo-Marxismus: Antonio Gramsci, in: André Brodocz und Gary S. Schaal (Hrsg.): Politische Theorien der Gegenwart, Band I., Opladen, S. 439-470.

Bleek, Wilhelm (2002): Geschichte der Politikwissenschaft in Deutschland, München.

Bohman, James (1992): The Limits of Rational Choice Explanation, in: James Samuel Coleman and Thomas J. Feraro (eds.): Rational Choice Theory: advocacy and critique, Newbury Park, S. 207-228.

Böhret, Carl, Werner Jann und Eva Kronenwett (1988): Innenpolitik und Politische Theorie. Ein Studienbuch, Opladen.

Boucher, David (Hrsg.) (2004): Political Thinkers. From Socrates to the Present, Oxford.

Brodocz, André und Gary S. Schaal (Hrsg.) (2009): Politische Theorien der Gegenwart, Band I., 3. Auflage, Opladen.

Brodocz, André und Gary S. Schaal (Hrsg.) (2009a): Politische Theorien der Gegenwart, Band II., 3. Auflage, Opladen.

Buchstein, Hubertus (1992): Politikwissenschaft und Demokratie: Wissenschaftskonzeption und Demokratietheorie sozialdemokratischer Nachkriegspolitologen in Berlin, Baden-Baden.

Dryzek, John S., Bonnie Honig und Anne Phillips (2006): Political Theory, Oxford.

Elster, Jon (1989): Nuts and Bolts for the Social Sciences, Cambridge.

Falter, Jürgen W. und Gerhard Göhler (1986): Politische Theorie. Entwicklung und gegenwärtiges Erscheinungsbild, in: Klaus von Beyme (Hrsg.): Politikwissenschaft in der Bundesrepublik Deutschland. Politische Vierteljahresschrift Sonderheft 17., Opladen, S. 118-141.

Falter, Jurgen W., Harro Honolka und Ursula Ludz (1990): Politische Theorie in den USA: eine empirische Analyse der Entwicklung von 1950 bis 1980, Opladen.

Fenske, Hans, Dieter Mertens, Wolfgang Reinhard, und Klaus Rosen (2004): Geschichte der politischen Ideen: von der Antike bis zur Gegenwart, Frankfurt/M.

Flügel, Oliver, Reinhard Heil und Andreas Hetzel (Hrsg.) (2004): Die Rückkehr des Politischen: Demokratietheorien heute, Darmstadt.

Foerster, Heinz von (1995): Das Konstruieren einer Wirklichkeit, in: Paul Watzlawick (Hrsg.): Die erfundene Wirklichkeit. Wie wissen wir, was wir zu wissen glauben? Beiträge zum Konstruktivismus, München, S. 39-60.

Freeden, Michael (2005): What Should the "Political" in the Political Theory Explore, in: Journal of Political Philosophy 13, S. 113-134.

Frey, Bruno S. (1989): Möglichkeiten und Grenzen des ökonomischen Denkansatzes, in: Hans-Bernd Schäfer (Hrsg.): Die Ökonomisierung der Sozialwissenschaften. Sechs Wortmeldungen, Frankfurt/M. [u.a.], S. 69-102.

Fuhse, Jan (2005): Theorien des politischen Systems. David Easton und Niklas Luhmann, Wiesbaden.

Gabriel, Oscar W. et al. (2002): Sozialkapital und Demokratie. Zivilgesellschaftliche Ressourcen im Vergleich, Wien.

Göhler, Gerhard (1978) (Hrsg.): Politische Theorie. Begründungszusammenhänge in der Politikwissenschaft, Stuttgart.

Göhler, Gerhard und Bodo Zeuner (Hrsg.) (1991): Kontinuitäten und Brüche in der deutschen Politikwissenschaft, Baden-Baden.

Göhler, Gerhard, Matthias Iser und Ina Kerner (Hrsg.) (2004): Politische Theorie. 22 umkämpfte Begriffe zur Einführung, Wiesbaden.

Görlitz, Axel (1983): Politikwissenschaftliche Propädeutik, Opladen.

Green, Donald P. und Ian Shapiro (1994): Pathologies of Rational Choice Theory. A Critique of Applications in Political Science, New Haven [u.a.].

Greven, Michael (2004): Rundbrief DVPW 131.

Gunnell, John G. (1978): The Myth of the Tradition, in: APSR, 72, S. 122-134.

Hardin, Russell (1982): Collective Action, Baltimore [u.a.].

Hartmann, Jürgen (1997): Wozu Politische Theorie? Eine kritische Einführung für Studierende und Lehrende der Politikwissenschaft, Opladen [u.a.].

Hartmann, Jürgen (2003): Geschichte der Politikwissenschaft: Grundzüge der Fachentwicklung in den USA und in Europa, Opladen.

Held, David (1991a): Editor's introduction, in: David Held (ed.): Political theory today, Cambridge, S. 1-21.

Helferich, Christoph (1999): Geschichte der Philosophie. Von den Anfängen bis zur Gegenwart und östliches Denken, München.

Heller, Agnes (1991): The Concept of the Political Revisited, in: David Held (ed.): Political Theory Today, Cambridge, S. 330-343.

Hewwood, Andrew (2004): Political Theory, New York.

Jörke, Dirk (2005): Politische Anthropologie, Wiesbaden.

Keller, Reiner (2004): Diskursforschung, Wiesbaden.

Ladwig, Bernd (2009): Moderne politische Theorie. Fünfzehn Vorlesungen zur Einführung, Schwalbach/Ts.

Lakatos, Imre (1980): The Methodology of Scientific Research Programmes, Cambridge.

Lalman, David, Joe Oppenheimer und Piotr Joeand Swistak (1993): Formal Rational Choice Theory. A Cumulative Science of Politics, in: Ada W. Finifter (Ed.): Political Science II. The State of the Discipline, Washington, S. 77- 104.

Laslett, Peter (1956a): Introduction, in: Peter Laslett (Ed.): Philosophy, Politics and Society, Oxford, S. VII-X.

Laslett, Peter (Ed.) (1956): Philosophy, politics and society. A collection, Oxford.

Lieber, Hans-Joachim (Hrsg.) (2000): Politische Theorien von der Antike bis zur Gegenwart, Wiesbaden.

Lindberg, Siegwart M. (1992): The Method of Decreasing Abstraction, in: James Samuel Coleman and Thomas J. Feraro (Eds.): Rational Choice Theory. Advocacy and Critique, Newbury Park, S. 3-20.

Llanque, Marcus (2008): Politische Ideengeschichte. Ein Gewebe politischer Diskurse, München.

Luhmann, Niklas (1990): Soziologische Aufklärung: 5, Opladen.

Luhmann, Niklas (1995): Gesellschaftsstruktur und Semantik. Studien zur Wissenssoziologie der modernen Gesellschaft, Frankfurt/M.

Luhmann, Niklas (1995a): Metamorphosen des Staates, in: Niklas Luhmann: Gesellschaftsstruktur und Semantik. Studien zur Wissenssoziologie der modernen Gesellschaft, Frankfurt/M., S. 101-137.

Lutz, Donald S. (1992): A Preface to American Political Theory, Kansas.

Merton, Robert K. (1968): Social Theory and Social Structure, New York.

Meyer, Thomas (2002): Identitätspolitik. Vom Missbrauch kultureller Differenz, Frankfurt/M.

Meyer, Thomas (2003): Was ist Politik?, Opladen.

Münkler, Herfried (2003a): Politische Ideengeschichte, in: Herfried Münkler (Hrsg.): 2003: Politikwissenschaft. Ein Grundkurs. Reinbek bei Hamburg, S. 103-131.

Münkler, Herfried (Hrsg.) (2003): Politikwissenschaft. Ein Grundkurs, Reinbek bei Hamburg.

Narr, Wolf-Dieter (1969): Theoriebegriffe und Systemtheorie, Stuttgart [u.a.].

Niesen, Peter (2007): Politische Theorie als Demokratiewissenschaft, in: Hubertus Buchstein und Gerhard Göhler (Hrsg.): Politische Theorie und Politikwissenschaft, Wiesbaden.

Nohlen, Dieter und Rainer-Olaf Schultze (1995): Eintrag „Theorie“, in: Dieter Nohlen und Rainer-Olaf Schultze (Hrsg.): Lexikon der Politik. Bd. 1, München, S. 650-658.

Opp, Klar-Dieter (2005): Methodologie der Sozialwissenschaften, Wiesbaden.

Pocock, John G. A. (2003): The Machiavellian Moment: Florentine Political Thought and the Atlantic Republican Tradition, Princeton, NJ [u.a.].

Popper, Karl R. (2002): Logik der Forschung (Original 1934), Tübingen.

Przeworski, Adam und Henry Teune (1970): The Logic of Comparative Social inquiry, New York [u.a.].

Reese-Schäfer, Walter (2000): Politische Theorie heute. Neuere Tendenzen und Entwicklungen, Wien.

Ricci, David M. (1984): The tragedy of political science: politics, scholarship, and democracy, New Haven [u.a.].

Rorty, Richard (ed.) (1986): Philosophy in History. Essays on the Historiography of Philosophy, Cambridge [u.a.].

Rosa, Hartmut und Ulrich Willems (1999): Politische Theorie im Spiegel der Herausforderungen der Politik. Einige zusammenfassende Überlegungen, in: Michael Th. Greven und Rainer Schmalz-Bruns (Hrsg.): Politische Theorie – heute: Ansätze und Perspektiven, Baden-Baden, S. 447-471.

Rössler, Beate (2001): Der Wert des Privaten, Frankfurt/M.

Sartori, Giovanni (1997): Demokratietheorie, Darmstadt.

Schieder, Siegfried und Manuela Spindler (2003): Theorien der internationalen Beziehungen, Opladen.

Schmitz, Sven-Uwe und Klaus Schubert (2006): Politikwissenschaftliche Theorien und Methodenlehre, in: dieselben (Hrsg.): Einführung in die Politische Theorie und Methodenlehre, Opladen, S. 11-32.
Simon, Herbert A. (1993): Homo Rationalis. Die Vernunft im menschlichen Leben, Frankfurt/M. [u.a.].
Stammen, Theo, Gisela Riescher und Wilhelm Hofmann (2007): Hauptwerke der politischen Theorie, Stuttgart.
Vincent, Andrew (1997): Political Theory. Tradition & Diversity, Cambridge.
Vorländer, Hans (2006): Deutungsmacht, Wiesbaden.
Weick, Karl E. (1985): Der Prozess des Organisierens, Frankfurt/M.
White, Hayden V. (1991): Auch Klio dichtet oder die Fiktion des Faktischen. Studien zur Tropologie des historischen Diskurses, Stuttgart.
Wolin, Sheldon (1960): Politics and Vision, Toronto.
Zima, Peter V. (2004): Was ist Theorie? Theoriebegriff und Dialogische Theorie in den Kultur- und Sozialwissenschaften, Basel.

Zweites Kapitel

Bitterli, Urs (1991): Die ,Wilden' und die ,Zivilisierten'. Grundzüge einer Geistes- und Kulturgeschichte der europäisch-überseeischen Begegnung, 2. Aufl., München.
Bitterli, Urs (1992): Alte Welt – Neue Welt. Formen des europäisch-überseeischen Kulturkontakts, München.
Blumenberg, Hans (1966): Die Legitimität der Neuzeit, Frankfurt/M.
Fink-Eitel, Hinrich (1994): Die Philosophie und die Wilden. Über die Bedeutung des Fremden für die europäische Geistesgeschichte, Hamburg.
Habermas, Jürgen (1988): Der philosophische Diskurs der Moderne. Zwölf Vorlesungen, 4. Aufl., Frankfurt/M.
Hegel, Georg Wilhelm (1972): Werk 2. Jenaer Schriften, Frankfurt/M.
Heinisch, Klaus J. (Hrsg.) (1960): Der utopische Staat. Morus, Utopia – Campanella, Sonnenstaat – Bacon, Neu-Atlantis, Reinbeck bei Hamburg.
Kielmansegg, Peter Graf (1977): Volkssouveränität, Stuttgart.
Koselleck, Reinhart (1979): Vergangene Zukunft. Zur Semantik geschichtlicher Zeiten, Frankfurt/M.
Löffelberger, Michael (1992): Marsilius von Padua: das Verhältnis zwischen Kirche und Staat im „Defensor pacis", Berlin.
Macpherson, Crawford B. (1973): Die Politische Theorie des Besitzindividualismus. Von Hobbes bis Locke, Frankfurt/M.
Nozick, Robert (1974): Anarchy, State, and Utopia, New York.
Padua, Marsilius de (1971): Der Verteidiger des Friedens, Stuttgart.
Rausch, Heinz (1971): Nachwort, in: Marsilius de Padua: Der Verteidiger des Friedens, Stuttgart.
Saage, Richard (2005): Demokratietheorien. Historischer Prozess – theoretische Entwicklung – soziotechnische Bedingungen, Wiesbaden.
Schwan, Alexander (2000): Politische Theorien des Rationalismus und der Aufklärung, in: Hans-Joachim Lieber (Hrsg.): Politische Theorien von der Antike bis zur Gegenwart, Wiesbaden, S. 157-257.

Drittes Kapitel

Barber, Benjamin R. (1984): Strong Democracy. Participatory Politics for a New Age, Berkeley (dt.: *Barber, Benjamin R.* (1994): Starke Demokratie, Hamburg).

Bellah, Robert N., Richard Madsen, William M Sullivan, Ann Swidler und Steven M. Tipton (1987): Die Gewohnheiten des Herzens. Individualismus und Gemeinsinn in der amerikanischen Demokratie, Köln.

Berlin, Isaiah (1959): Two Concepts of Liberty. An Inaugural Lecture delivered before the University of Oxford on 31 Oct. 1958, Oxford.

Buchstein, Hubertus (2000): Öffentliche und geheime Stimmabgabe. Eine wahlrechtshistorische und ideengeschichtliche Studie, Baden-Baden.

Buchstein, Hubertus und Rainer Schmalz-Bruns (1992): Gerechtigkeit als Demokratie – zur politischen Philosophie von Michael Walzer, in: PVS 33,3, S. 375-398.

Elster, Jon (Hrsg.) (1986): Rational Choice, Oxford.

Forst, Rainer (1993): Kommunitarismus und Liberalismus – Stationen einer Debatte, in: Axel Honneth (Hrsg.): Kommunitarismus. Eine Debatte über die moralischen Grundlagen moderner Gesellschaften, Frankfurt/M./New York, S. 181-212.

Forst, Rainer (1994): Kontexte der Gerechtigkeit. Politische Philosophie jenseits von Liberalismus und Kommunitarismus, Frankfurt/M.

Fuchs, Dieter und Hans-Dieter Klingemann (1995): Introduction, in: Hans-Dieter Klingemann and Dieter Fuchs (Eds.): Citizens and the state, Oxford, S. 1-22.

Galston, William A. (1991): Liberal Purposes. Goods, Virtues and Diversity in the Liberal State, Cambridge.

Habermas, Jürgen (1981a): Eine Theorie des kommunikativen Handelns. Bd. 1., Frankfurt/M.

Habermas, Jürgen (1981b): Eine Theorie des kommunikativen Handelns. Bd. 2., Frankfurt/M.

Habermas, Jürgen (1992): Faktizität und Geltung. Beiträge zur Diskurstheorie des Rechts und des demokratischen Rechtsstaats, Frankfurt/M.

Held, David (1987): Models of democracy, Cambridge.

Honneth, Axel (1994): Desintegration: Bruchstücke einer soziologischen Zeitdiagnose, Frankfurt/M.

Honneth, Axel (Hrsg.) (1993): Kommunitarismus. Eine Debatte über die moralischen Grundlagen moderner Gesellschaften, Frankfurt/M. und New York.

Kersting, Wolfgang (1994): Die politische Philosophie des Gesellschaftsvertrags, Darmstadt.

Klingemann, Hans-Dieter and Dieter Fuchs (Eds.) (1995): Citizens and the state, Oxford.

Kymlicka, Will (2002): Contemporary Political Philosophy. An Introduction, Oxford [u.a.].

Ladwig, Bernd (2004): Freiheit, in: Gerhard Göhler. Matthias Iser und Ina Kerner (Hrsg.): Politische Theorie. 22 umkämpfte Begriffe zur Einführung, Wiesbaden, S. 83-100.

Ladwig, Bernd (2004): Gerechtigkeit, in: Gerhard Göhler, Mattias Iser und Ina Kerner (Hrsg.): Politische Theorie: 22 umkämpfte Begriffe zur Einführung, Wiesbaden, S. 119-136.
Manin, Bernard (1987): On Legitimacy and Political Deliberation, in: PT 15,3, S. 338-368.
Mühleisen, Hans-Otto (1997): Fürstenspiegel der frühen Neuzeit, Leipzig.
Mulhall, Stephen and Adam Swift (1996): Liberals and Communitarians, second edition, Oxford.
Offe, Claus (1989): Fessel und Bremse. Moralische und institutionelle Aspekte „intelligenter Selbstbeschränkung“, in: Axel Honneth, Thomas McCarthy und Albrecht Wellmer (Hrsg.): Zwischenbetrachtungen. Im Prozess der Aufklärung, Jürgen Habermas zum 60. Geburtstag, Frankfurt/M., S. 739-774.
Offe, Claus (1997): Micro-aspects of Democratic Theory. What makes for the Deliberative Competence of Citizens?, in: Axel Hadenius (ed.): Democracy's Victory and Crisis, Cambridge, S. 81-104.
Rawls, John (1993): Political Liberalism, New York.
Rosa, Harmtut (1998): Identität und kulturelle Praxis. Politische Philosophie nach Charles Taylor, Frankfurt/M [u.a.].
Rosa, Hartmut (2009): Die politische Theorie des Kommunitarismus: Charles Taylor, in: André Brodocz und Gary S. Schaal (Hrsg.): Politische Theorien der Gegenwart, Band II., Opladen, i.E.
Sandel, Michael J. (1982): Liberalism and the Limits of Justice, Cambridge.
Sandel, Michael J. (1984 (Ed.): Liberalism and its Critics, Oxford.
Sandel, Michael J. (1993): Die verfahrensrechtliche Republik und das ungebundene Selbst, in: Axel Honneth (Hrsg.): Kommunitarismus. Eine Debatte über die moralischen Grundlagen moderner Gesellschaften, Frankfurt/M./New York, S. 18-35.
Schmalz-Bruns, Rainer (1995): Reflexive Demokratie, Baden-Baden.
Schwelling, Birgit (Hrsg.) (2004): Politikwissenschaft als Kulturwissenschaft. Theorien, Methoden, Problemstellungen, Wiesbaden.
Seubert, Sandra (2004): Gemeinwohl, in: Gerhard Göhler, Mattias Iser und Ina Kerner (Hrsg.): Politische Theorie: 22 umkämpfte Begriffe zur Einführung, Wiesbaden, S. 101-118.
Taylor, Charles (1977): Six journeys: A Canadian pattern?, Toronto.
Taylor, Charles (1988): Negative Freiheit? Zur Kritik des neuzeitlichen Individualismus, Frankfurt/M.
Taylor, Charles (1989): Cross-Purposes. The Liberal-Communitarian Debate, in: Nancy L. Rosenblum (ed.): Liberalism and the Moral Life, Cambridge [u.a.], S. 159-182.
Taylor, Charles (1993): Aneinander vorbei. Die Debatte zwischen Liberalismus und Kommunitarismus, in: Axel Honneth (Hrsg.): Kommunitarismus. Eine Debatte über die moralischen Grundlagen moderner Gesellschaften, Frankfurt/M. und New York, S. 103-130.
Taylor, Charles (1995): Das Unbehagen an der Moderne, Frankfurt/M.
Taylor, Charles (2002): Wie viel Gemeinschaft braucht die Demokratie?, Frankfurt/M.

Tocqueville, Alexis de (1959/62; franz. 1835/40): Über die Demokratie in Amerika, Stuttgart.

Tönnies, Ferdinand (1887/1963): Gemeinschaft und Gesellschaft, Darmstadt.

Vorländer, Hans (1997): Hegemonialer Liberalismus. Politisches Denken und politische Kultur in den USA 1776-1920, Frankfurt/M. und New York.

Walzer, Michael (1983): Spheres of Justice. A Defence of Pluralism and Equality, Oxford.

Walzer, Michael (1990a): The Communitarian Critique of Liberalism, in: Political Theory 18,1, S. 6-23 (dt.: *Walzer, Michael* (1993): Die kommunitaristische Kritik am Liberalismus, in: Axel Honneth (Hrsg.): Kommunitarismus. Eine Debatte über die moralischen Grundlagen moderner Gesellschaften, Frankfurt/M. und New York, S. 157-180).

Viertes Kapitel

Hobbes

Axelrod, Robert (2005): Die Evolution der Kooperation, München.

Balibar, Etienne (2002): Possessive Individualism Reversed: From Locke to Derrida, in: Constellations. 9, S. 299-317.

Elster, Jon (1983): Sour Grapes. Studies in the Subversion of Rationality, Cambridge [u.a.].

Gibbons, Robert (2003): Trust in Social Structures: Hobbes and Coase Meet Repeated Games, in: Karen S. Cook: Trust in Society, New York, S. 332-353.

Harrington, James (1771): The Oceana and other Works. Nachdruck 1963, Aalen.

Hobbes, Thomas (1986): Leviathan, Leipzig.

Hobbes, Thomas (1994): Vom Menschen. Vom Bürger, Elemente der Philosophie II/III., Hamburg.

Kersting, Wolfgang (1994): Die politische Philosophie des Gesellschaftsvertrags, Darmstadt.

Macpherson, Crawford B. (1973): Die politische Theorie des Besitzindividualismus: von Hobbes bis Locke, Frankfurt/M.

Münkler, Herfried (2001): Thomas Hobbes, New York.

Offe, Claus (1989): Fessel und Bremse. Moralische und institutionelle Aspekte „intelligenter Selbstbeschränkung“, in: Axel Honneth/Thomas McCarthy/Albrecht Wellmer (Hrsg.): Zwischenbetrachtungen. Im Prozess der Aufklärung, Jürgen Habermas zum 60. Geburtstag, Frankfurt/M., S. 739-774.

Schaal, Gary S. (Hrsg.) (2009): Techniken rationaler Selbstbindung, Berlin.

Locke

Euchner, Walter (2004): John Locke zur Einführung, 2. Auflage, Hamburg.

Locke, John (1996): Ein Brief über Toleranz. Englisch-deutsch, hrsg. von Julius Ebbinghaus, Hamburg.

Locke, John (1997): Zwei Abhandlungen über die Regierung, hrsg. von Walter Euchner, Frankfurt am Main.
Pocock, J.G.A. (1980): „The Myth of John Locke and the Obsession with Liberalism“, in: J.G.A. Pocock und Richard Ashcraft: John Locke. Los Angeles.

Kant

Höffe, Otfried (2000): Immanuel Kant, München.
Kant, Immanuel (1998): Werke. hrsg. v. Wilhelm Weischedel, 12 Bde., Darmstadt.
Kersting, Wolfgang (1984): Wohlgeordnete Freiheit. Immanuel Kants Rechts- und Staatslehre, Berlin/New York.
Habermas Jürgen (2005) Zwischen Naturalismus und Religion. Philosophische Aufsätze, Frankfurt/M.
Höffe, Otfried (1999): Demokratie im Zeitalter der Globalisierung, München.
Kühn, Manfred (2004): Kant – eine Biographie, München.
Maus, Ingeborg (1992): Zur Aufklärung der Demokratietheorie. Rechts- und demokratietheoretische Überlegungen im Anschluss an Kant, Frankfurt/M.
Niesen, Peter (2008): Kants Theorie der Redefreiheit, Baden-Baden.

Rawls I + II

Baynes, Kenneth (1995): Liberale Neutralität, Pluralismus und deliberative Politik, in: Bert van den Brink und Willem van Reijen (Hrsg.): Bürgergesellschaft, Recht und Demokratie, Frankfurt/M., S. 432-465.
Dahl, Robert A. (1989): Democracy and Its Critics, New Haven.
Forst, Rainer (1994): Kontexte der Gerechtigkeit, Politische Philosophie jenseits von Liberalismus und Kommunitarismus, Frankfurt/M.
Galston, William A. (1991): Liberal Purposes: Goods, Virtues and Diversity in the Liberal State, Cambridge.
Hinsch, Wielfried (1992): Einleitung, in: Winfried Hinsch (Hrsg.): John Rawls: Die Idee des politischen Liberalismus, Aufsätze 1978-1989, Frankfurt/M., S. 9-43.
Kersting, Wolfgang (1994): Die politische Philosophie des Gesellschaftsvertrags, Darmstadt.
Laslett, Peter (1956): Philosophy, Politics and Society: A Collection, Oxford.
Mulhall, Stephen und Adam Swift (1996): Liberals and communitarians. 2. Auflage, Oxford.
Rawls, John (1971): A Theory of Justice, Cambridge, Mass.
Rawls, John (1975): Eine Theorie der Gerechtigkeit, Frankfurt am Main.
Rawls, John (1992): Die Idee des politischen Liberalismus, Aufsätze 1978-1989, Frankfurt am Main.
Rawls, John (1993): Political Liberalism, New York (dt.: *Rawls, John* (1998): Politischer Liberalismus, Frankfurt/M).
Schmalz-Bruns, Rainer (1995): Reflexive Demokratie, Baden-Baden.

Dahl

Beyme, Klaus von (1991): Theorie der Politik im 20. Jahrhundert, Frankfurt/M.
Dahl, Robert A. (1956): A Preface to Democratic Theory, Chicago.
Dahl, Robert A. (1967): The City in the Future of Democracy. American Political Science Review 61 (2), 953-970.
Dahl, Robert A. (1971): Polyarchy, New Haven.
Dahl, Robert A. (1979): Procdural Democracy, in: Peter Laslett and James Fishkin (eds.): Philosophy, Politics and Society, Oxford, S. 97-133.
Dahl, Robert A. (1987): Sketches for a Democratic Utopia, in: Scandinavian Political Studies 10, 195-206.
Dahl, Robert A. (1989): Democracy and Its Critics, New Haven.
Dahl, Robert A. (1992): The Problem of Civic Competence. Journal of Democracy 3, 45-59.
Dahl, Robert A. (1998): On Democracy, New Haven.
Dahl, Robert A (1999): The Shifting Boundaries of Democratic Government, in: Social Research 66 (3), 915-931.
Eisenberg, Avigail I. (1996): Individual Development and Anglo-American Pluralism, in: Social Science Information 35, S. 363-387.
Elklit, Jorgen (1994): Is the Degree of Electoral Democracy Measurable?, in: David Beetham (ed.): Defining and Measuring Democracy, London, S. 89-111.
Habermas, Jürgen (1992): Faktizität und Geltung, Frankfurt.
Held, David (1998): Models of Democracy. 2. Auflage, Cambridge.
Nagel, Jack H. (1991): Review Democracy and its Critics, in: Journal of Politics 53, S. 215-218.
Schmalz-Bruns, Rainer (1995): Reflexive Demokratie, Baden-Baden.
Schmitter, Philippe C. (1999): The Future of Democracy: Could It Be A Matter of Scale?, in: Social Research 66, S. 933-958.
Zolo, Danilo (1992): Democracy and Complexity. A Realist Approach, Cambridge.

Libertarianismus

Downs, Anthony (1985): An economic theory of democracy, Boston [u.a.].
Hayek, Friedrich A. von (2005): Die Verfassung der Freiheit, Tübingen.
Hoppe, Hans-Hermann (2003): Demokratie: der Gott, der keiner ist, Leipzig.
Kaase, Max und Kenneth Newton (1995): Beliefs in Government, Oxford [u.a.].
Kymlicka, Will (1996): Politische Philosophie heute. Eine Einführung, Frankfurt/M. [u.a.].
Marshall, Thomas H. (1977): Class, Citizenship and Social Development. Essays by T. H. Marshall. With an Introduction by Seymour Martin Lipset, Chicago [u.a.].
Niesen, Peter (2002): Vertrauen – eine kantische Sicht, in: Rainer Schmalz-Bruns und Reinhard Zintl (Hrsg.): Politisches Vertrauen. Soziale Grundlagen reflexiver Kooperation, Baden-Baden, S. 99-124.
Nozick, Robert (o.J.): Anarchie, Staat, Utopia, München.

Olson, Mancur (2004): Die Logik des kollektiven Handelns. Kollektivgüter und die Theorie der Gruppen, Tübingen.
Taylor, Robert S. (2004): A Kantian Defense of Self-Ownership, in: Journal of Political Philosophy 12, S. 65-78.

Rational Choice

Abell, Peter (1992): Is Rational Choice Theory a Rational Choice of Theory?, in: *James Coleman and Thomas Fararo* (Eds.) (1992): Rational Choice Theory, Newsbury Park, S. 183-206.
Aldrich, John H. (1993): Rational Choice and Turnout, in: AJPS 1993, Vol. 37, S. 246-278.
Ariely, Dan (2008): Predictably Irrational: The Hidden Forces That Shape Our Decisions, New York.
Arrow, Kenneth J. (1951): Social Choice and Individual Values, New Haven.
Axelrod, Robert (1987): Die Evolution der Kooperation, München.
Beck, Ulrich (1986): Risikogesellschaft, Frankfurt/M..
Becker, Gary S. (1976): The Economic Approach to Human Behavior, Chicago.
Black, Duncan (1958): Theory of Committees and Elections, Cambridge.
Bohman, James (1992): The Limits of Rational Choice Explanation, in: *James Coleman and Thomas Fararo* (Eds.) (1992): Rational Choice Theory, Newsbury Park, S. 207-228.
Buchanan, James M. and Gordon Tullock (1962): The Calculus of Consent, Ann Arbor.
Downs, Anthony (1957): An Economic Theory of Democracy, New York (dt.: *Downs, Anthony* (1968): Eine ökonomische Theorie der Demokratie, Tübingen).
Elster, Jon (1987): Subversion der Rationalität, Frankfurt/M..
Elster, Jon (Ed.) (1986): Rational Choice, Oxford.
Green, Donald P. and Ian Shapiro (1994): Pathologies of Rational Choice Theory, New Haven.
Grofman, Bernard (1983): Models of Voter Turnout: A Brief Idiosyncratic Review, in: PC 1983, Vol. 41, S. 55-61.
Hardin, Russel (1982): Collective Action, Oxford.
Honneth, Axel (1994): Desintegration, Frankfurt/M..
Kahneman, Daniel und Tversky, Amos (2000): Choices, Values and Frames, Cambridge.
Keller, Berndt (1988): Olsons „Logik des kollektiven Handelns". Entwicklung, Kritik und eine Alternative, in: PVS 1988, 29. Jg., S. 388-406.
Kunz, Volker (2004): Rational Choice, Frankfurt/M..
Offe, Claus (2003):. Herausforderungen der Demokratie. Zur Integrations- und Leistungsfähigkeit politischer Institutionen. Frankfurt/M..
Olson, Mancur (1965): Logic of Collective Action, Cambridge (dt.: Olson, Mancur (1968): Die Logik des kollektiven Handelns, Tübingen).
Olson, Mancur (1982): Rise and Decline of Nations, New Haven.
Palfey, Thomas R. and Howard Rosenthal (1985): Voter Participation and Strategic Uncertainty, in: APSR, 1985, Vol. 79, S. 62-78.

Przeworski, Adam. (1998): Deliberation and Ideological Domination, in: *Jon Elster* (1998) (Ed.). Deliberative democracy. Cambridge [u.a.], Cambridge Univ. Press, S. 140-160.

Riker, William H. (1962): Theory of Political Coalitions, New Haven.

Riker, William H. and Peter C. Ordeshook (1973): An Introduction to Positive Political Theory, Englewood Cliffs.

Thaler, Richard (1994): The Winner's Curse: Paradoxes and anomalies of economic life, Princeton.

Thaler, Richard und Sunstein, Cass (2008): Nudge: Improving Decisions About Health, Wealth, and Happiness, Yale.

Wiesenthal, Helmut (1987): Die Ratlosigkeit des homo oeconomicus, in: Jon Elster (1987): Subversion der Rationalität, Frankfurt/M., S. 7-21.

Fünftes Kapitel

Rousseau

Fetscher, Iring (1993): Rousseaus politische Philosophie. Zur Geschichte des demokratischen Freiheitsbegriffs, Frankfurt/M.

Habermas, Jürgen (1981a): Eine Theorie des kommunikativen Handelns. Bd. 1., Frankfurt/M.

Habermas, Jürgen (1981b): Eine Theorie des kommunikativen Handelns. Bd. 2., Frankfurt/M.

Habermas, Jürgen (1992): Faktizität und Geltung. Beiträge zur Diskurstheorie des Rechts und des demokratischen Rechtsstaates, Frankfurt/M.

Manin, Bernard (1987): On Legitimacy and Political Deliberation, in: PT 15,3, S. 338-368.

Münkler, Herfried und Harald Bluhm (Hrsg.) (2002): Gemeinwohl und Gemeinsinn. Zwischen Normativität und Faktizität, Berlin.

Münkler, Herfried und Karsten Fischer (Hrsg.) (2001): Gemeinwohl und Gemeinsinn. Rhetoriken und Perspektiven sozial-moralischer Orientierung. Forschungsberichte der interdisziplinären Arbeitsgruppe „Gemeinwohl und Gemeinsinn", Bd. II, Berlin.

Münkler, Herfried und Karsten Fischer (Hrsg.) (2002): Gemeinwohl und Gemeinsinn im Recht. Konkretisierung und Realisierung öffentlicher Interessen, Berlin.

Pateman, Carole (1970): Participation and Democratic Theory, Cambridge.

Rousseau, Jean-Jacques (1977): Vom Gesellschaftsvertrag oder Grundsätze des Staatsrechts, Stuttgart.

Rousseau, Jean-Jacques (1978): Schriften. Hrsg. von Hennig Ritter, Bd. I, München [u.a.].

Seubert, Sandra (2004): Gemeinwohl, in: Gerhard Göhler, Mattias Iser und Ina Kerner (Hrsg.): Politische Theorie. 22 umkämpfte Begriffe zur Einführung, Wiesbaden, S. 101-118.

Walzer, Michael (1990a): The Communitarian Critique of Liberalism, in: PT 18,1, S. 6-23.

Marx

Bubner, Rüdiger (1989): Rousseau, Hegel und die Dialektik der Aufklärung, in: Schmidt, Jochen (Hrsg.): Aufklärung und Gegenaufklärung in der europäischen Literatur, Philosophie und Politik von der Antike bis zur Gegenwart, Darmstadt 1989. S. 404-420

Heinrich, Michael (2005): Kritik der politischen Ökonomie, 3. Auflage, Stuttgart.

Hirsch, Joachim, John Kannankulam und Jens Wissel (Hrsg.) (2008): Der Staat der Bürgerlichen Gesellschaft. Zum Staatsverständnis von Karl Marx, Baden-Baden.

Hubmann, Gerald (2008): Referenz und Maßstab emanzipativen Denkens. Karl Marx in neuen Textausgaben und Einführungen, in: DZPhil 56/ 5, S. 789-801.

Marx-Engels Werke, 46 Bände, Berlin, zahlreiche Auflagen seit 1956.

Weckwerth, Christine (2008): Arbeit oder gemeinschaftliche Praxis? Karl Marx im Spiegel neuerer Rezeptionstendenzen, in: DZPhil 56/ 3, S. 435-450.

Arendt

Arendt, Hannah (1955): Elemente und Ursprünge totaler Herrschaft, Frankfurt/M.

Arendt, Hannah (1963): Über die Revolution, München.

Arendt, Hannah (1991): Israel, Palästina und der Antisemitismus. Aufsätze, hrsg. von Eike Geisel und Klaus Bittermann Berlin.

Arendt, Hannah (1999): Vita activa oder Vom tätigen Leben, 11. Auflage, München/ Zürich.

Arendt, Hannah (2003): Elemente und Ursprünge totaler Herrschaft, 9. Auflage, München.

Arendt, Hannah (2003): Macht und Gewalt (1970), 15. Auflage, München/ Zürich.

Arendt, Hannah (2005): Eichmann in Jerusalem. Ein Bericht von der Banalität des Bösen, 14. Auflage, München.

Canovan, Margaret (1992): Hannah Arendt. A Reinterpretation of Her Political Thought, Cambridge.

Gottsegen, Michael (1994): The Political Thought of Hannah Arendt, Albany.

Grunenberg, Antonia (2008): Hannah Arendt und Martin Heidegger: Geschichte einer Liebe, München.

Grunenberg, Antonia, Waltraud Meints, Oliver Bruns und Christine Harckensee (Hrsg.) (2008): Perspektiven des politischen Denkens. Zum 100. Geburtstag von Hannah Arendt, Frankfurt am Main.

Heinrich Böll Stiftung (Hrsg.) (2007): Hannah Arendt: Verborgene Tradition – Unzeitgemäße Aktualität? (Sonderband 16 der Deutschen Zeitschrift für Philosophie), Berlin.

Honig, Bonnie (Hrsg.) (1995): Feminist Interpretations of Hannah Arendt, Pennsylvania.

Kemper, Peter (1993): Die Zukunft des Politischen. Ausblicke auf Hannah Arendt, Frankfurt am Main.

May, Larry und Jerome Kohn (1996): Hannah Arendt: Twenty Years Later, Cambridge.

Barber

Barber, Benjamin R. (1984): Strong Democracy. Participatory Politics for a New Age, Berkeley (dt.: *Barber, Benjamin R.* (1994): Starke Demokratie, Hamburg).

Buchstein, Hubertus (2000): Öffentliche und geheime Stimmabgabe: eine wahlrechtshistorische und ideengeschichtliche Studie, Baden-Baden.

Buchstein, Hubertus und Rainer Schmalz-Bruns (1994): Nachwort, in: Benjamin Barber: Starke Demokratie, Hamburg, S. 297-323.

Pateman, Carole (1970): Participation and Democratic Theory, Cambridge.

Reese-Schäfer, Walter (1997): Grenzgötter der Moral. Der neuere europäisch-amerikanische Diskurs zur politischen Ethik, Frankfurt/M.

Walzer

Buchstein, Hubertus und Rainer Schmalz-Bruns (1992): Gerechtigkeit als Demokratie – zur politischen Philosophie von Michael Walzer, in: PVS 33,3, S. 375-398.

Cohen, Joshua (1992): Review of Spheres of Justice, in: Will Kymlicka (Hrsg.): Justice in Political Philosophy, Brookfield, S. 323-334.

Geertz, Clifford (1983): Dichte Beschreibung. Beiträge zum Verstehen kultureller Systeme, Frankfurt/M.

Haus, Michael (2000): Die politische Philosophie Michael Walzers. Kritik, Gemeinschaft, Gerechtigkeit, Wiesbaden.

Holmes, Stephen (1985): Differenzierung und Arbeitsteilung im Denken des Liberalismus, in: Niklas Luhmann (Hrsg.): Soziale Differenzierung. Zur Geschichte einer Idee, Opladen, S. 9-41.

Krause, Skadi und Karsten Malowitz (1998): Michael Walzer zur Einführung, Berlin.

Rawls, John (1993): Political Liberalism, New York.

Rawls, John (1998): Politischer Liberalismus, Frankfurt/M.

Reese-Schäfer, Walter (1997): Grenzgötter der Moral. Der neuere europäisch-amerikanische Diskurs zur politischen Ethik, Frankfurt/M.

Walzer, Michael (1990): Drei Wege der Moralphilosophie, in: Michael Walzer: Kritik und Gemeinsinn, Berlin, S. 9-42.

Walzer, Michael (1992): Sphären der Gerechtigkeit. Ein Plädoyer für Pluralität und Gleichheit, New York.

Walzer, Michael (1992a): Liberalismus und die Kunst der Trennungen, in: Michael Walzer: Zivile Gesellschaft und amerikanische Demokratie, Berlin, S. 38-63

Walzer, Michael, 1997: Zweifel und Einmischung. Gesellschaftskritik im 20. Jahrhundert. Frankfurt am Main.

Sechstes Kapitel

Partizipation und Legitimität in der neuen Unübersichtlichkeit

Almond, Gabriel A. and Sidney Verba (1963): The Civic Culture. Political Attitudes and Democracy in five Nations, Princeton.

Bachrach, Peter (1967): The Theory of Democratic Elitism, Boston.

Berelson, Bernard R., Paul F. Lazersfeld and William N. McPhee (1955): Voting: A Study of Opinion Formation in a Presidential Campaign, Band III, Chicago.

Bohman, James (1998): The Coming of Age of Deliberative Democracy, in: Journal of Political Philosophy 6, S. 400-425.

Bohman, James and William Rehg (eds.) (1997): Deliberative Democracy. Essays on Reason and Politics, Cambridge.

Calhoun, Craig (1997): Habermas and the Public Sphere, Cambridge, Mass. [u.a.].

Chambers, Simone (2004): Behind Closed Doors: Publicity, Secrecy, and the Quality of Deliberation, in: The Journal of Political Philosophy, Vol. 12, Issue 4, S. 389-410.

Cohen, Joshua (1997): Deliberation and Democratic Legitimacy, in: James Bohman und William Rehg: Deliberative Democracy. Essays on Reason and Politics, Cambridge.

Cohen; Joshua (2002): Deliberation and Democratic Legitimacy, in: Estlund, David (ed): Democracy, Oxford, S. 87-106.

Cohen, Joshua (1989): Deliberation and Democratic Legitimacy, in: Alan Hamlin and Philip Pettit (eds.): The Good Polity. Normative Analysis of the State, Oxford, S. 17-34.

Dryzek, John S. (1990): Discoursive Democracy. Politics, Policy and Science, Cambridge.

Dryzek, John S. (2002): Deliberative Democracy and Beyond. Liberals, Critics, Contestations, Oxford.

Elster, Jon (1996): Mehrheitsprinzip und Individualrechte, in: Stephen Shute und Susan Hirley (Hrsg.): Die Idee der Menschenrechte, Frankfurt/M., S. 207-253.

Elster, Jon (1998): Deliberation and Constitution Making, in: Elster, Jon (ed.): Deliberative Democracy, Cambridge, S. 97-122.

Estlund, David (ed.) (2002): Democracy, Oxford.

Fishkin, James S. (1991): Democracy and Deliberation. New Directions for Democratic Reform, New Haven and London.

Fishkin, James S. (1995): The Voice of the People. Public Opinion and Democracy, New Haven and London.

Fishkin, James S. and Peter Laslett (Eds.) 2003: Debating Deliberative Democracy, Oxford.

Goodin, Robert E. (1986): Laundering Preferences, in: Jon Elster and Hylland Aanund (eds.): Foundations of Social Choice Theory, Cambridge, S. 75-101.

Gutman, Amy und Dennis Thompson (1996): Democracy and Disagreement, Cambridge.

Gutman, Amy und Dennis F. Thompson (2004): Why Deliberative Democracy?, Princeton, NJ [u.a.].

Habermas, Jürgen (1981a): Eine Theorie des kommunikativen Handelns, Band 1., Frankfurt/M.

Habermas, Jürgen (1981b): Eine Theorie des kommunikativen Handelns, Band 2., Frankfurt/M.

Macpherson, Crawford B. (1977): Demokratietheorie. Beiträge zu ihrer Erneuerung, München.

Manin, Bernard (1987): On Legitimacy and Political Deliberation, in: PT 15, S. 338-368.

McKee, Alan (2005): The Public Sphere. An Introduction, Cambridge [u.a.].

Pateman, Carole (1970): Participation and Democratic Theory, Cambridge.

Preuß, Ulrich K. (Hrsg.) (1994): Zum Begriff der Verfassung: Die Ordnung des Politischen, Frankfurt/M.

Schmalz-Bruns, Rainer (1995): Reflexive Demokratie. Die demokratische Transformation moderner Politik, Baden-Baden.

Schumpeter, Joseph A. (1942): Capitalism, Socialism, and Democracy, New York.

Sunstein, Cass R. (1991): Preferences and Politics, in: Philosophy and Public Affairs 20, S. 3-33.

Walzer, Michael (1970): A Day in the Life of a Socialist Citizen, in: Michael Walzer (ed.): Obligations. Essays on disobedience, war, and citizenship, Cambridge.

Wingert, Lutz (2001): Die Öffentlichkeit der Vernunft und die Vernunft der Öffentlichkeit: Festschrift für Jürgen Habermas, Frankfurt/M.

Habermas

Demirovic, Alex (1999): Entwicklung der kritischen Theorie zur Frankfurter Schule, Frankfurt am Main.

Habermas Jürgen (1981): Theorie des kommunikativen Handelns, zwei Bände, Frankfurt/M.

Habermas Jürgen (1992): Faktizität und Geltung. Beiträge zur Diskurstheorie des Rechts und des demokratischen Rechtsstaates, Frankfurt/M.

Habermas Jürgen (1996): Die Einbeziehung des Anderen, Frankfurt/M.

Habermas Jürgen (1998): Die postnationale Konstellation. Politische Essays, Frankfurt/M.

Habermas Jürgen (2005): Zwischen Naturalismus und Religion. Philosophische Aufsätze, Frankfurt/M.

Habermas Jürgen und Niklas Luhmann (1971): Theorie der Gesellschaft oder Sozialtechnologie: Was leistet die Systemforschung?, Frankfurt/M.

Honneth, Axel (1999): Demokratie als reflexive Kooperation. John Dewey und die Demokratietheorie der Gegenwart, in: Hauke Brunkhorst und Peter Niesen (Hrsg.): Das Recht der Republik, Frankfurt/M., S. 37-65.

Horkheimer, Max und Theodor W. Adorno (1987): Die Dialektik der Aufklärung, Frankfurt/M..

Horkheimer, Max (1988): Die Juden und Europa, in: Gesammelte Werke, Band 4, Frankfurt/M., S. 308-331.

Hösle, Vittorio (1997): Die Krise der Gegenwart und die Verantwortung der Philosophie: Transzendentalpragmatik, Letztbegründung, Ethik, 3. Auflage, München.

Schaal, Gary S. (Hrsg.) (2009): Das Staatsverständnis von Jürgen Habermas, Baden-Baden.

Wiggershaus, Rolf (1993): Die Frankfurter Schule, München.

Varianten deliberativer Demokratie

Ackerman, Bruce (1989): Why Dialog?, in: Journal of Philosophy 136, S. 5-22.

Ackerman, Bruce A. und James S. Fishkin (2004): Deliberation Day, New Haven, Conn. [u.a.].

Bessette, Joseph (1994): The Mild Voice of Reason, Chicago.

Bohman, James (1996): Public Deliberation. Pluralism, Complexity, and Democracy, Cambridge.

Bohman, James (1998): The Coming of Age of Deliberative Democracy, in: Journal of Political Philosophy 6, S. 400-425.

Buchstein, Hubertus (1996): Die Zumutungen der Demokratie. Von der normativen Theorie des Bürgers zur institutionell vermittelten Präferenzkompetenz, in: Klaus von Beyme und Claus Offe (Hrsg.): Politische Theorien in der Ära der Transformation, Opladen, S. 295-324.

Buchstein, Hubertus und Dirk Jörke (2002): Das Unbehagen an der Demokratietheorie, in: Leviathan 4, S. 470-495.

Cohen, Joshua (1989): Deliberation and Democratic Legitimacy, in: Alan Hamlin and Philip Pettit (eds.): The Good Oolity. Normative Analysis of the State, Oxford, S. 17-34.

Cohen, Joshua (1997): Procedure and Substance in Deliberative Democracy, in: James Bohman and William Rehg (eds.): Deliberative Democracy, Cambridge, S. 407-438.

Elster, Jon (Hrsg.): Deliberative Democracy, Cambridge.

Estlund, David M. (1992): Sex, Preferences and Familiy. Essays on Law and Nature, New York.

Fish, Stanley (1999): Mutual Respect as a Device of Exclusion, in: Stephen Macedo (ed.): Deliberative Politics, Oxford, S. 88-102.

Fishkin, James S. (1991): Democracy and Deliberation. New Directions for Democratic Reform, New Haven and London.

Fishkin, James S. (1995): The Voice of the People. Public Opinion and Democracy, New Haven and London.

Fung, Archon (2003): Recipes for Public Spheres. Eight Institutional Design Choices and their Consequences, in: The Journal of Political Philosophy 11, S. 338-367.

Gerhards, Jürgen (1997): Diskursive versus liberale Öffentlichkeit. Eine empirische Auseinandersetzung mit Jürgen Habermas, in: Kölner Zeitschrift für Soziologie und Sozialpsychologie 49, S. 1-34.

Gerhards, Jürgen, Friedhelm Neidhardt und Dieter Rucht (1998): Zwischen Palaver und Diskurs: Strukturen öffentlicher Meinungsbildung am Beispiel der deutschen Diskussion zur Abtreibung, Wiesbaden.

Goodin, Robert E. (2003): Democratic Deliberation Within, in: James S. Fishkin and Peter Laslett (eds.): Debating Deliberative Democracy, Oxford, S. 54-79.

Gutman, Amy and Dennis F. Thompson (1996): Democracy and Disagreement, Cambridge.

Gutman, Amy and Dennis F. Thompson (2004): Why Deliberative Democracy? Princeton, NJ [u.a.].

Gutman, Amy and Dennis Thompson (2003): Deliberative Democracy beyond Process, in: James S. Fishkin and Peter Laslett (eds.): Debating Deliberative Democracy, Oxford, S. 31-53.

Habermas, Jürgen (1992): Faktizität und Geltung. Beiträge zur Diskurstheorie des Rechts und des demokratischen Rechtsstaates, Frankfurt/M.

Kuhlmann, Christoph (1999): Die öffentliche Begründung politischen Handelns: zur Argumentationsrationalität in der politischen Massenkommunikation, Opladen [u.a.].

Mansbridge, Jane (1999): Everyday Talk in the Deliberative System, in: Stephen Macedo (ed.): Deliberative Politics, Oxford, S. 211-241.

Nino, Carlos Santiago (1996): The Constitution of Deliberative Democracy, New Haven and London.

Page, Benjamin (1995): Who Deliberates? Mass Media and Modern Democracy, Chicago.

Przeworski, Adam (1998): Deliberation and Ideological Domination, in: Jon Elster (ed.): Deliberative democray, Cambridge, S. 140-160.

Ritzi, Claudia und Gary S. Schaal (2009): Empirische Deliberationsforschung. MPIfG Working Paper, Köln (i.E.)

Schmalz-Bruns, Rainer (1999): Deliberativer Supranationalismus, in: Zeitschrift für Internationale Beziehung 2, S. 185-244.

Shapiro, Ian (2003): Optimal Deliberation?, in: James S. Fishkin and Peter Laslett (eds.): Debating Deliberative Democracy, Oxford, S. 121-137.

Steiner, Jürg et al. (2004): Deliberative Politics in Action. Analysing Parliamentary Discourse, Cambridge.

Stokes, Susan C. (1998): Pathologies of Deliberation, in: Jon Elster (ed.): Deliberative Democracy, Cambridge, S. 123-139.

Sunstein, Cass R. (2003): The Law of Group Polarization, in: James S. Fishkin and Peter Laslett (eds.): Debating Deliberative Democracy, Oxford, S. 80-101.

Warren, Mark E. (1992): Democratic Theory and Self-Transformation, in: American Political Science Review 86, S. 8-23.

Siebentes Kapitel

Theoriebildung unter Bedingungen der Postmoderne

Beyme, Klaus von (1991): Theorie der Politik im 20. Jahrhundert, Frankfurt/M.

Bürger, Peter (2000): Ursprung des postmodernen Denkens, Weilerswist.

Zima, Peter V. (1997): Moderne – Postmoderne. Gesellschaft, Philosophie, Literatur, Tübingen und Basel.

Foucault

Foucault, Michel (1978): Die Ordnung der Dinge. Eine Archäologie der Humanwissenschaften, Frankfurt/M.
Foucault, Michel (1991): Die Ordnung des Diskurses. Inauguralvorlesung am Collège de France, Frankfurt/M.
Foucault, Michel (1992): Was ist Kritik?, Berlin.
Foucault, Michel (1995): Archäologie des Wissens, Frankfurt/M.
Foucault, Michel (2004): Short cuts, 3. Aufl., Frankfurt/M.
Foucault, Michel (2005): Schriften in vier Bänden *(Dits et écrits):* hrsg. von Daniel Defert und François Ewald, Frankfurt/M.
Foucault, Michel (2008): Die Hauptwerke, mit einem Nachwort von Axel Honneth und Martin Saar, Frankfurt/M.
Keller, Reiner (1998): Diskurstheorie in der Anwendung, Opladen.
Keller, Reiner (2004): Diskursforschung. Eine Einführung für SozialwissenschaftlerInnen. 2. Auflage, Wiesbaden
Soas, Martin (2007): Genealogie als Kritik – Geschichte und Theorie des Subjekts nach Nietzsche und Foucault, Frankfurt/M.

Butler

Butler, Judith (1991): Das Unbehagen der Geschlchter, Frankfurt/M.
Butler, Judith (1995): Körper von Gewicht. Die diskursiven Grenzen des Geschlechts, Berlin.
Butler, Judith (2001): Psyche der Macht. Das Subjekt der Unterwerfung, Frankfurt/M.
Butler, Judith (1993): „Kontingente Grundlagen. Der Feminismus und die Frage der ‚Postmoderne' ", in: Benhabib, Seyla, Judith Butler, Drucilla Cornell und Nacy Fraser (Hrsg.), Der Streit um Differenz. Feminismus und Postmoderne in der Gegenwart, Frankfurt/M.
Deuber-Mankowsky, Astrid und Ursula Konnertz (Hrsg.) (2001): Gender Studies und Interdisziplinarität (Die Philosophim. Forum für feministische Theorie und Philosophie), 23), Tübingen.
Kerner, Ina (2008): Differenzen und Macht. Zur Anatomie von Rassismus und Sexismus, Frankfurt/M.
Krell, Gertraude, Barbara Riedmüller, Barbara Sieben und Dagmar Vinz (Hrsg.) (2008): Diversity Studies: Grundlagen und disziplinäre Ansätze, Frankfurt/M.

Lyotard

Benhabib, Seyla, Judith Butler, Drucilla Cornell und Nancy Fraser (Hrsg.) (1993): Der Streit um Differenz. Feminismus und Postmoderne in der Gegenwart, Frankfurt/M.
Lyotard, Jean-François (1977): Das Patchwork der Minderheiten, Berlin.
Lyotard, Jean-François (1989): Der Widerstreit, 2. Aufl., München.

Zima, Peter V. (1997): Moderne – Postmoderne. Gesellschaft, Philosophie, Literatur, Tübingen und Basel.

Derrida

Derrida, Jacques (1976): Die Schrift und die Differenz, Frankfurt/M.
Derrida, Jacques (1983): Grammatologie, Frankfurt/M.
Derrida, Jacques (1988): Randgänge der Philosophie, Wien.
Derrida, Jacques (1991): Gesetzeskraft. Der „mystische Grund der Autorität", Frankfurt/M.
Derrida, Jacques (1992): Das andere Kap. Die vertagte Demokratie, Zwei Essays zu Europa, Frankfurt/M.
Derrida, Jacques (2000): Politik der Freundschaft, Frankfurt/M.
Letzkus, Alwin (2002): Dekonstruktion und ethische Passion. Denken des Anderen nach Jacques Derrida und Emmanuel Levinas, München.

Luhmann

Czerwick, Edwin (2008): Systemtheorie der Demokratie. Begriffe und Strukturen im Werk Niklas Luhmanns, Wiesbaden.
Fuhse, Jan (2005): Theorien des politischen Systems. David Easton und Niklas Luhmann, Wiesbaden.
Habermas, Jürgen und Niklas Luhmann (1971): Theorie der Gesellschaft oder Sozialtechnologie. Was leistet Systemforschung?, Frankfurt/M.
Hellmann, Kai-Uwe und Rainer Schmalz-Bruns (Hrsg.) (2000): Theorie der Politik. Niklas Luhmanns politische Soziologie, Frankfurt/M.
Hellmann, Kai-Uwe, Karsten Fischer und Harald Bluhm (Hrsg.) (2003): Das System der Politik. Niklas Luhmanns politische Theorie, Wiesbaden.
Lange, Stefan (2003): Niklas Luhmanns Theorie der Politik. Eine Abklärung der Staatsgesellschaft.
Luhmann, Niklas (1987): Archimedes und wir. Interviews. Herausgegeben von Dirk Baecker und Georg Stanitzek, Berlin.
Luhmann, Niklas (1990): Ökologische Kommunikation. Kann die moderne Gesellschaft sich auf ökologische Gefährdungen einstellen?, 3. Auflage, Opladen.
Luhmann, Niklas (1993): Das Recht der Gesellschaft, Frankfurt/M.
Luhmann, Niklas (1993a): „Wie ist soziale Ordnung möglich?", in: Ders., Gesellschaftstruktur und Semantik. Studien zur Wissensoziologie der modernen Gesellschaft 2, Frankfurt/M., S. 195-285.
Luhmann, Niklas (1997): Die Gesellschaft der Gesellschaft, Frankfurt/M.
Scharpf, Fritz W. (1989): „Politische Steuerung und politische Institutionen", in: PVS, Jg. 30, H.1, S. 10-22.

Rorty

Rorty, Richard (1981): Der Spiegel der Natur. Eine Kritik der Philosophie, Frankfurt/M.
Rorty, Richard (1988): Solidarität oder Objektivität? Drei philosophische Essays, Stuttgart.
Rorty, Richard (1989): Kontingenz, Ironie, Solidarität, Frankfurt/M.
Rorty, Richard (1992): Contingency, Irony and Solidarity, Cambridge.
Rorty, Richard (1998): Achieving Our Country. Leftist Thought in Twentieth Century America, Cambridge/Massachusetts.
Wittgenstein, Ludwig (1960): Tractatus logico-philosophicus, London.

Rezeption und Kritik

Sokal, Alan and Jean Bricmont (1999): Eleganter Unsinn. Wie die Denker der Postmoderne die Wissenschaften missbrauchen, München

Neuntes Kapitel

Benhabib, Seyla (2008): Die Rechte der Anderen, Frankfurt am Main.
Bohman, James (2004): Republican Cosmopolitanism, in: Journal of Political Philosophy 12, S. 336-353.
Brodocz, André, Marcus Llanque, und Gary S. Schaal (Hrsg.) (2008): Bedrohungen der Demokratie, Wiesbaden.
Forst, Rainer (1994): Kontexte der Gerechtigkeit, Frankfurt/M.
Fraser, Nancy und Axel Honneth (Hrsg.) (2003): Umverteilung oder Anerkennung?, Frankfurt/M.
Gosepath, Stefan (2004): Gleiche Gerechtigkeit. Grundlagen eines liberalen Egalitarismus, Frankfurt am Main.
Habermas, Jürgen (1998): Die postnationale Konstellation. Politische Essays, Frankfurt/M.
Habermas, Jürgen (2005): Zwischen Naturalismus und Religion, Frankfurt/M.
Hardt, Michael und Antonio Negri (2002): Empire – die neue Weltordnung, Frankfurt am Main.
Heidenreich, Felix, Jean-Christophe Merle und Wolfram Vogel (Hrsg.) (2008): Staat und Religion in Frankreich und Deutschland – L'Etat et la religion en France et en Allemagne, Münster.
Höffe, Otfried (2002): Demokratie im Zeitalter der Globalisierung, München.
Honneth, Axel (1992): Kampf um Anerkennung. Zur moralischen Grammatik sozialer Konflikte, Frankfurt am Main.
Honneth, Axel (2003): Kampf um Anerkennung. Zur moralischen Grammatik sozialer Konflikte, Frankfurt/M.
Honneth, Axel (2005): Verdinglichung. Eine anerkennungstheoretische Studie, Frankfurt/M.
Joas, Hans (2004): Braucht der Mensch Religion?: Über Erfahrungen der Selbsttranszendenz, Freiburg.

Merle, Jean-Christophe (Hrsg.) (2005), Globale Gerechtigkeit – Global Justice, Frankfurt am Main.

Meyer, Thomas (2002): Identitätspolitik. Vom Missbrauch kultureller Differenz, Frankfurt/M.

Minkenberg, Michael und Ulrich Willems (Hrsg.) (2003): Politik und Religion, PVS-Sonderheft 33/2003, Wiesbaden.

Münkler, Herfried (2005): Imperien. Die Logik der Weltherrschaft – vom Alten Rom bis zu den Vereinigten Staaten, Berlin.

Stein, Tine (2007): Himmlische Quellen und irdisches Recht: Religiöse Voraussetzungen des freiheitlichen Verfassungsstaates, Frankfurt am Main 2007.

Skinner, Quentin (2002): Political Philosophy: The View from Cambridge, in: Journal of Political Philosophy 10, S. 1-19.

Taylor, Charles (2009a): Multikulturalismus und die Politik der Anerkennung, Frankfurt am Main.

Taylor, Charles (2009b): Ein säkulares Zeitalter, Frankfurt am Main.

Walther, Manfred (Hrsg.) (2004): Religion und Politik. Zu Theorie und Praxis des theologisch-politischen Komplexes, Baden-Baden.

Walzer, Michael (2004): Arguing About War, New Haven [u.a.].

Zürn, Michael (1998): Regieren jenseits des Nationalstaates: Globalisierung und Denationalisierung als Chance, Frankfurt/M.

11. Index

Die Autoren

Prof. Dr. Gary S. Schaal ist Professor für Politikwissenschaft, insbesondere Politische Theorie, an der Helmut-Schmidt-Universität, Universität der Bundeswehr, Hamburg. Er arbeitete zuvor an der Universität Stuttgart und der Technischen Universtität Dresden und der Freien Universität Berlin.

Bisherige Veröffentlichungen u.a.: Vertrauen, Verfassung, Demokratie. Wiesbaden (2004); Politische Theorien der Gegenwart, Band I & II (hrsg. zusammen mit André Brodocz). Opladen (2009).

Dr. Felix Heidenreich ist Wissenschaftlicher Koordinator am Internationalen Zentrum für Kultur- und Technikforschung (IZKT) der Universität Stuttgart und Lehrbeauftragter für Politische Theorie. Er war zuvor Mitarbeiter am Philosophischen Seminar der Universität Heidelberg.

Bisherige Veröffentlichungen u.a.: Mensch und Moderne bei Hans Blumenberg. München (2005); Staat und Religion in Frankreich und Deutschland – L'Etat et la religion en France et en Allemagne, (hrsg. mit Jean-Christophe Merle und Wolfram Vogel) Münster 2008; Die Zukunft der Demokratie – L'avenir de la démocratie (hrsg. mit Thomas Bedorf und Marcus Obrecht), Münster 2009.